·外国法与比较法文库·　何勤华 主编

- 国家重点学科华东政法大学
  法律史学科建设项目
- 上海市人文社科基地华东政法大学
  外国法与比较法研究院项目

Research on Ross Code

《罗斯法典》研究

王海军 / 著

图书在版编目(CIP)数据

《罗斯法典》研究/王海军著. —北京:北京大学出版社,2014.10
(外国法与比较法文库)
ISBN 978-7-301-25004-4

Ⅰ.①罗… Ⅱ.①王… Ⅲ.①法典—研究—俄罗斯 Ⅳ.①D951.2

中国版本图书馆 CIP 数据核字(2014)第 241887 号

书　　　名：《罗斯法典》研究
著作责任者：王海军　著
责 任 编 辑：朱　彦　丁传斌　王业龙
标 准 书 号：ISBN 978-7-301-25004-4/D·3701
出 版 发 行：北京大学出版社
地　　　址：北京市海淀区成府路 205 号　100871
网　　　址：http://www.pup.cn　新浪官方微博:@北京大学出版社
电 子 信 箱：sdyy_2005@126.com
电　　　话：邮购部 62752015　发行部 62750672　编辑部 021-62071998
　　　　　　出版部 62754962
印　刷　者：北京大学印刷厂
经　销　者：新华书店
　　　　　　890 毫米×1240 毫米　A5　11.5 印张　320 千字
　　　　　　2014 年 10 月第 1 版　2014 年 10 月第 1 次印刷
定　　　价：42.00 元

未经许可,不得以任何方式复制或抄袭本书之部分或全部内容。
版权所有,侵权必究
举报电话:010-62752024　电子信箱:fd@pup.pku.edu.cn

目　　录

导　论 …………………………………………………………（1）

第一章　《罗斯法典》的形成 ………………………………（28）
　　第一节　基辅罗斯的建立 ………………………………（29）
　　第二节　《罗斯法典》的法律渊源 ………………………（42）
　　第三节　《罗斯法典》的编纂过程 ………………………（50）

第二章　《罗斯法典》的文本分析 …………………………（59）
　　第一节　《罗斯法典》的版本、抄本和译本 ……………（59）
　　第二节　《罗斯法典》的名称 ……………………………（74）
　　第三节　《罗斯法典》的体例结构 ………………………（79）

第三章　国家权力及运行机制 ………………………………（86）
　　第一节　王权及王位的继承 ……………………………（87）
　　第二节　核心统治机构 …………………………………（105）
　　第三节　各种会议组织 …………………………………（108）
　　第四节　地方组织及其职能 ……………………………（114）

第四章　社会阶层及其演变 …………………………………（123）
　　第一节　特权阶层 ………………………………………（124）
　　第二节　自由民 …………………………………………（132）
　　第三节　奴隶 ……………………………………………（136）
　　第四节　社会阶层的演变 ………………………………（145）

第五章　犯罪与刑罚 …………………………………………（157）
　　第一节　犯罪 ……………………………………………（158）

第二节　刑罚方式 …………………………………………（181）

第六章　婚姻、家庭与继承法律 …………………………………（206）
　　第一节　婚姻法 ……………………………………………（206）
　　第二节　家庭法 ……………………………………………（220）
　　第三节　继承法 ……………………………………………（235）

第七章　财产关系法律 ……………………………………………（247）
　　第一节　物权法 ……………………………………………（247）
　　第二节　债法 ………………………………………………（259）

第八章　司法制度 …………………………………………………（279）
　　第一节　审判组织 …………………………………………（280）
　　第二节　诉讼双方 …………………………………………（290）
　　第三节　诉讼程序 …………………………………………（294）
　　第四节　证据制度 …………………………………………（300）
　　第五节　诉讼费用 …………………………………………（315）

第九章　《罗斯法典》中的宗教因素 ………………………………（318）
　　第一节　古代罗斯的东正教 ………………………………（319）
　　第二节　东正教对《罗斯法典》的影响 ……………………（328）
　　第三节　东正教给罗斯奴隶制法律带来的变化 …………（336）

第十章　《罗斯法典》的意义 ………………………………………（342）
　　第一节　时代功能 …………………………………………（342）
　　第二节　历史价值 …………………………………………（348）
　　第三节　后世影响 …………………………………………（354）

参考文献 ……………………………………………………………（360）

导　论

一、研究的缘起

纵观国内对外国法制史问题的研究,大陆法系和英美法系主要国家的法律制度等问题均已被广泛涉及,形成了大量有价值的研究成果,并且已经开始向亚非拉国家中一些地区延伸。① 这些都给外国法制史的研究打开了非常广阔的天地,硕果累累。但是,我们不能因此而忽视其中的不足,或者说其中需要挖掘和讨论的方面依然存在。俄罗斯法制史就是一个十分明显的例证,而其古代法制史部分更是较少被涉猎的区域。当今的俄罗斯联邦已经是世界上重要的国家之一,无论是政治、经济还是法律都成为广大学者和实践者的研究阵地,这些研究不仅为国际关系的走向和全球经济发展提供了参考,也为法律制度的变革和比较研究拓宽了视野。因此,对于俄罗斯各方面问题的重视已经成为当今学界研究俄罗斯问题的重点。但是,其中具有学术性且"冷门"的俄罗斯法制史却没有那么明显。就法律史的研究而言,对于法律制度的发展和演变的研究,是法学领域一个重要的研究方向。对于一个国家或民族来说,要了解其法律制度及变革问题,就必须从其历史发展中搜寻规律和可资借鉴之处,并形成一定的客观认识。所以,对于俄罗斯来说,了解其古代社会的法制情况是非常必要的。在俄罗斯民族尚未形成的年代,就已经出现了俄罗斯早期国家形态的萌芽,并且形成了约束人们行为的规则。虽

---

① 例如,夏秀渊所著的《拉丁美洲国家民法典研究》(法律出版社 2010 年版),夏新华的《非洲法律文化之变迁》(载《比较法研究》1999 年第 2 期)、《非洲的传统社会与法律文化》(载《法律文化研究》第一辑)与《非洲宗教与传统习惯法的发展》(载《河南政法管理干部学院学报》2011 年第 3 期),高鸿钧的《古代印度法的主要内容与特征——以〈摩奴法论〉为视角》(载《法律科学》2013 年第 5 期),等等。

然大部分规则为氏族习惯且不具有严格意义上的法律属性,但是确实对当时的社会发展和文明演进产生了重要影响。在古代俄罗斯,已经形成了较早的法律规则,其中最早的就是被学术界所提及的《罗斯法律》,但是其内容并未形成文字流传下来。当古罗斯国家建立之后,则形成了成文化的法典,在历史的变迁和社会的发展过程中形成了一部较为重要且为世人所知的法律汇编——《罗斯法典》。不可否认,《罗斯法典》并非俄罗斯国家历史上的第一部法律文献,但是流传下来且广被提及的却是此部法典,其中的法律规则是当时历史环境下主要的文化成果之一,也成为当今时代研究俄罗斯古代法制的重要资料。古代法典中的规定不像今天这样分门别类,也没有一个严格的界限,更多的是含混和杂糅。这种形式在今天看来似乎并不能有效地调控社会关系,更遑论"法治"了。但是,也正是这样的法典却在俄罗斯历史上占据了非常重要的地位,成为开拓性的法律启迪方式。那么,当时法律是如何界定社会关系,如何惩治不法行为、保障私有财产,又以何种方式调整复杂而又纷繁的家庭伦理关系,保证社会正常运行的?这些都是需要梳理、厘清和解决的问题。

由于笔者学习俄语多年,具有一定的语言基础,可对俄语文献进行阅读和翻译,因此在这个基础上逐渐对俄罗斯的历史、法律等问题产生了兴趣,通过对相关知识的涉猎和学习,在较为复杂却着实有趣的历史现象中逐渐认识到一些问题,而法律史的问题更是"定向思维"的明确指向,可谓是好奇和兴趣使然。所以,笔者开始抛弃一定的"实用性"而大胆地开始尝试"学术性"的探讨。可以说,这是笔者选择该论题进行研究最原始的推动力。鉴于上述缘由,笔者选择《罗斯法典》作为主题进行文本考察和规则解读,同时结合当时的社会、经济和政治环境进行较为全面、综合性的分析,以完成对相关问题的论述。虽然不能单纯地从一部法典完全了解和解释当时的实际情况,但是我们可以从这些法律条文中了解一定的历史事实,认识到当时的一些问题,分析那个时代所表现出来的法制情况,并在此基础上给予客观而中肯的评价。

二、研究目的及意义

对于一个选题而言,应当是多元且开放的。虽然严格地说学术并无"有用无用"之说,但是研究一个问题需要明确所要达到的目的以及该问题所带来的意义,这不仅是一种"担当",也是一种对学术的态度。

(一) 研究目的

研究《罗斯法典》,显而易见的目的是需要通过对文本的解读和分析完成对其中法律制度的理解,这也是最为基础的目标。简而言之,即通过对俄罗斯古代史的了解,并集中着眼于其重要的法律典籍——《罗斯法典》,寻求当时历史环境下的法制情况。具体而言,首先,要从文本的解读开始,对相关既有史料进行分析,探寻俄罗斯国家的起源以及法典的来源、编纂过程,借此整理和分析法典中存在的各种法律规范和特殊的规定,从一个侧面反映当时文本中所记载的法制情况。其次,为避免片面和偏差,不能完全依靠法律文本探讨和理解当时的法制状况,需要结合一些法典中没有涉及的法律问题进行叙述,以求对法典文本不足和忽略之处进行补充,进而对当时俄罗斯社会的法制情况形成一个较为全面的认识。再次,鉴于该部分在俄罗斯法制史研究中显得十分"受冷落",也造成了国内研究的阻碍,所以笔者希望通过对《罗斯法典》的研究发掘俄罗斯法制发展进程中的早期状况。最后,法律本身是可以反映多种社会情况的,所以《罗斯法典》不仅是对当时法律条文的记载,也是当时社会经济、政治和文化景象的有效信息源,这样在对法律进行解析的过程中也自然会得出其他相关的"副产品",而这对于理解当时的法制是非常有必要的。

对于《罗斯法典》的解读以及当时法律制度的论述,如果简单地说只希望达到上述基本目的,那么或许并不能说完全达到了对这个论题进行论述的最终目标。因为任何一个问题的提出或者阐述,都需要能够产生一定的影响和作用。法学界所熟知的各种古代法典及法律制度都已经被纳入研究对象之列,成为传统的研究课题,但是如果没有基础性或者前期介绍性的工作,那么也不会成为学界以后继续深入研究的领域。所以,笔者研究《罗斯法典》的深层目的在于"抛砖引玉",希望通过对古代俄罗斯法制状况作出一定的阐述和分析,使学界尤其是外国法制史学界对此有一定的认识,引起学术上的关注,并进行更深入的研究和探讨。可以说,在一定程度上,笔者由于个人水平以及文献疏漏、局限等原因,并没有将这个较大的论题完全论述清晰,而且在解析深度上也不能完全达到较高的水平,对其继续研究的空间是非常大的。虽然语言的限制或者文献的缺少会造成一定的研究阻碍,但是如果能够经过多角度和多元化的研究,以及更多人的关注和努力,也必定会产生大量有深度和水平的研究成果。

(二) 研究意义

对于部门法而言,论题一般在学术性的基础上会更注重适用性,其中的论点和理论分析都可以成为具有现实意义的借鉴。相比较而言,法律史学科的论题在很大程度上更注重学术性意义。但是,这并非绝对的,因为无论是对本国传统法制的时代变迁还是对其具体制度的分析,都可以形成一定的启示。对于外国法律同样如此,在介绍和描述的基础上,更能借鉴其中所能带来的经验和教训。从法律发展和变迁的角度论证法制,往往可以显现出更加清晰的思考路径。对于历史上存在的法制现象,绝对不能"一刀切"式地否定其意义,即使是一个较为冷僻的领域。所以,对于《罗斯法典》的研究是具有重要意义的,体现在两个方面:一是学术性,二是现实性。

进行法律史角度的研究,在很大程度上可以成为一种学术活动,并且可以从这个特殊的角度完成对一个时代中法制方面的诸种问题的探寻。对于俄罗斯古代法制史的研究也应当如此,并且其学术意义较为重大。从现有的著作和资料看,有关俄罗斯法制的研究大部分集中在现代法制问题上,例如对俄罗斯联邦各种法典的翻译以及其中法律问题的研究探讨、启示借鉴等,法律史部分则集中在帝俄时期和苏联时期,尤其是对苏联法制的研究,其中很大一部分内容涉及对新中国法制的影响。相比之下,对俄罗斯古代法制史的研究并不多见,从现有的著作和论文的数量可以看出,相较研究现代俄罗斯法制的成果是非常少的;如果相较其他外国法制史领域,更是少之又少。从现有的研究成果来说,国内的法律史学界缺少一个有关俄罗斯早期法制状况的成果。所以,对于俄罗斯古代法制史上的一部非常重要的法律汇编——《罗斯法典》的研究就显得非常必要,这使相关问题的学术讨论形成了基础,而且可以成为一个研究问题的方面和切入点。可见,研究《罗斯法典》以及当时的法制状况对于学界具有重要的意义。

如前所述,对于法律史问题的研究并不一定局限于历史问题的分析,或者是学术意义上的拓展,在一定程度上是会对现实产生影响和意义的。研究《罗斯法典》,不仅仅是单纯对俄罗斯法制史的探寻,也是对整个俄罗斯法制发展过程的深入了解。对于俄罗斯联邦国家而言,要完成对其法律制度的完善或者法律文化传统的传承,以及研究法治等问题,必然会涉及本国法律的发展进程,了解以往法制的一些情况及发展轨迹,这是其一。其二,中国与俄罗斯联邦不仅在政治、经济上有所往来,法制方面的相互影响也是存在的。研究俄罗斯法制史的问题,不仅可以了解其国家的法制情况,也可以从中得到些许法律文化层面的启示。这样看来,对于法律史的研究的现实意义是存在的,从某种意义上讲并不劣于部门法。

三、研究现状

有关俄罗斯古代法制史部分,国内外均已经进行了一定的研究,并形成了一定的学术成果,成为之后研究俄罗斯近现代法制的基础。但是,在所见的相关研究成果中,对《罗斯法典》的研究却没有引起足够的重视,是一个值得挖掘的课题。由于这个课题涉及的范围比较宽广,所以以往的研究成果呈现了多样化的形态,需要对相关成果进行阅读和梳理。通过对现有掌握资料的整理和分析,可以大致了解对《罗斯法典》研究的状况,并可以成为本书写作的基础和借鉴,以求达到一个较为充分、全面的认识。据笔者的梳理,有关《罗斯法典》问题大致可以分为整体性研究成果和对具体问题的专论。

（一）对《罗斯法典》及其法律制度的整体性研究

对《罗斯法典》的研究不仅涉及法典中所记载的条文，也包含对整个基辅罗斯时代实际存在且法典中没有提及的法律制度的分析，要想全面、整体地进行考察绝非易事，但是还是有一些成果值得借鉴。

国内对《罗斯法典》进行整体性研究的成果主要是由兰州大学历史系教授王钺先生所著的《〈罗斯法典〉译注》，在将法典全部条文完整翻译成汉语的同时，也在参考大量史籍和吸收各家成果的基础上，对法典进行逐条注释，有的甚至细化到词语，这在一定程度上即是对法典本身作出了进一步研究和考察。所以，《〈罗斯法典〉译注》是一部重要的前期研究成果。第一，它对个别条款的来源作出了说明。由于《罗斯法典》具有多元化的法律来源，所以它对相关的条款作了说明，例如是源于本民族习惯还是外来法律制度，是原有立法还是后来判例。第二，它对当时人物名称进行了解释和说明。在古代罗斯，有很多人物在法典条文中出现，例如罗斯人、侍从、审判官、审判执行官、游民、现场目击者、证人、总管、税吏、基温、马厩长、庄头、田畯、契约农、斯麦尔德、霍洛普、波雅尔、债农等，了解这些人物的名称是有助于理解相关法律规定的。第三，它对一些习俗作出了解释。在法典中，许多条文涉及习惯内容，例如被殴打流血的人不需要向法庭提供证人、受到器皿或剑背等的打击和拔掉他人胡须是严重损害个人声誉的事情、寻找失物的第一个步骤是"在市场上公开声明"等，这样的说明可以明确有关古代罗斯习惯法的一些内容。第四，补充条款。由于《罗斯法典》是在13世纪总体编纂而成的，其中对许多条文进行了补充，所以在阅读条文过程中就会出现较多的矛盾之处，译注部分则很好地说明和解释了这些问题。第五，它对一些法律条文本身的内涵和具体运行作出了解释。例如对质问题，在法律条文中只是予以规定，而译注部分则针对条文进行解释，与法律解释非常相似。第六，它指出了一些法律行为的性质，例如正当防卫和集体犯罪。同时，王钺先生也对《罗斯法典》是何时被再次发现、如何面世以及版本和法典具体结构作了简要介绍，并且对法典给予很高评价,认为"《罗斯法典》是一部具有重大学术价值和实用价值的古法律文献,是古罗斯国家社会、政治、经济发展的真实记录。""《罗斯法典》不失为俄国古史卷帙中之瑰宝。"① 可以说,《〈罗斯法典〉译注》不仅仅是一部译作,也是全面研究《罗斯法典》的开山之作,其中对某些问题的解析成为本书研究的基础和借鉴。

此外,由俄罗斯学者奇斯佳科夫主编的《俄罗斯国家与法的历史》在对《罗斯法典》进行阐述和评价的基础上,对当时的法律制度,如契约、婚姻家庭继承法、刑法和刑罚以及某些诉讼制度进行了描述。② 张寿民先生所著的《俄罗斯法律发达史》也是一本介绍《罗斯法典》较为重要的成果。从全书的体系来看,主要注重俄罗斯法律发展变化的过程,所以涉及基辅罗斯时期的法律制度相对较少,对于《罗斯法典》的阐述也具有一定的整体性。书中对基辅罗斯时期(9—14世纪)的法律制度作了一定的介绍和解释,其中大部分内容涉及《罗斯法典》,主要表现在两个方面:第一,对《罗斯法典》的版本和形成过程进行了叙述。《俄罗斯法律发达史》指出法典产生之前的一系列立法和法规奠定了《罗斯法典》的基础,将《罗斯法典》分为《雅罗斯拉夫真理》《雅罗斯拉维奇真理》《雅罗斯拉夫王公条例》和《单骑英雄弗拉基米尔条例》四部分,分别叙述了这几部分的形成过程。第二,对基辅罗斯时期的具体法律制度进行了概括性的阐述。《俄罗斯法律发达史》将法制内容分为国家法、民法、刑法、法院和诉讼四个部分:"国家法"部分涉及政权机构、内外职能、各种高层会议等问题;"民法"部分提及土地所有权、债权、婚姻家庭和继承法;"刑法"部分涉及犯罪种类和刑罚种类,并总结出此时期刑法的特点;③ "法院和诉讼"部分提出了司法权的归属、诉讼的辩论性质以及证据

---

① 王钺:《〈罗斯法典〉译注》,兰州大学出版社1987年版,第149页。
② 参见〔俄〕О.И.奇斯佳科夫主编:《俄罗斯国家与法的历史》(第五版)(上卷),徐晓晴译,付子堂校,法律出版社2014年版,第46—53页。
③ 基辅罗斯时期刑法的特点有四个:(1)没有区分民事和刑事违法行为。凡是使人遭受物质上、身体上或精神上的损害的行为,都视为犯罪;(2)保护封建主利益是当时刑法的主要目的,对霍洛普的人身和财产根本不予保护;(3)视受害人的地位规定了不同的刑罚;(4)刑罚的一些基本概念已经开始形成,例如恶意、疏忽和偶然,未遂和既遂。

种类。可以说，这些对基辅罗斯的法律制度作出的简要介绍，形成了一条研究《罗斯法典》的线索或者纲要性成果，对于本书的研究亦有很大帮助。

在这里，值得注意的一点是，在王立民教授所著的《古代东方法研究》中也涉及古代罗斯的法律制度，均出自《罗斯法典》。作为一部研究古代东方国家法律制度的著作，作者将俄罗斯法作为一个部分进行研究，其中在身份法、刑法、民法、婚姻法和诉讼法部分都作了一定的阐述和分析。[①] 虽然这部著作并没有将主要笔墨用在古代罗斯法律制度上，但是其中的一些问题和研究也对本书的写作提供了有益借鉴。

以上这些整体性成果，均在一定程度上综合把握了《罗斯法典》中的相关问题，而其中所涉及问题和线索，无论详细与否，都形成了一定的基础和借鉴，对本论题的展开具有不可替代的意义和价值。

（二）《罗斯法典》中的具体法律问题

由于研究《罗斯法典》所需要涉及的问题比较繁杂，所以在对《罗斯法典》的整体性问题进行研究的同时，也存在一些对具体问题的研究成果，这些前期性的论著在一定程度上都可以成为笔者研究论题的基础。

1.《罗斯法典》的形成

对于《罗斯法典》的形成问题，学术界并没有太大的争议，一般均认为《罗斯法典》由四部法典或法规组成，是在罗斯社会各种因素不断变化的过程中逐渐形成的，而且在最后形成汇编时还根据实际情况作出了修订和补充。其中，具有代表性的研究成果为王松亭的《〈罗斯法典〉形成始末——俄国法制史研究之一》（载《吉林大学社会科学学报》1994年第3期）、朱寰的《略论〈罗斯法典〉产生的社会条件》（载《求是学刊》1994年第3期）和王钺的《〈罗斯法典〉产生的社会背景分析》（载《兰州大学学报（社会科学版）》1996年第4期）。

---

① 有关这部分内容，参见王立民：《古代东方法研究》，北京大学出版社2006年版，第107—287页。

王松亭的《〈罗斯法典〉形成始末——俄国法制史研究之一》一文着重介绍了法典的形成过程,①分别对《雅罗斯拉夫法典》《雅罗斯拉维奇法典》《1097年法典》和《摩诺马赫法规》的出台背景及法律来源作出了解析,从最早的记载中提取了有关习惯、王公法规和拜占庭法律的某些内容,认为"基辅罗斯最初几代王公的立法活动,为《罗斯法典》的形成奠定了基础。"②起初雅罗斯拉夫在其领地炮制出的《诺夫哥罗德法规》就是《雅罗斯拉夫法典》的基础,而之后的三部法规均是在封建斗争中统治者为解决新问题而制定的,经历的过程非常漫长,也在不断地修正以往的法律以适应新环境。直到"13世纪初,在诺夫哥罗德完成了《罗斯法典》的详细修订本,从此结束了《罗斯法典》长期而复杂的形成过程。"③朱寰的《略论〈罗斯法典〉产生的社会条件》和王钺的《〈罗斯法典〉产生的社会背景分析》则是通过对当时社会环境和各种因素进行阐述,认为《雅罗斯拉夫法典》出台的社会条件是1015年诺夫哥罗德市民反对瓦格良雇佣兵劣行的起义以及弗拉基米尔诸子之间的内战,《雅罗斯拉维奇法典》和《摩诺马赫法规》的出台则是因为封建大土地所有制开始形成、阶级对立日趋严重和罗斯城市的封建化,而其中的直接因素均为市民起义。王钺也在其文章中叙述了类似的社会环境,但是较为重点地介绍了个别重要条款的出台背景,例如命金的废除是由于日益增多的"抢劫"案件,恢复实施是为了增加财政收入以应对战争经费不足的困境;针对维尔福成员在封建化过程中的不满和起义,出台有关维尔福的法律规定,以加强对其控制,防止和镇压村社自由农民的反抗;大批维尔福成员在封建化过程中因拖欠封建主钱财而被迫以身抵债,摩诺马赫制定了债农法令,以缓解矛盾。与此相关的一个问题,即

---

① 与此相关的研究成果如前文提到的《俄罗斯法律发达史》中对法典形成的叙述、《〈罗斯法典〉译注》中的大致介绍,孙成木等主编的《俄国通史简编》(上册)(人民出版社1986年版)中也对《罗斯法典》的形成作出了简要的叙述。
② 王松亭:《〈罗斯法典〉形成始末——俄国法制史研究之一》,载《吉林大学社会科学学报》1994年第3期。
③ 同上。

《罗斯法典》中的法律渊源在文中也有所涉及。例如,根据《911年条约》和《944年条约》中提到的《罗斯法律》中习惯法内容与法典中条文的借用关系,由判例而形成的法典规定,王公立法而形成的条文,拜占庭教会法的引入,等等。① 这些在法典编纂过程中都是必要的元素,所以也是较为重要的问题。

可见,三者之间的问题意识是不同的,而且所论述的问题也各有侧重,但是总体而言,已经将当时大致的社会情况及法典形成过程阐述清楚。虽然三者限于篇幅没有面面俱到,但是为本书中相关问题的论证提供了有利的线索和基础。

2. 刑罚制度

有关《罗斯法典》中的刑罚问题,在国内主要且典型的研究成果是王立民教授的《〈罗斯法典〉的罚金制度透析》一文。该文以《罗斯法典》条文为研究对象,将其中有关罚金的规定抽取出来,并进行了深入分析。其中通过对法条的分析,得出了罚金所适用的犯罪类型,如盗窃、破坏财产、伤害、非法拘禁刑讯、拐卖人口、非法耕种他人土地、抢占他人财产和窝藏财物。在阐述具体情况的基础上,王立民教授还总结出一些适用罚金的原则,如加重处罚共同犯的原则、注重维护身份和权益的原则、与赔偿一起使用的原则;同时,还进行了一些相关问题的探讨,如不适用罚金的情况,罚金的处理即分配问题,罚金与支付金钱、命金的比较。② 这些研究工作都为更好地继续研究罚金制度提供了借鉴。

---

① 相关的成果如:王小波在论文《俄罗斯法律制度的源起初探》(载《俄罗斯研究》2008年第4期)中,认为罗斯的法律制度的生成在很大程度上受到了拜占庭、保加利亚、基督教的影响,汇总了瓦里亚格人和斯拉夫人的部落习惯法,继承了10世纪初奥列格时期颁布的《罗斯法律》,吸收了罗斯与拜占庭条约的部分内容,借鉴了拜占庭、保加利亚、基督教的重要法典和文献。俄国历史学家瓦·奥·克柳切夫斯基在其著作《俄国史教程》(第一卷)中,也提到了民间习惯、王公立法和教会法对《罗斯法典》的渊源作用。

② 参见王立民:《〈罗斯法典〉的罚金制度透析》,载韩延龙主编:《法律史论集》(第4卷),法律出版社2002年版。同时,此论文也刊载在王立民教授所著《古代东方法研究》(北京大学出版社2006年版)的附录四中,具体为第318—327页。

3. 国家政权法制

有关古代罗斯国家的政权法律制度问题,类似于张寿民先生在《俄罗斯法律发达史》中提出的"国家法"。虽然在《罗斯法典》中没有以法律条文形式进行规定,但是对于研究其中的法律制度却是必不可少的一部分。主要的研究成果为湖南师范大学历史系教授赵士国的《俄国政体与官制史》(湖南师范大学出版社1998年版),其中涉及基辅罗斯时期主要的政治制度。他认为,基辅罗斯的政权性质为贵族君主政治,大公在建国之初只是具有原始军事首领的性质,并开始向封建君主转变。基辅罗斯时期王位的继承制度即从顺序制到世袭制的过程为该书论述较多的内容,其中包括顺序制的概念、形成、具体实施和瓦解原因,以及世袭制的形成。[①] 在政权结构上,他认为"封建统治的核心是由大公之下的封邑王公、亲兵和波雅尔三个社会集团构成的"[②],并分别对三者的成员组成、具体职权进行了具体论述。他认为:"在基辅罗斯时期,谓彻、王公会议和杜马是大公实行贵族君主制统治的重要决策机构,在古罗斯的历史上占有很重要的地位。"[③]同时,他重点分析了三种会议的起源、性质、职能以及具体运行方式。基辅罗斯在建国初期"还谈不上有什么行政管理系统。从10世纪末,即从弗拉基米尔大公起,基辅罗斯的行政统治机构才逐步确立起来,当时的行政管理机构也采取了'十进位制'管理体制。""地方行政机构的首领是行政长官和乡长,他们负责城乡管理,在地方上拥有司法、治安、征收贡赋、统领军队等多种职权。"[④]同时,他认为教会在当时的政治体系中占有重要地位,东正教的大主教和主教始终是国家决策集团中不可缺少的成员。

---

① 在基辅罗斯的王位继承制这个问题上,俄国历史学家瓦·奥·克柳切夫斯基在《俄国史教程》(第一卷)(张草纫、浦允南译,商务印书馆1992年版)中也进行了详细论述,其中涉及顺序制确立之前的情形,顺序制的起源、具体实施、瓦解,以及世袭制的确立等相关问题,大致的描述和分析与《俄国政体与官制史》基本一致。
② 赵士国:《俄国政体与官制史》,湖南师范大学出版社1998年版,第12页。
③ 同上。
④ 同上书,第14—15页。

与此相同的是由辽宁师范大学历史系赵振英副教授所著的《俄国政治制度史》（辽宁师范大学出版社 2000 年版），其中简要介绍了罗斯早期封建国家大公的职能、大公的资议机构波雅尔杜马以及"谓彻"民众大会，并且提出："9 至 10 世纪时，即基辅罗斯建立之初，在中央没有专门的中央行政管理机构。11 至 12 世纪时，随着封建制度的形成和发展，大公的宫廷成为国家行政管理中心。宫廷里设置了谓大公掌管一种事物的专职人员。""基辅国家建立之初，地方管理采取了数计制管理体制。"①但是，与《俄国政体与官制史》相比，《俄国政治制度史》中对这些问题的阐述较为简单，有些只是提及而并无具体介绍。

同时，还有王松亭的论文《基辅罗斯政治制度考略》（载《社会科学战线》1994 年第 3 期），其中除提及以上两部著作（《俄国政体与官制史》和《俄国政治制度史》）的内容外，还论述了它们没有提及的"封建主大会"，具体阐述了其产生时间、参会人员、具体程序以及主要职能，并认为"封建主大会的出现，表明封邑王公和地方波雅尔势力的增长。封邑王公可利用这种会议与基辅大公分庭抗礼，而地方波雅尔也可通过这种会议控制和约束封邑王公，同时各封建集团也可以通过这种会议缓解各种矛盾。所以，封建主大会是适应当时社会发展需要的历史产物。"②同时，此文还简要介绍了一种被称为"собор"的会议制度。

在地方行政组织问题方面，村社制度是一个较为突出和重要的部分，国内学者对该问题的研究已经初具规模。最早对此进行研究的是马英昌的论文《基辅罗斯时期的公社》，指出基辅罗斯时期的公

---

① 赵振英：《俄国政治制度史》，辽宁师范大学出版社 2000 年版，第 5、6 页。在尼古拉·梁赞诺夫斯基和马克·斯坦伯格所著的《俄罗斯史》（第七版）（上海人民出版社 2007 年版）中，也涉及基辅罗斯的政治制度，作者认为大公在司法和行政方面处于关键地位，主要的政治机构就是杜马和谓彻大会。在赵玉霞、韩金峰所著的《外国政治制度史》中，也提及王公依靠封邑王公、亲兵、波雅尔进行统治，以及王公会议、封建主大会、谓彻会议这样的决策机构，还涉及行政管理中的数计制问题。

② 王松亭：《基辅罗斯政治制度考略》，载《社会科学战线》1994 年第 3 期。

社在南方基辅一带叫作"维尔福",在北方的诺夫哥罗德叫作"米尔",并认为"俄国最古的法典《俄罗斯法典》和最古的编年史《往年纪事》是研究这一时期公社维尔夫最基本的原始文献。"①作者通过对《罗斯法典》条文的理解,认为"维尔夫的实质真实随着家庭形态的改变、组成基础的改变而发生变化,成为邻里间联合的地域公社"②,其特点为拥有一定的地域范围,是集体承受罚款单位和共同纳税单位,拥有森林、牧场等集体财产,并且认为斯麦尔德是维尔福的成员。

1996年,中央编译出版社出版了金雁、卞悟所著的《农村公社、改革和革命》一书。有学者认为该书主要的论证重点是"从俄国的传统与现代化的角度对村社进行分析,对俄国'土地公有定期重分制度'提出了自己的观点,探讨了俄国村社传统与俄国现代化的关系。"③该书也涉及基辅罗斯时期维尔福的问题,作者通过对法典条文的分析,认为"维尔福是一个集体,其最主要特征就是连环保,即集体为个人承担责任(相应的,也要限制个人的权利),集体向统治者承担义务(相应的,个人必须向集体承担责任),包括治安责任、纳税或交纳罚款的责任等等。维尔福有固定的地域。维尔福集体不仅要为其成员个人承担责任,也要为这片领域上发生的事件承担责任。维尔福作为集体具有公社本位的价值取向。维尔福还具有纳税单位与民事司法组织的职能。与后来的农村公社相比,维尔福作为共同体显得相对松散,其成员的个人自由度相对较大。"④

此外,张广翔在《俄国村社制度述论》(载《吉林大学社会科学学报》1997年第4期)一文中,对村社制度作出了整体性论述,认为村社具有经济职能、税务职能、司法职能、行政和警察职能、联合职能、

---

① 马英昌:《基辅罗斯时期的公社》,载《西北师院学报》(社会科学版)1983年第4期。
② 同上。
③ 王文娟:《俄国农村公社研究状况概述》,载《内蒙古师范大学学报》(哲学社会科学版)2006年第6期。
④ 金雁、卞悟:《农村公社、改革和革命》,中央编译出版社1996年版,第38—40页。

合作和慈善职能、文化教育职能、宗教职能和交往职能,①并认为村社管理分为正式和非正式的,"正式控制包括罚款、鞭笞、财产没收充公或减价拍卖、拘捕、开除出村社、送去当兵、流放或关监狱。非正式控制包括挖苦、起绰号、蔑视、嘲讽、评头品足等,此外还有私刑。非正式社会控制在村社内部事务中起首要作用。"②村社生活的原则是民主集中制、集体责任制、行为自由但不能超越传统和风俗习惯、农民权利义务平等、实现所有权和劳动权的方式原则、保障参与公共事务的权利、不干涉他人私事和墨守成规。③ 可见,这篇论文对俄国村社制度作出了较为详细而全面的论述,然而并没有说明其具体时期,所以不能一概而论,将其定位于基辅罗斯时期的维尔福或米尔。但是,即便如此,我们也可以从中得到一些信息和资料,以考察基辅罗斯的村社制度。

还有学者通过其他角度完成对村社制度的论述,如罗爱林的

---

① 这些职能的具体内容如下:(1)经济职能:平分土地,制定土地使用规则,组织生产。(2)税务职能:按比例分摊和征收国家的捐税、土地税和米尔税款;完成劳役;监督农民按时交款;采取措施追缴欠税、管理财务等。(3)司法职能:依据习惯法审理民事案件,审判在村社内所犯的刑事罪(纵火和杀人这样的重大犯罪除外)。(4)行政和警察职能:维持治安、村社内部的纪律和习惯法规范;拘捕流浪汉、逃亡者和逃兵;监督有关农民入社、开除、转社等规则的实施;在发生火灾、水灾和其他重大事故时采取应急措施;警告不正当行为,拘捕罪犯并进行查询;以罚款、拘禁或鞭笞等方式惩治轻微犯罪的农民;对欠债人处以强制劳动。(5)联合职能:把农民联合在一个团结的集体,在国家、地主、其他村社与机构面前维护自己的利益。(6)合作和慈善职能:互助合作,荒年时予以粮食救济,给穷人以物质帮助,救济孤寡老弱,开办学校、医院、公共粮库等公共设施。(7)文化教育职能:组织业余活动,办学校、图书馆等。(8)宗教职能:关心教会的情况,组织宗教生活,过宗教节,按时举行耕作仪式。(9)交往职能:保持同地方、区、县、省僧俗机关的联系。

② 张广翔:《俄国村社制度述论》,载《吉林大学社会科学学报》1997年第4期。

③ 具体详细的原则如下:(1)民主集中制:整个村社的利益高于单个农民(家庭)的利益。(2)集体责任制:在国家面前,村社对农民负责;在村社面前,家庭对农民负责。(3)在实际实施村社生活的原则时,允许每个农民有个性和主动性,但不能超越传统和风俗习惯。(4)农民的权利和义务完全平等,对农民中的任何分化都作出严格的规定。(5)全体农民的所有权和劳动权通过以下方法实现:共同地、平均地使用村社的全部财富,保障村社全体成员的生活资料,扶助每个农民家庭的支付能力。(6)保障参与公共事务的权利(参加村社大会、农民法庭、担任当选的职务)。(7)一些家庭在危急和困难情况下,有权得到村社的帮助。(8)在不超越传统和风俗习惯、没有破坏村社的整体利益时,村社不干涉农民家庭内部事务和个人私事。(9)墨守成规,以古风为楷模。

《俄国农村公社名称探析》(载《西南民族大学学报》2004 年第 9 期),其主旨在于对不同时期农村公社的名称及其内涵进行分析,并以此论述农村公社发展的不同社会形态。其中,基辅罗斯时期的"维尔福"被认为是最复杂的问题之一,作者在肯定其源于"绳索"一词之后,开始对其含义进行分析,并列举式地提出了其他人的各种观点,①但并未表明自己的观点。同时,作者阐述了其基本特征:"维尔福是从事个体经济的直接生产者——土地主人的地域联合,拥有固定的地域,向王公政权负责,履行国家义务和赋税。维尔福的耕地由农民土地所有者占有,根据继承原则转手。维尔福拥有自治权,自己选择管理机关,有自己的法庭。维尔福内部实行连环保制度,每个成员都参加社会公共基金,可以得到维尔福的物质帮助。维尔福成员还通过血缘纽带和相互帮助的习惯彼此联系,共同举行仪式,庆祝节日。维尔福逐渐丧失自己的独立性。"②作者由此总结出:维尔福基本上是以地域为纽带的农村公社,只是还保留了部分家庭公社的痕迹。

4. 社会阶层与身份法

对于古代罗斯社会中的社会阶层的法律问题,在现有的资料和文献中都有所提及,并且根据所针对的不同对象进行了讨论,或多或少、或深或浅地阐明了当时社会中各种群体的社会地位问题,均作出了有效的论证,得出了适当的结论。

其中,较为全面讨论这个问题的专著就是俄国历史学家 B. O. 克柳切夫斯基的《俄国各阶层史》,将《罗斯法典》中的阶层分为王公

---

① 第一,维尔福是有一定长度的绳索,而这种绳索又是丈量土地的工具和土地单位,因此一定的土地地块也被称作"维尔福"。第二,不同意第一点的看法,认为当时土地非常充裕,根本不需要去丈量土地。"维尔福"一词在古代转义为"род"(氏族、种),同拉丁语中的"linea"和法语中的"la ligne"一样,不仅表示绳索,而且也表示血亲关系。第三,四周围上绳索的大会场地原来叫作"维尔福",尔后又将这一名称转用于公社及其土地。这同北方的"波戈斯特"一样,它原本表示一乡领土上的一个中心点,也就是召开米尔大会的地方。

② 罗爱林:《俄国农村公社名称探析》,载《西南民族大学学报》(人文社科版)2004 年第 9 期。

臣仆、自由民和家奴,认为"整个公民社会可以分成为王公个人效劳的自由人、结为社团向王公纳税的自由人和为个人效劳的非自由人。第一种人与王公的关系是个人关系,第二种人与王公的关系是集体关系,第三种人则是间接关系。"[①]随着社会经济的发展,在原来的社会阶层中出现了新的阶层——贵族、典身农、庶民和大贵族府奴头。他认为,罗斯社会阶层划分的基础是经济基础和法律不平等之间的联系。同时,他还提及了教会社会,叙述了教会的社会地位和其中的人员构成,认为它具有一套完整的机构和法律制度,具有与国家相同的结构和不同的体制。但是,他否认教会社会是一个阶层,认为"教会社会不是国家总结构中的一个完整的、均匀分布的阶层,它不能同国家结构中其他阶级相提并论。它是一个独立、特殊的,与国家社会平行的社会,……11、12世纪的教会社会不能称为阶层。"[②]由于该书侧重于整个俄国时期的社会阶层,所以提及古代罗斯时期的内容比例并不大,但是也较为全面地概括了当时的具体情况和相关问题。

除此之外,还存在一些对某些阶层具体研究的成果。张建华教授在《俄国贵族阶层的起源、形成及其政治觉醒》(载《理论学刊》2008年第6期)一文中,对俄国贵族的产生进行了探讨。他认为,领主是贵族阶层的最初来源,在9—10世纪时,一些上层侍卫拥有了一定的经济地位和政治权力,逐渐发展成为"领主阶层",随着政治独立性的增强而开始与中央政权抗衡;而贵族阶层则起源于12世纪下半期,属于一个在原来领主基础上新生的上层社会阶层。此外,《俄国政治制度史》和《俄国政体与官制史》中提到了贵族,但是并没有详细介绍或论述。可以说,有关基辅罗斯时期贵族阶层问题的学术成果是很少的,而在论述古代罗斯社会中下层群体的问题中,就有所

---

① 〔俄〕B.O.克柳切夫斯基:《俄国各阶层史》,徐昌翰译,商务印书馆1990年版,第38页。
② 同上书,第47页。有关教会社会的问题在其另一部著作《俄国史教程》(第一卷)中也有涉及,由于是同一个作者所著,所以在内容和观点上基本一致。

不同了。① 王松亭在其《古罗斯依附农民初探》(载《史学集刊》1984年第3期)一文中,阐述了霍洛普、斯麦尔德、债农、里亚多维奇和依兹哥依等各类依附者的社会地位和发展变化,逐一进行了分析。他认为霍洛普是对男性奴隶的称呼,具有非自由人身份,并结合《罗斯法典》中的相关条文描述其经济地位和法律地位,认为"好洛仆不是法律的主体,而是法律的客体。因此,他们无权到法庭起诉,充当见证或被告,杀死他们只付乌罗克(生命赔偿金)而不罚血款。"②同时,他认为霍洛普的来源在历史和社会经济的发展过程中不断减少,以致罗斯奴隶制走向衰弱。有关斯麦尔德的问题,王松亭也在文中有所论述,但是更为详细具体的论述是在其《术语"斯麦尔德"探疑》一文中,阐述了"斯麦尔德"这个术语最初的含义及嬗变,并认为"斯麦尔德是数量较多的农业居民。""封建时代的斯麦尔德,是农村中以农耕为主要职业的农民群众,也是农村公社的成员,需要的时候他们会去服兵役,在某些地区他们兼做征收索贡的下级差役。"③同时,他也对斯麦尔德的社会地位作出了分析,认为斯麦尔德在封建化的过程中分化为自由的斯麦尔德和依附的斯麦尔德两部分,两者的社会地位、权利和义务各不相同。他认为:"自由的斯麦尔德,是全权的法律主体,而依附农民则不具备这种资格。""自由的斯麦尔德是个体农民……,他们占有土地、牲畜和财产。""自由的斯麦尔德是国家的纳税民,有义务向国家缴纳贡赋。""其地位不稳固,个体经营的小农极易分化,他们的封建大潮的旋涡中沉浮,可能上升,也可能下降。"④依附的斯麦尔德的法律地位则"处于王公领地的司法权的控制之下",其继承权"是以为封建领主尽义务为前提的,一旦失去了

---

① 在罗斯社会下层社会人群问题上,《〈罗斯法典〉译注》中的大部分内容涉及这些规定,所以注释内容上也偏多,可以在很大程度上了解这些阶层的法律地位等情况,但是略显零散。相比而言,正文中所列举的几篇论文在方式上显得更为体系化和集中,所以此处不再赘述《〈罗斯法典〉译注》中的相关情况。
② 王松亭:《古罗斯依附农民初探》,载《史学集刊》1984年第3期。
③ 王松亭:《术语"斯麦尔德"探疑》,载《吉林大学社会科学学报》1992年第5期。
④ 同上。

这种能力,其继承权就会被剥夺。"①其他类型的依附民,如里亚多维奇、柴苦比(债农)、依兹哥依、柴杜什柳迪、普森尼克或普洛森尼克,也都在《古罗斯依附农民初探》一文中有所涉及,但是由于文献资料的缺乏,只对柴苦比(债农)、依兹哥依的情况作了简要介绍,其他则只是提及而已。对于债农问题,有专门的论文进行了集中论述,即白玉的《基辅罗斯债农社会地位辩证》(载《宁波师院学报》1992年第1期)。此文结合了《罗斯法典》中的规定以及当时的社会经济背景,论证债农是如何由自由民转变而来,并且肯定其具有一定的财产权,包括生产工具和土地。作者同时集中阐述了债农的法律地位,否定了债农与奴隶的同等性,认为"债农行动自由在偿清债务本息之前受到限制,但并未完全取消;法律面前主人与债农同是自由人;债农尚承担社会义务。"②作者在承认债农的人身依附性的同时,也阐述其与农奴之间的关系,认为"这种临时依附,在早期封建社会的历史条件下,迟早要导致非经济强制,造成债农对主人在法律上的依附和权利不平等地位,冲破《罗斯法典》对债农的有限屏障。因此,债农是自由农民向农奴过渡的必经环节,是更完全意义上的农奴的前身。"③

关于罗斯社会阶层的问题,学者们大多以《罗斯法典》中的条文为主要依据,并且结合相关资料和社会情况进行解析和考察,形成了一个总体性认识。

5. 宗教与罗斯法制

在俄罗斯的历史上,宗教问题与法律、政治制度一直处于不可分割的状态,所以要了解古代罗斯宗教和法律之间的关系,就需要对相关问题进行梳理和分析。有关这个问题的研究成果主要集中在宗教史领域。

在多神教对罗斯法制影响的问题上,并没有专门的论著对其作

---

① 王松亭:《术语"斯麦尔德"探疑》,载《吉林大学社会科学学报》1992年第5期。
② 白玉:《基辅罗斯债农社会地位辩证》,载《宁波师院学报》1992年第1期。
③ 同上。

出说明,甚至没有提到多神教在《罗斯法典》中的反映。在现有的资料和文献中,也很难肯定哪些法律是来自于多神教信仰形成的习惯,即使在提到法典中某些条文为原来的习俗或惯例时,也没有确实的证据证明其与多神教有关。在东正教对罗斯法制影响的问题上,大多数研究者则持肯定态度,现有的研究成果从多个角度进行了分析。例如,相关研究成果均认可东正教教会对罗斯习惯法的影响。西南政法大学的一篇硕士论文《论教会对基辅罗斯习惯法的改造》侧重描述了东正教对基辅罗斯习惯法的影响,认为教会主要的改造对象为家庭婚姻法,其中包括婚姻缔结和解除、妇女在家庭中的地位、家庭中非婚生子女问题,同时也包括对法典编纂过程中对习惯法改造的影响,法典中未提及的奴隶制问题,以及司法决斗、血亲复仇和死刑。王小波在其《俄罗斯法律制度的源起初探》一文中,也认为"基督教的传入给罗斯带来了拜占庭的教会法和世俗法,带来了拜占庭的法律观念和法律思想,动摇了古罗斯的法律习惯。"①同时,也有对罗斯司法制度的影响的论述。例如,杨翠红的《东正教对罗斯封建制度发展的促进作用》(载《西伯利亚研究》2009年第1期)认为,东正教对基辅罗斯封建司法制度产生了重要影响。"东正教传入罗斯后,拜占庭的法制观念随之传入罗斯。罗斯洗礼后弗拉基米尔试图按照拜占庭基督教的形式改革古罗斯刑法。他以令犯罪王公交纳罚款代替死刑、体罚。"教会开始参与国家管理,并形成教会司法权,对罗斯司法制度产生了很大的影响。"11世纪,教会司法权深入到社会生活的内部,它帮助封建世俗权力巩固正在形成中的封建制度和相应的社会关系,规范了婚姻、家庭以及亲属之间的关系,帮助克服了原始部落关系的因素,用新的阶级社会的法规代替传统的公社制

---

① 王小波:《俄罗斯法律制度的源起初探》,载《俄罗斯研究》2008年第4期。与此观点相同的有李琳的《东正教与俄罗斯法律文化》(载《赤峰学院学报》2011年第7期),她认为:"东正教规完全取代了婚姻家庭习惯法,教会在调整罗斯国家的民事法律生活方面,特别是家庭关系方面包括婚姻制度、道德行为规范等开始发挥巨大影响。"

度的法规。"①这些都是从直接影响角度论述的。此外,还有观点阐述了其间接影响。例如,乐峰在其《俄国宗教史》中认为:"在接受东正教的同时,罗斯还从拜占庭接受了法制体系。在形成初期,罗斯国家还没有健全的法制。因此,与东正教一起传入俄国的拜占庭帝国法典在罗斯制定国家法律和教会法规方面发挥了十分重要的作用。"②这种观点承认了东正教带来了拜占庭法律,也从另一个侧面对罗斯法制产生了作用。

虽然在具体问题上的论述并没有之前整体性成果那样完善,但是从各个角度和类别进行讨论有时更有优势,可以在主要问题上给予详细而具体的说明,即使有时会产生偏差,也不妨碍其成为可资利用的基础性成果。

通过对《罗斯法典》研究现有成果的梳理和分析,可以得出几个总体的认识:第一,研究成果相对较少,主要集中在20世纪80、90年代,21世纪虽然也有涉及,但是并没有在研究范围上得到很大拓展。第二,较为全面、整体性的研究成果极少,多数集中在个别问题的讨论上。第三,多数成果集中在史学界,而法学界,尤其是法律史学界的成果寥寥无几。第四,研究人员群体较小。相比其他传统的学术领域,俄罗斯古代法制史中相关问题的研究缺乏广泛参与性。究其原因,笔者认为大致有以下几点:第一,法律史学界在各自研究领域中主要以英语、法语、德语为主,而具有俄语语言条件的学者大部分不从事法律史研究,所以对于俄罗斯法制史的研究自然就缺少人员上的准备。第二,俄罗斯法制史资料大部分并未译成中文,而对于这些资料的翻译也并非易事。第三,该领域并非热门,加上前两个因素,学术成果自然显得缺乏,且逐渐成为学术界的"死火山"。即使如此,学界现有的可资利用的成果依然可以满足一定的研究需要,成为笔者研究《罗斯法典》及相关问题的借鉴和基础,不仅提供了一定

---

① 杨翠红:《东正教对罗斯封建制度发展的促进作用》,载《西伯利亚研究》2009年第1期。

② 乐峰主编:《俄国宗教史》(上册),社会科学文献出版社2008年版,第436页。

的线索和资料,也具有一定的指导意义。

四、史料的使用

法律史学科结合了法学和史学的双重性格,对法律制度的考察和分析需要建立在对历史进行客观解剖的基础上。所以,研究法律史问题,史料就是一个较为重要的部分,甚至可以说具有决定性作用。研究法律史——无论是中国法制史还是外国法制史,都存在一个史料的收集、梳理、分析的过程,也存在一个翻译的过程。这似乎对于中国法制史研究而言极为可笑,但是如果仔细思考,就可以发现,对于中国古文字的解读不亚于翻译一篇外文资料,其中的难度可想而知。对于外国法制史研究而言,这种工作的重要性则更为明显。本书对俄罗斯古代法制史上的第一部成文法典——《罗斯法典》的研究,需要解决的主要问题就是史料。由于国内外对于该问题的研究并不十分活跃,可资利用的历史文献有限,史料问题也就显现出了研究短板;同时,由于资料的零散性及年代的久远,大部分外文资料可能已经被遗失或者束之高阁而未被人知,所以穷尽所有便是"难于上青天"之事。鉴于此,笔者从最基本的法典文本和编年史入手,开始梳理其中的主要问题,而涉及的资料便是《罗斯法典》、俄罗斯编年史——《往年纪事》以及《诺夫哥罗德编年史》。

(一)《罗斯法典》的法律文本

研究一个国家某个时期的法律制度,最主要的文字记载就是当时的法律条文,《罗斯法典》也不例外。如果单纯从《罗斯法典》俄文原本中获取法条,必定会受到大量的古俄语的牵绊,幸而国内在20世纪80年代就已经由兰州大学历史系教授王钺先生将该法典的中译本出版,其原本是马夫罗金主编的《十一——十七世纪俄国农民史料》中所选《罗斯法典》。这给笔者分析其中的法律制度减少了大量而繁杂的翻译工作,对阅读具体法律条文提供了便利。这里还需提及的是,张寿民先生也翻译过该法典的一部分,刊载在外国法制史年会的年刊上,不同于王钺译本的是部分翻译及语言上的差异。这些都成为本书分析俄罗斯当时法律制度的最主要依据,同时也必须以已整理的流传下来的《罗斯法典》的俄文资料作为基础,对其中所涉及的原意和词汇内涵的解读才是研究法典本身问题的最主要资料。

(二)《往年纪事》

俄罗斯现存最早的一部编年史——《往年纪事》,是以东斯拉夫人为主体的东欧平原各族人民的一份重要文化遗产,是一种史学和文学相结合的体裁,因而也是古代罗斯最有史料价值的文学性历史文献。这部编年史着重讲述了9世纪中叶至12世纪初的东斯拉夫人和古罗斯国家的历史,包括日常生活、风俗习惯、内务外交、宗教等内容,成为研究9至12世纪俄罗斯国家历史、东欧国际关系和俄国东正教历史的珍贵资料。正因有如此价值,这部巨著为后来的俄罗斯人一直传抄了五百余年之久,作为现存最古老的俄罗斯编年史,也为后来的俄罗斯编年史汇编打下了坚实的基础。学界对它的评价是:"中世纪欧洲的一部历史巨著,书中以斯拉夫各国及其邻国的历史为背景,翔实地记载并研究了罗斯国家的发展史。"①

然而,编年史的作者是谁却是学界最为复杂的史料学问题之一。一般认为,《往年纪事》是12世纪由基辅山洞修道院僧侣涅斯托尔编成的,"涅斯托尔在撰写该书的过程中,参考了他所能搜集到的、大量的希腊书籍和罗斯书籍,他还为这本巨著加了这样的副标题:《古罗斯国家是怎样形成的?谁是基辅罗斯的第一位大公?罗斯国家是何时诞生的?》"。②但是,也有人认为《往年纪事》是基辅山洞修道院临近的另一个修道院院长西尔韦斯特尔加工续编而成的。俄国史学家 B.O.克柳切夫斯基认为"这个西尔韦斯特尔就是编年史汇集的编者","涅斯托尔是最早的基辅的编年史的作者,但这部编年史的真本没有流传下来……"③同时,在该编年史"1110年"项下还

---

① 〔俄〕T.C.格奥尔吉耶娃:《俄罗斯文化史——历史与现代》,焦东健、董茉莉译,商务印书馆2006年版,第40页。

② 同上。

③ 〔俄〕瓦·奥·克柳切夫斯基:《俄国史教程》(第一卷),张草纫、浦允南译,商务印书馆1992年版,第81—82页。

提到"我,圣米哈伊尔修道院的院长西尔韦斯特尔撰写了这部书。"①所以,学界采取了一种较为"折中"的结论,将"1110 年以前由涅斯托尔所编而未流传至今者看作《古史纪年》第一版,而在其基础上由西尔韦斯特尔加工修正续写(至 1117 年)的《古史纪年》看作'第二版'。罗斯各地编纂的编年史(如《拉夫连季编年史抄本》等)均将后者置于卷首,从而《古史纪年》被称为《俄罗斯编年史》(或《初始编年史》)。"②重要的是,这样一部记载古代罗斯的历史文献,在很大程度上成为研究《罗斯法典》不可或缺的辅助性材料,甚至会成为有力的证据,而且已经出现了中文译本。所以,本书也非常注重对此编年史的关注和解读。

最早的中文译本为兰州大学历史系教授王钺先生所著的《〈往年纪事〉译注》,1994 年 6 月由甘肃民族出版社出版。该译本最明显的特点就是在翻译其原文的基础上作了大量的注释,以方便读者对文献的理解。《〈往年纪事〉译注》共分 14 卷,从《圣经》中洪水灭世之后的传说时代开始,一直到公元 1117 年,基本按照时间顺序进行叙述。每一部分都是随时注释,例如文献中的地理名词、族群名称和人物介绍,以及一些具体事件的说明等。这样可以帮助读者准确理解历史背景和事件,为分析《罗斯法典》中的某些问题奠定了文献基础。与此相同的还有王松亭翻译的《古史纪年》,其实就是《往年纪事》,只是名称有所不同而已。早在 1994 年,王松亭在黑龙江大学就已经翻译了一个译注本,属"内部发行本",2010 年由商务印书馆正式出版。其译本为中俄文对照,但是注释部分非常稀少。最新的一个译本是 2011 年 4 月由商务印书馆出版的《往年纪事》。这部《往年纪事》的原文是从 1377 年成书的《拉夫连季编年史》中抽取出来的。苏兹达尔的弗拉基米尔修士拉夫连季根据一份破旧的手抄本,把《往年纪事》抄进编年史里。在苏联时期,Д. С. 利哈乔夫和 Б. А. 罗曼诺夫把古俄语译成现代俄语,同时还作了详细注释。1950 年,

---

① 〔俄〕拉夫连季编:《往年纪事》,商务印书馆 2011 年版,第 255 页。
② 王松亭译注:《古史纪年》,商务出版社 2010 年版,"序二"第 5—6 页。

苏联科学院重新出版了这部《往年纪事》。中文译本是由东北师范大学历史系的朱寰和胡敦伟完成的,翻译、校对工作经历了近30年。

这三个译本在内容上并无太大差异,只是在各部分名称及资料中文字表述上有所不同而已。最新版译文的注释部分成为这个译本的最大亮点和贡献,该书共553页,正文部分273页,注释部分则占了259页,可见数量之多。不仅如此,注释中的解析详细具体,经常涉及相关问题的介绍和论述,这都是前两个译本所不具备或者欠缺的,也为笔者详细了解具体问题及相关问题提供了线索。所以,在《往年纪事》文本的选择上,笔者主要选择该译本,同时结合其他译本完成考察工作。

除了《往年纪事》之外,现存可见的资料中还有一部较为重要的编年史著作,即《诺夫哥罗德编年史》。这也是古代罗斯直至中世纪俄罗斯较为重要的一部历史文献。这部编年史是在大诺夫哥罗德公国的一个修道院里完成的,从11世纪初就已经开始撰写,按照时间顺序将重大事件逐年记载下来,一直延续到15世纪末期。所以,从11世纪初至15世纪末俄国历史上发生的大事,在《诺夫哥罗德编年史》中都有反映。当然,其中也涉及基辅罗斯时期的一些事件,也包括与《罗斯法典》相关的历史记载,虽然在数量上并不多,但是也可以为本书论述相关问题提供史料基础。鉴于国内并没有中译本,笔者在阅读的过程中只适量翻译了其中较为相关的内容。

五、本书结构及主要问题

从本书的论题可以看出,笔者主要侧重于对《罗斯法典》及当时的法律制度的介绍和分析,所以在结构方面也较为传统,以求形成一个较为全面的论证体系,进行一种描述性的法史学工作。鉴于此,本书在结构方面需要进行一定的安排和布置,总体而言,分为四个部分:第一,介绍古代罗斯国家及法典的形成,同时对该法典的文本进行一定的分析;第二,对法典条文中涉及的法律问题进行叙述和分析,同时补充法典中没有、实际却存在的法律制度;第三,古代罗斯法律制度中的宗教因素;第四,通过以上的叙述和分析,将该法典的功能、价值和影响加以总结,提炼出其重要意义。

(一)《罗斯法典》的形成及其文本介绍

应当承认,法律的产生并不是以国家的建立为前提的。但是,具有国家性质的法典却有所不同,因为只有在这样一个政治组织之中才有可能完成一部法典的编纂。所以,在正式展开对《罗斯法典》具体内容和制度的叙述之前,需要对俄罗斯古代国家的形成作一个交代。这样,不仅可以了解当时的历史背景,也可以展现出古代罗斯国家在编纂法典过程中的作用。因此,本书的第一章就对古代罗斯国家是如何建立以及《罗斯法典》的形成过程作出了论述。首先是罗斯国家的建立。对于这个问题,学界存在着"诺曼说"和"反诺曼说"两种对立理论,但是其分歧和对立并不涉及罗斯国家建立的历史过程。笔者更多地是以俄罗斯编年史为依托,以东斯拉夫人—部落及部落联盟—罗斯国家这样的顺序进行讨论,同时对当时的内外因素加以分析,并在这个基础上完成对古代罗斯国家建立问题的论述。其次就是《罗斯法典》的形成过程。通过以上论述,很自然地过渡到国家建立之后法典的形成过程,这个问题的讨论显得较为复杂。该部分通过对文献的梳理和分析,列举了当时形成法典的多种法律渊源,这是法典形成的最基本要素之一。《罗斯法典》由四个法典或法令汇编组成,各个组成部分具有各自的形成过程,而且经过了不断的修改和补充,最后到13世纪才汇编成为《罗斯法典》。所以,这样的介绍或者描述一方面是为了了解其形成过程,另一方面更为重要的是为了理解现存《罗斯法典》文本中的一些矛盾之处,以及可以综合考察法典中的具体问题。此外,对《罗斯法典》文本的介绍也有利于了解该法典的重要部分。所以,本书在第二章专门对该问题进行论述,主要考察了其中的版本、抄本和译本,同时对法典文本的一些相关问题作出了论述,以求建立一个平台,加深对法典本身的了解。

可以说,这部分主要侧重于介绍,其中叙述的主要问题是为了在评析法典之前进行一定的了解,也是之后进行具体论证时的基础性论述,同时也保证本书的完整性。

（二）国家的运行和法典中具体制度的分析

了解了《罗斯法典》的大致情况，以下的论述就主要集中于具体制度的描述和分析。所以，第二部分的章节内容是本书的主要组成部分，是对法典中具体法律制度的剖析，是本书的重点所在，花费的笔墨和篇幅都是最大的。其中，在"王公的权力和国家的运行"一章中所涉及的问题并不是《罗斯法典》条文中所能直接体现的，但是笔者仍然将其作为一个问题提出并加以阐述，目的在于以此完成对统治者权力以及在此基础上的行政管理制度的分析。这无论对具体法律制度的制定还是实施都是客观的、必需的政治环境。之后的章节主要论述法典中涉及的问题，具体而言：第一，社会阶层的划分及演变，实际上是讨论古代罗斯社会身份法的问题，其中包括王公臣仆、波雅尔、自由民和奴隶的法律规制和法律地位，而且随着社会的变迁又产生了贵族、债农和依附农民，他们如何出现以及各自的法律地位都在讨论范围之内；第二，犯罪与刑罚问题，类似现代法中的刑事法律制度，由于法典中涉及的相关条文较多，所以相比之下这个章节的内容也最多，包括当时的犯罪理论，具体犯罪行为种类和处罚方式，以及法典中没有出现的死刑等刑罚制度，几乎涵盖了当时所涉及的刑事法律问题；第三，家庭婚姻继承制度，这个与社会运行和稳定相关的法律问题在法典中涉及得并不是太多，但是通过与其他资料的结合，也大致描述出了婚姻缔结方式的变化及解除的规则，家庭中配偶之间、父母与子女之间的人身和财产关系，对继承遗产时的不同法律规定等问题；第四，财产法律关系，主要论述物权和债权方面的问题，其中将当时对动产和不动产的分类及归属对象作了介绍，同时对当时主要的债权——契约之债作了详细的论述；第五，司法制度与诉讼程序，其中对世俗审判权和教会审判权作出了说明，而且将在具体司法行为过程中涉及的问题也一一列举分析，较为重要的证据制度更加充实了当时司法制度和诉讼程序的重要性。本部分的章节安排是一种并列式的，也是在这个基础上完成了对各个不同制度的叙述和分析。

(三)《罗斯法典》中的宗教性因素

在古代罗斯的法律制度中有一个较为重要的问题,就是宗教性因素。这在中世纪欧洲、古代东方国家是个普遍现象,对于一个宗教文化和宗教性格较为突出的国家而言,对其法律和宗教的分析都是不可或缺的。之前所提及的法律内容都涉及宗教性因素,但是并没有以这个视角进行针对性论述和分析,所以此处用专章论述该问题,以求在这个基础上更好地理解古代罗斯法制的状况。俄罗斯宗教史上经历了一个从多神教到东正教的过程,并且形成了"双重信仰"的状况,这对于法律制度的影响是非常突出的。其中,较为重要的就是东正教。每一个具有宗教信仰的国家,其法律制度都会在无形中被其影响,甚至起着决定性作用。古代罗斯社会中的宗教信仰方式,尤其是东正教信仰,不仅在立法和司法上,也在改造习惯方面凸显出其重要作用,并且在对待罗斯存在的奴隶制上也具有冲击性的意义。

(四)《罗斯法典》的意义

以上部分从各个角度和方面论述了《罗斯法典》,而本部分是在之前的基础上进行一定的总结,其内容是通过前文对《罗斯法典》的整体论述而综合得出一些观点和看法,主要集中在法典的功能、价值以及影响上。这些方面的论述都是基于对法条的分析和对法典的整体性解读,在一定意义上也是对《罗斯法典》的综合评价。

第一章
《罗斯法典》的形成

公元前20世纪末到公元前10世纪初,俄罗斯领域内出现了第一个国家——外高加索南部的乌拉尔图王国,它是一个奴隶制国家。公元前8世纪,乌拉尔图王国达到鼎盛期,占据了多个小公国和部落的领土。到公元前6世纪时,乌拉尔图王国被南方邻国米太国征服。在外高加索和中亚地区,也出现了很多国家政权。公元前6世纪,波斯人的奴隶制国家阿契美尼德王朝①攻占了外高加索和中亚的大片土地。公元前4世纪,马其顿国王亚历山大打败了阿契美尼德王朝,外高加索和中亚的各个民族又被纳入亚历山大的政治版图中。在亚历山大死后,这个地区又被他的将领塞琉古建立的塞琉古王朝②占领。在公元前3世纪时,一个独立王国——希腊—巴克特利亚王国在中亚细亚兴起,包括巴克特利亚、索格狄亚那、马尔吉亚纳和费尔甘纳,于1个世纪后逐渐解体。公元前1世纪,罗马军队侵入外高加索地区,将今天亚美尼亚、伊比利亚和里海附近的阿尔巴尼亚纳入自己的统治之下。到2—3世纪时,罗马人才因其本国奴隶制危机而丧失在该地区的影响。在公元1—4世纪时,还出现了一个贵霜王国③,将巴克特利亚、索格狄亚那的领土纳入了自己的版图,成为当

---

① 阿契美尼德王朝是公元前558—公元前330年古波斯统治朝代,居鲁士为该王朝的创立者,波斯帝国版图包括中近东的大部分国家,大流士一世时期为全盛时期,后为马其顿国王亚历山大所灭。

② 塞琉古王朝为公元前312—公元前64年统治中东和近东的一个王朝,由马其顿国王亚历山大的部将塞琉古一世所创建,公元前3世纪安条克三世时最为强盛,公元前64年被罗马征服。

③ 贵霜王国是一个在巴克特利亚以贵霜部落为首的公国的基础上兴起的一个古代国家,公元1世纪末—3世纪为鼎盛期,包括今天的中亚、阿富汗、巴基斯坦、印度北部的大部分领土。

第一章 《罗斯法典》的形成

时的一个大国,之后迁到印度。随着时间的流逝,俄罗斯境内的国家构成体的出现范围开始向北方推移,进入了黑海和亚述海周围,西徐亚人以及他们建立的王国在当时占有重要位置。

作为俄罗斯民族和俄罗斯国家前身的古罗斯国家起源于欧洲的东部,最终散布在广大的俄罗斯平原上,俄罗斯民族是东斯拉夫人的一支。公元8至9世纪,东斯拉夫人的部落联盟发展成了公国,其中最大的是诺夫哥罗德公国。公元882年,诺夫哥罗德公国的王公奥列格率兵南下,征服基辅,随后征服东斯拉夫人的西南群体和东南群体,形成了以基辅为中心的古罗斯国家,史称"基辅罗斯"。古罗斯国家从形成之时就是那个时代中一个重要的大国,它在俄罗斯民族的历史上,甚至在中欧和西欧民族那里都扮演着重要的角色。罗斯国家的主要组成部分东斯拉夫人是欧洲形成的重要民族成分之一。古罗斯国家的形成是东斯拉夫部落长时间发展的结果。俄罗斯历史上的法律制度也颇具特色,在世界法律发达史上占有重要地位。对俄罗斯法制史进行研究,就不可避免地要对其古代的法律制度进行介绍和分析,以达到更深入的了解。在基辅罗斯建立之后的几个世纪中,形成了俄罗斯法律史上最重要的一部法典——《罗斯法典》(又称《罗斯真理》)。《罗斯法典》分为简编本法典和详编本法典两大部分,由几部法典和法规组成。简编本法典中包括《雅罗斯拉夫法典》和《雅罗斯拉维奇法典》;详编本法典中包括两个小部分:第一个部分在译注中标题为"第一条—第五十二条",第二个部分是《摩诺马赫法规》。这些法典和法规组成了我们现在所见的《罗斯法典》的全文,其中的法律规定反映了当时罗斯社会的大致情况。

第一节 基辅罗斯的建立

基辅罗斯的建立是一个极为复杂和具有争议的问题,在学界曾经充满着讨论和争论,并一直延续至今,主要分为"诺曼说"和"反诺曼说"两种。

"诺曼说"产生于18世纪20年代,当时在彼得堡科学院供职的

德国史学家 Г. З. 巴耶尔(1694—1738年)"在1735年的拉丁文论文《论瓦良格人》中首次提出了编年史中所邀请的瓦良格人是来自斯堪的纳维亚的观点"①,在《罗斯的起源》一书中以《往年纪事》为依据,提出了罗斯国家是通过诺曼人的征服而形成的观点。所以,史学界称他为"诺曼起源论"的创始人。他的观点得到了同世纪一些德国和斯堪的纳维亚国家的其他学者,如 Г. Ф. 米勒尔(1705—1783年)、А. Л. 施廖采尔(1735—1809年)的继承和发展,他们以《往年纪事》为基础,同时充实了对古史资料的收集整理、分析和考证,认为瓦良格人即诺曼人是古罗斯国家的建立者。"米勒尔1749年的拉丁文讲演稿《论俄罗斯族及其名称起源》是对巴耶尔观点的进一步补充和说明,施廖采尔在1800年至1809年出版的五卷本德文著作《涅斯托尔》则是对诺曼说的系统论述。"②他们的观点形成了古罗斯国家起源的理论——"诺曼说"。这个学说强调当时斯堪的纳维亚半岛的诺曼人在基辅罗斯建立之前带来了政府、制度、文化,并在这些方面起到了重要作用,成为以后俄罗斯发展演变的基石。从18世纪下半叶到19世纪,"诺曼说"在俄国官方历史学中成为古罗斯国家建立问题的基本观点。但是,"诺曼起源论"在出台伊始就遭到了俄国18世纪享有盛名的学者 M. B. 罗蒙诺索夫的斥责。罗蒙诺索夫由此成为"反诺曼说"的奠基人,"他认为'诺曼说'含有敌视俄罗斯的政治倾向,并且没有科学说服力,因为在斯堪的纳维亚既找不到'罗斯'这一名称,也不存在关于邀请留立克为王的史料。罗蒙诺索夫并不否认编年史记述的可信性,但认为'瓦良格人'应该包括哥特人、立陶宛人、哈扎尔人和其他许多民族,而不仅仅是瑞典人。"③这样,认为当初基辅罗斯建立时外来力量是瓦良格人即诺曼人的观点就颇为值得怀疑。此外,从国家形成发展的规律角度出发,9世纪时,东斯拉夫人的社会和政治发展已经达到了一个较高的水平,而且

---

① 曹维安:《诺曼说新探与诺曼学派》,载《世界历史》1998年第1期。
② 同上。
③ 曹维安:《俄国史学界关于古罗斯国家起源问题的争论》,载《世界历史》2008年第1期。

"古罗斯国家是东斯拉夫人数百年的发展孕育出来的。就自己的经济和政治发展水平而言,斯拉夫人是高于瓦兰人的,所以他们无须从外来者那里借用什么。"①

在一个很长的历史时期中,"诺曼说"和"反诺曼说"两种观点一直在进行论战,始终没能得出一个足以让人信服的结论。但是,无论是"诺曼说"还是"反诺曼说",共同点都是基辅罗斯建国的问题,不同的只是当时是由何种人所建。如果抛开这两种学说的争论,就会引发另一个问题,即基辅罗斯国家的建立。历史上任何一个国家的建立,都不同程度地具有多种因素的作用,所以了解基辅罗斯在建国的过程中存在的各种因素就成为问题的关键。关于如何对待这个史学问题,似乎要从其祖先——东斯拉夫人谈起,而在历史进程中形成的东斯拉夫部落和部落联盟也是不容忽视的一环,同时需要对内外因素进行综合考量。

一、东斯拉夫人

东斯拉夫人是俄罗斯人、乌克兰人和白俄罗斯人的共同祖先,其先民是古斯拉夫人,而其远祖是印欧人。斯拉夫人的祖先"早在新石器时代,就从《圣经》中传说的'雅菲特地区'分别迁徙到欧洲各处,他们是整个欧洲多个部族中的一部分。"②在新石器时代向金石并用时代过渡时期,欧洲大陆出现了被学界称为"印欧人"的群体,他们为同一人种,操同一种语言,并信仰共同的神灵。当印欧人掌握了工具及武器的制作技术后,各群体的社会发展进程开始加快,逐渐相互独立。在这个基础上,各自居住的区域里形成了通用的语言,均属后来形成的印欧语系。之后,在印欧人之中分出三大群体:东方群体,包括印度人、伊朗人、亚美尼亚人、塔吉克人;西欧群体,包括盎格鲁人、日耳曼人、法兰西人、意大利人、希腊人;古斯拉夫群体,包括东

---

① 〔俄〕О.И.奇斯佳科夫主编:《俄罗斯国家与法的历史》(第五版)(上卷),徐晓晴译,付子堂校,法律出版社2014年版,第37页。

② А. Н. Сахаров. История России с древнейших времен до конца 17 века. М. с. 15.

斯拉夫人、西斯拉夫人、南斯拉夫人。

古斯拉夫人作为斯拉夫人的祖先,据史料记载,其历史至少长达2000年,①可以追溯的最早居住地大致在喀尔巴阡山脉以北、易北河与第聂伯河上游之间的地区,以奥德河与维斯杜拉河域为中心地带,今天波兰境内的维斯瓦河河谷,被认为是斯拉夫人的摇篮。大概在公元1世纪,斯拉夫人逐渐分为东西两支,在东部的称"东斯拉夫人",分布在第聂伯河中、上游,奥卡河、伏尔加河上游,西德瓦纳河一带;在西部的称"西斯拉夫人",分布在斯维瓦河、奥德河和易北河一带。古斯拉夫人末期,即5—7世纪,被称为"民族大迁徙时期",此次大迁徙的结果是在形成了东斯拉夫人和西斯拉夫人之后,又形成了南斯拉夫人,生活在巴尔干地区。有关斯拉夫人的文字记载是在公元后才出现的。公元1世纪,罗马人塔西佗在《日耳曼尼亚志》一书中曾提到过"维涅德人",他们"大体上是接近于萨尔马特人,他们游荡于培契尼人和芬尼人之间的山林中,以劫掠为生。""他们有固定的栖身之所,他们有盾,而且喜欢步行,矫健善走。"②"维涅德人"就是斯拉夫人。根据研究巴尔干史的学者的看法,"古斯拉夫人最大的政治特点是他们的独立性,他们不接受王朝统治,喜欢自由,生活在无政府的状态下,只是出现了外族敌人的进攻才联合起来。他们的家庭是部落的基础单位,由最年长的成员控制,而部落酋长则从各个家庭的家长中选出。其主要经济活动为畜牧和农耕。"③虽然最早记录斯拉夫人的文献出现在1世纪左右,但是当时并没有过多的叙述。从6世纪起,关于斯拉夫人的文献就开始丰富起来,这与那段时间东斯拉夫部落开始起作用,并和拜占庭进行战争有直接关系。6世纪,拜占庭和叙利亚作家已经不断提及斯拉夫人了。"据他们的叙述,斯拉夫人最初总称'维涅德人',或'维涅特人',东斯拉夫人称

---

① 参见〔俄〕О.И.奇斯佳科夫主编:《俄罗斯国家与法的历史》(第五版)(上卷),徐晓晴译,付子堂校,法律出版社2014年版,第15页。

② 〔古罗马〕塔西佗:《阿古利可拉传——日耳曼尼亚志》,马雍、傅元正译,商务印书馆1958年版,第79页。

③ 陈志强:《巴尔干古代史》,中华书局2007年版,第148页。

'安特人'。维涅德人在六世纪称'斯拉夫人',又称'斯克拉温人''斯洛温人'。"①安特人的生活居住区分布在德涅斯特河、第聂伯河和黑海北岸一带,从事着农牧业生产。受"民族大迁徙"浪潮影响,安特人曾与其他斯拉夫部落一起大举南下,攻打拜占庭。我们所关注的古代的罗斯人就是由当时被称为"安特人"的东斯拉夫人转变而来的。东斯拉夫人的形成可以说奠定了俄罗斯民族的起源,在俄罗斯历史发展过程中扮演着非常重要的角色,而且他们的生产及其他活动在基辅罗斯建立的过程中起到了重要作用。

二、部落及部落联盟的形成

根据东斯拉夫人居住的地理情况,可以看出其生活环境都在以河流为依靠的沿岸地区,而"河流很早就具有很为重要的政治意义,河流的流域引导着居民的地理分布,而居民的地理分布决定了国家的政治划分。河流作为原始道路,使居民沿着其支流向各个方向分散开去。顺着这些河流很早就形成了各种地方性的居民群,即部落。"② 6世纪时,东斯拉夫人居住在西起德涅斯特河,东到第聂伯河以东和黑海北岸一带。他们主要从事农业和饲养家畜,兼营狩猎和捕鱼等。"这时的东斯拉夫人仍处于氏族社会阶段,血缘相近的氏族结合成部落,一切重大事情由叫做'谓彻'的部落会议决定,选举出酋长或者是王公,他们中的有些人权威不仅在自己部落,也会影响到相邻的部落。"③但是,部落酋长不能超越部落会议的权限。同时,"在东斯拉夫人那里还存在奴隶制度,但是奴隶劳动在他们经济中已经起不到很重要的作用了。他们把俘虏或者出售给外国商人,或者缴纳赎金后把他们放回家乡,或者在几年之后给他们自由,并且让

---

① 孙成木、刘祖熙、李建主编:《俄国通史简编》(上),人民出版社1986年版,第6—7页。
② 〔俄〕瓦·奥·克柳切夫斯基:《俄国史教程》(第一卷),张草纫、浦允南译,商务印书馆1992年版,第58页。
③ A. M. Панкратова. История СССР. М. 1954. с. 34.

他们以自由人身份生活在村社里。"①此时依然处于民族大迁徙时期,在基辅周围和罗西河沿岸,聚集了强大的斯拉夫部落联盟,他们占领了罗西河左岸的大片森林和草原,直到塞维里安部落的边缘。随着民族大迁徙的不断扩展,斯拉夫人的部落体制开始分化和瓦解,"这种分化、瓦解和相互渗透导致了具有纯粹行政区性质的新部落和群体的产生。而每个部落居住的自然环境特点决定了他们各自的名称。例如,居住在平原地区的部落被称为波利安人;居住在森林之中的部落叫作德列夫利安人。"②

东斯拉夫人从6世纪开始形成部落联盟,这种组织只是在战争期间发挥作用,战争结束之后就自行解体。所以,这时的部落联盟还处在初级阶段。平时,东斯拉夫人的社会组织分为部落、氏族和家庭公社,部落和氏族均有各自的土地,他们之间保留许多空地、森林和草地,相互之间没有明确的界限。氏族又由家庭公社组成,后者通常相当于大家族,各自保持经济上的独立。生活在林地、丘陵的部落以农耕方式为主,沿河、靠海、濒湖的部落以渔猎采集为主,而草原地区的部落以牧业和农业为主。

从8世纪起,东斯拉夫人逐渐分布在整个东欧平原,分为若干个群体,"北部群体包括斯洛文人和克里维奇人,斯洛文人大致分布在伊尔门湖、洛瓦梯河、沃尔霍夫和姆斯塔河一带,克里维奇人是东斯拉夫人最大的部落联盟,居住在第聂伯河、西德维纳河和伏尔加河三条河的上游地区;东部群体包括维亚吉奇人、拉迪米奇人和谢维利安人,维亚吉奇人住在奥卡河上游及其支流日兹德拉河和乌格拉河一带,拉迪米奇人居住在第聂伯河支流索日河流域,谢维利安人住在第聂伯河支流杰斯纳河、塞伊姆河和苏拉河流域,是东斯拉夫人向东迁移最远的部落联盟;西南群体包括波良人、德列夫利安人、乌里奇人、德列哥维奇人、特维尔茨人、杜列伯人及霍尔瓦特人,波良人居住在

---

① А. М. Панкратова. История СССР. М. 1954. с. 35.
② 〔俄〕Т. С. 格奥尔吉耶娃:《俄罗斯文化史》,焦东健、董茉莉译,商务印书馆 2006年版,第4、5页。

第聂伯河中游的基辅地区,是东斯拉夫人的核心地带,经济文化都是最发达的,德列夫利安人在波良人的西部和北部、罗斯河口和普里皮亚特河之间,乌里奇人和特维尔茨人最初居住在第聂伯河流域,后来为躲避其他游牧民族的骚扰而退居到布格河和德涅斯特河之间,德列哥维奇人住在普里皮亚特河左岸的沼泽地带,杜列伯人住在波良人以西的南布格河上游,而霍尔瓦特人则居住在喀尔巴阡山北麓。"①《往年纪事》记录了一些当时这些人的生活情况,例如"波利安人具有自己祖传的温顺平和的性格,在自己的儿媳、姐妹、父母面前腼腆羞怯,在婆婆和丈夫的兄弟面前更是羞羞答答;他们还有这样的婚嫁习俗:新郎不来迎亲,而是别人在前一天把新娘送过去,到第二天又把嫁妆送过来——还有所收的礼物。""德列夫利安人的生活习俗则如禽兽,居住如牲畜,相互残杀,所有不净之物都吃,他们那里没有婚娶之说,而是在水边强抢姑娘为妻。"拉迪米奇人、维亚吉奇人和塞维里安人有着共同的习俗,他们"像野兽一样住在森林里,吃所有不净之物,在父亲和儿媳面前都满口脏话。他们没有婚娶之说,但是各村之间一般举行联欢会,大家都来参加这些聚会、跳舞、唱各种情歌,在这里经过和女方谈妥后,把女的抢回成亲。他们可以有2—3个妻子。"如果举行葬礼,那么"就为他举行追荐亡魂的酒宴,然后做一个大木槽,把遗体放进槽内,点燃焚烧,而后收敛残骨,把它放进一个不大的容器内,安放在道旁的路桩上。"②在这个时期,虽然还存在着各种生活方式,文明程度还不一致,但是随着生产力的大大提高,氏族制度也随之日趋瓦解。即使有一些残余保存到 11 世纪,如血亲复仇,一些部落还保存着"抢婚"的习俗,或是通过金钱买卖新娘,"但是完全意义上氏族已经不存在了,氏族分裂成了若干独立的大家族,各家族之间的纽带已经不是血缘关系,而是通过共同的地域关系,

---

① 孙成木、刘祖熙、李建主编:《俄国通史简编》(上册),人民出版社 1986 年版,第 9—11 页。
② 〔俄〕拉夫连季编:《往年纪事》,朱寰、胡敦伟译,商务印书馆 2011 年版,第 10—11 页。

组成了土地村社。这种村社在东斯拉夫人那里被称为'维尔福'。"①

9世纪时,东斯拉夫人的原始公社社会已经结束,超越了奴隶制阶段而直接进入到封建社会。这时的东斯拉夫人已经不被称为"安特人"了,在拜占庭的记载中,他们已经开始被称为"罗斯人"。在这种情况下,社会已经开始逐渐向着国家性质的政治组织发展,在多种因素的共同作用之下,古代罗斯国家最终形成。

三、基辅罗斯建国的因素

要了解基辅罗斯建国的历史,需从多个方面进行考察和分析,不能单纯地运用"诺曼说"或"反诺曼说"的观点进行定位,所以将多种资料结合起来分析是必要的。这其中包括内外多种因素起到的作用,而这些因素的结合才促成了罗斯国家的建立。

(一)外来征服

公元6世纪中叶,来自亚洲腹地的阿瓦尔人②侵入东欧地区。正是这次外敌入侵改变了欧洲的政治版图,斯拉夫人与这支游牧民族的武装进行了长期的周旋。"6—7世纪,多瑙河及喀尔巴阡山一带的斯拉夫人在阿瓦尔人的压力下,大举向东北方向迁移,东斯拉夫人定居的地区形成两个中心——基辅和诺夫哥罗德。"③公元859年,"来自海外的瓦兰人向楚德人、斯拉夫人、麦里亚人和所有的克里维奇人征收贡物,而可萨人则向波利安人、谢维里安人和维亚提奇人收取贡物:每户一块银币和一张灰鼠皮。"④公元862年,东斯拉夫

---

① А. М. Панкратова. История СССР. М. 1954. с. 36.
② 阿瓦尔人(Avars)的早期民族史与东高加索、里海沿岸地区的古代部落以及后来的阿尔班人有密切联系,曾被划分成各个支系(称作"自由社团"),其遗迹至今犹存。4世纪,匈奴曾侵入达格斯坦地区,7世纪中叶受阿拉伯人统治,9—10世纪被并入基辅罗斯,约于12世纪末建立阿尔汗国,从17世纪起被沙俄兼并。1917年建立苏维埃政权,后曾两次被白军占领;1920年重建苏维埃政权;1921年初成立达吉斯坦自治共和国。
③ 付世明:《论俄罗斯民族的起源及其形成》,载《北方论丛》2008年第1期。
④ 〔俄〕拉夫连季编:《往年纪事》,朱寰、胡敦伟译,商务印书馆2011年版,第14页。瓦兰人,意思为商人,是东斯拉夫人对斯堪的纳维亚半岛的日耳曼部落——诺曼人的称呼,芬兰人则称他们为"罗斯人"(意为北方人)。瓦兰人以海上掠夺和贸易为职业。此书中所提及的"瓦良格人"其实就是瓦兰人,两者只是在翻译上有所差异。

人把瓦良格人赶到了海外,终止了对他们交纳贡赋的义务,开始自主管辖。但是,他们没有一部法典,部落之间的内讧和征战不断。于是,他们互相妥协并商议:"咱们还是给自己物色一位能秉公办事,管理我们的王公吧。"之后东斯拉夫人找到了瓦良格人并对他们说:"我们那里的土地辽阔富庶,可就是没有秩序,你们来这里和统管我们吧。"①对于当地的部落而言,这样邀请并无丝毫屈辱或有失尊严之处——当时及其后都有许多民族邀请与本土部落显贵没有牵连、不熟悉氏族斗争传统的有名望的外邦人前来本土登临大位。他们希望这样的王公能凌驾于本土的众头领之上,从而保障一方的和平与安宁,所以希望与瓦良格人签订"契约",向他们移交最高权力,所附的条件为按当地的习俗进行审判,同时也预先明确了供养和保障大公及其亲兵的待遇。

瓦良格人酋长留里克兄弟于公元862年前往诺夫哥罗德,长兄留里克坐镇诺夫哥罗德并自称王公,他的弟弟西涅乌斯被封为白湖地区②的王公,特鲁沃尔受封伊兹博尔斯克③王公,这样就建立了留里克王朝,开始了对东斯拉夫人的统治。两年之后,西涅乌斯和特鲁沃尔先后死去,全部政权落入留里克之手。留里克于公元879年去世,其亲属奥列格继位,统治诺夫哥罗德。奥列格继续进行征战和扩张,在公元882年率领军队沿第聂伯河南下,征服了斯摩棱斯克的克里维奇人,后又夺取了柳别奇,并"任命自己的部下管理这座城市"④。在当时罗斯大部分地区中,基辅占有很重要的位置,"谁占有了基辅,谁就掌握了罗斯商业的主要门户的钥匙。"⑤所以,在此之

---

① 〔俄〕拉夫连季编:《往年纪事》,朱寰、胡敦伟译,商务印书馆2011年版,第14页。
② 白湖也被称为"别洛奥泽洛",是9—14世纪的古代俄罗斯城市,位于舍克斯纳河附近,1352年迁到现在的别洛泽尔斯克所在地。该地区有房屋、作坊、打铁房等遗迹。
③ 伊兹博尔斯克是俄罗斯最古老的城市之一,旧伊兹博尔斯克村今位于普斯科夫市以西30公里。该地区于公元862年在史料中出现过,13—16世纪时为普斯科夫和诺夫哥罗德地区防范十字军的军事要塞,现在还有当时建造的城墙和塔楼等遗迹。
④ 〔俄〕拉夫连季编:《往年纪事》,朱寰、胡敦伟译,商务印书馆2011年版,第16页。
⑤ 〔俄〕瓦·奥·克柳切夫斯基:《俄国史教程》(第一卷),张草纫、浦允南译,商务印书馆1992年版,第141页。

后,奥列格采用欺骗的手段诱杀了库雅巴的末代统治者奥斯科尔德和迪尔,占领了南部重要的中心城市——基辅,并在此就任王公位,称之为"罗斯诸城市之母",将都城定在这里,建立了留里克王朝的基辅公国。随后,基辅公国继续向南扩张,陆续兼并了第聂伯河中游的波良人、第聂伯河支流普里庇亚特河的德列夫里安人、索日河流域的拉迪米奇人和德斯纳河谷地区的塞维里安人、涅曼河上游的德列哥维奇人,此外还包括北方的非斯拉夫人部落的麦里亚人、维西人、楚德人,并向他们征收贡赋,将他们全部置于基辅政权之下。这样,留里克王朝征服了俄罗斯平原上所有的斯拉夫部落,俄罗斯历史上首次将国家政权统一归一个王公支配,形成了一个由多民族组成、瓦良格人占统治地位的古代罗斯国家。由于它以基辅为中心,所以也称"基辅罗斯",奥列格被尊为"全罗斯大公"。基辅罗斯富有古代特色,尚未定型,内部缺少现代国家的许多特征。

根据这段记载,可以看出基辅罗斯的建立是通过海外瓦良格人进入东斯拉夫人居住地区进行统治,并在之后通过战争逐渐统一斯拉夫各部,继而形成了国家。"有一点不争的事实:不要说'诺曼起源论'者,就连'反诺曼起源论',这也不否认瓦兰人(诺曼人)在基辅罗斯的创建过程中所起的作用,甚至是相当重要的作用。"[①]但是,在了解基辅罗斯建国的大致脉络的同时,如果仔细分析,就可以看出单纯强调外来因素的观点并不能完全说明这段历史的真正内涵,所以还要从其内部的因素进行考察。

(二)内在基础

在公元6到8世纪时,东斯拉夫人的社会生产力已经有了明显的提高。在农业生产工具上,他们已经开始广泛使用带铁头的犁、耙、镰刀、铁斧和铁锄,用牛、马进行耕种,并且实行了轮耕制,这样就使大面积的农业耕作和垦殖成为可能。同时,手工业应农业生产和社会生活的需要,也有了很大发展。例如,当时"沿铁矿蕴藏的地

[①] 赵云中:《乌克兰——沉重的历史脚步》,华东师范大学出版社2005年版,第28页。

区,炼铁业也发展起来。在顿河上游、第聂伯河中上游以及北方的普斯科夫等城市里都发现了炼铁炉的遗迹。在东斯拉夫人大铁匠作坊遗址中,找到了铁砧、铁锤、钳子、压模、锉刀、打孔器等工具。刀、剑、矛、战斧、镰刀、锯等都经过热处理,可见当时的炼铁技术已经相当进步。"①在其他方面,手工业工匠也已经有能力制作如手镯、镶嵌宝石的戒指和纽扣等高级装饰品,制陶、纺织、木工、骨器加工、毛皮和皮革制作业等也都有了不同程度的发展,并且逐渐走向专门化。随着农业和手工业的发展,劳动产品质量的提高和数量的增加促进了商品交换即商业的活跃。当时手工业产品供应的范围已达两三百公里,并且在东斯拉夫人各地区之间经常进行的商品交换活动也使他们之间的联系越来越紧密。在公元8、9世纪时,东斯拉夫人的对外贸易也频繁起来,当时主要的商路有两条:一条是从伏尔加河,经里海与东方各国联系;另一条是"从瓦良格人至希腊人之路","这条路始于斯堪的纳维亚半岛,经芬兰湾、涅瓦河、拉多加湖,逆沃尔霍夫河至伊尔门湖,再由此到达洛瓦梯河,在这里把船运上岸,通过水陆联运,进入西德维纳河上游,接着从第聂伯河上游顺河而下,经基辅进入黑海,最后抵达拜占庭首府君士坦丁堡。"②东斯拉夫人通过对外贸易,将毛皮及奴隶等运往外地,换回香料和钱币。这种商业交流也增强了东斯拉夫人与域外地区之间的接触,与拜占庭、中亚、东北欧地区形成了较为广泛的国际联系。

社会生产力的发展,引起了东斯拉夫人社会关系的深刻变革,"斯拉夫人的农业社会慢慢地向着一个更为分化的内部结构转变。部落组织让位于聚居的村庄,由有联系的各家庭群居在一起,个人化的财产逐步增加。有着较大的土地的拥有权的战士贵族产生了,最初只是军事酋长对外有着格外的对部落的权力,后来是更为稳固的王公式领袖有着对更大的联盟的权威。这些领袖的扈从式侍卫在各

---

① 孙成木、刘祖熙、李建主编:《俄国通史简编》(上册),人民出版社1986年版,第11—12页。
② 同上书,第12页。

地构成了一个统治着非奴役性农民阶层的土地统治阶级的萌芽。"①原来的氏族公社日趋瓦解,村社取而代之,家庭已经成为独立的生产单位。当时几个住在一起的家庭或几个分散的村落组成农村公社,在南方被称为"维尔福",在北方被称为"米尔"。村社内的牧场、森林、水源均为公共财产,每个家庭都有权在那里放牧、伐木、采集、狩猎、捕鱼、养殖蜜蜂、采集蜂蜜和割取蜂蜡,进行独立的经济生产。村社内的耕地也是集体所有,分配给各个家庭使用,最初还是暂时的使用权,在通过采取定期重新分配的制度后,逐渐固定下来,劳动产品也归各家庭支配。这样,土地和劳动产品就成为家庭的私有财产。私有财产的出现,导致了村社内部的贫富分化。原来作为农业和狩猎生产的组织者和领导者的部落酋长开始利用职权,逐渐将肥沃的土地划归自己使用,把掠夺来的战利品据为己有,并强迫战俘无偿地为自己劳动。随着财富的增加,他们就逐渐成为富裕贵族。原来追随部落酋长常年作战的亲兵也开始积累财富,部落酋长需要依靠他们建立管辖区域,获取更多的权力,发号施令;他们则依靠部落酋长的权势,逐渐把村社的土地、牧场变成自己的私有财产。与此同时,一般的村社成员则成为仅仅经营小块土地的农民,而且由于各种原因,他们的地位处于不稳定状态,大部分人经常会沦为奴隶,成为被奴役的对象。

这个时期,由于手工业发展和商业的兴起,部落和部落联盟演变成手工业中心和商业中心,并随之形成最初的城市。8、9世纪之交,东斯拉夫人的部落逐渐结成大部落联盟,形成了以城市为中心的公国,出现了三个东斯拉夫人的准国家组织——库雅巴、斯拉维亚、阿尔塔尼亚。库雅巴以基辅为中心,包括整个第聂伯河中游地区,是以波良人为核心的大部落联盟。斯拉维亚在诺夫哥罗德地区,是以伊尔门斯拉夫人即斯洛温人为主的大部落联盟。阿尔塔尼亚的位置大概在东部,是以维亚吉齐人为中心的大部落联盟,是后来梁赞公国的

---

① 〔英〕佩里·安德森:《从古代到封建主义的过渡》,郭方、刘健译,上海人民出版社 2001 年版,第 229 页。

第一章 《罗斯法典》的形成

所在地。这样,到了9世纪,东斯拉夫人各部落已经走过了漫长的原始公社社会,他们建国的内在基础即社会、经济和政治前提已经具备。

基辅罗斯国家是以东斯拉夫人为主体、融合其他民族而形成的杂糅国家。在此之前,东斯拉夫人的形成以及部落、部落联盟的建立,都是其国家建立的前置历程。虽然之前的分散是当时的东斯拉夫人克服不了的,但是已经凸显出了统一的趋势,"当统一了以基辅为中心的周围的所有的东斯拉夫土地的时候,即古代罗斯国家的建立则是俄罗斯民族发展中的新阶段。"①

所以,要真正理解基辅罗斯的建立,必须结合内外两种因素考察。现有的资料证明,早在斯堪的纳维亚半岛的瓦良格人侵入波罗的海至黑海的广大地区以前,分散居住在此的东斯拉夫人就已经开始开发这一地区。他们在6至9世纪的数百年间,以部落为单位,在包括哈扎尔人在内的外族统治下,奠定了基辅公国的基础,也开辟出了今天俄罗斯欧洲部分发展的舞台。瓦良格人的入侵和暴力统治所起的作用是将分散的东斯拉夫人联合成为具有共同地域利益的国家。"占统治地位的瓦良格人,与他们之前的哈扎尔人一样,在人数众多的东斯拉夫人中只是'少数派',因此逐渐被融合在占人口大多数的东斯拉夫人中。"②所以,我们有理由认为当时社会生产力的进步和发展形成了经济方面的基础,而社会关系和机构的变革使历史又前进了一步。东斯拉夫人经过部落、部落联盟之后,形成了准国家组织,也成为其建国的政治准备。9世纪瓦良格人介入并直接建立了基辅罗斯完全是一种加速作用,并非单纯的决定作用。但是,应当考虑他们在罗斯地区的社会经济、行政管理、军事和外交等方面发挥的作用,即考虑他们在古罗斯国家建立中的作用,不可能也不应该把瓦良格问题与古罗斯国家起源问题分开。

---

① Н. М. Дружинина, Л. В. Черепнина. Вопросы формирования риской народность и начия. М-Л. 1958. с. 25.
② 陈志强:《巴尔干古代史》,中华书局2007年版,第282页。

第二节 《罗斯法典》的法律渊源

基辅罗斯的建立为《罗斯法典》的制定奠定了政治基础,而法典中的条文来源是另一个重要问题。在俄罗斯的历史文献中,有关《罗斯法典》的法律渊源问题没有一个统一的观点。一些人认为,它不是官方制定的法律文献,并不是立法者原本的立法,而是一些古代罗斯的法学家为了个人目的而汇编的法律文献。另外一些人认为,它是官方法律文献,是罗斯政权的法律产物,只是毁损了,结果出现了多种多样的数量不同、顺序不同、条款不同的法典的版本。但是,毫无疑问,像任何其他法律文本一样,《罗斯法典》不能在没有法源的基础上凭空出现。只有通过列举和分析这些法律渊源,同时结合当时的社会情况,才能理解这部法典是如何编纂而成的。

早在基辅罗斯初期,就已经出现了一些法律法规。例如,奥列格大公就颁布了一部根据东斯拉夫人习惯汇编而成的《罗斯法律》,它是古代罗斯最早的成文法。奥列格与拜占庭签订的《911年条约》中首次提到了它,"而《罗斯法典》的某些条文根源于《罗斯法律》,从这个意义上说,《罗斯法律》是《罗斯法典》的雏形。"[①] 又如,945年,伊戈尔的妻子奥丽加对德列夫利安人的统治手段之一就是"确立条例和乌洛克(урок)",而"乌洛克"就是《罗斯法典》中的赔偿金刑罚。弗拉基米尔一世在位时,曾颁布了适用于全国的《国家条例》。这些都在一定程度上对《罗斯法典》的编纂造成影响。总体而言,法典的主要法律渊源集中于原始习惯、王公立法、王公会议的决议、国际条约以及外来法律制度。

一、习惯

习惯是古代法律最首要和重要的来源,并且对于法典编纂是一

[①] 王钺:《〈罗斯法典〉产生的社会背景分析》,载《兰州大学学报》(社会科学版)1996年第4期。

种基础性的力量,而法律大部分即为这种力量的产物。古代人的行为由于缺乏国家法律规制,所以依靠的制约力往往来源于习惯。这种习惯是一个国家或民族的人们在长久的社会生活实践中逐渐养成且难以改变的思维倾向或行为方式,立法者对此不可回避。法典编纂虽然在某种意义上标志着对过去一些杂乱规则进行整理,但是如果不考虑习惯因素,那么法典在某种意义上会变成空中楼阁。所以,习惯即成为一种重要的法律渊源。在原始社会,东斯拉夫各部落彼此孤立存在,缺少联系,因此"他们所有的人(这些部落)都有自己祖先传下来的习俗和法律。"①其中,"祖传的习俗和法律"就是指他们在历史发展过程中逐渐形成的部落习惯法。作为法律的渊源之一,这些习惯在《罗斯法典》中多有体现。

(一) 血亲复仇

血亲复仇是一项在古代世界范围内普遍存在的习惯,渊源于氏族时期,在古代罗斯曾经一度盛行,也为当时的法律所接受。《雅罗斯拉夫法典》第1条就规定了这项制度:"如果某人杀害了他人,那么兄弟之间,或者子也可以为其父,父也可以为其子;或者是侄子为其伯叔,外甥为其舅父,都可以向凶手进行复仇。"②可见,这个习惯为法律所许可,但是其范围受到了限制,复仇者只允许是被害者近亲属。这同时也说明,这项习惯法已经有被废除的倾向。在后来的条款中也有这样的规定,却只是对以往法律的回顾,对当时并没有实际意义,而且当时已经废除了血亲复仇的习惯,在以后的法规中也没有再出现过。

(二) 作为证据的外在表象

作为一项定罪证据,需要有严格的证明力,并且不能单纯地依靠一种证据进行判决,但是在古代罗斯的法律中却有不同看法。在古代罗斯,如果原告被殴打流血或者带有伤痕,向法庭控告时,不需要

---

① 〔俄〕拉夫连季编:《往年纪事》,朱寰、胡敦伟译,商务印书馆2011年版,第10页。
② Н. Калачовь. Текст Русской Правды на основании четырехь списковь разныхь редакции. С-П. 1889. с. 1.

提供目击者即证人。因为根据罗斯以往的习惯,在控告人被伤害流血或出现了明显受侵害伤痕的情况下,是不需要向法庭提供证人的,其所表现出来的被害表象就可以被当成对凶手的定罪证据。这种习惯性的做法在司法制度还不完善的时候是具有法律功能的,所以在制定《罗斯法典》的过程中,遵循这个习惯也较为正常。《雅罗斯拉夫法典》就规定:"如果有人被殴打流血或者出现伤痕,那么就无须寻找现场目击者。"①

(三) 继承规则

在摩诺马赫大公时期,东正教的地位已经得到了巩固,并且在法律中起到了非常大的作用,如果根据其教义评价,应该是平等地对待非婚生子女。但是,自由人与女奴生有子女不得继承遗产的规定是东斯拉夫民族一个古老的习惯,实际生活中并不能完全地改变这种习惯做法。所以,立法者采取妥协性的做法,将这点在法典中继续保留。这点在《摩诺马赫法规》中就有体现:"如果丈夫与女奴生有孩子,那么孩子不得继承遗产,但可以与母亲一起成为自由人。"② 又如,父亲死后,其他财产按照遗嘱或者法定方式进行继承,但房产必须完整留给家中最小的儿子,以保证其可以更好地生存。这种规定在《罗斯法典》中也有具体体现,与南斯拉夫人的习惯非常相似。

此外,还有一种诉讼程序中的习惯,"有一些被称为'罗斯法律'审判习惯和罗斯风俗,王公进行审判时要遵从这些习惯,其中有一种审判习惯叫作'神判'。"③这在《罗斯法典》中也体现了出来,铁审判和水审判都属于这种类型的审判习惯。

二、王公立法

《罗斯法典》的第二个法律渊源是王公立法。从公元 10 世纪起,就已经存在大公的立法,"其中影响特别大的是弗拉基米尔·斯

---

① Н. Калачовь. Текст Русской Правды на основании четырехь списковь разныхь редакции. С-П. 1889. с. 1.

② 同上注,с. 37。

③ Е. В. Анисимов. История Росси. М. 2007. с. 39.

维雅托斯拉维奇大公以及雅罗斯拉夫大公创制的法规,它们为财政法、婚姻家庭法和刑法添加了许多重要的新规则。"[1]王公立法分为两类,一类是王公的立法性命令,另一类是王公们在特殊案件上作出的判决,这些都为《罗斯法典》提供了法源。

(一) 王公的立法性命令

法律规则最直接和迅速的形成方式就是通过国家的立法机构完成。在基辅罗斯国家中,并没有一个系统的立法机构,而王公则承担了这项责任。在古代社会中,立法不仅是君主的天职,也是一种权力,一部法典的全部法律条文都是来自君主的命令也是极其平常的事情。在《罗斯法典》中,一部分条文就是通过王公的立法性命令而直接制定的。例如,法典中就有一条明确体现了这点,其主要内容是规定霍洛普盗窃的情形,标题就是"王公法令:关于霍洛普盗窃"[2]。

(二) 王公判决

对于以判例或判决作为法律渊源的现象,在英美法系国家已经成为不可质疑的传统,而在大陆法系国家并没有那么明显。所以,司法判例或以前的判决并不在绝对意义上具备正式法律效力。但是,由于它对法律实践存在某种意义上的说服力,所以无论是对司法还是立法都具有重大的参考价值。立法者完全可以通过提取具有典型意义的判例形成法律规则并表述出来,以填补以往的空白或满足实际需要。在《罗斯法典》中,作为法律渊源的王公立法最主要的一个方面就是王公的判决成为法律条文,即王公在特殊案件上作出判决,而后再由这些判决形成法规。这也是古代立法较为常见的方式。伊兹雅斯拉夫·雅罗斯拉维奇的一个判决就是这样。据编年史记载,1068年,人数众多的波洛夫齐人大举进犯罗斯国土,罗斯王公失败而逃回基辅。基辅也爆发起义,大公伊兹雅斯拉夫逃往良霍(波

---

[1] 〔俄〕О. И. 奇斯佳科夫主编:《俄罗斯国家与法的历史》(第五版)(上卷),徐晓晴译,付子堂校,法律出版社2014年版,第46页。

[2] Н. Калачовь. Текст Русской Правды на основании четырехь списковь разныхь редакции. С-П. 1889. с. 10.

兰）。持续到第二年,伊兹雅斯拉夫返回基辅途中,经过沃伦地区的多罗戈布什城,他的马厩长在这里放马时被杀,他决定以 80 格里夫纳的命金惩罚多罗戈布什人。"这是伊兹雅斯拉夫的马厩长被多罗戈布什人杀害后,由他亲自作出的规定。"①这一事件的处理作为判例被载入后来制定的《雅罗斯拉维奇法典》,并成为王公提高某些人命金数额的依据和先例。除此之外,《雅罗斯拉维奇法典》还规定了在集体盗窃马匹、公牛、绵羊、山羊和猪的犯罪行为发生时,需要每人都承担同样的罚金的条文,这也作为判例被写入法典之中。

三、王公会议的决议

王公会议是在基辅大公召集之下而召开的会议,也是基辅罗斯国家权力运行的重要方式。会议有一项权力或活动就是制定法律,而在王公会议上制定的法律也就成为法典编纂的法律渊源。这种会议在《罗斯法典》中有所提及,其中的内容和决议也有相应表述。《雅罗斯拉维奇法典》就是雅罗斯拉夫死后由其三个儿子召开会议制定的,其中前 10 条法规就是在这次会议上确定的,也成为《罗斯法典》最初的法律内容。② 有关废除血亲复仇而以命金代替的法律规定,也是王公会议的决议。在《雅罗斯拉维奇法典》中,就详细叙述了雅罗斯拉夫诸子聚会讨论这项立法,主要规定了废除血亲复仇,而代之以金钱赎罪,"他的诸子作出了这样的决议"。又如,摩诺马赫大公限制高额利息的规定也是通过会议决定的。在《摩诺马赫法规》的条文中就规定:"如果利率为 1/3 的债务,利息只允许收取到第三次;如果某人已收取两次利息,可以再进行收取;第三次就是收取本金,不得再要求偿还债务。"③在此所举的均为王公会议上的内容,而这些也都被制定在了《罗斯法典》中,成为法律条文。

---

① 王钺:《〈罗斯法典〉译注》,兰州大学出版社 1987 年版,第 25 页。
② М. Н. Тихомиров. Исследование о русской правде. М-Л. 1941. с. 64—67.
③ Н. Калачовъ. Текстъ Русской Правды на основании четырехъ списковъ разныхъ редакции. С-П. 1889. с. 31.

四、国际条约

国家之间缔结的关于政治、经济、文化、贸易、法律以及军事方面的规定,是确定双方或多方相互之间权利义务的协议。这些条约都是通过一定程序进行签署和承认的规则,而其中包含的法律内容则在很大程度上可能成为一方制定国内法的参考。《罗斯法典》在编纂制定的过程中,就吸收了国际条约中的内容,主要集中在基辅罗斯大公与拜占庭签订的几个条约中,即《911年条约》《944年条约》,其中有许多条款与《罗斯法典》中的规定十分相似。这在一定程度上表明,这些条约的内容是法典条款的渊源之一。例如,《雅罗斯拉夫法典》规定:"如果某人用没有拔出鞘的剑或剑柄打人,要因此行为支付12格里夫纳。"①详编本法典中也有同样的规定。奥列格大公与拜占庭签订的《911年条约》、伊戈大公与拜占庭签订的《944年条约》中都有相似规定。其中,《911年条约》第5条规定:"如若有谁用剑砍人,或用别的什么凶器砸人,那按罗斯法律为此砍砸行为应支付5升银子。"②《944年条约》第14条规定:"如果罗斯人对希腊人或者希腊人对罗斯人用剑或是矛或是别的什么武器击人,那么这种违法行为,犯罪者按照罗斯法律需支付5升白银。"③其他有关法庭审判中的发誓、在作案现场打死盗贼不负责任以及遗嘱继承等制度,均在这两部条约中有所体现。

但是,《罗斯法典》中有些类似条款并不是直接照搬条约的规定,而是根据当时罗斯社会的实际情况加以修改。例如,《911年条约》第6条规定:"如若罗斯人偷窃基督徒的财物,或反之——基督徒偷窃罗斯人的财物,窃贼被受害者当场抓住或正准备偷时就被抓住而打死(不管何种情况),他的死无论基督徒或罗斯人都不得追

---

① Н. Калачовь. Текст Русской Правды на основании четырехь списковь разныхь редакции. С-П. 1889. с. 1.
② 〔俄〕拉夫连季编:《往年纪事》,朱寰、胡敦伟译,商务印书馆2011年版,第26页。
③ 同上书,第41页。

究;但受害者可以拿回自己丢失的财物。如若偷盗者自动俯首就擒,那就让失主把他抓住捆起,偷盗者应以高于被盗财物价值三倍的数目偿还。"①对此,《雅罗斯拉维奇法典》有相应规定:"如果盗贼进入自己的庭院或者仓房,或者畜棚内,可以将其打死。……如果发现盗贼在被打死之前是被捆绑着的,则应向王公支付命金。"②详编本法典中又有更进一步的规定:"如果把盗贼打死在仓房或作案现场,犹如打死只狗。……如盗贼使被捆绑着打死的,那么就要向王公支付12格里夫纳罚金。"③这几条规定表面上非常相似,但是如果综合分析,就会发现其中是有所发展的。《雅罗斯拉维奇法典》与《911年条约》的不同之处在于,在允许主人实行正当防卫的同时,又禁止防卫过当,不允许打死已经丧失反抗能力的盗贼。

五、拜占庭法

中世纪初期,罗马帝国分裂为东西两个部分。罗马法在东罗马帝国即拜占庭帝国境内一直适用,"7—9世纪之间,它是拜占庭帝国的重要法律渊源,并影响着斯拉夫人国家和俄罗斯的法律。"④《罗斯法典》从拜占庭8世纪的《埃克洛加》和9世纪的《普罗希隆》中吸收了一些内容,结合罗斯的社会状况,做了改动,有了新的发展。《法律选编》和《法律手册》则是从罗马法承继而来的。例如,"《法律选编》规定:奴隶、哑巴和精神病患者不能作证。《法律手册》中也有类似的规定。《罗斯法典》也规定作为非自由人的霍洛普不能成为证人,但在必要时,波雅尔的基温可以作证,小型诉讼案件,必要时债农可以充任证人。"⑤

---

① 〔俄〕拉夫连季编:《往年纪事》,朱寰、胡敦伟译,商务印书馆2011年版,第27页。
② Н. Калачовъ. Текст Русской Правды на основании четырехъ списковъ разныхъ редакции. С-П. 1889. с. 4.
③ 同上注,с. 10。
④ 叶秋华:《西欧中世纪法制发展特点论析》,载《南京师大学报》(社会科学版)1999年第6期。
⑤ 王小波:《俄罗斯法律制度的源起初探》,载《俄罗斯研究》2008年第4期。

可见,《罗斯法典》虽然没有直接移植拜占庭《法律选编》中的法律条文,但是其中的法律思想确实给《罗斯法典》带来了影响,并在此基础上结合了罗斯社会的实际情况,作出了适应社会现实的规定。

六、保加利亚的《审判法》

《审判法》是第一保加利亚王公西蒙大公统治时期为适应封建化的要求,编纂而成的法律汇编。它极力维护封建所有制,保护封建主的特权,以其严刑峻法著称。这部法典曾经在古代罗斯流行,它的某些内容也反映在《罗斯法典》中。

《雅罗斯拉夫法典》中规定了一条有关损坏他人枪矛、盾牌或者衣服的条文,这个条文不曾在以后的法典中重复规定。可是,《审判法》中却有类似规定:"关于武器。如果有人损坏了他人的枪矛,或者盾牌,或者战斧,主人还想保存它们,可以得到另外的补偿……""这个条文在最初的《雅罗斯拉夫法典》中并没有,是后来编纂《罗斯法典》时根据需要参考《审判法》而补充进来的。"[1] 又如,《摩诺马赫法规》中规定,纵火焚烧打谷场或者是宅院,应将纵火者放逐,并将其财产全部没收。有关这条规定的内容,也是借用《审判法》的,不过进行了"罗斯化",赋予其罗斯国家的特点。因为根据《审判法》的规定,对于纵火者应当处于斩首形式的死刑,而非《罗斯法典》规定的放逐、没收财产刑。[2]

在古代罗斯社会形成的习惯、王公在编纂法典中的立法、王公会议的决议、与拜占庭帝国签订的条约、拜占庭的法律制度以及保加利亚王公的《审判法》在《罗斯法典》中都留下了痕迹,并且这些内容都对《罗斯法典》的编纂起到很大的作用,成为《罗斯法典》的重要法律渊源,而论述和分析这些法律渊源对理解《罗斯法典》的编纂是非常有必要的。

---

[1] 王钺:《〈罗斯法典〉译注》,兰州大学出版社1987年版,第18页。
[2] 同上书,第109页。

第三节 《罗斯法典》的编纂过程

《罗斯法典》从其最初行文至最后完成,历时两个世纪之久,即11至13世纪,它是古代罗斯国家司法实践的总结。但是,它的形成可以追溯到早期的立法,例如上文提到的《罗斯法律》、奥丽加对德列夫利安人"确立条例和乌洛克"、弗拉基米尔一世的《国家条例》。在雅罗斯拉夫制定法典之前,罗斯国家的法律制度复杂多样。11世纪初在内战中取得胜利的雅罗斯拉夫大公面对着这种情况,必须采取重大举措以改变国家法律的混乱状态。于是,从雅罗斯拉夫大公开始,制定并颁布了统一的成文法。这种行为也开创了罗斯法制史的新纪元,在此之后又陆续编订了其他的法典。基辅罗斯最初的几代王公编纂法典的活动,为《罗斯法典》的形成奠定了基础。

一、《雅罗斯拉夫法典》

雅罗斯拉夫是个颇有学识的人,读过不少希腊书籍,后人称誉他为"智者"。他不仅制定了《雅罗斯拉夫法典》,还用政治联姻的办法与欧洲许多国家的王朝建立了友好关系,同时加强宗教势力,修教堂、建寺院,并努力扩大国家版图,巩固大公政权。他为罗斯国家的发展做出了杰出的贡献,使基辅罗斯昌盛起来。在他逝世时,基辅罗斯已经是欧洲面积最大的国家。他把所有东斯拉夫人联合在一起,并且把一些非斯拉夫人的部落包括在自己的国土之内。

《雅罗斯拉夫法典》是雅罗斯拉夫大公在位期间组织编纂制定的。在此之前,他已经在其领地炮制了一部《诺夫哥罗德法规》。在他成为基辅大公之前,领地在诺夫哥罗德。据编年史记载,在诺夫哥罗德时期,按照规定,他每年要向基辅大公交纳2000格里夫纳的贡赋。但是,1014年,他拒绝交纳,并且将其中1000格里夫纳分给诺夫哥罗德的亲兵队们。诺夫哥罗德地方行政官向雅罗斯拉夫进贡的一切东西,他都不交给自己的父亲——基辅大公弗拉基米尔。这是对王权和父权的挑战,所以弗拉基米尔非常生气,下令"清理道路,架设桥梁",准备去征讨雅罗斯拉夫。雅罗斯拉夫知道此事后,非常惧怕父亲,于是派遣使者去请瓦良格人组成亲兵队为自己作战。但是,这些瓦良格人来到后却"对诺夫哥罗德人施行暴力,强奸他们的妻子"。于是,"诺夫哥罗德人奋起斗争,杀死了波罗莫尼邸宅的所有瓦兰人。"①这就是诺夫哥罗德爆发的反抗瓦良格雇佣军暴行的起义,而这时弗拉基米尔大公正好去世,几位王子开始争夺王位,内讧骤起。法规就是在这样的背景之下形成的。雅罗斯拉夫制定这部法规的目的在于缓解矛盾,以取得诺夫哥罗德市民的支持,借此与其兄弟争夺大公之位。"《诺夫哥罗德法规》的最初原文为《雅罗斯拉夫法典》的第1—7条、第9—16条。"②可见,《雅罗斯拉夫法典》就是在这部法规的基础上形成的。

在此之后,1024—1026年,罗斯托夫—苏兹达尔又发生斯麦尔德起义。根据编年史记载,1024年,当地发生了饥荒,民间的多神教术士鼓动民众造反,人们起来杀死富人及其女眷并认为"他们藏着大量的东西",于是掀起了一场暴动。雅罗斯拉夫赶到此地,对挑起事端的多神教术士进行处罚,或放逐,或处死。鉴于这次起义的教训,雅罗斯拉夫颁布了《血款法》(又称《血钱法》),对原有的法规进行补充和修订。《雅罗斯拉夫法典》第1条第2款规定:"如果被害人是罗斯人、侍从、商人、审判官、审判执行官;如果被害人是游民……"这是条文中原来没有的,其来源正是这次起义之后进行的补充。1037年和1038年,雅罗斯拉夫又在诺夫哥罗德和基辅,先后进行了两次法律修订活动,目的是使这部法规可以推行于全国。但是,直至1054年雅罗斯拉夫去世的时候,《雅罗斯拉夫法典》才最终编纂完成。值得注意的是,在我们所见的《雅罗斯拉夫法典》中共有18条,其中的第8条、第17条和第18条都是之前没有的,第8条有关拔掉某人胡须和髭的规定是在后来编纂、整理法典时补充进去的,

---

① 〔俄〕拉夫连季编:《往年纪事》,朱寰、胡敦伟译,商务印书馆2011年版,第114页。
② М. Н. Тихомиров. Исследование о Русской Правде. М-Л. 1941. с. 48—61.

其余两条也是如此。所以，可以看出，《雅罗斯拉夫法典》最后呈现出来的形式是经过了多次修改和补充才完成的。

《雅罗斯拉夫法典》是一部适用于基辅罗斯全国的成文法典，它反映出雅罗斯拉夫统治时期的国家治理情况，也"较为全面地反映了罗斯的城市生活，是一部早期的社会治安文献。"① 法典内容也反映出在雅罗斯拉夫大公统治时期，罗斯社会处于新旧两种社会制度交替之中，即从氏族部落进入封建社会，但是新的封建关系还没有得到充分的发展。例如，法典中仍然保留着血亲复仇的原始习惯，同时又规定可以以命金代替，说明氏族部落时期的痕迹还很明显，尽管已经趋向瓦解；对霍洛普的规定也可以凸显出依然具有奴隶制色彩；社会已经分化成了几个阶层，农村公社也已经明显分化，出现了早期的世袭领主和庄园主，说明封建关系正在兴起。

二、《雅罗斯拉维奇法典》

雅罗斯拉夫死后，"他的长子伊兹雅斯拉夫来基辅继大公位，将基辅、诺夫哥罗德和楚德控制在其政权之下；次子斯维雅托斯拉夫在切尔尼哥夫，三子弗塞沃洛德在佩列雅斯拉夫利，由三位王公共同决定国内问题及对外政策。"② 所以，这个时期也被称为"三王子联合执政时期"。

由于大公之间的内讧以及兄弟之间的争权夺利，内乱不可避免。1068 年，弗谢斯拉夫·布里亚奇斯拉维奇就在波洛茨克挑起内战，占领了诺夫哥罗德。伊兹雅斯拉夫、斯维雅托斯拉夫和弗塞沃洛德对其进行征讨并取得了胜利。同年，异族人——人数众多的波洛奇人大举进犯罗斯国土，三王子前往迎敌，但是失败而逃。伊兹雅斯拉夫和弗塞沃洛德逃回了基辅，跟随他们逃回基辅的人在市民大会上要求得到战马和武器，再次作战，却遭到反对，于是导致了 1068 年基辅起义的爆发。这次起义声势浩大，起义者捣毁了监狱和王公的邸

---

① 于沛、戴桂菊、李锐：《斯拉夫文明》，中国社会科学出版社 2001 年版，第 10 页。
② М. В. Нечкиной, Б. А. Рыбакова. История СССР (Том1). М. 1956. с. 82.

宅,赶走了基辅大公,解救出了之前挑起内战的弗谢斯拉夫,并拥戴其为王公。在这次起义的影响下,1071年,苏兹达尔地区和诺夫哥罗德地区也爆发了起义,起义的原因与1024年极其相似,也是由于饥荒,巫术师挑拨贫民去攻击储存大量粮食的富人阶层而引起的。在这种情势之下,王公们逐渐认识到了法律在维护自身统治中的作用,力图通过新的法令维护和巩固既有的制度以及自己的政权,因此重新制定法律的活动被提上了日程。《雅罗斯拉维奇法典》就是在这样的大背景之下开始编纂的,"制定的目的就是在重新恢复自1068年起义以后被破坏的王公领地的秩序,力图避免1068—1071年悲剧的重演。"①

1072年,基辅三王子和几位大臣在维什格勒召开会议,正式制定这部法典。在《罗斯法典》中记载了这次活动,其参加者为伊兹雅斯拉夫、斯维雅托斯拉夫和弗塞沃洛德三位王公,以及其他几位贵族,包括基辅的行政和军事负责人科斯尼雅奇克、基辅地方贵族米基弗尔基雅宁、维什格勒的地方行政长官丘金、维什格勒的城防和市政建设负责人米库拉。之后,三王子又进行了集会,专门讨论废除血亲复仇制度及其替代制度。详编本法典中记载了这次会议,即"雅罗斯拉夫之后,他的诸子——伊兹雅斯拉夫、斯维雅托斯拉夫、弗塞沃洛德及其臣僚——科斯尼雅奇克、别列涅科、尼基弗尔,再次聚会,决定废除血亲复仇,可是代之以金钱赎罪,而其他仍遵照雅罗斯拉夫的法令——他的诸子作出这样的决定。"②但是,《雅罗斯拉维奇法典》颁布之后,作为立法者的大公们依然经常发生内讧,使得法典并不能很好实施;同时,执法者也借助其权力破坏审判和处罚规定。这样,下层民众自然会形成一定的抵制。法律被实际破坏的情况迫使统治者不得不对法典进行补充和修改,因此在"《雅罗斯拉维奇法典》颁布之后,在11世纪70年代至90年代的三十年中,关于法律条文和司法程序等问题仍继续修改和补充。编年史中有斯维雅托斯拉夫和

---

① М. Н. Тихомиров. Исследование о Русской Правде. М-Л. 1941. с. 67.
② 王钺:《〈罗斯法典〉译注》,兰州大学出版社1987年版,第45页。

弗塞沃洛德的立法活动。1076 年,斯维雅托斯拉夫重新制定了世袭领地法规,并完成了一部《汇编》。其法规的条文全部编入详编本《罗斯法典》中。《汇编》论述了有关法律的尊严和职能、诬陷以及一些司法裁判的问题,强调法庭审判应以争论双方和证人的供述为依据。"①

其实,最初制定的《雅罗斯拉维奇法典》只有 10 条,即第 19—28 条,其余的条文都是在之后陆续补充进去的。季霍米洛夫认为:"第 29 条关于诱拐他人的女奴或霍洛普的规定,是后来从某个与《雅罗斯拉维奇法典》相近的文献里转引来的。"②尤什科夫也认为:"在《雅罗斯拉维奇法典》形成之后,构成了简编本《罗斯法典》的时候,其中有关盗窃财物和牲畜的条款,例如第 29、30、31、32、33、34、35、36、37、38、39、40 条才被列入其中,成为法典的内容。"③可见,这部法典的形成并非朝夕之功,而是雅罗斯拉夫的儿子们在二十余年间根据社会发展而进行的立法活动和司法实践的综合和总结。《雅罗斯拉维奇法典》产生之后,构成简编本《罗斯法典》的两部法典已经完备。于是,"在《雅罗斯拉夫法典》和《雅罗斯拉维奇法典》的基础上,在 11 世纪末 12 世纪初出现了简编本《罗斯法典》的法律汇编。"④

三、详编本《罗斯法典》第一部分

1093—1096 年,波洛奇人全面进攻罗斯,而这时的王公们依然进行着内战,互相残害,争夺他人的土地和权力,这样维护世袭领地制的法律就完全失去了作用。为了结束这种状况,雅罗斯拉夫的子孙们在 1097 年召开柳别奇会议。这次会议对《罗斯法典》的形成起到了很重要的作用。"在这次会议上,以《雅罗斯拉夫法典》的 1073 年基辅修订本和 1072 年的《雅罗斯拉维奇法典》为蓝本,重新制定

---

① 王松亭:《〈罗斯法典〉形成始末》,载《吉林大学社会科学学报》1994 年第 3 期。
② М. Н. Тихомиров. Исследование о Русской Правде. М-Л. 1941. с. 67.
③ С. В. Юшков. Русская Правда. М. 2002. с. 303.
④ М. В. Нечкиной, Б. А. Рыбакова. История СССР(Том I). М. 1956. с. 84.

了一部新法典——《1097年法典》。"①《1097年法典》被列入详编本《罗斯法典》的第一部分,即前46条。由于这部分法律条文是参照之前形成的《雅罗斯拉夫法典》和《雅罗斯拉维奇法典》编纂而成的,所以在内容上与之前有颇多相似之处。第一,有一些条文完全一样,例如其中规定某人拔剑但没有使用交纳1格里夫纳的内容与《雅罗斯拉夫法典》中一条规定的内容完全一样。此外,关于杀害王公庄头和田畯、契约农、保育员,以及杀害斯麦尔德、霍洛普所规定的命金数额的内容,也与法典的规定相同。第二,规定相似但作出修改的条文,例如规定砍断他人手指要支付给受害者3格里夫纳的赔偿金,与《雅罗斯拉夫法典》中一条规定的内容很相似,只是后者所规定的3格里夫纳是支付给王公的罚金。又如,对命金征收者的报酬和待遇的规定虽然与《雅罗斯拉维奇法典》中相同内容的规定很相似,但是也有不同的地方,说明其编纂者对此作了修订。当然,也有一些是根据当时的情况而新制定的。例如,诬告免交命金,以及之后在免交命金之后所要支付的其他费用问题,对于无人认领尸首而维尔福免交命金的规定,还有关于神明裁判中的铁审判、水审判,某人在无法忍受对方行为而对其进行正当防卫的规定等,在简编本《罗斯法典》中是没有的,说明是新增加的内容。

  柳别奇会议虽然重申了世袭领地制的原则,但是并没有起到实质性的作用。在这次会议之后,各地王公的内讧依然不止,封建王公、教会、地方豪绅和大商人更是乘机敲诈勒索,大放高利贷,普通民众的生活情况越发糟糕。于是社会矛盾急剧激化,反抗斗争持续不断。详编本法典中的后一部分内容就是在这种背景下产生的,主要是对债务和借贷问题作了一些规定,对高利贷利息进行了少许的限制。这几条也被纳入到了详编本法典中,与《1097年法典》一起形成了详编本法典的第一部分。

---

① 张寿民:《俄罗斯法律发达史》,法律出版社2000年版,第12页。

四、《摩诺马赫法规》

柳别奇会议之后各地王公之间的政治斗争尖锐,表明了早期统一的封建国家已经开始走向终结。在 12 世纪初,基辅王公弗拉基米尔·摩诺马赫曾试图恢复早期封建国家的政治秩序,这种尝试是与镇压债农和城市里的贫民起义相联系的。由于之前对于债务和利息问题的规定有限,并不能在实质上稳定高利贷之下借贷农民的愤怒,由此产生的债农问题成了 12 世纪罗斯最为严重的社会问题之一。随着封建化程度的加深,大批的自由农民因还不起高额的贷款而被迫以身抵债,沦为债农。作为债农,为了改变自身的地位,争取应有的人身、财产权利,避免继续受封建主的侵害,便奋起反抗。1113 年,基辅爆发了声势浩大的起义,矛头针对一切封建势力,包括基辅大公、亲兵、东正教会以及从事高利贷的商人。这次起义也成为新法产生的外在助推力。

由于起义态势的不可遏制,封建贵族和商人召开会议,决定将既强大又有威信的别列斯托沃王公弗拉基米尔·摩诺马赫请到基辅,接替去世的斯维雅托波尔克担任基辅大公,寄希望他能够镇压起义,保障他们的安全和利益。但是,摩诺马赫感觉必须向广大的民众让步。于是,他在进驻基辅之前,在别列斯托沃召开贵族会议,制定了有关债务问题的专门法规,主要内容为:"如果利率为 1/3 的债务,利息只允许收取到第三次;如果某人已收取两次利息,可以再进行收取;第三次就是收取本金,不得再要求偿还债务。"①这次会议的决定使封建主们被迫对债农和城市里的贫民作出了让步,"如果债权人获取了一年 50% 的债务,并且债务人已经交纳这些债务的利息到第三年,那么债务人就看作返还债务而获得自由。"②这次专门的会议调整了债农与其主人的相互关系。与此同时,这次会议也形成一些法规,例如对无力偿还债务的商人人身权利的保护,避免其沦为霍洛

---

① Н. Калачовь. Текст Русской Правды на основании четырехь списковь разныхь редакции. С-П. 1889. с. 31.

② М. В. Нечкиной,Б. А. Рыбакова. История СССР(Том1). М. 1956. с. 85.

普;对债农财产和人身权利的保护,他们的私人财产不被其主人侵害,有权控告其主人的不法行为并担任一般诉讼的证人等。通过这些立法,之前处于弱势的起义者的社会地位有所改变。在这些措施的帮助下,同时协调封建主的态度,摩诺马赫平息了这场起义。这些规定后来被列作详编本法典第二部分《摩诺马赫法规》的前几条,即第53—66条。据有关学者研究,"现在所见的《摩诺马赫法规》的第67—73条、第75—85条、第90—95条、第98—106条,共计33条,是属于斯维雅托斯拉夫·雅罗斯拉维奇于1076年制定的世袭领地法规,这部法规由于其子奥格列的反对,没有列入《1097年法典》,到其孙弗塞沃洛德任基辅大公时(1139至1146年)才被最后确认并有所增补。"①同时,《摩诺马赫法规》中有许多内容都是对简编本法典的补充和修订。例如,偷盗海狸皮、牧草、干柴和各类船只,破坏野蜜蜂巢标志的规定,以及重要的继承问题等,都是以往的法典条文中没有的。还有许多条款是经过修订的。例如,破坏野蜜蜂巢标志,简编本法典规定3格里夫纳罚金,而《摩诺马赫法规》则规定为12格里夫纳。此外,偷盗家禽的罚金也有所提高。这些规定的修改也说明了当时私有财产的发达以及对私有财产的保护力度。

  1174—1175年,《罗斯法典》的形成到了最后阶段,弗拉基米尔—苏兹达尔爆发了民众起义,其直接原因为"不公正的命金和罚金使很多人含冤受辱"。据史料记载,这次起义规模很大,王公的臣仆、地方行政长官、千夫长以及下级卫士被打死、打伤或被抄家,"在那里有大动乱和大灾祸,无数人头落地,无法统计。"弗塞沃洛德登基之后,起义仍未被镇压且持续高涨,这迫使他必须制定新的法律以缓和矛盾。编年史记载了弗塞沃洛德的立法活动,"详本《罗斯法典》第74条、第86—89条、第96条、第97条、第107条、第109条、第110—121条,共计21条,就是他的作品。这诸多条款主要涉及有关赋税和霍洛普两方面内容。"②13世纪初,在诺夫哥罗德,《罗斯法

---

① 张寿民:《俄罗斯法律发达史》,法律出版社2000年版,第13页。
② 王松亭:《〈罗斯法典〉形成始末》,载《吉林大学社会科学学报》1994年第3期。

典》的详细修订本完成,同时将前几部法典编纂在一起,并且作出了技术上修订。这样,《罗斯法典》伴随着长久的社会动荡和发展结束了它长期而复杂的形成过程。

  《罗斯法典》的编纂过程从表面上看,是法律条文随着新出现的社会动荡情况不断地增订和修改,但是从深层次去理解,它其实是国家封建化过程中的必然产物。原始氏族社会的痕迹并没有完全消除,而是在一定程度上左右着人们的思想及行为;封建土地所有制已经开始形成,并向前发展;土地所有制的变化引起了社会阶层的分化,造成了矛盾和冲突;城市化的进程也让罗斯社会居民不断流动,依托城市形成的手工业、商业中心促进了内外经济、政治的交流和发展。这些都为《罗斯法典》的法律渊源的应用提供了可能性,例如血亲复仇的习惯、根据封建化程度而进行的立法和判例、解决内部政治纠纷的会议立法等。由于《罗斯法典》的法律渊源多而杂,加之国家的内外部原因,所以决定了其编纂过程和内容的复杂,同时也反映了当时法律文化的混合性。结合《罗斯法典》的法律渊源及其形成过程,可以看出罗斯社会在制定法律的过程中接触了多种因素,调和着各种社会关系,使用多种法律手段进行社会控制,并且借鉴了能为其所用的外来文化。可见,在社会发展过程中,结合实际情况而理性运用法律渊源制定法律,是《罗斯法典》形成的内在轨迹。罗素在其《西方哲学史》中指出:"文明人之所以与野蛮人不同,主要的是在于审慎,或者用一个稍微更广义的名词,即深谋远虑。他为了将来的快乐,哪怕这种快乐是相当遥远的,而愿意忍受目前的痛苦……文明之抑制冲动不仅是通过深谋远虑,而且还通过法律、习惯和宗教。这种抑制力是野蛮时代继承下来的,但是她使这种抑制力具有更少的本能性与更多的组织性。"[①]如果从这个意义上审视,《罗斯法典》是俄罗斯古代国家逐渐文明和成熟的标志。

  [①]〔英〕罗素:《西方哲学史》(上卷),何兆武、李约瑟译,商务印书馆1963年版,第38—39页。

第二章

《罗斯法典》的文本分析

《罗斯法典》作为一部古代法典,并没有专门的成形法典文本流传至现代社会,所以在正式分析其中具体的法律制度之前,需要对此进行一定的介绍和解说,这样也是为了更有利于了解该部法典的基础性问题。在现在所见的法典文本中,出现了简编本、详编本以及缩编本三个版本,其中常见的是前两个。此外,还存在多种抄本,这些抄本都是从不同的历史文献中抽取和挑选出来的,并且在很大程度上可以通过这些抄本的样式完成对其版本的考察。在俄罗斯本国,存在着多种多样经过长时间历史的流传、呈现在现代社会的法典抄本,已经形成了一定的数量规模,并为研究奠定了基础。在其他国家,也已经出现了译本,这也为学者研究相关问题提供了资料借鉴和文献基础。同时,面对这样一部较为重要且显得复杂的古代法典,理解其中的体例结构也是需要作进一步介绍的,法典的构成方式及语言等问题都在本章的说明范围之内。

第一节 《罗斯法典》的版本、抄本和译本

《罗斯法典》作为古代罗斯较为重要的法典,其原始版本早已失传,但是其内容以不同的文献形式遗留至今。通过众多俄罗斯历史学家对历史文献的研究和多年来对《罗斯法典》资料的考证,形成了不同的观点和看法,出现了一些较为重要的成果,其中不仅出现了《罗斯法典》的各种版本,也存在对不同抄本的论述。这些对于考察《罗斯法典》文本本身及其内容都具有重要的意义。同时,这样一部较为重要的法典也逐渐成为各个国家的研究对象,催生了各种译本。

一、《罗斯法典》的版本

《罗斯法典》的版本，是研究《罗斯法典》首先必须弄清楚的一个重要问题。《罗斯法典》最初并不是一部独立的法律文献，曾一度隐藏在编年史和宗教文献之中。据不完全统计，13—18世纪保存在各种抄本中的《罗斯法典》有110种之多。"在这些抄本中，有些不仅条文数量不同，编排次序不同，甚至条文文字本身也有许多不同。尽管如此，《罗斯法典》大致可分为简编和详编两大类。简编《罗斯法典》通常发现于具有保存性质的古文献之中；详编法典通常发现于教会的法令和法规的汇编之中。"①此外，还有一种缩编本。

（一）简编本

《罗斯法典》虽然是俄罗斯古代法制史上的一部重要法典，但是之后并没有被专门保存下来，而是散落在各种文献之中。1738年，俄国历史学家塔吉舍夫在15世纪的诺夫哥罗德的编年史中发现了当时尚未被人知的法律文献，评价了它的重要性。之后，他认真考证研究并整理成文。"塔吉舍夫将法典分为两部分：第一部分由17条组成，是由雅罗斯拉夫大公编纂而成的；第二部分有35条，是由他的儿子们制定的。塔吉舍夫提出了一系列有关这部法典起源的有趣发现，这些都对后来的研究者产生了影响。"②但是，他将整理的文献交送给彼得堡科学院后，这份极具价值的古代法律文献没有受到应有的重视，就这样被尘封了30年。直到1767年，德国籍研究员施莱策尔才将其公开出版，标题为《罗斯法典——源于十一世纪的雅罗斯拉夫·弗拉基米洛维奇大公和他的儿子伊兹雅斯拉夫·雅罗斯拉维奇》。"从这开始，《罗斯法典》才成为历史学家、法学家、文献学家、语言学家研究的对象。"③由塔吉舍夫发现并整理、施莱策尔公开出版的这部分《罗斯法典》就是简编本。现在所见的简编本《罗斯法

---

① 朱寰：《略论〈罗斯法典〉产生的社会条件》，载《求是学刊》1994年第3期。
② С. В. Юшков. Русская Правда. М. 2002. с. 225.
③ 王钺：《〈罗斯法典〉译注》，兰州大学出版社1987年版，第134页。

典》包括两个法典,即《雅罗斯拉夫法典》和《雅罗斯拉维奇法典》(也称《雅罗斯拉夫诸子法典》或《雅罗斯拉夫三王子法典》)。

由此可知,简编本《罗斯法典》来源于《诺夫哥罗德编年史》。对于解决简编本法典来源的问题,知晓其中保存这个文献的那些手抄本是有很大意义的。《诺夫哥罗德编年史》一共有两个抄本:第一个是古文献学抄本,共有238页,是在15世纪中叶用简化多角字体(由古希腊、古斯拉夫手稿中的多角体字体演化而来)写成的,其内容除了诺夫哥罗德编年史外,还包括一系列其他的条文,指出了当时的一些古文献地方抄本的汇编。第二个是学院派抄本,有40页,用简化多角体字体写成,是记录15世纪下半叶的文献。"简编本法典的条文文本就是在这两个编年史的抄本的基础上发现的,在古文献学抄本中结束于1446年,而在学院派抄本中结束于1441年。这样,简编本法典的文本至少起源于15世纪中叶,虽然在这个范围内不能解决它的来源问题。"①沙赫马托夫不久就发表了关于编年史的观点,重新看到了关于《诺夫哥罗德编年史》地方抄本的问题,进行思考后认为:"古文献学抄本的最初文件是在三个文献的基础上形成的:1421年诺夫哥罗德汇编、东正教教务会议编年史、索菲亚汇编。在学院派抄本的基础上,依据其他文献予以补充,其中一部分是按照诺夫哥罗德第一编年史中的东正教教会会议编年史,此古文献的抄本形成于1453—1462年。对于判断简编本《罗斯法典》抄本,我们有起源于一个历史文献的两个文本。"②在古文献学和学院派的抄本中,1016年,在与斯维雅托波尔克的战争之后,雅罗斯拉夫出兵基辅,登上了自己父亲弗拉基米尔的宝座,开始瓜分胜利果实:官长分得10格里夫纳,普通战士(斯麦尔德)分得1格里夫纳,而诺夫哥罗德人都分得10格里夫纳,然后全体解散回家。雅罗斯拉夫向他们颁布法典并制定规章之后说:"按照这个文件执行,这是给你们的抄本,坚决照此办

---

① М. Н. Тихомиров Исследование о русской правде. М-Л. 1941. с35.

② А. А. Шахматов. Обозрение русских летописных сводов ⅩⅣ—ⅩⅥ вв. М. 1938. с. 161—181.

理。"这就是《罗斯法典》(就是之后著名的简编本《罗斯法典》)。"诺夫哥罗德第一编年史的文本中提及邀请雅罗斯拉夫,类似的内容也出现在索菲亚汇编中,而在其他一些版本中记载:'给他们法典和法规,书写成文件文本,按所有给的东西去遵守,明确写给你们的东西。'但是,发现这个雅罗斯拉夫文件不是在 1016 年,而是在 1019 年。这些在诺夫哥罗德第四编年史中也有。(在 1020 年部分说道:'给他们法典和成文法规,要按照这些文件履行,并且予以遵守。')看来,关于雅罗斯拉夫文件的话语在索菲亚汇编和诺夫哥罗德第四编年史中均出现过,或者按照沙赫马托夫的看法,在 1448 年的汇编中。但是,在索菲亚编年史中,在这些话语之后,变成的不是简编本法典,而是详编本法典。"①在所有提到的编年史中发现的《罗斯法典》版本的区别已经明了。仔细思考一下,编年史中的雅罗斯拉夫文件是和各种文献相联系的。诺夫哥罗德第一编年史或者其他的文献接受了雅罗斯拉夫文件中的简编本法典,而索菲亚编年史中的是详编本法典。这个观点由诺夫哥罗德第一编年史的地方抄本和教会抄本的比较而得到证实。这些教会抄本在古代形成的时间不晚于 14 世纪,并以更早的文献为起源。教会会议抄本中,在 1016 年没有关于雅罗斯拉夫时期法规和法典——《罗斯法典》的叙述。如果承认这些记载已经进入了教会会议抄本的原始文本献,那么在教会会议抄本中缺乏关于雅罗斯拉夫法典和法规的语言就出现了不能解释清楚的情况。同时,《诺夫哥罗德编年史》有意识地选择的不仅是雅罗斯拉夫书写的文件,甚至还有关于这些文件所说的话。所以,应该认为,"关于雅罗斯拉夫文件的句子、话语和简编本法典文本加入诺夫哥罗德第一编年史地方抄本的组成部分不是从教会会议法规中得来的,而是其他的文献。"②

沙赫马托夫在看待关于资料、来源的问题上,从"哪里采用有关在诺夫哥罗德第一编年史中发现法规和法典的话语"的角度,得出

---

① М. Н. Тихомиров Исследование о русской правде. М-Л. 1941. с36.
② 同上。

下列结论:"不能怀疑,这些话语和法典的文本在古文献学抄本中的内容,来自1448年的汇编;在1448年的汇编中,它们来自全俄罗斯的汇编,而其最后部分的内容——来自诺夫哥罗德官方编年史,部分来自1167年的汇编,虽然在诺夫哥罗德全俄罗斯的文献资料中体现出来的可能并不是《罗斯法典》,而是雅罗斯拉夫文件的文本。"①沙赫马托夫赋予雅罗斯拉夫文件很大的意义,认为"列入这些文件进入编年史的重要原因是诺夫哥罗德人将1015—1016年大事件记入编年史强烈渴望。""1017年,诺夫哥罗德在行政长官和主教的带领下,决定将《诺夫哥罗德法规》写进编年史中。"②其实,这部分法规就是简编本《罗斯法典》的前身,或者可以说是其重要的基础性对象。现在众所周知的简编本法典的来源,就是在《诺夫哥罗德编年史》的两个抄本中发现的。

(二)详编本

《罗斯法典》的另一个版本就是详编本,它在那个时期像简编本法典一样保存了两个古代文本。现在所见的详编本法典的抄本也有很多,可以计算出来的大概在100种以上。在这么丰富的资料中,没有一个抄本是在乌克兰和白俄罗斯的,虽然《罗斯法典》的规则在当时已经是无条件地传播到了大公所统治的地区,反映在1468年卡泽米尔审判法的内容中,甚至在16世纪立陶宛文献中。看来,发现《罗斯法典》的普遍抄本是在立陶宛大公国及西南罗斯地区。

简略地研究这些抄本时,应着眼于它们的相同点和不同点。"详编本法典的抄本之间的区别不仅在于部分的差异,也在于其中缺少或者具有某些条款。例如,在克里姆兹抄本中就有广泛充足的有关利息和嵌入雅罗斯拉夫法令关于桥梁的条款,在古代诺夫哥罗德抄本中就有其余的详编本法典抄本中没有的其他条款,而其中又缺少其他抄本中所具有的关于支付命金的条款。"③研究者通常在大

---

① A. A. Шахматов. Розыскания о древнейших летописных сводах. С-П. 1908. с. 215—216.
② 同上注,с.507—508。
③ М. Н. Тихомиров Исследование о русской правде. М-Л. 1941. с. 79.

量的记载详编本《罗斯法典》的文本和需要他进行另一种解释的文献中迷失,在这些相同的读物中很多都显得只是存在于详编本法典文本中的简单直接的文字。"这样,索博列夫斯基就断定式地认为,所有详编本法典的历史仅仅是一些杂乱的错误加上其他错误而已,对同样的详编本法典的来源区别也不能简单地进行解释。"①实际上,在不同的详编本法典文本之间,大部分内容都是相同的,可以解释为有一些内容只是晚一些才出现,甚至可以发现这些新内容的出现也不是不合乎情理的。传抄这些法典文件的人努力去理解以前的古文本并适应晚一些出现的概念。这样,甚至简易的抄本或者有依据晚些时候的文本进行推测所造成的被曲解的内容,都有其本身的历史意义和文献价值。"同时,在详编本抄本中还发现了明显根据古文本进行增补、修改的痕迹,即使是被确定下来的抄本也不是唯一的一个,而是一个'抄本群体'。这就可以证明,这些'抄本群体'来源于同一个具有共同特征的、最初的原始文本。在一些法典的抄本中,出现在解释同一个概念和大部分编辑完成详编本法典结构工作中的一系列的共同点。"②现在所知的详编本法典存在于诺夫哥罗德教会会议汇编、一些法律资料汇编和喀兰辛地区的抄本中,所以其来源可以"按本文分为三类:第一类是最多的,它包括在'教会法汇编'(或称'宗规集'和'正义的准则')的法律汇编中;第二类包括各种特殊法律汇编中的各种抄本;第三类包括15至16世纪的一些抄本,最初是由喀兰辛发现的,所以又称作'喀兰辛抄本'。"③

(三)缩编本

《罗斯法典》除了简编本和详编本之外,还有一种缩编本。学界对将缩编本法典划分为独立的第三个版本有很多争论,"缩编本给出的内容,与我们所知的详编本有区别。现代作者把缩编本看作独立的文献,它是早于详编本法典的。"④但是,它"其实是对详编本法

---

① М. Н. Тихомиров Исследование о русской правде. М-Л. 1941. с. 79.
② 同上。
③ 张寿民:《俄罗斯法律发达史》,法律出版社2000年版,第9页。
④ М. Н. Тихомиров Исследование о русской правде. М-Л. 1941. с. 35.

典进行删节之后而形成的一种法律文献。基辅罗斯国家虽然已不存在,但是它的法律体系和立法依然存在,继续在之后的国家中起作用。虽然已经出现了新的法律,但是它们不能代替所有以前罗斯国家的法律体系和制度。所以,缩编本《罗斯法典》是从那些保留了法律特点的法律法规中挑选出来的。"① 其实,大多数研究者一致认为缩编本法典是从详编本法典中摘选出来的,"在这个情况下,缩编本法典的文本可以成为独立的一个版本,因为它不能直接机械地从详编本法典中摘录出来。"②

1. 缩编本出现的地区

缩编本法典出现的时间要随着确定其产生的地域之后才可以较为容易地认定。这个问题的解决大概要建立在历史编纂学的方法上。在俄罗斯学界,对这个问题存在两种观点。"在那段时间,例如德罗兹斯夫斯基和马克西缅科认为,缩编本《罗斯法典》出现在莫斯科,而季霍米洛夫却认为在诺夫哥罗德发现了它的来源。分析缩编本《罗斯法典》的条款,我们根据马克西缅科的观点,可以判定它对东北罗斯的法律产生了很大的影响,其中也包括莫斯科法律。关于它的出现,首先要解决这些问题。它出现在东北罗斯,就很有可能是在莫斯科大公国。"③

季霍米洛夫就缩编本法典出现在诺夫哥罗德这个问题得出了一系列的结论:④第一,由缩编本《罗斯法典》的语言可以得知,目击者就像见证人,证人就是具有好的名声或名誉的证明人。目击者和证人在详编本法典中也提到了,因此缩编本法典中的这个术语完全不具有特殊的性质。其中,有关证人的问题,莫斯科文献也提到了。所以,这个结论只有在可以证明"目击者"这个词语是出现在诺夫哥罗德而在基辅罗斯没有遇到过时才具有意义。但是,这个词汇可能会

---

① Ю. Л. Проценко. Древнерусское государство и право:лекция. В. 2000. с. 37.
② М. Н. ТихомировИсследование о русской правде. М-Л. 1941. с. 35.
③ С. В. Юшков. Русская Правда. М. 2002. с. 85.
④ 同上注,с. 85—86。

出现在地方方言中。对于这个词汇的组成,我们并没有资料加以证明,因此的确没有让人信服的可能。就像季霍米洛夫得出的结论:"目击者"只是诺夫哥罗德的术语。第二,根据季霍米洛夫的观点,尤其是对于霍洛普的法令是缩编本法典在诺夫哥罗德出现的证据,它没有大量记载晚些时候的法律要求交出在诺夫哥罗德逃亡的民众,他们在与王公签订契约之前被看作霍洛普的规定。如果在罗斯的其他地域不存在霍洛普,或者对于霍洛普出台了简单的地方法典,那么季霍米洛夫的这个结论可能会有一定的意义。相反,15 世纪,在诺夫哥罗德和普林斯科,即当按照季霍米洛夫的观点,缩编本法典出现的时候,霍洛普已经失去了奴隶的身份和意义。霍洛普在诺夫哥罗德和普林斯科的审判法规中几乎没有被提及。相反,霍洛普在其他地区,尤其是在东北罗斯,相比在诺夫哥罗德有着不可替代和无法形容的作用。第三,根据季霍米洛夫的研究,似乎贵族阶层有着特殊的状况,表现在"关于贵族的臀部"的条款中。但是,"关于贵族的臀部"的条款完全不是缩编本法典的特征。这个条款保存在《罗斯法典》的第二、三、四部分。第四,季霍米洛夫证明,在缩编本法典中,将可以产生预期利息和贸易收益的货物转交给监护人。关于贸易的特别法规出现在有关霍洛普的条款中,在那里预先规定了霍洛普贸易的程序。但是,对于每个对《罗斯法典》有起码知晓的人来说,关于将货物转交给监护人以及霍洛普交易的程序在《罗斯法典》中都已经有所提及。

总的来说,所有这些都不是缩编本法典的特征,季霍米洛夫的这些结论都失去了证明意义。"季霍米洛夫的理论依据在于,包含在缩编本法典中的内容显露出了一些佩尔姆斯基主教在其教区新创立的法规,那么对于这个教区而言,似乎可能是缩编本法典形成时较为特别的特征,并且不在任何文件的基础上。"[1]这也不能作为一个较为严格的结论,例如这样的评判:"法律文献按照内容过分罗列并不

---

① С. В. Юшков. Русская Правда. М. 2002. с. 87.

第二章 《罗斯法典》的文本分析

能符合佩尔姆斯基主教教区在法律特征上的新要求。"① 但是，法律文本即拜占庭法律汇编被认为过分罗列不只是针对佩尔姆斯基主教所辖的教区，而是所有的俄罗斯教区。总之，季霍米洛夫关于缩编本法典出现在诺夫哥罗德的结论是不能让人信服的。这意味着，正如大部分的研究者得出的结论，它出现在莫斯科公国。

2. 缩编本出现的时间

关于缩编本《罗斯法典》出现的时间，那些赞同它出现在莫斯科公国的研究者认为是16到17世纪，或者17世纪上半叶，也可能是17世纪中期或末期，并没有一个统一的说法。马克西缅科就认为这个版本的法典伴随着莫斯科法律的法典编纂出现在1649年。尼哈米洛夫一方面认为缩编本法典是伴随着新的佩尔姆斯基教区（1307年）的建立而出现的，为此而形成新的领袖和法律教科书；而另一方面又十分不明确地认为在14世纪末或15世纪初。谢尔盖耶维奇认为缩编本法典出现得很早，在13世纪且不早于12世纪末。对于这个推测，他提出了论据，认为在缩编本法典的文本中忽略了雅罗斯拉夫大公、他的儿子以及摩诺马赫的名字。谢尔盖耶维奇的观点已经落后了，马克西缅科发现了其论据的破绽，认为他并没有在研究所有资料的基础上进行详尽的分析，而只是在法典内容忽略了雅罗斯拉夫大公、他的儿子以及摩诺马赫的名字上考察，仿佛这些已经被缩编本法典编纂者忘了一样。在这种情况下，指出缩编本法典出现在13世纪或12世纪末，这是不明确的，要知道在晚些时候有关王公的称呼都是模糊不清的。

很显然，也不能轻易赞同那些认为缩编本法典起源于15到16世纪的研究者的观点。所有研究者都承认，缩编本法典的形成和出现是为了满足法律实践的需要。编纂者有自己的目的，即《罗斯法典》的规定要适应那个时期法律制度的实际，这样是为了能将它运用到当时的司法实践中去。但是，抱有这个目的改造《罗斯法典》是

---

① М. Н. Тихомиров. Исследование о русской правде. М-Л. 1941. с. 191.

在教会审判法、法规文件出台之后,出现了命令书,特别是在1649年莫斯科编纂法典阶段。在16到17世纪,出现了莫斯科法律体系快速发展的情况。与此相比,缩编本法典就显得较为简单了,不具有特别的实践意义。在那时莫斯科法律本身已经得到了发展的情况下,什么样的法官、机构能成为带头人,遵循哪些与详编本法典相比有所删节的缩编本法典的法规,也无从得知。1649年法典的编纂者从其中借用一些内容,对《罗斯法典》进行草率的改造。甚至在形成1497年法典时,也只是借用了《罗斯法典》的两个条款。相反,缩编本法典的编纂者能够有目的地适应莫斯科法律。可以看出,这些没有出现在1649年法典中,而是在早期出现在东北罗斯和莫斯科大公国的法规中。

更为严格的结论提出了晚些时候缩编本法典的出现,这个证据存在于17世纪的手抄本中。但是,在《罗斯法典》的历史中,那些发现的文件和其他抄本在晚些时候的手稿中都没有因为确定这个抄本的日期而具有什么特殊的意义。"我们认为,如果缩编本法典的编纂者实际具有实践目的——适应实际存在的法律,而在这中间是不值得怀疑的,因为在许多活动中出现了十分确定和伴随着一系列的针对详编本法典的制度,那么就只能在基辅国家的法律文献还没有彻底地失去自己的意义和莫斯科法律的基本原则确立的时候,并且最终在东北罗斯(也包括莫斯科大公国)还没有出现法典编纂的尝试。由此,我们就可以认定,15世纪上半期和15世纪中期,即白俄罗斯文件和1497年法典出现之前,是缩编本法典产生的时间。"①

3. 缩编本的意义

大部分的法律史学家都不认为缩编本法典在俄罗斯法律史上有特别的意义,而通常认为它不是一部独立的法典。但是,马克西缅科认为:"它是'莫斯科版'的《罗斯法典》,应该按照另一种方式对待这个问题。缩编本《罗斯法典》的形成是后期在逐渐适应审判实践的

---

① С. В. Юшков. Русская Правда. М. 2002. с. 89—90.

需要的途径上,并在莫斯科法律的精神上果断进行改造的结果。"①
季霍米洛夫认为:"缩编本《罗斯法典》具有很大的意义,在古代根据缩编本法典的文本与详编本进行比较,并承认它是保存在古代比详编本更为特殊的法典版本。"②

虽然在缩编本法典起源的问题上,无论是季霍米洛夫还是马克西缅科都不能得到一致的赞同,但是仍要承认缩编本法典在俄罗斯历史上的重要意义。毫无疑问,缩编本《罗斯法典》并不是对以往法典版本的简单缩减、删节,而是经过改造和修订后的法典形式。同时,应当注意到,缩减在很多情况下就已经决定了编者力求取消一些以往法规,而要从实际使用中得出简单可行的法典。所以,对法典的缩编并不是编者任意的行为,也不是为了缩减而删节,而是要寻求一个确定的目的。这样,缩编本的出现在《罗斯法典》和俄罗斯法律历史的发展进程中就是非常重要的一个时刻,它的形成证明了《罗斯法典》并没有在基辅罗斯衰落后就立刻被抛弃,而是存在了很长时间,而且还在新的习惯法和审判实践的基础上进行了改造的尝试。可以发现,《罗斯法典》《普林斯科审判法规》以及《1497年审判法规》之中都有十分严重的缺陷和空白,但是教会审判法规和缩编本法典填补了这个空白,并提供了在封建割据时期法律发展中一些可以深入考察其发生重要进化的可能性。在承认缩编本法典的重要意义的同时,应该发现,编者对以往待缩减材料——详编本法典进行的改造并不是很成功,经常在叙述那些或其他法规的情况下只是力图作最终的删节。所以,"由于这些'不良'的改造方式,这个版本的《罗斯法典》长久以来没有对研究者进行资料选取和研究产生影响。"③

---

① Н. А. Максименко. Масковская редакция Русской Правды. /Проблемы источниковедения. Сборник статей. М. 1948. с. 162.
② М. Н. Тихомиров Исследование о русской правде. М-Л. 1941. с103—194.
③ С. В. Юшков. Русская Правда. М. 2002. с. 91—92.

二、《罗斯法典》的抄本

由于《罗斯法典》的原本已经遗失,所以所有版本都是以编年史和各种不同的法律汇编的形式流传至今的,当然也均为抄本。"学界对《罗斯法典》的抄本有一个共同的认识,即该法典流传至今有较多抄本,彼此之间因组成部分不同而相互区别,所以首先就要对这些抄本进行分类。这种分类其实凸显了文本变化与法律发展相互关系的必然性。可以说,资料文本的改变是与基辅罗斯社会经济、政治和法律制度的变化相联系的。"①

由于流传下来很多法典抄本,而且各种抄本的内容又各不相同,因此第一个历史任务就是研究《罗斯法典》的历史,确定它的版本。这个问题在学界没有一个统一的说法。大部分人提议,应当将众多的抄本进行分类。众所周知,卡拉津夫将法典分为四个抄本且分别有各自的名称,即存在于《诺夫哥罗德编年史》中的"学院派抄本、教会抄本、卡拉姆津抄本和奥博连斯基王公抄本"②,但是他的分类法并不完全被认为是成功的。"实际上,他将第一个名称的法典列入了简编本法典抄本,而其余三个统统列入详编本法典抄本。与此同时,简编本法典或者是卡拉津夫所区分的第一个名称的法典与其他三者,也就是被认为是详编本法典的部分区分开。他认为简编本和详编本法典就是按照文献的来源和内容不同而产生的抄本的区别,那时这两个抄本的法典虽有一些类似,但实质上是两个不同文献。"③简编本法典是来源于一个文献,又在这个基础上形成了详编本法典,但是文献来源在所有情况下都不是唯一的。除此之外,详编本法典在篇幅和数量上都是是简编本法典的四倍之多,并且有些条文是从简编本法典中抄写过来的。所以,大部分的研究者同意,详编本法典的出现要晚于简编本法典。在简编本和详编本法典中,我们

---

① С. В. Юшков. Русская Правда. М. 2002. с. 9—10.

② Н. Калачовь. Текст Русской Правды на основании четырехь списковь разныхь редакции. С-П. 1889. с. 2—4.

③ М. Н. Тихомиров. Исследование о русской правде. М-Л. 1941. с. 33.

既能按照内容，也能按照文献来源进行区别。因此，这些文献被称为简单的简编本和详编本法典，这些称呼其实就是在历史科学中坚固地建立起来的文学性术语。同时，他们将缩编本法典列入了详编本法典之中，认为其是详编本法典的后续成果。大多数人认为第一次有充分理由将法典版本分类的是谢尔盖耶维奇，他将法典分为三个部分：简编本、详编本和缩编本。法典抄本之间的区别是这种法典分类的基础。依照谢尔盖耶维奇的说法，简编本法典自身分为两个不同的文献或者两个部分。尤什科夫在自己公布出版的《罗斯法典》中，与卡拉津夫的区别是将缩编本法典列入一个特殊版本，而将详编本法典分为三个部分。"但是，尤什科夫相当任意地将法典抄本分成了版本，因此详编本法典的古代抄本——普希金抄本和古文献学抄本都非常相似，且进入到了各种版本之中。与此相关的版本解释在尤什科夫那里得到并不是确定的特性。"①

　　新的分类出现在学术机构出版的《罗斯法典》中，是建立在柳比莫夫研究所有已知的法典抄本的基础上。柳比莫夫将所有的法典抄本分为两个基本版本：简编本和详编本。他将详编本法典抄本分为三个类别：教规汇编抄本、普希金抄本、卡拉姆津抄本。其中，每一个抄本本身也分为多种，教规汇编抄本有8种，普希金抄本有2种，卡拉姆津抄本有3种。不难发现，柳比莫夫的方法重复了卡拉津夫对法典抄本的分类。不同的是，简编本从详编本中分离出来，成为独立的版本。实际上，教规汇编抄本按照柳比莫夫的分法就是卡拉津夫所谓第二个名称的那个部分，普希金抄本就是第四个，而喀兰辛抄本就是第三个。在柳比莫夫的分类法中，详编本法典是一个在类别和形式上具有新颖性和整体性的法典，在他之前还没有一个研究者进行过这样细致的分析，应该说他在这个问题上是有很大贡献的。但是，柳比莫夫的分类法也存在一个基本的错误，即他跟随卡拉津夫而重复研究，将缩编本法典列入详编本法典的教规汇编抄本，承认缩编本法典是机械地由详编本法典缩减而形成的结果。这实际上是不正

---

① М. Н. Тихомиров. Исследование о русской правде. М-Л. 1941. с. 33.

确的,并且缩编本法典与详编本法典之间的区别不只在文本上,也在于补充了一些条款。

对《罗斯法典》所有抄本的分类的共同特点就是,研究者按照外部表象或特征建立自己的分类,没有提到涉及有关时间及其产生原因或者《罗斯法典》的其他形式等问题。这样的分类有可能在很大程度上划分《罗斯法典》抄本的基本类别,但是不能解释它们产生的历史。在力求得出这个版本各个部分的来源或原因的问题上,每一个研究者都是从现存的三个独立的《罗斯法典》(简编本、详编本、缩编本)版本的角度出发。这些版本中的每一个都有自己独立的历程,按照存在形式都是独立的文献。"简编本法典,如大部分研究者所知道的那样,是详编本的一部分。一些学者同意这样的意见,即详编本法典是在简编本法典的基础上产生的。在这种情况下简编本法典和详编本法典也是相互区别的、独立的文献。例如,审判法与缙绅会议的法规就不相同。"①

对详编本法典和简编本法典抄本的解释,不能单纯地根据其内容进行认定。因此,详编本法典抄本是很多地方抄本合并起来而形成的,这也是按照柳比莫夫的理论对那些地方抄本进行的分类。所有详编本法典的地方抄本都是在一个原本的基础上形成的,并且彼此之间有一些区别,或有所补充,或有一些缺失。这些区别解释了详编本法典所有抄本的历史起源。

由此可见,《罗斯法典》在抄本问题上与版本紧密相关,而且抄本的不同会造成版本之间的分类差异,也会直接涉及各个版本的来源问题。这样看来,有关法典抄本的问题并不能准确明了地列举出有哪些,只能从一个较为宏观的角度分析其抄本的相关问题。

三、各种译本

《罗斯法典》不仅在俄罗斯国内是较为重要的研究资料,而且对于其他国家研究俄罗斯历史、法律、文化以及社会经济等都提供了资

---

① М. Н. Тихомиров. Исследование о русской правде. М-Л. 1941. c. 34.

料基础,所以逐渐出现了许多译本。

(一)中文译本

《罗斯法典》的中文译本主要有两个:

一个出现在张寿民先生1984年出版的《外国法制史汇刊(第一集)》中,标题为《〈罗斯真理〉(简明版)(选译)》,这部分法典的原文来自于1960年在莫斯科出版的《远古时代至十五世纪末苏联历史文选》。从标题中可以知道,这部分《罗斯法典》的译文只是简编本的条文,选录的条文一共有43条。它大致反映的法律制度包括血亲复仇的原始习惯,杀人、伤害、侮辱等人身损害,以及盗窃等侵害他人财产权的犯罪行为及处罚方式,还包括一些司法制度,例如起诉、证据方面的内容。根据《罗斯法典》的版本,这部分已经将收录在俄罗斯历史文献中的简编本部分全文译出。但是,这个译本并没有将简编本《罗斯法典》中的《雅罗斯拉夫法典》和《雅罗斯拉维奇法典》的条文加以区分,而是将其连接在一起。

另一个是兰州大学王钺教授在1987年出版的《〈罗斯法典〉译注》。在这个译本中,包括简编本《罗斯法典》和详编本《罗斯法典》两大部分,并且按照法典编纂成文的时间,参照法典形成的过程,将其分为四个部分,即《雅罗斯拉夫法典》《雅罗斯拉维奇法典》《第一条—第五十二条》《摩诺马赫法规》。他在翻译法典原文的同时,也对法典中各个部分的历史情况进行了介绍,对其中较难以理解的条文进行解释和注释。可以说,这个译本的《罗斯法典》是国内第一部完整的译注本。在简编本《罗斯法典》部分,该译本与张寿民先生的译本的内容大致一样,包含的法律制度也相同,唯一的差别只是在语言表述和是否加以注释上。在详编本《罗斯法典》部分,该译本出现了许多简编本中没有的内容,例如有关维尔福村社的集体命金、连环保的制度,还增加了有关借贷利息、债农、继承等内容。可以说,这部分法典内容反映的是在罗斯国家后期的一些法律制度。

(二)外文译本

除了中国之外,世界其他国家也都对《罗斯法典》抱有很大的好奇心,对该部法典的考察和研究产生了一定的兴趣,并且进行了最基础的工作——将其翻译成本国文字,借此供相关研究者使用,逐渐受到普遍重视。《罗斯法典》除了中译本外,已被译成了英、德、法、日多种文字。

第二节 《罗斯法典》的名称

一部法典的名称应当是编纂者或研究者最先遇到的问题,因为任何一部法典都需要一个名称代表其中的意义,同时也需要对其中的法律内容进行高度概括,并借此完成该部法典所能起到的功能和效用。"任何一部规范性法律文件都有自己的名称,以反映其适用范围、基本内容和效力等级,法典的名称也应当包括这三个要素。"①这些情况集中表现在近代所编纂的法典之中。例如,《德国民法典》的名称中,"德国"表明该法典的适用范围为德国全境;"民法"表明其中的主要内容是规定民事法律;"法典"则表明该法律文件的地位和效力等级。但是,这种近代法典名称所应当表达的含义如果要以古代的法典为对象,则不能得到很明确的答案。例如,最早的成文法典——《乌尔纳姆法典》以及之后较为著名的《十二铜表法》《摩奴法典》等,都不具备这种意义上的表现。对于《罗斯法典》而言,就需要首先从"罗斯"一词入手,然后才能综合、客观地理解其名称的内涵。

一、"罗斯"一词的来源

前文已经提到,古代罗斯国家的起源问题是一个较为复杂且至今尚未解决的学术课题,其中也包含了对"罗斯(Русь)"一词起源的争论,而其来源到底如何直接影响到《罗斯法典》中名称的运用。所以,对"罗斯"一词的分析成为必要。对于"罗斯"一词的来源,可谓众说纷纭:来自芬兰,来自普鲁士,来自弗里兰斯,来自波罗的海一带的斯拉夫人,来自立陶宛,来自吕根岛,来自莫多瓦,甚至来自哈扎

---

① 封丽霞:《法典编纂论——一个比较法的视角》,清华大学出版社2002年版,第318页。

尔。这其中最主要的两种观点是：一些人认为"罗斯"一词来源于第聂伯河中游地区，是斯拉夫词语，并把它与当地的一些河流名称联系在一起，如罗西(Рось)、罗萨瓦(Росава)、罗斯纳(Русна)、罗斯塔维查(Роставица)；一些语言学家和历史学家则坚持认为"罗斯"一词来自斯堪的纳维亚(瑞典语)。

简而言之，对"罗斯"一词的争论可称为"南北之争"。"持南方起源说的人认为，古罗斯国家起源于南俄第聂伯河中游一带，早在北欧人(瓦良格人)进入之前，南方就存在 Рос 这种名称，如雷巴科夫等就认为，它可能是由某一居住在第聂伯河支流——洛斯河(Рось)的斯拉夫部落而来，即谓 Русь 之名是由 Рось 演变而来。""北方说"则认为"'Русь'之名源于北方，可能由芬语'Ruotsi'一词而来，它可能源于古日耳曼语的'drott-дружна（亲兵、卫队）'，或是古斯堪的纳维亚语'roods—Греδubl（桨手）'，最初指外来的斯堪的纳维亚人，而后指八—九世纪在拉多加湖区形成的原始国家组织之'军事—商人阶层'，随着古罗斯国家形成过程中斯堪的纳维亚人被斯拉夫人同化，Русь 一词获得广泛人种含义和地域含义(指古罗斯民族和罗斯国)。"① 俄国历史学家瓦·奥·克柳切夫斯基也有类似的观点，他认为："这个词获得了等级的意义：按照君士坦丁·巴格里亚诺夫德和一些阿拉伯作家的说法，十世纪的罗斯是指罗斯社会的上层阶级，主要是指大多数由那些瓦利亚格人组成的王公亲兵。再后来罗斯或罗斯国土——获得了地理上的意义：这主要是指外来的瓦利亚格人密集的基辅领区(按照《初始编年史》的说法，是'现在成为罗斯人的波利安人')。最后，在十一世纪—十二世纪，作为部落的罗斯与当地的斯拉夫人融合了，罗斯和罗斯国土这两个名称在没有失去地理意义的同时，还具有了政治上的意义：这开始指从属于罗斯王公的整个疆土，以及这个疆土上所有信奉基督教的斯拉夫罗斯居民。"② 但是，

---

① 张爱平：《从 Русb(罗斯) 到 Россия(俄罗斯)：历史和语言》，载《烟台师范学院学报》(哲学社会科学版)1994 年第 1 期。

② 〔俄〕瓦·奥·克柳切夫斯基：《俄国史教程》(第一卷)，张草纫、浦允南译，商务印书馆 1992 年版，第 164 页。

持两种学说的学者也没有完全对立起来,许多持"北方说"的学者并不否认古代俄罗斯南方存在"Рос"这种名称形式。由于奥列格南下征服北方汗国,使得北方形式的 Русь 与南方形式的 Рос 发生语音感染错合,而在这个过程中北方形式占有了优势。"Рос 之名的首次出现,据考证是在六世纪末叙利亚史料扎哈里·里托尔的编年史中(以 Hros 的形式),它源于亚美尼亚人的一则口头传说。此后直到九—十世纪,这种名称才频频出现于有关拜占庭史料中,如别尔金年代即 838—839 年的记载,君士坦丁堡大教长福提乌斯(842—867)在 860 年的记载,等等。索洛维约夫认为,Рос 形式是古罗斯名称的拜占庭希腊元音标记法,准确的希腊文拼法出现于大教长福提乌斯的笔下(转成俄文为 рōс,带一长重音)。除了大量带一'о'的形式外,拜占庭史料中还出现了少数带一'у'的形式。在十世纪中帝国皇帝君士坦丁七世(913—952)的笔下,在克雷莫纳主教吕特普兰特的记载中,都流露出这种形式(转成俄文为 Роус 即 Рус),特别是后者还说这是希腊人按他们体质特征来称呼的,不过这种民间发音法很少见。"①相对比而言,"北方说"更注重语言学上的研究和分析,"南方说"学者则缺少较为有力的语言学证据。据有关学者研究,"'罗斯'一词,原是芬兰人给经过波罗的海来到芬兰的瑞典人所起的绰号。瑞典人是这些城市居民的统治阶级,即贵族和王公,而广大居民却是斯拉夫人。王公和贵族在社会生活中很快被斯拉夫人同化,所有的东斯拉夫人,也都被称为罗斯人。"②"最新的语言学和历史研究认为'罗斯'(Русь)一词源于芬兰语'ruotis',开始时用来指称武士队中的斯堪的纳维亚人。随着留里克家族的瓦兰人王公的武士队成员在东斯拉夫土地上逐渐当地化,该词便扩大指武士队中的一切人,包括其中的斯拉夫人。最先用来指波利安人,而后指所有的东斯拉夫人。编年史以及其他古文献中把罗斯人(即东斯拉夫人)

---

① 张爱平:《从 Русь(罗斯)到 Россия(俄罗斯):历史和语言》,载《烟台师范学院学报》(哲学社会科学版)1994 年第 1 期。

② 于沛、戴桂菊、李锐:《斯拉夫文明》,中国社会科学出版社 2001 年版,第 6 页。

占有的地方称作罗斯。这个词便成了古罗斯国家的称谓,称作罗斯'(Русь)或者'罗斯土地、罗斯国'(Руська земля)。"①

可见,"罗斯"(Русь)一词在历史的发展过程中逐渐积累起了几种主要含义:第一是指民族学意义上的俄罗斯民族,第二是指社会学意义上的一个社会阶层,第三是指地理学意义上的一块领土,第四是指政治学意义上的一个国家。

二、内涵表现

"罗斯"一词在俄罗斯的历史发展过程中表现出了多种含义,而如果分析考察《罗斯法典》的名称,需要从多个角度进行。因为该法典是由几部法典汇编而成的,所以对法典本身及其组成部分都需要进行剖析。总体而言,《罗斯法典》及其组成部分表现出来的含义包括法典的适用范围、适用时代以及当时编纂法典的统治者。

(一) 适用范围

立法的目的在于实际运用,而其适用范围则是很重要的问题,这不仅关乎法律条文的效力,也与其实施效果和实际作用相关。从《罗斯法典》中的"罗斯"可知,这部法典的适用范围是整个罗斯国家境内,包括很多地区。但是,单纯地判定罗斯全境适用又似乎显得粗糙,所以应该对"罗斯"的地理范围进行判定。在基辅罗斯建国初期,其所谓"罗斯"的版图并不大,但是奥列格还是通过扩张将大部分东斯拉夫人的部族都纳入其统治之下,这也为以后的版图扩张奠定了基础。之后的伊戈尔时期和斯维雅托斯拉夫时期的征战、扩张使得其国土开始向着一个"帝国"式的方向发展。斯维雅托斯拉夫在位时,已经统治一个相当广袤的国家,东起伏尔加河口,南包克里米亚,直至多瑙河口,虽然之后失去了一些地区,但是已经比奥列格时期有了很大的发展。在雅罗斯拉夫大公统治期间,基辅罗斯曾一度将其西部边界推至波罗的海沿岸,将一部分波兰人、立陶宛人和芬

---

① 赵云中:《乌克兰——沉重的历史脚步》,华东师范大学出版社2005年版,第28页。

兰人的土地纳入其版图之内。虽然基辅罗斯所控制、统治的区域并非完全实行《罗斯法典》，但是其效力和影响力会进入这些地区，成为法典的实施区域。

（二）适用时代

任何一部法典出台后都是在一定的历史时期内适用，并具有一定的延续性。从法典的名称之中就可以看出当时所处的时代以及适用的主要历史阶段。这种情况在中国古代社会很常见，例如《宋刑统》《大明律》《大清律》，这些名称都是根据法典编纂时所处的朝代命名的。同样，从《罗斯法典》的名称中也可以得到这样的信息，即时代适用性。从基辅罗斯国家建立到沙皇俄国之前的历史阶段，可以被统称为"《罗斯法典》时代"，其实质意味着《罗斯法典》对这个历史时期都是适用的，而其政权基础则是大公或王公的统治权。

在《罗斯法典》的第一个部分《雅罗斯拉夫法典》出台之前，东斯拉夫人各部族都依循着当地的习惯，并没有形成文字化的法律条文；而在《雅罗斯拉夫法典》颁布之后，则开始了法典统治的年代。之后的《雅罗斯拉维奇法典》适时地修订、增加了一些条文，将以往《雅罗斯拉夫法典》的一些条文舍弃，后续法律也是如此不断地创新和发展。所以，可以说，最后汇编而成的《罗斯法典》从第一部法典出台到基辅罗斯解体甚至是之后都具有法律效力，其所表现出来的时间跨度是非常大的。

（三）统治者

在世界古代法制史上，一些法典的名称通常是以编纂法典时在位皇帝或国王的姓氏、名字命名的，例如《汉穆拉比法典》《查士丁尼法典》等。甚至第一部现代意义上的法典——《法国民法典》也被冠以《拿破仑法典》的名称，以此表明他的统治地位和历史功绩。对《罗斯法典》而言，从表面看来并不存在这样的情况。但是，需要特别指出的是，《罗斯法典》并非单纯是众多法律条文的汇编，而是几部分法典和法规的组合汇编，所以需要在这个层面上对《罗斯法典》进行进一步的解析。《罗斯法典》包括《雅罗斯拉夫法典》和《雅罗斯拉维奇法典》两部法典，以及《摩诺马赫法规》和一部分法令。其中，前两者是以法典形式出现的,并且都是以当时担任罗斯大公的名字命名的。有一点值得注意,即基辅罗斯时代并没有一个类似于中央集权式的单一统治者,即使雅罗斯拉夫大公也是如此,至于其子所制定的《雅罗斯拉维奇法典》的时代更被称为"三王子统治时期"。所以,其中两部法典的名称并非绝对能理解为是以统治者姓氏或名字命名的,而只是以其中一个较为主要或者在身份上较为特殊的人命名的。

此外,《罗斯法典》既然被冠以"法典"之名,其法律效力和位阶显然很高,但是这并不是绝对的。因为东正教在罗斯国家迅速发展之后,出现了与世俗社会并存的教会社会,而教会法规以及当政者出台的法令也在起着不同的作用,并在一定程度上限制了《罗斯法典》的最高效力。总之,从《罗斯法典》本身及其组成部分分析,可以知道其适用的地理范围、历史阶段以及一些统治者,而其中的法律内容和规制客体并没有在法典名称中表现出来。当然,这也是许多古代法典普遍存在的现象。

第三节 《罗斯法典》的体例结构

要对《罗斯法典》有进一步的了解,就需对其体例结构进行剖析。从《罗斯法典》的编排体例可以了解古代法典的一些体例形态,对其结构进行分析可以明确其具体内部构造,同时对法典篇幅、法典逻辑以及语言风格进行介绍,这样可以在某种程度上加深对法典的理解。

一、法典体例

从法典的整体性看,它是由若干部分构成的一个联合体,其中的各个部分及具体对象的排列顺序,即内容安排就是该法典的体例。"古今中外,曾经出现过法典的体例大致有:古代体、编年体、字典体、官制体、主题体、学理体等。"古代体之法典,"在内容安排上体现了先程序后实体、先私法后刑法的特点。"①"编年体之法典,即依照法律颁布时间逐年逐月地将其汇编成典,这种法典不是真正意义上的法典,充其量只能算是法律的汇编。""字典体之法典,即按照字母(A、B、C、D……)或拼音顺序,像编排字典一样来安排法典的内容。""官制体之法典,中国封建社会'以官统事',法典也以官制分卷,我们将采取这种体例的法典称为官制体法典。""主题体之法典,即按照法律的调整领域和涉及事项来对法典的内容进行归类和排列,将涉及同类社会生活或同一主题的法律规范编排在一起。""学理体之法典,是在主题体之法典的基础上,结合法学家的学说和理论,将法典分为总则、分则和附则三个部分,这是现代各国编纂法典通用的一种体例。"②这种结论或研究只能表明一些法典的体例表象,对于《罗斯法典》而言却并非完全如此。

首先,《罗斯法典》具有古代体法典的特征。综观整部法典以及其中各部分法典的内容安排,可知最先出现的法律内容为程序性规定。例如,《雅罗斯拉夫法典》的前几条就叙述了血亲复仇的习惯结案方式,之后又出现了以外在表现痕迹证明、支付赔偿金的案件审判方式。在此之后所规定的内容即为犯罪与刑罚,然而又出现了程序性的规定,例如第10条、第15条要求在审判时提供目击者的情况,以及第14条、第16条的对质。在详编本法典部分,则以犯罪和刑罚开始叙述,中间才提出了有关诉讼程序的规定,法律条文在安排上具有重复性。在公法和私法的先后排序上,《罗斯法典》也是先规定刑法内容,而作为私法性的民事损害和继承条款是在其后才安排的。可见,《罗斯法典》具有古代体法典的特征,但是在具体安排上并不是那么的绝对,呈现出了一种复杂的顺序形态。

其次,《罗斯法典》是具有汇编性质的编年体法典。由《罗斯法

---

① 例如,《汉穆拉比法典》《十二铜表法》《摩奴法典》都是以这种体例排列的,即将有关法院审判和诉讼救济的内容置于法典之开卷,而将有关实体性权利义务的内容搁于法典之尾末。

② 封丽霞:《法典编纂论——一个比较法的视角》,清华大学出版社2002年版,第312—314页。

典》的内部组成和形成过程可知,它由四部法典或法规组成,是不同历史时期的产物,而且随着古代罗斯社会的发展又不断补充了许多内容。同时,在最后编纂组成《罗斯法典》时,还根据实际情况补充了许多条款,在进行了一定的修订后才最后成形的。所以,《罗斯法典》是依据各个法典颁布的时间加以汇编而形成的文本,也没有分门别类、严格整理合并,在很大程度上具有编年体法典的性质和特征。

最后,《罗斯法典》具有一定的主题体法典的特征。在《罗斯法典》中,虽然没有将各种同类主题或者同类社会生活进行名称上的区分,但是大部分相同类别的规定几乎都集中在一起。例如,《雅罗斯拉夫法典》的第4条至第9条和《雅罗斯拉维奇法典》的第19条至第40条就是规定犯罪行为的集中,详编本法典的第3条至第8条就是有关维尔福制度的规定,第10条至第27条就集中规定了有关各种命金的条文,而债农问题则集中在《摩诺马赫法规》的第56条至第64条之中。此外,也存在一些零散的条文,与上下条文之间没有关系,它们或者是后来修订时新补充的,或者是偶然穿插进去的。这样看来,在《罗斯法典》中,各种法律制度在一定程度上具有集中性,而且规定的内容也类似,可以说具有一定主题体法典的特征。

至于其他类别的体例性质,在《罗斯法典》中是没有体现的。通过对法典的组成部分以及其中条文安排的顺序可知,它具有古代体、编年体和主题体法典的共同特性。所以,在确定《罗斯法典》的体例问题上不能确定其唯一性,可以说其体例具有综合性或杂糅性。也正是因为这样,《罗斯法典》在体例上略显凌乱。

二、《罗斯法典》的结构

从结构上看,早期成文法典都有一个较为普遍的特点,即没有近现代意义上的部门法法典,均为内容综合、结构单一、采用诸法合体或诸法并用的编纂形式。例如,《乌尔纳姆法典》《汉穆拉比法典》和《赫梯法典》等,存在一部法典包括两个或两个以上部门法内容的情况。甚至在影响最大的《十二铜表法》中也存在这种情况,虽然其中既有公法也有私法,既有实体法也有程序法,既有民法也有刑法,但是依然是诸法合体的结构。同时，早期法典是各类规则，如法律规定、宗教教义、道德戒律、伦理习惯等的混合物。这种情况正如梅因所说："这些东方和西方的法典的遗迹，也都明显地证明不管它们的主要性质是如何的不同，它们中间都混杂着宗教的、民事的以及仅仅是道德的各种命令；而这是和我们从其他来源所知道的古代思想完全一致的，至于把法律从道德中分离出来，把宗教从法律中分离出来，则非常明显是属于智力发展的较后阶段的事。"[①]可见，古代法典的结构是较为复杂的。《罗斯法典》的结构如何，可以通过对其内容的分析得出结论。

首先，《罗斯法典》中内容众多，具有较强的综合性。《罗斯法典》记载了很多条文，如果按照法条内容所体现出来的性质划分，大致可以包括刑法类、诉讼法类、继承法类。其中，刑法类的内容最多，整部《罗斯法典》121条中共有87条属于犯罪与刑罚类的规定；诉讼法类的内容也较多，例如详编本法典第35、36条规定了对质，《摩诺马赫法规》第66条规定了证人的资格，详编本法典第18条规定了证人的数量，详编本法典第21、22条规定了铁审判和水审判的规则；继承法类的法规包含在《摩诺马赫法规》中，其中第90—95条、第98—106条都是关于各种继承方式的法规。同时，我们也能从其中许多条文中分析出有关身份法的规则，甚至财产法内容。可见，《罗斯法典》中的内容较为丰富，并没有作出分类，彼此之间结合在一起，具有诸法合体的特点。

其次，《罗斯法典》条文的性质呈多元性。《罗斯法典》的渊源甚广，包括习惯、王公立法和外来法制，还包括与宗教教义有关的规定等。其中，血亲复仇、拔掉他人胡须所应受到的惩罚，以及在继承中房产要留给最小的儿子等，都属于以往罗斯各地区的习惯做法；王公立法更明显，也最多，一般的法律规定均由王公所制定，同时也包括判例性法条，如杀死马厩长需要处以命金。法典中还存在一些外来法内容，其中受到拜占庭法的影响最大。"《罗斯法典》从拜占庭8

[①]〔英〕梅因：《古代法》，沈景一译，商务印书馆1997年版，第9—10页。

世纪的《埃克洛加》和9世纪的《普罗希隆》中吸收了一些内容,结合罗斯的社会状况,做了改动,有了新的发展。"①《雅罗斯拉夫法典》中有一条有关损坏他人枪矛、盾牌或者衣服的条文,而保加利亚的《审判法》中也有类似规定,"这个条文在最初的《雅罗斯拉夫法典》中并没有,是后来编纂《罗斯法典》时根据需要参考《审判法》而补充进来的。"②还有具有宗教因素的条文,例如规定夜晚打死在自家院落范围内作案的盗贼,可以免除责任;如果天亮,必须要送到法庭,这时如发现盗贼被打死,就必须承担责任。《圣经·旧约全书·出埃及记》第二十二章记载:"人若遇到贼挖窟窿,把贼打了,以至于死,就不能为他有流血的罪。若太阳已经出来,就为他有流血的罪。贼若被拿,总要赔还。若他一无所有,就要被卖,顶他所偷之物。"如果单纯从内容相似性上考察,并不能得出肯定的结论。但是,如果从东正教已经在罗斯确立并传播的背景分析,就可以明确"二者之间有着内在的联系。不过,《罗斯法典》把《圣经》的内容加以罗斯化,实质适应于古代罗斯社会的具体情况。"③可见,《罗斯法典》中的法条来源于多种途径,形成了一种混杂性的法律规范结构。

从以上分析可以看出,《罗斯法典》具有古代法典中诸法合体和法条来源多元的结构特征,并不像现代法典的结构那样明确,即使没有接触过该部法典,想必也可以从一个侧面了解其结构。

三、法典篇幅

每一部法典都需要容纳一定数量的法律规定即法条,法典的容量、规模通常是以法条的多少、长短表现的,而这种外在表现的实质作用是以此将其要调整的关系、事项较为全面、具体地体现出来。所以,一部法典的篇幅大小在一定程度上决定了其规制范围的广度以及对具体问题描述的深度。

---

① 王小波:《俄罗斯法律制度的源起初探》,载《俄罗斯研究》2008年第4期。
② 王钺:《〈罗斯法典〉译注》,兰州大学出版社1987年版,第18页。
③ 同上书,第77页。

一般而言,古代法典较近现代法典在篇幅上简短,主要是因为调整对象的数量和语言的简洁程度不同。《罗斯法典》作为一部较为典型的古代法典,也具有这样的特性。据卡拉津夫的整理,在《罗斯法典》的几个抄本中,法条数量都不是很多。经院派抄本共有43条,只具有简编本的篇幅;教会抄本较多,共有115条;卡拉姆津抄本共有135条;奥博连斯基王公的抄本有55条。① 从较为全面的中译本来看,《罗斯法典》全文只有121条,作为一部适用范围和时间跨度都非常大的法典,显然在数量上极其简短。如果从《罗斯法典》的组成法典考察,则数量更少,例如《雅罗斯拉夫法典》共有18条,《雅罗斯拉维奇法典》也只有25条。

对于法典编纂者来说,对一部法典的篇幅是具有选择性的,同一个问题的规定完全可以或长或短,也可能因为语言的技术处理因素而导致法典篇幅的变化。这种情况在近现代的法典编纂中较为明显,而古代法典则不然。由于规制对象的不全面,以及考虑到语言的简洁度,导致了法典篇幅短小的后果。然而,这正是历史的必然表现。

四、法典逻辑与语言风格

(一) 法典逻辑

《罗斯法典》由四部分组成,一方面,各个部分彼此之间的逻辑联系非常简单,即按照时间顺序编排。例如,《雅罗斯拉夫法典》形成于雅罗斯拉夫大公当政后期的1054年,《雅罗斯拉维奇法典》形成于1072年,而其余部分则是在后来的历史发展过程中逐渐编纂的,其实是按照古代罗斯发展的历史顺序形成了一个汇编性的法典。另一方面,在《罗斯法典》中,具体条文之间并不是通过一条理论线索连接,而是具有一定的"集合性",即具有相同性质或相关内容的法条聚集在一起,形成几个较小的集合体。例如,《雅罗斯拉维奇法

---

① Н. Калачовь. Текст Русской Правды на основании четырехь списковь разныхь редакций. СП. 1889. с. 1—47.

典》第19—27条都是规定杀人行为的处理方式,《摩诺马赫法规》将"债农"问题集中规定在第55—62条之中,其余如维尔福连环保问题、继承问题也是如此。

(二) 语言风格

法典编纂者在起草或制定法典过程中需要遵循一定的语言原则。语言本身是一种交流的媒介和手段,如果落实在法典上,就需要更为严格的标准,以便为大众所阅读和理解、遵守,更为重要的意义在于体现其约束力和权威性。可以说,法律性的语言是一种较其他类别的语言较为规范和严谨的外化形式。对于近现代法典中的语言而言,均要求准确无误、通俗易懂、简洁,但是如果将这样的要求一致作用于古代法典,则似乎有些强人所难。《罗斯法典》中的语言风格最大的特征在于,缺乏理论性、简洁且表述明确。

《罗斯法典》中的语言最大的特点在于,没有对任何法律行为作出理论性描述和解释,只是通过具体的规则条文叙述应当如何处理。例如,法典中包含了众多有关犯罪的条款,但是对犯罪概念或理论并没有作出说明,即使一种情况也需要用多个条文来表述,如对质、债农和维尔福问题。所以,可以说《罗斯法典》在语言上缺乏一定的理论性。与此相关,在缺乏理论性的情况下,对其中的条文就需要进行完全的叙述,这样也就使其语言显得简洁且明确。例如,在对待杀人行为的问题上,法典中只是列举式地规定了杀害某人应当如何处理,往往一句话或者十几二十个文字就能构成一条含义法规,其中对被杀害的对象也给予明确指向。

可以说,通过这些介绍和分析,并不能直观了解法典的具体内容和法律规定,也不能从中看到具体的社会变迁情况。但是,这些工作却能让我们加深对法典的认识。通过对《罗斯法典》文本相关问题的介绍和分析,可以在一个宏观的层面上对其有所了解。其中,对法典版本和抄本的介绍,可以使我们对其来源和历史有一定的认识;对其名称的分析,可以让我们了解其为何这样命名,以及其中蕴含的具体含义;而对其体例结构的分析,能让我们了解这部古代法典内外部的整体情况。

第三章

国家权力及运行机制

占据着整个疆域的各部落居民，构成了罗斯国家的成分。不过，这个罗斯国家还不是俄罗斯民族国家，因为这个民族本身在那时还不存在，所有这些部落的成分只是纯粹机械地联合起来，作为精神联系的基督教传布得也很慢。在11世纪中叶以前，仅仅是准备了人种的成分，后来经过长期的、艰难的过程才形成了俄罗斯民族。在这种情况下，古代罗斯国家的权力掌握在大公手中。在建国初期，大公在形式上是国家的一国之君，而更多地则表现出部落军事首领的特征。基辅罗斯的政权性质为贵族君主制，由留里克家族组成最高统治集团。大公是这个家族的总代表，也是国家形式上的最高首脑。从公元10世纪80年代开始，由于封建关系的发展和封建主阶层的逐渐形成，大公不仅以氏族军事首领的面目出现，而且更多地是以封建主阶级的总代表和国家元首的身份出现，昔日的氏族首领已逐步成为早期的封建君主。从弗拉基米尔大公到摩诺马赫大公的一个半世纪（从980年到1125年之间）是基辅罗斯的鼎盛时期。这一时期，尽管大公们拥有很大的权力，但是政权仍属于贵族君主制。因为在自然经济占统治地位的条件下，国内各地区之间的经济联系仍然十分松散，国家的统一极不稳固。封建关系的发展、封建势力的加强以及作为地方公国的政治中心的城市的兴起，使上层建筑发生了变化。11世纪时，虽然大公成为一国之首，但是王公和波雅尔在罗斯各地占有大量土地和农民，拥有自己的亲兵队，掌握着地方行政和司法大权，而且相互征战不休。他们所控制的地区犹如一个个独立的小公国，竭力想摆脱罗斯大公的控制，而罗斯大公鞭长莫及。12世纪30年代，在罗斯境内所形成的十几个公国的王公们在自己的领地内几乎都享有国君的全部权力,基辅大公已经无力阻止他们的行为。王公们也不再把基辅大公视为最高的宗主,而只是把他看作平辈中的首位。

基辅罗斯国家的大公、王公、各种基层的人员以及各种机构,都凸显了王权和国家运行的表象。但是,对于一个国家来说,更加需要的是行政性的管理,而在基辅罗斯建国初期,还谈不上有什么行政管理系统。从10世纪末,即弗拉基米尔大公开始,基辅大公的注意力开始由国外转向国内,从对外征战转向国家管理,于是基辅罗斯的行政机构逐步确立起来。基辅罗斯的国家管理机构是随着封建化的不断加强而逐步确立的。国家管理机构和王公私有领地管理机构基本相同,二者在官员的称谓上也基本一致。国家中央机关官员有:总管,是大公宫廷内的最高官吏,是全部宫廷事务的总负责人;田赋官,是负责征收贡赋的官吏;马厩长,专门负责管理马匹,以供战争之需。以上都是上层管吏,下层官吏则有管家基温、马厩基温、田庄基温和耕作基温等。所有这些管吏都是王公任命的。随着国家制度的进一步完善,国家管理机构逐步复杂化,一些新的职务出现了。如宫相,也就是所谓的"掌匙人",直接受命于王公,掌管国家的经济,享有多种权力。后来,在军事上出现了督军的职务,是由千人长转化而来的。

第一节　王权及王位的继承

一、大公的权能及变化

基辅罗斯作为一个君主制国家,大公是国家的最高统治者,拥有最高立法权、执行权[①]等权力,但是其权力和职能在各个时期有着不同的表现,体现出一种从较为原始逐渐走向兴盛,而后衰亡的过程。大公的权力在中央集权国家建立之前都是受到限制的,而且随着国

---

① 俄语中的"执行权"相当于西方政治法律术语中的"行政权"。

家内部的调整和社会的进步,程度有所不同。

（一）初期权能

在建国之初,大公正处于由部落首领向封建君主转化的阶段,形式上是一国之君,有权代表国家;同时,在其身上部落军事首领的特征显得比较突出。这个时期,大公的权职主要是索取贡赋和率领军队四处征战,签订国际条约,此外也可以制定法律。

1. 巡行索贡

征收贡赋在古代罗斯被称为"巡行索贡","每年十一月时候基辅大公带领着自己的亲兵队从基辅出发到领地去,对那里农民收取贡赋。"① 巡行索贡的队伍经常到德列夫利安人、德列哥维奇人和塞维尔人境内去征收贡赋,如粮食、毛皮、蜂蜜、蜂蜡等,从11月持续到第二年的4月才返回基辅。巡行索贡的队伍的路线是:沿第聂伯河北上,至斯摩棱斯克折转,然后沿杰斯纳河返回基辅,全程约1200—1500公里,沿途设有大量供队伍居住的"斯达诺维什(становище)"。巡行索贡得来的一部分物品及俘虏大部分作为商品被出售到君士坦丁堡,再换取纺织品、酒和水果等奢侈品,以供王公、贵族享用,其余一部分物品作为酬劳分发给亲兵。在弗拉基米尔一世将基辅罗斯的领地分给他的12个儿子之后,由于封地的面积相对较小,巡行索贡就变成地方性的小规模活动了。"事实上,这种传统是早期瓦良格人在征服东斯拉夫人过程中形成的,罗斯贵族一直依靠武力维持留里克王朝历代君主的统治。由于古代罗斯人尚无自己的文字和国家管理系统,因此在相当长时期里,他们只能以这种野蛮的掠夺方式实行国家权力。"② 公元945年,伊戈尔大公曾亲自带领亲兵队到德列夫利安人部落巡行索贡,最终因其贪欲而被德列夫利安人杀死。之后,伊戈尔的妻子、女大公奥丽加对该部落进行了报复。但是,她也意识到这种巡行索贡的行为带来的弊端和反抗,于是进行了改革。她"同自己的儿子率领亲兵队由此巡视德列夫利安人各处,并建立

---

① М. В. Нечкиной, Б. А. Рыбакова. История СССР(Том1). М. 1956. с. 76.
② 陈志强:《巴尔干古代史》,中华书局2007年版,第290页。

贡物和征收的规章制度","在姆斯塔一带建立乡村营地,并确定了贡物额度,对卢加一带也规定了代役租制和贡物额度。"①这表明,巡行索贡制度已经逐渐被废除,同时确立了以土地关系为主要对象的获取财富的新方式。

2. 对外征战

基辅罗斯大公除对内加强统治,以巡行索贡行使权力之外,还经常对外征战,以求通过战争获取更多的利益,这在奥列格和伊戈尔时期就已经开始。其中,最为主要的就是与拜占庭的几次战争及东征。

公元907年,奥列格大公亲率大批大斯基泰人②,乘坐2000艘战船,攻打拜占庭的首都君士坦丁堡。"奥列格离船上岸,开始战斗,在城郊杀戮大批希腊人,毁坏许多宫殿,焚烧教堂。抓来的那些俘虏,有的被杀,有的被虐待,有的被射死,还有些被抛入海中"③,手段极其残酷。之后,奥列格加大攻势。希腊人急忙派遣使者向奥列格求和,并答应交纳贡赋。奥列格于是停止了军事行动。通过这次战争,奥列格获得了大量的贡银以及领事裁判权和免交贸易税等。公元941年,伊戈尔大公又攻打君士坦丁堡,同样实施了较为残酷的行为。不同的是,他之后被"希腊火"④打败后逃回罗斯境内。公元944年,伊戈尔卷土重来,最后获得了胜利。伊戈尔的儿子斯维雅托斯拉夫在公元964年发动东征。作为东征的前奏,斯维雅托斯拉夫自基辅南下,穿越平扎、坦波夫和莫尔多瓦的森林和草原地区,到达伏尔加河上游,一举击溃了保加尔人和布尔达斯人。这次东征的目的是消灭基辅罗斯的劲敌——哈扎尔汗国,夺取东方商路。所以,斯维雅托斯拉夫先将哈扎尔汗国的这两个友国消灭,以避免它们在自

---

① 〔俄〕拉夫连季编:《往年纪事》,朱寰、胡敦伟译,商务印书馆2011年版,第48页。

② 大斯基泰人包括瓦良格人、斯拉夫人、楚德人、克里维奇人、麦良人、德列夫利安人、拉基米奇人、波良人、塞维利安人、维亚吉奇人、霍尔瓦特人、杜列比人,还有担任翻译人员的吉维尔人。

③ 〔俄〕拉夫连季编:《往年纪事》,朱寰、胡敦伟译,商务印书馆2011年版,第21页。

④ 这是一种古代发火火药,利用机械发射,内含石油等易燃物,水也不能令其熄灭,多用于海战和攻城。

己征服哈扎尔的战争中发挥作用。公元965年,罗斯军队消灭了哈扎尔汗国。①

3. 签订条约

大公"不仅使用武力,而且也通过外交途径,在外交艺术上,古罗斯处于与欧洲国家相等的水平"②。签订条约是当时国家之间进行的较为典型的外交行为,其结果就是形成双方满意或具有倾向性的协议。由于基辅罗斯初期对外战争不断,所以战争之后签订条约也就成为较正常的情况。早在10世纪时,与基辅罗斯有条约关系的就有拜占庭、可萨汗国、保加利亚、德国,以及匈牙利人、佩彻涅格人等,外交谈判和签订条约往往由大公亲自主持。其中,较为突出的表现为基辅罗斯与拜占庭帝国签订的几个条约,即《907年条约》《911年条约》《944年条约》和《972年条约》。这些条约都是基辅罗斯取得战争胜利的产物,其中的主要内容是双方的和平,也包括了一些对罗斯人优待。例如,《907年条约》就是在奥列格攻打拜占庭取得胜利之后,拜占庭人被迫接受向基辅罗斯纳贡的条件,并且签订了一些有利于罗斯人的条款,如罗斯人在拜占庭的待遇,以及拜占庭在罗斯人离开之时所要提供的旅行必需品。更为重要的是,通过签订条约形成了一定的法律制度。例如,《911年条约》和《944年条约》中都有许多关于罗斯人和"基督徒或希腊人(即拜占庭人)"之间的不法行为以及处罚方式、继承制度等问题。

4. 制定法律

虽然在基辅罗斯初期,大公没有中央集权体制下的君主强势,但是制定法律这种基本的权能还是存在的。古代罗斯国家最早的立法,即奥列格和伊戈尔大公时期编纂、制定的《罗斯法律》,伊戈尔的妻子女大公奥利加也曾对德列夫利安人进行统治并"确立条例和乌洛克",以及弗拉基米尔大公制定的《弗拉基米尔规约》等,都是大公

---

① 参见王钺:《斯维雅托斯拉夫东征的历史意义》,载《兰州大学学报》(社会科学版)1987年第2期。

② 〔俄〕O. И. 奇斯佳科夫主编:《俄罗斯国家与法的历史》(第五版)(上卷),徐晓晴译,付子堂校,法律出版社2014年版,第43页。

制定法律的表现。这些情况在前文都有所提及,此处不再赘述。

无论巡行索贡、对外征战还是签订条约,既有经济上的目的,也有政治指向。第一,古罗斯在与拜占庭的征战贸易中,就直接夺取了海外市场并打开了通往海外市场的商路,而巡行索贡和条约中的强制性纳贡则带来了丰厚的物质收入,充实了国库和大公及其随从的财富,同时还可以将征收来的物品通过海外市场和商路进行贸易。第二,通过战争征服对方并签订有利于自己的条约,可以将其权力强迫性地应用到被征服的地区。这种权力的实现虽然较为原始和野蛮,但是对于基辅大公却有不同的意义。巡行索贡的深层依据并非单纯的强行掠夺,更多的是向当地居民宣示其统治权力。在当时的大公或王公的权力并不能通过治理国家等行政手段体现出来的情况下,巡行索贡对外征战和签订条约就成为统治者体现其权力及行使权力的表现形式。对于制定法律而言,其中的权职则显得更为清晰。

(二) 大公权力的变化

至弗拉基米尔和雅罗斯拉夫大公时期,由于封建关系的发展和封建主阶层的逐步形成,大公不仅仅是以氏族军事首领的面目出现,而且多以封建主的总代表和国家元首的身份出现。"尤其是在接受了东正教之后,大公就已经不是仅仅掌握全罗斯政权的普通人,而是作为上帝的一个机构。"①由部落首领向早期封建君主的过渡也基本完成。这个时期,大公的权力和职能虽然也继承了以往的传统,但是发生了变化,"已经有权力调动所辖地区的所有武装力量,组织对外扩张和抵御外来的侵犯;而且大公还必须致力于国内政治和经济的管理工作,如制定和执行法律,设置各种管理机构,组织国内外经济贸易活动等,以确保封建主的统治和经济利益。"②

其中,较为突出的表现就是编纂法典。在某种意义上,法典与零散的法律制度存在着本质的不同。一般的法律只能是作为统治的工

---

① А. В. Шободоева. История отечественного государства и права: курс лекций и методические материалы. И. 2009. с. 15.
② 赵士国:《俄国政体与官制史》,湖南师范大学出版社1998年版,第6页。

具使用,解决一些具体的问题;而法典则不然,其中体现出来的是权力的象征和国家的权威性。所以,在这个时期,罗斯大公编纂法典的实际目的是解决社会矛盾等问题,内在目的则在于体现王权和巩固统治。就法律制度层面而言,罗斯大公开始编纂法典可谓是权力变化的最突出表现。

(三) 权力衰微

在雅罗斯拉夫死后,基辅罗斯开始走向封建割据,日趋衰落、瓦解,而频繁的封建割据战争严重削弱了罗斯的国力,基辅大公的权力已经显示出了衰微的趋势。但是,从整个国家的治理状况来看,并没有恶化到十分严重的程度。1097年,雅罗斯拉夫确立的顺序制被取消,内部斗争更加激烈,基辅大公的权力对领地王公的影响也变得越来越小,而在12世纪之后则逐渐陷入崩溃。

12世纪初,在对波洛奇人的战争中,佩列雅斯拉夫王公弗拉基米尔·摩诺马赫在诸王公中获得较高的威望。1113年,他趁基辅起义之机进入基辅,成为大公。面对当时的政权危机,他曾制定过一系列缓和矛盾、稳固政权的法律,并作了一些其他方面的努力,试图加强大公的权力,改变局面。他在有些地方借助于威望,在有些地方诉诸武力,迫使拥有封邑的王公们循规蹈矩,"但是摩诺马赫导向统一的政策只起到了短暂的效果"①。这种昙花一现的局面并不能挽救崩溃的趋势。在1125年摩诺马赫去世后,基辅罗斯分裂成许多独立的公国,主要有基辅公国、佩列雅斯拉夫公国、契尔尼哥夫公国、斯摩棱斯克公国、木罗姆—梁赞公国、弗拉基米尔—苏兹达尔公国、图罗夫—平斯克公国、加利奇—沃伦公国、波洛茨克—明斯克公国、诺夫哥罗德—谢维尔斯公国、特姆多罗干公国和诺夫哥罗德公国。这些公国的王公几乎拥有与大公相等的权力,而基辅大公也无力阻止他们的权力扩张和各行其是了。虽然这个时期基辅大公的政权已经名存实亡,但是各独立公国在名义上还是承认基辅大公为宗主。摩诺

---

① М. В. Нечкиной, Б. А. Рыбакова. История СССР(Том1). М. 1956. с. 86.

马赫的儿子姆斯季斯拉夫继位后,由于依靠各城市的联合支持,使得大公的权力有所加强。但是,在他死后,内讧比以往更加激烈,各公国完全脱离了基辅而独立。在整个12世纪和13世纪初,基辅罗斯处在一个混战的状态下,它作为一个统一的政治体已经名存实亡,基辅大公的权力和职位也已经变得微不足道。

1223年,蒙古人入侵基辅罗斯并取得胜利。之后,蒙古铁骑横扫罗斯全境,在伏尔加河下游建立了金帐汗国。蒙古人继续保留各公国的政权,依旧保持原有的割据状态,并在它们之间制造矛盾,借此消灭不服从统治的公国。这时依然存在"大公"的称号,蒙古大汗从罗斯王公中选出一人册封为"弗拉基米尔及全罗斯大公",并赋予其特权,被册封者可以兼有诺夫哥罗德和普斯科夫王公的职位。1243年,弗拉基米尔—苏兹达尔公国的王公雅罗斯拉夫·弗塞沃洛多维奇就被册封为全罗斯大公。但是,这个时期所谓的"罗斯大公"已经蜕变为蒙古人统治罗斯的傀儡,其所拥有的对罗斯的权力也只是一种影像,并无实际意义。

(四)大公权力的限制

如果要对基辅罗斯大公的权力作一个评价,那么就是在所有的罗斯领地上明显需要一个统一的权力代表,而大公就是这个代表。在王公权力的问题上,研究者已经发生了分歧,其中一些人将现代的概念套搬到古代,并认为王公从一开始就是不受限制的国王。关于留里克、奥列格、伊戈尔等人,人们似乎一直以为他们都是王公制下留里克王朝拥有无限权力的统治者,而实际上瓦良格诸公并非这样的统治者。这几位酋长仅仅是瓦良格亲兵的头领,出征时往往联合其他一些酋长采取行动,事后便分道扬镳,或者前往斯堪的纳维亚,或者定居下来——在被其所征服的土地上"安家"。奥列格在基辅的情形也一样。在古代罗斯,拥有绝对权力而被称为"独裁者"的大公只有雅罗斯拉夫和安德烈·柳戈柳布斯基,但是也要从多角度进行分析和讨论。

在雅罗斯拉夫执政时期,他并不是罗斯领土上唯一的"公",而是与他的兄弟姆斯季斯拉夫一起统治。据编年史记载,姆斯季斯拉夫的领地一开始在特姆多罗干,但是他不满足于只拥有这个领地。1024年,雅罗斯拉夫离开基辅前往诺夫哥罗德,姆斯季斯拉夫趁机从特姆多罗干来基辅,并要求基辅人民承认他为王公,但是遭到基辅人民的拒绝。姆斯季斯拉夫又不想以武力占领基辅,于是前往契尔尼可夫,在那里人民心甘情愿地"打开大门"接受了他。这样,姆斯季斯拉夫成为契尔尼可夫的王公,并与雅罗斯拉夫相邻。雅罗斯拉夫从诺夫哥罗德回来后即向姆斯季斯拉夫宣战,后者取得了胜利,但是他并未登上基辅大公的宝座,而是与雅罗斯拉夫瓜分领地:第聂伯河左岸的地方留给他自己,而右岸则让给雅罗斯拉夫。这样,罗斯便出现了两位统治者,客观上也结束了长久以来的内战。编年史中就记载:1029年"平安无事"。1036年,姆斯季斯拉夫去世之后,雅罗斯拉夫开始统治整个罗斯。这才有"整个俄罗斯领土独裁者"的说法出现。但是,雅罗斯拉夫并没有限制其他王公的政权,所以"独裁者"的称号只是说明其对整个国家执政,而并非实质上完全拥有整个国家的政权。

　　第二个就是安德烈·柳戈柳布斯基。与同时代的王公不同,他并不看重亲兵和大贵族,只按照自己的意志处理国家事务——"个人独裁"。对于自己的儿子和同族王公,他仅仅将他们视为执行自己旨意的工具。安德烈也过问他们的纠纷,不是作为兄弟般的调解人,而是作为发号施令的主子,去解决这些虽出身世袭名门但依然是自己的奴仆之辈的争执。但是,他这种独裁只是相对的。因为当时罗斯社会发展的进程已经不允许这样的情况存在,即使是强有力的统治者也不能摆脱来自外界的控制,所以对于安德烈来说,这种独裁是非实质意义上的,而且是暂时的。他之后遭贵族甚至其家人反对而死于非命就说明了这一点。

　　从整个罗斯国家的历史来看,作为基辅大公或者王公的权力几乎都是受到限制的,这种限制来自多个方面。

1. 谓彻

谓彻是一种民众大会,是"从人民议会演变而来的"①。在罗斯建国之前的东斯拉夫人部落时期,就已经存在"谓彻"这种部落会议,由会议选出酋长或王公,但是他们的权限并不能超越部落会议。可见,俄罗斯民族在初期就已经出现了限制领袖权力的思想萌芽。在基辅罗斯建国之后,大公和王公的权力依然受到其限制。11世纪末,谓彻成为一种普遍现象,并且涉足到王公关系中来,成为王公们在政治上不得不考虑的有力参与者。这样,王公就被迫与城市订立"契约",即一种政治性的协定。这些协定规定了地方王公治理地方应遵守的种种制度,地方王公的权力因此受到城市谓彻的约束。例如,1146年,基辅大公弗塞沃洛德去世,经与基辅市民达成协议,由大公的兄弟伊戈尔继位。可是,基辅市民鉴于他们在弗塞沃洛德在世时曾受到基辅城内法官和官员们的压迫,因此要求伊戈尔今后亲自审判罪犯,不要把司法权交给下属。伊戈尔王公不得不向基辅市民保证,今后任命法官将首先征得谓彻的同意。

2. 波雅尔

基辅罗斯解体之后,诺夫哥罗德建立了封建制的共和政体,王公的权力受到了极大的限制。从1126年开始,波雅尔就通过谓彻从自己的人员中选举市政长官,王公的政权形同虚设。12世纪末,波雅尔和王公们达成协议,进一步限制了他们的权力:王公们在诺夫哥罗德境内无权购买土地,没有藩臣和隶属人口,无权干涉市政长官的事务;王公不能到他想去的地方打猎,不能在未经预先指定的地方牧马,他只能在经过谓彻批准的地方买鱼类加以储藏。王公甚至无权住在诺夫哥罗德城内,他的驻地是郊区的大城。王公主要执行军事任务,以保障诺夫哥罗德的贸易安全及粮食供应。一旦王公与谓彻发生冲突,就会被赶走,谓彻重新聘请新的王公。

---

① 〔俄〕О.И.奇斯佳科夫主编:《俄罗斯国家与法的历史》(第五版)(上卷),徐晓晴译,付子堂校,法律出版社2014年版,第43页。

3. 亲兵

亲兵是王公政权的军事保障,他们不仅在战争中起到非常重要的作用,而且在和平时期也具有管理国家的职能。王公也赋予亲兵财富和特权。所以,在这个基础上,亲兵也在一定程度上对王公权力形成了限制。一般来说,大公不与亲兵商量或者违背亲兵的意见,就对某些重要问题作出决定的情况是比较少的。

各领地的封邑王公在封建割据时期形成了与基辅大公对峙的局面,总是力图得到大公的一些权力。在这种局面下,大公的权力不可能发挥得很充分,他在很大程度上受到各地王公的限制。

二、王位的继承

王位的继承制度是一个国家进行权力传承以及保障国家稳定的重要方面。世界各国都对其王位继承制度进行了相应的规定和实践,并且都经历了一个历史演变的过程。在基辅罗斯时期,王位的继承制度经历了一个从顺序制到世袭制的过程。顺序制王位继承制度十分复杂,因为当时基辅罗斯实行的并非中央集权式的权力体制,而是由王族中的人员共同掌权,王族子孙都被分封到各个地区,各自管辖地区之间形成了基辅罗斯的国家治理制度。基辅王公虽然贵为罗斯大公,但是并不代表其权力范围,实质上只是各地王公的领袖和头领,除此之外并无真正意义,而且会受到诸多限制。在这样的情况下,就会产生各地区之间的王公位继承和罗斯大公位继承的双重问题。所以,大公位继承涉及的不仅是大公的王位,也涉及各地方王公位的变动。王位的继承不仅涉及政治性,也与法律制度相关。但是,当时的罗斯并没有将王位继承通过法律确定,而只是按照祖训实行。"雅罗斯拉夫大公确定自己的长子为王位继承人,但是王公位的继承制不是根据法律,而是根据资格,即王位的继承不是由父亲传给长子,而是传给王族中的长亲。"① 如此看来,其中必然涉及辈分的划分

---

① А. В. Шободоева. История отечественного государства и права: курс лекций и методические материалы. И. 2009. с. 16.

和排序,显得十分复杂和难以操作。同时,随着王族成员的增加。必然会出现"闲置人员"无权现象和争权夺利的尴尬状况。随着国家内部不断出现各种情况,已经使得顺序制不能再维持以往的状态,逐渐被广大既得权力的王公和面临失去权力的王族成员抵制,形成了较为混乱的局面。在这种情况下,世袭制就得到了适用和发展的空间及可能性,顺序制在不断的瓦解过程中逐渐被世袭制取代,形成了新型的王位继承制。

(一)顺序制

在封建割据以前的基辅罗斯时代,罗斯国土的统治制基本上是按血亲长幼的次序继承和分配的。王公不能独自和按照自己的意愿任命王位继承人,因为最高权力不是属于一个人或者家庭,而是整个王族,长幼次序在王位的继承上具有决定性作用。王族中所有的成员都已经确定了封建职位等级,他们中的每个人都有自己的政治势力和权威,掌握着一定的领土——在其上具有独立的政治意义和地位。基辅大公的王位如果发生更替,王族中所有的成员都要进行变动:"每个人都要离开自己先前的领地,去接替另一个更好、地位更高的职位,按照年龄的长幼次序分配的领地富裕程度、面积也有从高到低的顺序。"[①]很显然,这种分配是由按照长幼次序的宗系阶梯和按照领地的作用大小及经济利益的多寡的疆域阶梯构成的,而在这两个阶梯的基础之上就形成了王位的继承制度——顺序制。

1. 顺序制的萌芽

顺序王位继承制度的确立经历了一个过程,这个过程可以在历史叙述中得到答案。在留里克大公去世后,继承者并不是他年幼的儿子伊戈尔,而是他的亲属奥列格。之后,奥列格传位伊戈尔。在伊戈尔去世后,其长子斯维雅托拉夫继位。可见,这几代大公的王位继承已经显现出了顺序制的一些端倪。但是,还应当意识到,在制度没有完全确立和正常运行之前,总是有人违背先前的做法而去破坏它。斯维雅托拉夫大公去世后,就出现了三个儿子争权的内战,并没有按

---

① И. Н. Кузницов. История государства и прова России. М. 2007. с. 72.

照以往的王位继承顺序,最后在其子雅洛波尔克短暂当政之后,弗拉基米尔夺取了大公位。在弗拉基米尔大公死后,其子斯维雅托夫波尔克占有基辅大公位,但是基辅居民却更欣赏他的兄弟鲍里斯。鲍里斯的亲兵对他说:"你有父王的亲兵队和军队,你就发兵去基辅继承父亲的王位吧。"他则劝说亲兵们:"我不能对自己的哥哥动手:既然我的父王已经驾崩,那他对于我就是代表我父王的。"①从亲兵们的语言中可以看出,当时的长幼继承观念还没有很明朗。在此之后,雅罗斯拉夫却通过发动内战的手段赶走了当时的大公斯维雅托夫波尔克,成为执政基辅的新大公。

从基辅罗斯初期的几代大公继承王位的情况中可以看出,在当时长幼次序与继承大公位之间的宗法关系已经出现了,但是关于长幼次序的制度观念并不是在所有人的思想中都很清晰。如果根据顺序制的具体内涵分析,在基辅罗斯初期已经出现了这种萌芽,只是缺乏制度性的保障而经常遭到破坏。顺序制真正确立并形成统一观念是在雅罗斯拉夫大公去世之后。

2. 顺序制的确立

在雅罗斯拉夫统治时期,早期的封建君主政体已经开始表现出衰败迹象,他也敏感地察觉到了这一点。为了防止儿孙内讧,他英明地立下了政治遗嘱:"我的孩子们!我就要离开这个世界了,你们要和睦相处,因为你们是同胞兄弟。如果你们彼此和睦相处,上帝就将同你们在一起,并帮助你们征服敌人,这样你们将能和平地生活;如果彼此仇视,闹纷争和内讧,则你们将毁灭自己,也将毁掉祖辈留下的国土,而这是他们付出巨大的心血才获得的。所以你们要和平相处,兄弟之间要互相尊重。现在我把我的基辅王位托付给大儿子,你们的哥哥伊兹雅斯拉夫。你们要听他的话,如同听我的话一样,就让他来接替我吧。"②在这个遗嘱中,雅罗斯拉夫大公提出一条原则:

---

① 〔俄〕拉夫连季编:《往年纪事》,朱寰、胡敦伟译,商务印书馆2011年版,第106页。

② 同上书,第139页。

"罗斯的土地属于整个家族所有,各封邑王公的领地只是暂时的封地,不能世袭。另外还规定,大公的权位的继承按年龄长幼依次进行。"①所以,雅罗斯拉夫在临死前,将当时的国家领土在五个儿子和一个孙子之间作了分配,长子伊兹雅斯拉夫占有基辅,任罗斯大公,并且把诺夫哥罗德领区也归并在内;次子斯维雅斯托拉夫得到第聂伯河支流和杰斯纳河所属地区、切尔尼戈夫以及和它接壤的沿奥卡河的穆罗姆;第三子弗塞沃洛德占有罗斯的佩列雅斯拉夫利,除此之外还得到伏尔加河上游的苏兹达尔和白湖地区;第四子维契斯拉夫占有斯摩棱斯克;第五子伊戈尔占有沃林;他的孙子罗斯季斯拉夫得到了其叔父弗塞沃洛德的领地中间的遥远的罗斯托夫边区。"雅罗斯拉夫的遗训是想建立起基辅大公位的长幼顺序继承制,以联合所有王公的力量维持罗斯的统一。"②这样做的目的也在于避免他们中的一人逾越其他兄弟的领地或将他人从王位上赶走的情况发生。各领地的作用和地位依次为基辅、诺夫哥罗德、切尔尼戈夫、佩列雅斯拉夫利、斯摩棱斯克、沃林、罗斯托夫,这些领地的王公也是按照长幼排列的。很显然,雅罗斯拉夫对国土的分配主要考虑的是子孙之间的长幼次序以及各自收益的多寡。简而言之,分配的基础是王公们的宗系关系和城市领区的经济意义。例如,长子所领有的基辅是11世纪罗斯最富裕的商业中心,次子的领地契尔尼戈夫在财富和商业作用上次于基辅而比其他城市优越。

在雅罗斯拉夫之前的几代大公,包括他自己,通常是使用暴力手段进行国家的统治,继而形成了一种相对专政的权力形态。在雅罗斯拉夫死后,顺序制在基辅罗斯正式确立起来,之前偶尔存在的一人专政的制度不再重复,"雅罗斯拉夫的后裔中没有一人掌握'罗斯的全部政权',没有一人成为'罗斯国土的专政者。'"③

---

① 尹曲、王松亭:《基辅罗斯》,商务印书馆1986年版,第41页。
② Р. Г. Скрынников. Русская история IX—XVII веков. С-П. 2006. с. 94.
③ 〔俄〕瓦·奥·克柳切夫斯基:《俄国史教程》(第一卷),张草纫、浦允南译,商务印书馆1992年版,第167页。

3. 顺序制的实行

按照顺序制的原则,被封邑在各处的王公并不是所分得领地的永久统治者。王族的现有成员之一每发生一次变动,各地王公的领地和地位就会随之变化。随着年长的亲族的死亡,年幼的亲族就要从一个领地迁往另一个领地,从低的王位升到高的王位,而这种变动也是按照第一次分配时王公们的长幼次序进行的。

在雅罗斯拉夫去世之后,就由其长子伊兹雅斯拉夫①继任基辅大公位,这种以宗系阶梯和经济疆域阶梯为基础的顺序制第一次在大公位继承中实现了。然而,在之后的实际运作中,又出现了不同情况。1057年,雅罗斯拉夫的第四子斯摩棱斯克王公维契斯拉夫病逝,留下一个儿子,却不是由他来继承王位。实际做法是,雅罗斯拉夫的其余几个儿子把第五子伊戈尔从其领地沃林调到了斯摩棱斯克接替维契斯拉夫的位置,而把他们的侄子罗斯季斯拉夫从罗斯托夫调到沃林接替伊戈尔的位置。1060年,斯摩棱斯克的王公伊戈尔死了,也留下几个儿子。按照顺序制原则,几个长兄依然不把斯摩棱斯克的王位交给伊戈尔的儿子们。但是,他们也没有按照顺序制将王位交给罗斯季斯拉夫,而后者则用武力攻占了斯维雅托拉夫的领地特姆多罗干,并赶走了当地的王公——斯维雅托拉夫的儿子格列布自立,虽然后来斯维雅托拉夫率兵征讨将其驱逐,但是他之后再次占据了该领地。可见,之前确立的顺序制在这个时期已经出现了裂痕,并且朝着内战的不良方向发展。1073年,雅罗斯拉夫诸子之间发生了纠纷,斯维雅托斯拉夫欺骗弗塞沃洛德说长兄伊兹雅斯拉夫阴谋反对他们,于是他们联合起来把他赶出了基辅。按照顺序制的原则,这时由契尔尼戈夫王公斯维雅托斯拉夫进驻基辅,而弗塞沃洛德则从佩列雅斯拉夫尔转到契尔尼戈夫。于是,斯维雅托斯拉夫就任基辅大公,弗塞沃洛德就任契尔尼戈夫王公。但是,从顺序制的原则和精

---

① 雅罗斯拉夫的长子其实为弗拉基米尔,出生于1020年,但是他1050年在诺夫哥罗德去世。伊兹雅斯拉夫为雅罗斯拉夫的次子,因此而升为长子,在王位继承中占据了首位,也顺理成章地按照顺序制继承基辅大公位。

神来看,他们已经违背了雅罗斯拉夫的意愿。可见,顺序制虽已确立,但仍然受到了人为的破坏。

1076年,时任基辅大公的斯维雅托斯拉夫去世,弗塞沃洛德便从契尔尼戈夫来基辅接任大公的位置。但是,长兄伊兹雅斯拉夫不久在波兰人的帮助下又回到了基辅。于是,当初不明实情的弗塞沃洛德将基辅大公位又让给了长兄,而自己则回到了契尔尼戈夫。1078年,伊兹雅斯拉夫在和侄子们的战斗中去世,作为雅罗斯拉夫唯一在世的儿子的弗塞沃洛德又回到基辅继承大公位。弗塞沃洛德去世后,大公位则由雅罗斯拉夫的长孙斯维雅托波尔克·伊兹雅罗斯拉维奇继承。

可见,所有的王位变动的基础都是长幼次序和领地作用。顺序制在实行的前期和中后期相对和平,并不存在恶意违背该制度的情况,只是在中期出现的彼此争斗给该制度带来了打击。顺序制在具体实行过程中并没有达到雅罗斯拉夫的预期效果。

4. 对顺序制的评价

顺序制的王位继承制确立之后,确实在国家的统治中起到了一定的作用,也在一定程度上维持了各自权力的归属及国家的稳定。但是,从顺序制开始实行起,发生了许多破坏这种制度的做法。根据顺序制所确立的原则和内涵,其基础为领地地位和经济利益,彼此之间权力地位和利益的不平衡则造成了王族成员之间的互相猜忌和对抗纷争,在对外战争不断的情况下进一步导致国内局势的动荡,这些都成为该制度正常运行的桎梏。一项制度如果要得到良性实施并得以传承,必须有一个适合的环境,否则就会走向终结。其实,雅罗斯拉夫确立这项继承制度的初衷是避免子孙之间的彼此争斗,进而造成国家动荡和政权崩塌。但是,利用一种看似合理而实际上存在众多利益冲突的方式毕竟不会持续很久,顺序制在一定意义上说只是雅罗斯拉夫的一种单方面的美好愿望。

(二) 顺序制的瓦解和世袭制的确立

从以上对顺序继承制的分析可以清楚地看出它内在的两个基础,一是王族对整个罗斯国土的共同权力,二是实现这种权力的方式是按照长幼顺序统治王族的每个成员都有权暂时管辖一部分土地。"十二世纪末以前的雅罗斯拉夫的子孙们认为建立在这两个基础上的统治制度是唯一正确和可能的制度,因为他们想把国土当作自己氏族的财产来管理。但是最初几代雅罗斯拉夫子孙认可为无可争辩和清楚的,仅是该制度的这些共同的基础,这些基础决定着在近亲的狭小范围内可能具有的最简单的关系。"①但是,随着多种原因的出现,顺序制逐渐走向了瓦解。

第一,随着王族人口的增多,辈分显得日益复杂。随着王公家族子孙的繁衍,人数变得越来越多,分成了几个平行的支系,在王公中出现了许多同代人,很难从表面上确定各自的年龄大小,彼此之间的辈分也出现了难以区分的局面。到 12 世纪下半叶,大多数王公已是第三代和第四代亲属,很难弄清楚他们之间的辈分关系。于是,最初自然的长幼次序和宗系的长幼次序产生了冲突,王公们也无法制订出明确规定长幼次序的方法。这样,王族现有的人员每发生一次变动,都要就长幼次序和领地次序等问题发生争论甚至是内讧。由于每次王位更换必须重新排定次序,而且这种次序已经和父辈的次序不同了,所以疆土方面的意义就凸显出来:儿子们开始把他们的父亲所统治的地区也看成世袭的,当他们很难按照父辈确定相互之间的宗系关系的时候,便尽量回到他们的父亲统治过的地区去。

第二,出现了失位王公。一位王公的政治前途取决于其父辈人的领地及王位递升,但是出生的次序和死亡的次序是不可预见的,有时会出现父亲死得比祖父早的情况,就会出现没有父亲、失去地位的王公,这样他已经没有宗系上的地位,进而也就失去了对疆土继承的权力,已经不会被排入继承次序,失去了按顺序制继承的机会。"把失去地位的王公从统治者中除名,是以顺序制为根据而经常为社会实际所破坏的这种制度的自然结果,是为维持这种次序所必需的;但是他显然缩小了顺序制所包括的人和地区的范围,并且把人们关系

---

① 〔俄〕瓦·奥·克柳切夫斯基:《俄国史教程》(第一卷),张草纫、浦允南译,商务印书馆 1992 年版,第 177 页。

中的与这种制度不合和违反的特性带进了这种制度。"①

第三,个别王公的权威。某些王公独具个人才能且勇敢,使他们在罗斯享有较高的声誉并具有广泛的权威。因此,这些王公可以不按照王族的长幼次序把一些地区集中在自己手里。例如,12世纪时,大部分罗斯国土都在一个王系即摩诺马赫子孙的统治下,沃林王公伊兹雅斯拉夫·姆斯季拉维奇在与其叔父的争夺中取得大公位。他认为,不是地方去寻找合适的首领,而是首领去寻找合适的地方。这样,他完全违反了顺序制的传统,将王公的个人作用置于长幼次序的规则之上。

第四,城市居民因自身的利益需要固定的王公政权。根据顺序制的原则,每次王位的更迭都需要整个王族的人员进行配合,而且他们所统治的领地也会随之更换,这样就导致了各个领地经常易主。对于可以预见的只有暂时管理权的各领地王公来说,他们并不会致力于本地区的治理,更多的是倾向于谋求个人及随从的利益。这对于一个地区及其居民来说都是极其不利的情况。同时,每次人员变动都会引起或大或小的内讧,也会造成城市秩序混乱,损害城市居民的利益。所以,各领地的居民也对这种制度存在着一定的抵制和不满。

从当时的实际情况来看,顺序制已经变得无法继续,在众多力量的冲击之下,其权威性也日趋式微。所以,顺序制瓦解也就成为必然。随着顺序制的瓦解,世袭领地制开始逐渐取代它,并在1097年的柳别奇会议上提出并确立。据编年史记载,参加这次会议的有斯维雅托波尔克·依兹雅斯拉维奇、弗拉斯米尔·摩诺马赫、达维德·伊戈列维奇、瓦西里克·罗斯季斯拉维奇、达维德·斯托雅托斯拉维奇和他的兄弟奥列格,以及教会上层僧侣、亲兵和城市绅士的代表。② 他们在这次会议上商议订立合约,以求结束常年纷争和外敌

---

① 〔俄〕瓦·奥·克柳切夫斯基:《俄国史教程》(第一卷),张草纫、浦允南译,商务印书馆1992年版,第183页。
② 参见〔俄〕拉夫连季编:《往年纪事》,朱寰、胡敦伟译,商务印书馆2011年版,第230页。

入侵的局面,共同保卫罗斯国土。在这次会议上,罗斯的王公们正式作出了一个"每一王公都保持自己的世袭领地"的决议。也就是说,"雅罗斯拉夫的每一个儿子的儿子,都应当继承性地占有他们父亲分配到的领地。"①按照会议确定的世袭原则,王公们开始分治基辅罗斯,斯维雅托波尔克管理其父伊兹雅斯拉夫的世袭领地——基辅,弗拉基米尔管理弗塞沃洛德的世袭领地,达维德、奥列格、雅罗斯拉夫管理原来斯维雅托斯拉夫的领地。柳别奇大会的决定反映了这样的事实:"在各自的领地上,封建土地财产得到了保障和加强,并在国家中出现了土地所有者的官位等级。"②"世袭的疆土上的意义破坏着顺序制的根本基础——氏族领地的共有性:在它的作用下,罗斯土地被分裂成几个宗系的疆土,王公们已经不再按照长幼次序,而是按照世袭的继承权来占有这些疆土了。"③但是,这次会议并没有制订出具体而固定的章程,所以并非因此就完全出现了以世袭制代替顺序制的情况。我们只能客观地认为,在当时的历史条件下,实行顺序制带来了不便,进而引起了争端和纠纷。各种因素集中起来,导致了顺序制开始走向瓦解,并逐渐实行世袭制,而不能单纯地认为这时的罗斯国家已经完全实行世袭制。实际上,柳别奇会议的目的只是再次按照雅罗斯拉夫当时的方式将罗斯国土进行重新分配,以达到平衡和稳定。所以,在新一代的王公之间,很容易恢复到以前的模式,只不过使他们在疆域上的世袭地位和宗系上的世袭地位相符合而已。

  有一个问题很值得注意,即当时的王位继承制度并没有以法律形式加以确定和保障。当时已经存在法典性的法律,而从其中的内容来看并没有此类信息,其缘由何在?笔者认为,首先,当时王位继承制的确立已经突破了法律的范畴,一部法律并不能在当时给予这种制度以保障。其次,王族共同治理国家的观念极深,只要不出现损

---

① М. В. Нечкиной, Б. А. Рыбакова. История СССР(Том1). М. 1956. с. 84.
② 同上。
③ 〔俄〕瓦·奥·克柳切夫斯基:《俄国史教程》(第一卷),张草纫、浦允南译,商务印书馆1992年版,第182页。

害王族成员权利的情况,非法律手段也可以解决,甚至更有效。再次,按照当时的斗争情况,每个权力者都需要一定的势力范围和管辖权,在无序争夺之下根本无法以法律方式加以固定,即使法律确定也无法实际保证效果,自不必说"依法治国"的意识问题。最后,当时罗斯的法律制度主要是维护社会上层成员的经济权利,并不太在意法律制定的政权,所以只是以政治手段维护王位继承制而非法律条文。

第二节 核心统治机构

基辅罗斯时期,在统治者层面上,除了大公之外,更多的是各地的封邑王公,他们实质上掌管和控制着罗斯国家各个地区和领地的权力,共同与大公进行统治。以前随王公征战和服役的亲兵也不同程度地在国家管理过程中发挥着重要作用,而之后产生的波雅尔也具有同样的功能。所以,当时的罗斯国家统治主要是依靠封邑王公、亲兵和波雅尔三个社会集团实现的。

一、封邑王公

封邑王公都由留里克家族的成员担任,他们或是大公的兄弟,或是大公的子孙后代。例如,弗拉基米尔执政期间,就曾将他的12个儿子派驻各处封地,以便进行直接统治。如前所述,在基辅罗斯建立后的一段时间里,他们按照长幼次序的顺序制原则,从大公那里获得领地的封赐。封邑王公无论在政治、经济还是军事上都隶属于大公,并对大公负有义务。他们需将所征贡赋的2/3交给大公,战时也要提供给军队,实际上是以其门第出身成为大公的藩臣。当大公势力强大时,各地封邑王公都依附于基辅。但是,当大公势衰、鞭长莫及时,封邑王公便乘机扩张自己的势力,力图与大公平分政权,分庭抗礼。在通常情况下,大公的权力都很有限,封邑王公具有较大的独立性。基辅大公的政权来自世系关系,而非来自固定的协定。所以,这个政权无明确的规定,也无牢固的保障,不具备行使权力的足够手段,结果逐渐变成一种尊贵的荣誉,并无实际上对全罗斯进行统治的权力。在这种情况下,到12世纪后半期,封邑王公的世袭领地制确定,封建割据形成。这是在基辅罗斯解体的废墟上建立起来的,所以绝大多数的割据势力还保持着以往基辅罗斯时代的贵族君主政体,封邑王公也在其领地享有大量的权力。但是,这并不代表所有割据势力的王公权力都是无限制的。例如,诺夫哥罗德建立了封建制的共和政体,在那里王公的权力受到了极大的限制。

二、亲兵

亲兵在当时被称为"дружина",该词的原意为"家奴、盟友、同伙",后来演变成为军事仆从。在基辅罗斯时代,亲兵犹如法兰克人、朗哥巴尔德人、盎格鲁-撒克逊人,是自由的军事伙伴。身为军人的亲兵不是奴仆,不是雇佣兵,而是宣誓为自己王公在战场上忠诚效力的自由人。亲兵与大公的关系纯属服役和尽忠的自由关系。[①] 从9世纪至12世纪,亲兵制在基辅罗斯比较盛行,不仅基辅大公,而且地方王公和上层波雅尔也都有自己的随身亲兵。例如,伊戈尔大公时期的显贵斯维涅尔德就有一支强大的亲兵队,其装备和待遇甚至超过了大公的亲兵队。基辅大公斯维雅托波尔克曾夸耀自己光少年亲兵就有700名。在加利奇(12、13世纪的一个富有的公国)的一次内讧(发生在1208年)中,仅战死的亲兵就500人。在长系及幼系富有的王公那里,上阵出战的亲兵总共有2000至3000人之多。在11世纪以前,亲兵主要是外来的瓦良格人。后来,亲兵队里民族混杂,除当地人和已经罗斯化的瓦良格人后裔之外,还出现了托尔克人、别伦第人、波洛伏奇人、哈扎尔人、犹太人、乌果尔人、波兰人、立陶宛人和楚德人等。

亲兵一般居住在主人那里,依靠主人供养,与主人之间保持着一种道义上的关系。所以,亲兵与其主人的关系较为密切。亲兵队不

[①] 参见〔俄〕Н. П. 巴甫洛夫-西利万斯基:《俄国封建主义》,吕和声等译,商务印书馆1998年版,第498页。

是临时召集而来的，而是经常性组织，子承父业，保留着血缘继承关系。在作战时，他们始终跟随在王公的身边，仿佛成了贴身侍卫队。亲兵按其年龄、功劳和职务划分为高、低两级。高级亲兵由王公的武士或大贵族构成，是亲兵队的核心。低级亲兵由年轻的武士或大公亲兵中的少年队员构成。低级亲兵在古代统称为"гридъ（卫兵）"或"гридъба（宫廷仆从）"，后来为"двор（近侍）"和"слуги（仆人）"这两个词所代替。他们在地位上与高级亲兵有很大差别，是亲兵队的基本力量。随着封建土地所有制的发展，高级亲兵把更多的精力投放在土地经营上，这样低级亲兵在国家政治生活中的地位越来越高。亲兵在国家事务的管理中起着不同的作用。例如，战争时期，高级亲兵是军事统帅或指挥官，而低级亲兵为一般战士。和平时期，高级亲兵担任宫廷总管、行政长官等要职，其中有一些战功显赫的亲兵本身就是波雅尔，成为国家决策集团的成员，直接参与国家管理；而低级亲兵则充当保镖、仆从或担任低级的行政职务，如征税吏等。

随着封建经济的发展，亲兵与王公共同生活的情况逐渐消失了，许多亲兵离开了王公，以地方行政长官的身份管理城市或居住在自己的贵族村庄中。在顺序制下，王公的领地是不稳定的，所以跟随王公的亲兵也是随之流动的。由于王公宗族是统一的，容许亲兵离开这个王公去跟随其他王公；国土也是统一的，也容许亲兵离开这个地方去那个地方去。易主和换地都不构成叛逆，所以亲兵总是喜欢跟随领地地位高的王公以谋取利益。

三、波雅尔

波雅尔最早起源于氏族部落的显贵、公社的长老以及城堡的头人。后来，王公的亲兵也因得到赏赐的土地而逐渐成为波雅尔。波雅尔是大土地占有者，拥有世袭领地。他们是统治层的主体，是封建主阶级中最有特权的阶层，享有广泛的政治权力。他们不仅参加国家管理，而且还可以派出代表参加国际谈判。944年，伊戈尔大公远征拜占庭，最后和拜占庭谈判签订新的商约，在谈判代表中就有22名波雅尔。在1072年伊兹雅斯拉夫三兄弟召开集会制定《雅罗斯拉维奇法典》时,也邀请了当时的大波雅尔参加。

在 10 至 11 世纪,波雅尔的势力还不够强大,往往处于对大公政权的依附地位,成为政权的支柱和帮手,对基辅罗斯的统一和社会的发展起过一定的促进作用。从 11 世纪末开始,波雅尔的势力上升,逐渐成为分裂势力的帮凶,或本身就是分裂势力。在罗斯各地区发展起来的波雅尔力图成为当地有充分权力的主人,他们团聚在"自己的"王公周围,整个身心所关心的不是全罗斯的利益,而是"地方"利益。波雅尔力图摆脱成为地方独立发展障碍的基辅,因为"地方"正在很快变成公国,变成独立、具有封建性的半国家组织。

在封建割据时期,波雅尔完全形成了一支政治和经济上的独立势力,他们在地方上竭力干预各封邑公国的政治生活,力图以自己的力量控制政权。基辅的波雅尔从 1097 年起便干预王公事务。正是在波雅尔的干预下,柳别奇会议作出了"让每一个人保持自己的世袭领地"的决议。在以后的很多政治事变中,波雅尔都起了不可忽视的作用。1113 年,摩诺马赫越位继任基辅大公,就是在波雅尔强有力的支持下而得以成功的。

第三节 各种会议组织

在基辅罗斯时期,除了各地的王公、具有军事性质的亲兵队以及波雅尔组成的核心统治机构外,还有几种会议是大公实行贵族君主制统治的重要决策机构,主要有谓彻、王公会议、杜马和封建主大会,它们在古罗斯的统治中占有重要的地位。

一、谓彻

谓彻是城市中的民众大会,它起源于氏族制度和军事民主制度,是由部落会议发展而来的,其职能和地位是随着社会的发展而逐渐变化的。"在早期封建君主政体中,谓彻拥有重要的国家职能,其管辖权最初包括国家所有的行政、立法和司法事务等。后来,它的职能范围逐渐缩小。它处于最高行政机关的地位,职能包括:王公的任命及其职权、签订政治契约、监督行政机关、讨论战争与和平问题。"①当王公需要取得群众支持时,便召开这种会议。随着城市波雅尔势力的上升,他们在反对王公或王公去世时也召开这种会议。下层群众有事时也会自发地召开这种会议。"学界对于谓彻在罗斯的情况没有统一的看法。有一些历史学家认为,在蒙古人入侵之前,谓彻一直存在于罗斯的整个历史阶段中。另一种观点认为,应当把谓彻的历史划分为几个阶段,并强调指出谓彻在罗斯国家政权发展的各个阶段并不具有相同的意义。第三种观点认为,谓彻的发展和繁荣时期是在封建割据时期。但是,较为普遍的观点认为,谓彻制度的兴起是在11世纪中叶新城市中心兴起的时候。"②这几种观点都具有一定的道理,总体而言,即谓彻制度经历了一个过程,并且在这个过程中的各个时期都具有不同的意义和表现形式。

  谓彻接受所有的城市自由民、手工业者和农民的参与,但是只限男性家长。谓彻没有严格的会议周期,均为不定期召开。需要召开谓彻时,就由城市中专门的"谓彻召集人"敲响"谓彻钟",市民们听到钟声即尽快赶到集合地点。会场上一般都设有木制的台阶和讲坛,以供王公、行政长官、千人长和显贵们就座和演讲。会议开始后,便会对一些重大问题进行讨论,"他们没有既定、明确的投票程序,只能依靠喊叫表达自己的观点和意见。在这种实践方式下,少数人的观点并不会被采纳。但是,对于谓彻的决定,城市和市郊的居民都必须执行。"③由于谈论的问题涉及各个利益集团,所以常常发生激烈的争论,甚至出现暴力冲突和流血事件。实质上,谓彻往往为少数上层贵族把持,他们利用各个集团的矛盾以达到自己的利益;而下层居民虽然有权参加,但是他们的愿望却很难实现。

  在11世纪中期以前,因为基辅大公的权力较大,城市仅具有雏形,谓彻制度尚未发展起来。最早的几个基辅王公曾建立各地区对

---

① И. Н. Кузницов. История государства и прова России. М. 2007. с. 73.

② А. В. Шободоева. История отечественного государства и права: курс лекций и методические материалы. И. 2009. с. 21.

③ 同上注,с. 22。

基辅政治的从属关系,这种关系得到王公指派的行政长官的支持,各地区必须向基辅大公纳贡。但是,11世纪中期以后,即雅罗斯拉夫死后,这种关系随即消失。各地区主要城市中,基辅大公的行政长官不见了,代之而起的是数目不断增加的王公。地区或地方的王公停止向基辅纳贡,幼系王公不时向长系王公自愿献礼以代替纳贡。渐渐地,各地区王公对上就表现出一种独立性,对下则越来越处于窘境。其原因在于,王公位置的不断变动以及在变动中所引起的种种冲突,使他们在地方上威信下降。各地区居民都把目光转向坐地不动的城市势力,即城市谓彻。"之前在强大的基辅王公之下,谓彻成为最高政权的附庸,在弱势的情况下则处于受支配的地位。在11世纪中期以后,变成了另一种状况,两者出现了权力上互相补充的情况,而且谓彻和君主政权的代表即王公经常发生矛盾。"①

11世纪末,谓彻成为一种普遍现象,并且已经开始涉足王公关系。王公们自然也不敢轻视这股势力,被迫与城市订立政治协定,规定地方王公治理地方应遵守的种种制度,地方王公的权力因此受到城市谓彻的约束。在基辅公国形成之初,各地城市成为划分行政区域以及雅罗斯拉夫头几代后裔安排朝代体制的基础。那时候,在行政和朝代方面,王公们都是按照自己的施政观念和血统观念行事。但是,到了12世纪,不但王公与王公之间的关系,就连王公们对各地区主要城市的关系也变成协议性的了。城市及其谓彻成了王公们在政治上不得不考虑的重要因素,到基辅来接位的王公不得不取得谓彻的支持。城市谓彻并不冒犯整个王公亲族的最高权利,而对个别王公宗室却认为有讨价还价的可能。

12世纪末,谓彻在与王公们争夺城市政治领导权方面取得了决定性的优势。这时,各地区的注意力已经放在主要城市的谓彻上,而不放在短期内治理该地区的地方王公身上,因为每个地区往往是一个城市数个王公,整个地区的治理权难得集中在一个王公的手里。通常,一个地区总要按某支宗室成年王公的数目分成几个公国,这些

---

① М. Н. Тихомиров. Древнерусские города. М. 1956. с. 15.

公国又按长幼辈分顺序继承统治,纠纷时常发生。其实,在罗斯的每一个地区都有两个互相竞争的权力实施者,即谓彻和王公;王公是共同统治罗斯全部国土的统治宗族的成员,因而维系着本身治理的地区与其他地区的关系;谓彻是一股离心力量。但是,王公是经常变动的,而谓彻则是城市中相对稳定的势力。各地主要城市谓彻所作出的决定等于地区最高立法机关的裁决,对属城有约束力,从而出现了"首城所拟,属城通用"的局面。这样,随着谓彻势力的上升,城市地区在政治上越来越独立。

二、王公会议

王公会议(Совет при князе)源自氏族社会时期的部落显贵会议(Сдумаша)。公元862年,当诺夫哥罗德的东斯拉夫人邀请瓦良格人帮助平息叛乱时,曾召开过这种部落显贵会议。基辅罗斯建国以后,这种会议被沿袭下来。当时,基辅大公取得了统一各部落的权力,就由其召集这类会议,因此被称为"王公会议"。"这是完全意义上的王公机构,虽然不是法律意义上的官方机构,但是它对君主决定重要事件有着非常大的影响,在实现王公政权方面起到了非常大的作用。"[①]

参加王公会议的有封邑王公、波雅尔、上层亲兵、行政长官和各城市显贵,后来还有上层神职人员和高等官吏等。王公会议的规模和参加会议的人数不固定,取决于事情的重要程度、牵涉面的范围以及当时形势的需要。会议要解决的问题非常广泛,诸如制定法律、对外战争与媾和、政教关系、行政与财政管理、重要职务任免、王公权位的继承、军事力量组织与配备等。王公会议的召开是不定期的,其地点也不固定,或者在大公宫廷,或者在教堂,或者在某个野外。在11世纪及其以前,由于基辅大公权力较大,因此大公常常召开这种会议以贯彻自己的意图。与此同时,上层封建主也企图通过这种会议独

---

① А. В. Шободоева. История отечественного государства и права: курс лекций и методические материалы. И. 2009. с. 21.

立地发挥作用,反映自己的利益需求。当时,王公会议是最高咨询机构和权力机构。

12世纪以后,基辅大公的权力下降,各封邑王公的独立性增强。任何幼系宗室、地区王公如果觉得基辅大公的所作所为不合于公道,都有权反对他。大公常常为王公间的相互关系以及抵御外侮、保卫国土的问题召开王公会议。但是,这种大会从未能团结所有的王公和波雅尔等统治阶层,大会所作决定也往往缺乏权威性。参加大会的王公和波雅尔很少认为通过的决议对他们有约束力,出席大会的其他成员也不一定就遵照大会的决议行事。1100年,在维季切夫召开了一次王公会议。会上,斯维雅托波尔克、摩诺马赫、达维德与奥列格四个长系堂兄决定惩罚沃林的达维德·伊戈尔维奇,因为他弄瞎了瓦西里科的眼睛;同时,还决定免去瓦西里科的特列波夫尔邑城的公位,理由是他治理无能。但是,罗斯季斯拉夫的儿子沃洛达尔和瓦西里科两人不承认这个决定。于是,斯维雅托波尔克等准备以武力制裁他们,迫使他们执行王公会议的决定,但是亲自参加这次会议并参与决定的、大会最显要的人物摩诺马赫却拒绝出兵。摩诺马赫认为,罗斯季斯拉夫的两个儿子有权拒绝执行大会的决定,因为1097年柳别奇城的王公会议上曾决定把特列波夫尔城划归瓦西里科。

三、杜马

杜马(Дума)是古罗斯的一个议事机构,又称为"波雅尔杜马(Боярская Дума)"或"波雅尔的杜马(Дума Бояр)"。10至11世纪,大公与自己的亲兵召开的会议就是波雅尔杜马的最初形式。由于波雅尔是从王公亲兵和氏族显贵中成长起来的,所以这种会议也被一些历史学家称为"亲兵会议"。它是隶属于大公的最高会议,相当于西方国家国王下面的国务会议。参加杜马会议的主要是高级亲兵、波雅尔和"城市长官",即基辅城和其他城市所选出的掌管军政大权的人——千人长和百人长。当然,参加会议的人员并没有严格的规定,主要视所讨论的问题的性质而定。例如,弗拉基米尔·摩诺马赫的《利息法》是在别列斯托夫的会议上通过的,参加这次会议的有基辅、别尔哥罗德和别列雅斯拉夫的千夫长,还有大公的三个侍从。每当大公作重大决策时,都会召集自己的亲兵开会协商。弗拉基米尔大公就经常召开杜马会议,讨论国内建设、征兵派夫、对外战争和制定各项法规等问题。据史料记载,"弗拉基米尔非常喜欢他的亲兵队,他常常同亲兵队商讨国家的制度、战争和法律。"①例如,988年,弗拉基米尔也是事先召开杜马会议,通过讨论决定,而后从拜占庭引进基督教,宣布基督教为罗斯的国教的。但是,杜马会议在基辅罗斯时期并不经常召开。当罗斯的分裂割据局面结束,中央集权国家建立以后,杜马会议才发展为国家的固定机构。

四、封建主大会

在古代罗斯,随着社会经济发展和封建关系的加强,封建主阶层开始逐渐形成势力,而"随着封建主的势力强大,在11世纪形成新的权力形式——封建主大会。"②该会议是因多种类型的封建主参加而得名的,具体参加的人为封邑王公、波雅尔、亲兵、总主教、主教、修道院院长和其他各种身份的人,后来还包括贵族。王公有时只派代表参加而不亲自出席。罗斯历史中较为有名且典型的封建主大会就是1072年由雅罗斯拉夫的儿子们在维什格勒召开的会议,主要目的就是制定《雅罗斯拉维奇法典》。最初的封建主大会是由大公召集的,具有全罗斯的性质。但是,随着封建割据的加强,大公与各地王公之间、王公之间的关系开始减弱,并且频繁发生战乱,所以封建主大会开始逐渐在几个公国之间或一个公国内由不同集团召集并召开。由于大会的召集人不同,会议的规模也大小不一。有的会议具有全罗斯性质,基辅国家境内所有的王公或大多数王公都会出席,1079年的柳别奇会议就是一例。之后,会议就开始具有地域性,

---

① 〔俄〕拉夫连季编:《往年纪事》,朱寰、胡敦伟译,商务印书馆2011年版,第102页。

② А. В. Шободоева. История отечественного государства и права: курс лекций и методические материалы. И. 2009. с. 21.

12世纪时弗拉基米尔—苏兹达尔地区就曾多次召开这种会议。但是,无论会议规模大小、参会人员多少,封建主大会所要解决的问题基本相同,即均属于"罗斯全境或几个公国或某个公国内封建主普遍关心的重大问题,诸如权力和土地的分配、选举或驱逐王公、缔结同盟、制裁毁约的王公、宣战与媾和、颁布新法典、保护商路、迎击外族人入侵等"①。同时,该会议的具体职能并没有形成一个规定或章程,所以并没有特别的限制。封建主大会在表现形式上既是军事型会谈,也是外交谈判,而在国家管理层面上则是作出重大决策的上层权力机构。封建主大会最初是根据需要召开的,会期很随意,所以并没有形成制度,后来逐渐固定化、制度化。"它的出现是封邑王公和地方波雅尔势力增长的产物,封邑王公利用它与基辅大公对抗,而地方波雅尔通过它来限制封邑王公,同时各封建主集团利用它来解决内部矛盾。"②所以,封建主大会是适应当时社会经济发展和封建关系的历史必然产物。

除了以上几种大会之外,还存在一种被称作"Собор"的大会,其语意就是"古时的会议"。与之前叙述的几种大会相比,该会议没有任何如"王公""封建主"等限制语和修饰词。这也在一定意义上说明"这种会议的参加者非常的广泛,除了包括王公、波雅尔等封建主阶层,也包括商人和非贵族出身的人,甚至包括人数众多的'люди',即社会各阶层的人员。"③编年史首次提到这种会议是在1187年,由于"Собор"的参与人员范围很广,涉及社会底层民众,所以这种会议的职能和社会地位不能与前几种会议相比,也导致它解决的不是国家和社会的头等问题。

第四节 地方组织及其职能

罗斯的地方行政组织可以分成两个体系,首先是城市行政机关,

---

① 王松亭:《基辅罗斯政治制度考略》,载《社会科学战线》1994年第3期。
② 赵玉霞、韩金峰:《外国政治制度史》,青岛出版社1998年版,第216页。
③ 王松亭:《基辅罗斯政治制度考略》,载《社会科学战线》1994年第3期。

产生于以前的"数计制"制度,其代表是王公的地方行政长官,地方行政长官和千人长被认为是最高的职位;其次是农村公社,被称为"维尔福",是一种基层行政组织。这两种地方性质的组织在罗斯国家的行政管理体系中起着很重要的作用,发挥着不同的功能。

一、城市和乡

城市是封建社会重要的元素,也是手工业生产和商业贸易的中心,具有行政中心和财富集中地的双重属性,同时也是封建主的"能量"储备地。通常在城市里,封建主都有自己的住宅。编年史中记载了13世纪之前的224座城市。根据俄罗斯编年史和外国出访罗斯的访者的记载,其实并不总将城市和封建城堡区分开,很容易将它们混淆在一起,很多城堡在有利的条件下变成了有围墙并带有大量工商业区的市镇。按照社会划分的程度指标,在封建社会生活中,城市的出现是一种大程度进步的现象。当时比较重要的城市有基辅、诺夫哥罗德、斯摩棱斯克、契尔尼可夫等,但是居民保留了与农业经济紧密的联系,依然从事着土地耕种和畜牧业。一部分城市产生于古代部落的乡村,一部分是由封建领地和城堡发展而来的,还有一部分是封建主重新建造的。有些重要的城市还保留了之前管辖这个封地的王公的名字,例如雅罗斯拉夫尔(也就是雅罗斯拉夫的领地)、伊兹雅斯拉夫尔、弗拉基米尔等。后来,在这些城市的周围出现了工商业区,在城市里有手艺高超的铁匠、军械工、制铠甲工、金匠、银匠、玻璃制造工、石匠、皮革工人、陶器工人和许多其他专业技术人员,大概有2/3左右的手工业人员。考古学研究发现,城市手工业技术很发达,罗斯的手工业与西欧国家处在一个水平并获得同时代的高评价。在城市的周围,通常有一些单独的村庄,从各处邀请人们来这里,给他们一系列优待——自由,因此村庄叫做"自由村"或"自由居民的大村庄"。这种区域就被称为"市郊",逐渐形成了"乡"这个组织。11世纪,甚至基辅逃亡的奴隶都聚集到这里。

当时的地方行政管理机构最初采取了"十进位制"体制,也称为"数计制"。在城市和郊区,以"千""百""十"为行政单位,将居民进行划分,分设了千人长、百人长和十人长。这是按照古罗斯军队的建制构建的,发源于军事民主制时期或者更早。古代欧洲其他民族也实行过这种制度。

千人长是古罗斯的军事阶层,主管军事并发展成为拥有广泛职权的公职人员。千人长统率1000名战士,是王公的军事辅佐。11—12世纪,千人长不仅是统辖自己所拥有的千人组军事力量的领导者,也是该组织的最高行政长官。"当王公和波雅尔的侍卫在军队中起主要作用的时候,千人长开始成为属于城市行政机关并协助王公政权在城市中实现行政职能的选任公职人员。年深日久,在一些如大诺夫哥罗德、普斯科夫等俄罗斯封建共和国中,千人长不仅将审理商人之间关于商务诉讼的司法权集中于己手,设立千人长法院,而且也出席'混合'法院,审理日耳曼和哥特商人同俄罗斯商人之间的纠纷。"①百人长也是古罗斯国家军队编制中的一种军阶——百名战士的指挥员,后来逐渐成为城市特别的财政、行政和司法官吏。十人长则为最低一层的军阶。"千人长、百人长和十人长都是王公政权的代表,千人长是属于国家一级行政区即某个公国或某个地区的军事首领,他们拥有行政、财政、宗教、警察、司法等多种职能,千人长有权参加王公会议,参与法律的制定,充当王公的辅佐,权力很大;百人长隶属于千人长,负责管理城市及郊区某一区域的居民,或负责管理某一商会或手工业行会。十人长隶属于百人长,负责管理更小范围内的居民,是最低一级的行政长官。千人长开始时由选举产生,后来由王公任命。百人长和十人长一般都由选举产生。随着封建关系的发展,新的行政机构不断形成,于是这种数计制的行政管理体制就逐渐地废除了,只在某些中心城市残留一些痕迹。"②

之后,大公开始向城市派驻地方长官,在乡里设乡长。地方长官和乡长负责城乡管理,在地方上拥有司法、治安、征税和统领军队等

---

① 北京大学法学百科全书编委会编:《北京大学法学百科全书》(中国法律思想史、中国法制史、外国法律思想史、外国法制史),北京大学出版社2000年版,第627页。
② 王松亭:《基辅罗斯政治制度考略》,载《社会科学战线》1994年第3期。

多种职权。行政长官和乡长在任职期间,按照习惯或既定标准从当地居民那里获得一定数量的金钱和实物。这种制度叫作"供养制"或"食邑制",大致有两种形式:一种是行政官吏从其本身所得到的土地上获得收入,另一种是从其服务中取得收入。

二、农村公社

维尔福是基辅罗斯时代的农村公社。这种组织是在东斯拉夫人氏族公社解体的基础上形成的,是一种地域公社。"在罗斯国家建立之后,'维尔福'也被保留了下来,并成为早期封建国家的基层行政组织。"①这种村社组织在当时罗斯国土境内的南北方的称呼不同,在南方被称为"维尔福",而在北方被称为"米尔(мир)"。

在罗斯时代,相邻的农民村社就被称作"米尔"或"维尔福",既可以由一个大的乡村组成,又可以由一系列分散的村庄组成;既可以由大的家庭组成,也可以由独立耕种土地的小农家庭组成。"维尔福"的成员都要为周围的人作保(承担交纳贡赋和犯罪的相互责任)。除了占有土地的斯麦尔德在维尔福里生活外,还有具有某种手艺的斯麦尔德:铁匠、陶器工人、银匠等。他们用最基础的方式进行手工业生产,产品的销售区域最初很小,只在方圆10公里以内销售。相邻村社居民之间的经济联系还很弱,但是统一的古罗斯民族在文化上的联系在农村公社已经出现了。为了缔结婚姻,按照编年史的说法,就要安排"村社之间的游戏"。一些村社的成员被吸引到以乡村教堂为中心的地方和公共墓地,这里也是定期集市、征收贡赋和租税的地方。

农民村社存在于所有的封建社会时期,生活在国家土地上的农民要向王公交纳赋税。这样的村社的数量随着时间的流逝开始减少,后来在远东地区有所保留。13—16世纪,维尔福的"继承者"——一种叫作"黑乡"的村社开始到处出现,它作为东北罗斯"米

---

① 曹维安:《俄国史新论:影响俄国历史发展的基本问题》,中国社会科学出版社2002年版,第205页。

尔"的主要表现形式保留在了封建主的政权之下,并且成为独立的封建主谋求利益的对象。

(一)"维尔福"的含义

维尔福是俄罗斯历史上有关村社研究中争论较为激烈的一个问题。"该词最早出现在古罗斯人的《罗斯法典》中,在赫尔瓦特人(即克罗地亚人)的《波利茨法规》中亦有记载。"[①]在《罗斯法典》的《雅罗斯拉维奇法典》中规定有关集体交纳悬案命金时,第一次出现了"维尔福"(вервь)。在俄语中,"вервь"与"верёвка"(绳索)是同根词。根据俄语语言学中的同根词理论,两者之间具有紧密的联系,所以"维尔福"源于"绳索"一词的说法得到普遍认同。但是,对于"绳索"一词的理解却存在分歧。最基本的认识就是绳索作为当时丈量土地的工具和土地单位,可以划分地界和地块,所以将具有一定地块的地方或区域称为"维尔福"。俄国学者巴甫洛夫对于这种说法持否定态度,认为"这解释早就发现是站不住脚的了。如果说在那遥远的古代就已开始划分地界,那也是极少有的事情,这是因为那时有着大量的闲置土地;在数百年之后许多乡的疆界仍未经划定,即使已划定的话,那也是按各种不同的边界特征而定,并不依靠绳子。"[②]同时,索基斯季安斯基教授对"维尔福"的含义作出了假设,认为"'вервь'一词在古代转义为'род'(氏族,种),同拉丁语中的'linea'和法语中的'lalinne'一样,不仅表示绳索,而且也表示血亲关系。"[③]对此种假设性的说法,巴甫洛夫也持怀疑态度。同时,巴甫洛夫指出:"在西方的名称和制度中还可以找出为什么村社要由绳索命名的另一种解释。在英国,有些地方审判区(来源于古代的司法村社)叫做'rape',在荷兰叫做'reep'——源于'rêp'、'râp'的同根

---

① 罗爱林:《俄国农村公社名称探析》,载《西南民族大学学报》(人文社科版)2004年第9期。
② 〔俄〕Н.П.巴甫洛夫-西利万斯基:《俄国封建主义》,吕和声等译,商务印书馆1998年版,第274页。
③ 同上书,第275页。

词,它表示'绳索'。这是因为古代的审判大会(ding,mallus)在露天举行,很隆重,大会场地四周插上竿子并围以绳子;因此日耳曼的北方部族的会场就叫做'神圣的套索'(Vébōnd)。"根据这个认识,他认为"很可能,四周围上绳索的大会场地原来叫做'вервь',尔后又将这名称转用于村社及其土地,这同北方的'波戈斯特'(погост)一样,它原本表示一乡领土上的一个中心点,也就是召开米尔大会的地方。"①

但是,这些说法都没有非常具有说服力的论据或证明。所以,对于维尔福的含义,并没有一个较为统一的结论,而学界对此的争论也一直存在。但是,无论如何,它作为罗斯国家基层组织的性质不会改变。

(二)职能

研究古代罗斯国家维尔福的主要资料就是《罗斯法典》,其中包括大量有关维尔福的条文,可以反映出当时维尔福的大致情况,也将其作为最基层的行政组织的职能和地位体现出来。大致而言,维尔福作为一个集体性质的联合体,具有对内和对外两种职能。对外,它作为一个受罚和纳税的单位,也有寻找、抓捕罪犯的职能;对内,它则表现为调节纠纷、进行审判以及成员之间的互助。

1. 集体受罚和纳税

作为一个地域性组织,在进行受罚和交纳赋税方面,维尔福就成为一个集合性质的单位,一个拟制上的"人",法律在这个基础上对这个集体进行一系列的规定。《雅罗斯拉维奇法典》规定:"如果某人在抢劫中故意杀害总管而没有被抓获,那么被害人的尸首所在的维尔福必须交纳命金。"②法典之后的内容也有相似的规定:"如果某人抢劫杀害王公的人而未被抓获,那么被害人的头所在的维尔福要

---

① 〔俄〕Н. П. 巴甫洛夫-西利万斯基:《俄国封建主义》,吕和声等译,商务印书馆 1998 年版,第 275 页。
② Н. Калачовь. Текст Русской Правды на основании четырехь списковь разныхь редакции. С-П. 1889. с. 3.

交纳 80 格里夫纳命金；如果被害者是一般人，那么交纳 40 格里夫纳。"①可见，维尔福在规定的情况下被确定为受罚的对象，成为一个责任主体。除此之外，维尔福还要作为一个单位向王公交纳赋税。10 世纪时，王公们征收赋税的方式是"巡行索贡"，这种以王公率领亲兵强行夺取财物的方式逐渐演变为之后向维尔福按照一定数额、在规定的地点统一征收赋税。"同时，王公也向各地派遣收取贡赋的官员，从'巡行索贡'到派遣官员，说明基辅罗斯从掠夺式的贡赋形式向封建化的赋税制度演化，而维尔福也就成为封建王公的纳税单位了。"②

2. 抓捕罪犯

根据《罗斯法典》的规定，如果在某个维尔福出现了一些具有犯罪痕迹的情况，那么这个维尔福就要担负起抓捕罪犯的责任。《摩诺马赫法规》规定："如果在地上看到或发现了痕迹，或者狩猎证据，或者网，那么维尔福要寻找盗贼或交纳罚金。"③可见，维尔福对于可能在本地发生的案件有一种国家赋予其的临时职能。就其本身而言，这种职能是对外性质的。同时，这种对外职能具有一定的风险性。具体而言，即如果维尔福不能抓获罪犯或者违反要求，就要承担经济责任。《摩诺马赫法规》规定："如果未能当场抓获盗贼，那么应沿足迹寻找；如果足迹通向村庄或窝棚而没有寻找，或者中途停止，那么应赔偿盗窃损失并交纳罚金。"④这个条款反映出另一个问题，即抓捕罪犯并不是维尔福本身应当积极承担的职能，而是国家强制性"赋予"的，如果无法完成，还需要承担受害人的经济损失。维尔福其实承担着"代人受过"的风险。

---

① Н. Калачовъ. Текст Русской Правды на основании четырехъ списковъ разныхъ редакции. С-П. 1889. с. 21.

② 曹维安：《俄国史新论：影响俄国历史发展的基本问题》，中国社会科学出版社 2002 年版，第 207 页。

③ Н. Калачовъ. Текст Русской Правды на основании четырехъ списковъ разныхъ редакции. С-П. 1889. с. 33.

④ 同上注，с. 34。

3. 调节职能

作为一个基层性质的组织,维尔福内部成员之间出现的各种纠纷也并非完全依靠法律或司法途径解决,它存在一定的调节职能,包括"保持村社内部秩序及生活和道德的习惯准则,如结婚、分家、财产继承等事宜,处理法律管辖之外的、同农民生活有关的一切生活问题,这些活动是以非官方的社会监督方式进行的。"①

4. 审判职能

在基辅罗斯时代,除王公法庭和教会法庭外,还有村社法庭。这种法庭就决定了维尔福在很大程度上可以进行审判,为其重要职能之一,但是只限于民事性质的财产纠纷。《雅罗斯拉夫法典》规定:"如果某人告发他人拖欠自己的债务,必须向法庭提供 12 名现场目击者;如果债务人拒绝偿还,那么要支付 3 格里夫纳。"②从该条文来看,维尔福具有解决其成员之间财产纠纷的审判职能。

5. 互助职能

在论述维尔福集体受罚的情况下,如果没有找到凶手,那么必须由受害人尸首所在的维尔福集体承担命金。这仅是"悬案"未决、真正的凶手并未确定的情况,所以才将维尔福作为处罚的对象。但是,根据《罗斯法典》的规定,情况并非如此简单。其中规定:"维尔福要因无法确定凶手案件而缴纳命金。但是,如果凶手又在维尔福内部出现了,维尔福仍须缴纳命金以帮助凶手;而在总共交纳的 40 格里夫纳中,凶手只承担自己分摊的那部分。"③可见,即使在"悬案"告破、罪犯被找出之后,仍然需要维尔福的其他成员为罪犯承担一定的命金数额,给予物质上帮助。在其他情况下,维尔福成员也要为同村社的成员承担一部分命金。"如果某人在酒宴上或者因发生争吵而

---

① 尹绍伟、崔正领:《浅析俄国村社制度的演化》,载《黑龙江教育学院学报》2011 年第 1 期。

② Н. Калачовь. Текст Русской Правды на основании четырехь списковь разныхь редакции. С-П. 1889. с. 2.

③ 同上注,с. 6。

杀死别人,维尔福同样应资助凶手交纳命金。"① 这里所提到的"资助"其实就是由全体成员分担。

在这些情况下,无论是分摊还是资助,都具有一定的互助性质,并且这种情况会多次发生,形成了一定的制度。"维尔福仍须交纳悬案命金以资助凶手,因为他也为别人承担过命金份额"就可以证明,即使是一个有犯罪行为的罪犯,接受维尔福其他成员资助的前提是他也为别人承担过命金责任,其中的互助性显而易见。这种互助性其实是当时"连环保"制度的一种体现,成员之间的互助已经成为一种制度。非常尴尬的是,这种制度是在王公为了获取命金的利益的目的下"强制"形成的,其中真正意义上的友情资助并不那么纯粹。

---

① Н. Калачовь. Текст Русской Правды на основании четырехь списковь разныхь редакции. С-П. 1889. с. 6.

第四章

社会阶层及其演变

古代罗斯与其他古代国家一样,存在着不同的社会阶层,这些阶层所代表的群体构成了整个社会的人员体系。对于一个国家或者社会而言,其中存在何种阶层,不仅代表着社会的构成方式,也会凸显出法律规定和法律实践中的不同方式。同时,社会人员构成的变化也明显地体现在法律制度上。在《罗斯法典》编纂之前,罗斯社会中的阶层就已经出现,但是其划分的标准不尽相同。随着社会经济和封建关系的发展,划分的标准出现了变化。9世纪末,罗斯社会基层的划分主要以"征服"为基础,具有一定的政治性,而这种政治性的征服是由经济活动引发的。7—8世纪时,东斯拉夫人居住的第聂伯河已经是十分繁荣的商业活动的水道;同时,罗斯南部草原一带被哈扎拉人征服,征服者逐渐从奴役转向了和平的生产,并为纳贡者提供了交通上的便利。这使第聂伯河沿岸与黑海、里海的市场建立了紧密的贸易关联,直接的影响就是对斯拉夫居民的商业发展起到了巨大的推动作用。在商业繁荣的基础上,罗斯建立起了一批最古老的商业城市,例如诺夫哥罗德、斯摩棱斯克、切尔尼戈夫和基辅等,这些城市也成为贸易中心。9世纪初,第聂伯河沿岸的哈扎拉人的统治衰落了,罗斯南部草原上出现了强有力的新群体——佩切涅格人,他们逐渐成为罗斯商业的巨大威胁,而哈扎拉人已经没有能力继续保护商业活动和罗斯商人了。于是,罗斯的商业城市被迫自己承担起保卫商路和贸易安全的责任,商业城市防御系统随即出现。10—11世纪,各城市还出现了军事行政设置。这种对外来人的"思危"意识引起了城市对武装力量的强烈渴求,于是一股由形形色色的土著居民和外来人——瓦良格人组成的武装力量逐渐集中在城市中。① 这样,就产生了城市武装。此后,各城市也利用不同方式将周围的居民都纳入到自己的保护范围之内。例如,有些无防御能力的郊区居民自愿归附大城市,有些城市则利用武装力量强迫周围的居民顺从。当时的基辅是贸易重镇,是罗斯由北方及西北方向进入南方和东南方向进行贸易的主要门户。但是,由于草原游牧民族的不断侵扰,一度使得罗斯的商业活动中断,也就使得整个罗斯的贸易受到影响和打击。在共同的经济利益的驱使下,商人们都希望基辅拥有一支武装力量以保障安全。于是,基辅将原来散布于各地的武装力量集合起来,基辅王公则自然地成了武装力量的领袖,聚集了国内所能集中的最强的军事力量。基辅王公利用这支军事力量,迫使其他部落臣服。武装力量或团体逐渐形成了一个阶层。在罗斯的商业城市中,这类人的数量越来越多。

随着基辅王公不断地征战和统一,逐渐出现了地方管理者,与王公较为亲近的人在和平时期成为近侍,原来的战士也逐渐成为农业生产者,并且奴隶大量增多,这些人就成为罗斯社会中不同阶层的人员。《罗斯法典》中虽然没有明确规定将社会分成几个阶层,但是从中可以看出,当时的罗斯社会存在三个基本阶层,即特权阶层、自由民和奴隶。这三个阶层与王公和国家之间的关系及性质都有所不同,而法律也正是据此确定他们的不同地位,给予不同的评价。随着罗斯社会封建化的加强,逐渐出现了新的阶层。

第一节　特　权　阶　层

一、王公臣仆

顾名思义,王公臣仆就是为王公个人服务的人员。《罗斯法典》中就提到了许多这种类型的人。但是,当时为王公服务的人有很多

---

① 参见〔俄〕B.O.克柳切夫斯基:《俄国各阶层史》,徐昌翰译,商务印书馆1990年版,第30页。

种类，不仅包括经营管理王公经济的人员，也包括一些杂役，而作为特权阶层的王公臣仆只是那些高级的管理人员。其他一些如一般武士或下级宫廷仆役、马夫、厨役、庄头等，虽然与王公关系相对紧密，但是其地位、身价与普通自由民相当，其实只是奴隶。王公臣仆这个阶层正是因为与王公个人及其经济生活的关系，构成了罗斯社会身份和等级都较高的一个群体。

（一）人员构成

1. 王公的总管

在11世纪中期以后，罗斯国家已经进入封建化社会，作为封建社会基础的封建土地的衍生物——封建庄园已经普遍地出现在了王公和贵族的世袭领地上，而他们作为封建主不可能经常去庄园进行管理或者经营，所以需要通过一个经济代理人即总管完成。总管，俄语原文为"огнищанин"，来源于"огнище"，具有炉灶、家宅之义，起初是指侍奉王公生活的随从，后来逐渐变成了王公和贵族管理庄园的代理人，全面负责庄园的生产和生活，并掌管一部分财产。他们也被称为"带钥匙的管家"，作为王公经济的主要管理者，具有全权代表的性质。"大部分带钥匙的管家都住在庄子中的单独的院子里，在老爷私有耕地和草地的中心，靠近老爷院子的地方；他们监督老爷耕地和草地上的耕作情况，都没有自己的经济。但带钥匙的管家常有住在单独的村子中，在老爷赏赐给他们的土地上独立经营自己的经济。"[1]

2. 王公的税吏

王公的税吏（княжий подъездной）是指由王公派往各地征收税务（贡赋、田赋、商业税等）的人员。征税是罗斯国家当时财政和王公经济的主要来源，直接影响到国家与王公自己的利益，而且征税任务较为繁重，甚至会出现恶意抗税或者群体性暴力事件。由于这项任务较为特殊，王公对此也非常重视，所以一般担任税吏的人员也由

---

[1] 〔俄〕Н. П. 巴甫洛夫-西利万斯基：《俄国封建主义》，吕和声等译，商务印书馆1998年版，第351页。

王公精心挑选和指定,一般由王公的官吏或者亲兵担任。

3. 基温

"基温(тиун)"这个词来自于古代冰岛语,原义与"слуга"即仆人、侍从相同。在11—13世纪的古代罗斯,基温是参与管理王公和波雅尔的封建经济并享有特权的仆役集团,往往由非自由人担任。他们的具体工作很多,如管理农业和畜牧业、饲养马匹。在《罗斯法典》中提到的马厩长的职位,就是基温的一种。所以,基温并不是一种人,而是由与王公有特殊关系的几种人组成的一个仆役集团。

(二)法律地位

这些为王公服务的高级人员在社会上具有相对较高的身份地位和等级,享有一定的特权。但是,这并没有在政治上表现出来,法律只是针对他们作了一系列规定,从这些规定中可以了解到他们所具有的法律地位。

1. 命金数额最高

在古代罗斯社会,实行对杀人者处以命金的刑罚方式,如果杀害王公臣仆,所需要处罚的命金数额是最高的。法律规定,如果杀害普通的自由人,例如商人、游民等,那么处罚命金数额为40格里夫纳,其他人则更低;而杀害王公的总管、税吏或者马厩长等,命金数额为80格里夫纳;即使是在没有抓获凶手的情况下,被害人尸首所在的维尔福也需要交纳80格里夫纳的集体命金。80格里夫纳在当时是非常大的一笔钱财,相当于16.38公斤的白银,约为一个乡全年交纳的赋税额。这些钱财并非自由民甚至是较为富有的人能够承担的,而且法律规定:"如果某人故意杀害总管,……而其他人不应帮助凶手。"[①]在其他人不得帮助凶手的情况下,凶手往往因为无法交纳这笔数额庞大的命金而被封建主处死。所以,与其说对杀害王公臣仆的人处以高额命金,不如说对其适用死刑。

2. 继承方面的特权

按照一般原则,死者的财产只能由其男性继承人继承,如果没有

---

① 王钺:《〈罗斯法典〉译注》,兰州大学出版社1987年版,第21页。

男性子嗣,遗产就会转移给社会或者王公。但是,对王公臣仆这个群体,法律给了例外规定:"如果波雅尔或扈从死亡,在没有儿子的情况下,那么就由他的女儿继承,而不是归王公占有。"①

二、波雅尔

波雅尔是罗斯社会封建主集团的总称,拥有一定的经济和法律地位,并且有一定的特权。波雅尔是大公和王公对罗斯国家及各个地区进行统治不可缺少的组成人员。

(一)波雅尔的来源

关于"波雅尔"这个称谓的来源,根据国内学者的研究成果,"在俄国学术界有三种解释:其一,认为 бояре 来源于'战争'(бой)和'战役'(битва),把其视为古罗斯时期的职业'武士'(воины)或'侍卫'(дружинники)。其二,认为 бояре 来源于突厥语中的'财主'(богатый)和'显贵'(знатный),即强调 бояре 最初是称呼社会中那些富有的和显贵的人士。其三,认为 бояре 起源于公元6—9世纪古代斯拉夫社会氏族部落瓦解时期,是当时氏族部落中作为侍卫的显贵阶层。"②将后两种解释综合一下可知,其实这些人在古代罗斯被称为"лучшие люди",即优秀的居民,实质就是拥有财富或者权位的一个群体。所以,古代罗斯的波雅尔是由两个社会群体发展而形成的,一是每个领地上的优秀居民,二是王公庭院的高等亲兵。

1. 优秀居民

由地方优秀居民形成的波雅尔原则上叫作"地方波雅尔",与此相对应的是王公波雅尔。编年史中用另一种术语改变了对他们的称呼,例如"优秀的人们""城市首领"和"有社会地位的人"。奥列格曾对德列夫利安人说:"如果你们确实请求我的帮助,那么就带来优秀的勇士吧。"德列夫利安人则挑选出"最优秀的人"管理他们的村

---

① Н. Калачовь. Текст Русской Правды на основании четырехь списковь разныхь редакции. С-П. 1889. с. 38.
② 张建华:《俄国贵族阶层的起源、形成及其政治觉醒》,载《理论学刊》2008年第6期。

社领地。后来,在弗拉基米尔·斯维雅斯托拉夫大公时期,将优秀的地方波雅尔称为"старец(长者、老人,引申为长老)"或者"старейшина(酋长、首领)"。同时,可以发现,编年史作家有时将王公杜马的所有成员也称为"长老"。当弗拉基米尔大公决定以死刑代替命金之后,"这时有的主教和长老"就站出来反对。

　　地方波雅尔作为一个人群类别到11世纪才清晰地与王公庭院的高等臣仆分开。这在11世纪之后的编年史记载中就可以体现出来。例如,弗拉基米尔一世将"自己的波雅尔、行政长官、各个城市的行政长官"召集到酒宴,在所有的基辅庭院中宴请"波雅尔、百户长、十户长和绅士"。当雅罗斯拉夫在大诺夫哥罗德执政时,诺夫哥罗德人打败了王公的瓦良格军队,王公"把那些杀死瓦良格人的优秀的壮士们(нарочиные мужи)召集到自己这里,骗来全部杀死。"①当雅罗斯拉夫战败之后,王公回到了诺夫哥罗德并准备逃到河边,诺夫哥罗德人挽留他并打算继续为他战斗。他们为此确定了战争花费的税,即穆日每人4库纳,而头领每人10格里夫纳,波雅尔每人18格里夫纳。当然,他们不是从王公波雅尔那里收缴这些税款,因为他们没有这种权利。雅罗斯拉夫带着4000穆日逃回诺夫哥罗德,而波雅尔留在了基辅。

　　通常,在诺夫哥罗德,王公亲兵任何时候都不能成为地方波雅尔,后来他们丧失了在诺夫哥罗德土地上的不动产。但是,诺夫哥罗德并没有消除波雅尔阶层(据统计,当时在诺夫哥罗德有近300个波雅尔),所有诺夫哥罗德的波雅尔都是地方波雅尔。"除了管理村社的人,本地的王公以及贫困的留里克家族成员都进入了这个群体(在罗斯与拜占庭签订的条约中,'王公'和'波雅尔'是有共同意义的:'受罗斯大公奥列格及其属下所有高贵的王公和大贵族的派遣……')。"②

---

　　① 〔俄〕拉夫连季编:《往年纪事》,朱寰、胡敦伟译,商务印书馆2011年版,第115页。

　　② М. Ф. Владимирский-Буданов. Обзор истории русского права. М. 2005. с. 45.

2. 亲兵波雅尔

"亲兵"这个词不是确定任何一个阶层的,它在编年史中有时称所有的居民。例如,雅罗斯拉夫挑选优秀的诺夫哥罗德人,但是之后从基辅得知斯维雅托波尔克残杀兄弟罪行的消息,他就召集残余的诺夫哥罗德人召开市民大会并说:"噢,我亲爱的亲兵们,昨天我杀了他们,可今天我却又需要他们了。"[①] 有时,"亲兵"被用于称呼与王公亲兵在一起的民兵军团的人。当1043年雅罗斯拉夫派遣自己的儿子弗拉基米尔去攻打拜占庭时,在海上遇到了大风暴,有六千多民兵被冲到了岸边,而当时在船上的亲兵都没有受到损伤。这些民兵当时就不想前往拜占庭而想返回罗斯,但是亲兵们却不同意与他们一起回去,除了千人长维沙塔,他说:"我和他们走,如果能活着,就和他们在一起。如果牺牲了,那就和亲兵队在一起。"[②] 后来,在协议基础上拥有战斗友谊关系的人就被称为"亲兵"。例如,《罗斯法典》中规定收取命金的官员就是亲兵。亲兵在社会上具有人为的优越性。在南俄罗斯的方言中,"征集亲兵"就意味着征集有一定身份的对象。

专门亲兵被称为"王公波雅尔"。1015年,弗拉基米尔大公的亲兵队提议鲍里斯发兵去基辅继承他父亲的王位时说:"你有父王的亲兵队和军队。"这些亲兵就是王公的侍卫,由原来部落时期的人员组成,最初大部分是由瓦良格人和乌果尔人等组成。980年劝说雅罗波尔克王公叛变的谋士,就是瓦良格人。当雅罗波尔克没有听从他们的意见而去见弗拉基米尔时,被弗拉基米尔的两名侍从杀死了。弗拉基米尔从瓦良格人中挑选出一些善良、聪明又勇敢的壮士,分给他们一些城市进行治理。近侍成员通常就是王公的仆役,他们没有完整的法律地位,只是在有契约的情况下不会沦为霍洛普而已。但是,王公的仆人不只是私人的,也是国家的管理人员,有可能被赋予

---

① 〔俄〕拉夫连季编:《往年纪事》,朱寰、胡敦伟译,商务印书馆2011年版,第115页。
② 同上书,第134页。

较高的社会地位。从他们所处的状态来看,只有前来的瓦良格人可以成为某个地区的管理者。

所有的侍卫,按照其成员的权利,分为年长亲兵和年轻亲兵。年长亲兵不只是由自由人组成,也包括在国家中占有较高地位的人(王公杜马、地方官员和战时军官)。他们最初统称为"掌火官",其地位与王公的基温、田赋官、马厩长相同,并且在这段时间被称为"波雅尔"。当地方波雅尔和亲兵融合在一起之后,最后的称呼就确定下来了。年轻亲兵由低等近侍和国家仆役组成。"在古代,他们的正式名称是'卫兵',代替了诸如'少年(旧有讽刺含义)''儿童''儿子'等称呼。"①作为近侍中的低等仆人,他们在那段时间组成了王公的战斗军队。1093年,斯维雅托波尔克在面临波洛维人的进攻时说:"我有可以抗击他们的700名少年卫士。"②这些人或者是非自由人,或者是半自由人。波雅尔中的年轻成员通常都是从宫廷中的低等职务开始做起的。成年之后,少年卫士就逐渐成为"穆日"(波雅尔),这样在法律上就产生了"少年卫士"的权利。但是,他们并不是全部都可以变成穆日。这里,主要的形式是王公的年长亲兵。"掌火官"一词在西斯拉夫的文献中被解释为获释而自由的奴隶。由年轻亲兵升到年老亲兵的办法是:战时职务和乡行政长官。富裕和较为重要的乡很少会委托给低级亲兵管理。

亲兵和地方优秀人员组成了一个波雅尔群体,当亲兵成为地方的土地占有者时,就是地方波雅尔;如果经过仆役,就进入了王公波雅尔的范畴。那时已经消除了王公波雅尔和年老亲兵的区别,部分"长老"的称呼在11世纪已经消失了。在大诺夫哥罗德,亲兵的成员就有由波雅尔阶级组成的这个名称的意义,保全"掌火官"和"侍卫"的称谓一直到13世纪(在苏兹达尔地区)。意思是指,王公的近侍们还继续存在,成为新的服务成员,逐渐进入到波雅尔阶层中。

---

① М. Ф. Владимирский-Буданов. Обзор истории русского права. М. 2005. с. 47.
② 〔俄〕拉夫连季编:《往年纪事》,朱寰、胡敦伟译,商务印书馆2011年版,第193页。

（二）波雅尔的权利

古代罗斯的波雅尔既没有阶级团体,也没有大量的等级特权。"古代罗斯的国家性质妨碍了团体的形成。每一个公社(城市、乡或村庄)都有自己的波雅尔(很少一部分人)。在大诺夫哥罗德地区,尤其是诺夫哥罗德,波雅尔分布在城市的两端,共享城市带来的利益。在基辅地区,有自己的'高等的城市波利安人'。后来,'波雅尔'这个阶层进入了村社,成为受委托农民中的最高等级人员。这样,国家阶级的分类阻碍了团体的形成。"①

在弗拉基米尔和罗斯托夫发生战争的情况下,波雅尔和高利贷者的行为是一样的,并且与弗拉基米尔当地居民的行为是相对立的,很少有人不是波雅尔居民。1177年,"高利贷者和姆斯季斯拉夫·罗斯季斯拉维奇的波雅尔从诺夫哥罗德来到自己的公国……他去了罗斯托夫,把高利贷者和波雅尔、仆役和少年卫士以及所有的亲兵结合在一起";而他的对手弗塞沃洛德——弗拉基米尔居民推崇的人,"带领弗拉基米尔居民、自己的亲兵以及一些留在他那里的少数波雅尔反击他。"但是,弗塞沃洛德不想诉诸武力,他试图与姆斯季斯拉夫达成协议,分配权力:"兄弟,年老亲兵带领你,你去罗斯托夫……高利贷者和波雅尔也归你,而我去弗拉基米尔。"但是,姆斯季斯拉夫听从了高利贷者和波雅尔的意见,拒绝了这样的协议,并且在战役中战胜了弗塞沃洛德,那时"高利贷者和波雅尔都交织在一起,还包括农村的波雅尔。"②在那段时间,弗拉基米尔和苏兹达尔也有自己的波雅尔。从这些例子可以看出:(1)波雅尔准确的等级含义用一个统一的意义确定了;(2)在对待年轻城市的居民的关系中,较老的社会的所有居民都被认为是波雅尔;(3)较为年轻的城市也有自己的波雅尔。

进入波雅尔阶层的方式在实行的时候也阻碍了等级集团的形成。谁成为波雅尔,谁就在职务上占有较高的位置(王公或者地

---

① М. Ф. Владимирский-Буданов. Обзор истории русского права. М. 2005. с. 49.
② 同上。

方),并且获得或多或少的富有财产。当俄罗斯的壮士——制革工人的儿子——打败了佩彻涅格人的壮士时,弗拉基米尔·斯维雅斯托拉夫赐他为打勇士,也赐他的父亲以同称。在加利西亚,有很多波雅尔,牧师的儿子和斯麦尔德的儿子都可以成为波雅尔。通常,个人的身份在古斯拉夫社会中是以出生和继承占多数的。出生影响着波雅尔身份是实质意义上的,即波雅尔的儿子很容易就成为波雅尔,但是这种世袭的称号在古代罗斯没有被意识到。

在没有形成团体的情况下,波雅尔阶层是不可能拥有大量特权的。的确,在总管人身权利的范围内,会使用双倍杀人命金和较高的痛苦罚金。但是,这只是对待王公穆日并为了说明他们对待王公的人身关系。部分补偿受苦的受害者与对待斯麦尔德是一样的,这样对待波雅尔,也仅仅是1格里夫纳。在财产权利范围内,根据文献记载,波雅尔有占据村庄土地财产的权利,优待属于他们。在编年史中,总是提到关于波雅尔和教会的村庄。将波雅尔和土地占有者视作同类的痕迹可以在《罗斯法典》中看到,提到关于村庄居民的时候只能是王公或波雅尔的。但是,其他文献就不是这个观点,占有土地的权利不仅属于中间阶级市民,也属于低等农村阶级。这只能说明,土地占有者属于波雅尔的要比其他阶级多。

第二节 自 由 民

自由民在古代罗斯社会是一个人数较多的群体,他们的身份是自由人,法律权利也比较完整。但是,"随着城市生活的发展和贸易活动的繁荣,自由民阶层开始分化成为城市居民和农村居民。"① 其中,城市居民较为富有,从事商业、手工业工作;农村居民就相对贫穷一些,从事农业生产,也就是农民,被称为"斯麦尔德"。所以,虽同为自由人,但是他们之间还是存在着差别的。

---

① Ю. Л. Проценко. Древнерусское государство и право: лекция. Волгоград. 2000. с. 23.

一、城市自由人

当时居住在城市中的自由人都被称为"горожане",即城市居民。"'城市居民'有时是称呼所有的自由民,因为这些居民集中生活在城市中,并且在城市中占大部分(这些城市其实就是自由的村社)。因此,他们也被称为'柳吉'。他们不构成占据任何一个职业的整个群体。"①

"在古代罗斯国家,存在许多大的城市。城市居民由手工业者、小商贩和商人等构成。他们是自由民,具有自由人的地位。法律保障他们的人身、生命、财产不可侵犯,可以参加社会的政治生活。在城市中,商人扮演着特别的角色,他们很早就集中在一个叫作'百人团'的商业团体中。"②商人是自由城市中重要的一群居民。从俄罗斯历史中可以得知,初期的外国商人其实是由瓦良格人组成,这些瓦良格人原指斯堪的纳维亚半岛的诺曼人,斯拉夫人称他们为"瓦良格人",意思就是商人。9世纪时,他们沿着"瓦希商路"进入东欧平原,与东斯拉夫人进行贸易。瓦良格人同时也成为罗斯大公的军队成员。在弗拉基米尔时期,他的军队也是由瓦良格雇佣兵构成的。雅罗斯拉夫也雇用过瓦良格人作战。作为战士的瓦良格人需要从战争中得到补偿,就像从占领的城市那里得到战利品一样。随着封建化的加强、国家战事的减少,瓦良格人很少再以战士的身份出现,而是成为客商。"这些客商,毫无疑问是由外国人组成的,他们与亲兵一样,排他性地为派遣他们出使的王公服务。但是,他们很快被城市的斯拉夫人同化了。此后,他们就和商人没有差别了。和波雅尔一样,他们拥有城市供职权利和占有土地的权利。但是,他们与波雅尔是有所区别的,只有波雅尔可以参加王公杜马。大诺夫哥罗德的居

---

① М. Ф. Владимирский-Буданов. Обзор истории русского права. М. 2005. с. 50.
② Ю. Л. Проценко. Древнерусское государство и право: лекция. Волгоград. 2000. с. 23.

民在广泛的意义上就包括商人。"①除了商人之外,在城市里,有超过60%的手工业人员。"城市里的居民也处在依附王公行政人员或者封建特权阶层的状态下。离城市较近的大封建主以居民点有掌握专业技术的手工业者为其经济基础。为了吸引周边村庄的居民,他们通常会给予一定的优待,例如在一段时间内免税等。"②城市的领主或者王公正是以给这些人以优待发展城市经济的。

相比来说,虽然都是城市自由民,但是作为商人通常被看作高级市民,而其他人则有"城市黑色居民"之称,即低级市民。对于这些市民的政治活动而言,不会在形式上表现出很大的差别。"大部分城市自由民都参加谓彻会议。城市公社要向王公交纳赋税,而王公赋予他们自治和司法管辖方面的特殊权力,而且这些都签订了协议。在罗斯国家的一些地区,那里的城市民主政治制度非常发达,例如诺夫哥罗德和普林斯科,可以邀请他们可以接受的王公作为管理者的获选人。"③

二、斯麦尔德

斯麦尔德(смерды),来源于"смердеть"("发臭味")一词,是古代罗斯一个人数众多的社会阶层。斯麦尔德原指氏族社会晚期部落酋长收养的孤儿和流浪者。他们担任酋长的随从,随同作战,出生入死。酋长一旦阵亡,他们中间的有些人就要以抽签的方式殉葬,被勒死后固定在死马的身上,充作"卫兵",矗立在酋长坟墓的前面。因为这些尸体很快就会腐烂并发出恶臭,所以被称为"斯麦尔德"。于是,随酋长作战并有可能殉葬的侍卫和随从就获得了"斯麦尔德"的称呼。11世纪,随着大规模的军事活动的减少,大批侍卫和随从逐渐转化为农业生产者。这个名称虽然有时是在广泛的意义上(包括所有的居民,除了波雅尔和僧侣)运用,但是实质准确的意义只是表

---

① М. Ф. Владимирский-Буданов. Обзор истории русского права. М. 2005. с. 51.
② Б. Д. Греков. Киевская Русь. М. 1953. с. 228.
③ И. Н. Кузнецов. История государства и права России. М. 2007. с. 76.

示农村的居民。"波雅尔就是波雅尔,斯麦尔德就是斯麦尔德,城市民就是城市民;商人归属于城市百人团,斯麦尔德归属于农村村社。""农村居民"的称谓仅仅在雅罗斯拉夫教会法令中有所记载,其中提到对于"侮辱妻子,城市居民要处罚3格里夫纳,而农村居民要为此交纳1格里夫纳。"①

自由的斯麦尔德具有一定的权利和义务,从其权力的表现可以体现出其法律地位。

第一,拥有一定的财产权。自由的斯麦尔德生活在村社中,随着封建土地私有制的逐渐扩大化,他们也拥有一定的个人财产,例如住房、农业生产工具,而且还占有一定数量的土地和牲畜,在此基础上进行个体的经济生产和生活。在编年史中,有记载可以反映这些观点。《往年纪事》中记载了1103年与波洛维次人的战争中罗斯王公的争论,斯维雅托波尔克说道:"现在是春季,不宜出征,我们会危害斯麦尔德和他们的耕田。"弗拉基米尔·摩诺马赫则说:"亲兵队啊,我真感到奇怪,你们竟吝惜用于耕地的马匹!可是你们为什么不想一想,当斯麦尔德刚要着手耕地时,波洛维次人杀来,用箭射死他,夺取他的马匹,然后闯入他的村庄,掳走他的妻室儿女及其全部财产呢?"②这段描述就可以表明斯麦尔德是自由的、占有土地的村民,而且拥有耕地的马匹及私人财产。

第二,承担一定的义务。首先是纳税义务。自由的斯麦尔德,根据劳动生产活动的不同而被称为"изорик""исполовник"或者"четник",他们耕种土地、种菜或者捕鱼。изорик可以得到一块土地,交纳给主人收成的1/4;исполовник或种菜的人要交纳收入的1/2;четник是被雇用的打鱼者。雇用期限为一年,就是共同的最后一个荤食日,即每年的11月14日。在这一年中,如果农民离开主人,他交纳给主人的就不是收入的1/4,而是1/2了。雇工通常在主

---

① М. Ф. Владимирский-Буданов. Обзор истории русского права. М. 2005. с. 52.
② 〔俄〕拉夫连季编:《往年纪事》,朱寰、胡敦伟译,商务印书馆2011年版,第249页。

人那里可以得到金钱救助,或者是粮食,或者是劳动工具。农民有权对自己的主人进行起诉。其次,自由的斯麦尔德还需要为封建主尽其他义务,其中较为重要的就是要自己携带战马、粮食和武器,跟随王公出外征战。

第三,具有一定的人身依附性。村庄的自由居民生活在村社土地上,或者是在个人土地上。在王公领地上,个人权利就与国家权利联系在一起了:土地被认为是国家的,它上面的居民斯麦尔德也是属于王公的。在白湖起义时期,王公问"这是谁的斯麦尔德",并要求交出他们"主公家的斯麦尔德"。在诺夫哥罗德和普林斯科,生活在公共土地上的斯麦尔德被认为是国家的,他们有赋税的责任与为诺夫哥罗德和普里斯科服务的义务。在受到王公压制的情况下,城市谓彻会予以他们保护。

第四,通常,自由农民的地位与城市居民的完整权利还很远,并且很容易变成债农。虽然同为自由民,但是自由农民——斯麦尔德的法律地位和权利并不如城市居民那样完整,其中体现出一种等级式的差异。同时,斯麦尔德由于贫穷或者借债,可能沦为债权人的雇用对象,成为债农,并给主人劳动以偿还债务。所以,他们的法律地位和身份处于一种较为不稳定的、摇摆的状态。

第三节 奴 隶

在古代罗斯,存在着奴隶阶层,在教会历史文献中称为"роб(洛巴)",而在法律文献中则称为"холоп(霍洛普)",但是仅指男性奴隶,女奴依然称为"роб(洛巴)"。同时,在法律汇总中出现了"черядь(切良津)"一词,也可以表示奴隶。根据《罗斯法典》的规定,奴隶是古代罗斯立法所注意的重要对象之一。关于奴隶制的条文是《罗斯法典》中篇幅较大、订立较为详细的一部分。"有关《罗斯法典》中对奴隶的规定其实只是表明了一种奴隶制——完全奴隶制,即完全的、终身的、世代相袭、有继承关系的制度。奴隶的附属关系由本人传及后代,主人对奴隶的各项权利,也由其后人继承。"①

一、奴隶的来源

东斯拉夫人社会中的不平等状态远在基辅罗斯国家形成之前就已经出现了。实际上,在早期东斯拉夫社会中,奴隶都是来自其他部落,都是相邻部落的居民。这也就意味着,当时的奴隶都是从与其他相邻部落的战争中得来的。所以,战争是奴隶产生的主要根源。阿拉伯作家伊本·多斯特经过仔细观察之后这样写道:"当罗斯人袭击其他民族时,他们宁愿死都永不退却。被战胜民族的女人供他们享用,而被抓获的男人则充当他们的奴隶。"②但是,战俘在《罗斯法典》中未曾被提到,这期间战俘作为奴隶已经消失了,因为在10世纪时法律就已经对战俘的赎身提供了依据和可能性。在基辅罗斯与拜占庭帝国签订的条约中,就对此作出了明确规定。《911年条约》第9条规定:"如果某一方的俘虏为罗斯人或希腊人所强行扣留,被卖到他们的国家,如果该人确是罗斯人或希腊人,那就可以允许把售出的人赎回,使他返回他的国家,而买主可要回钱款,或者交付出相当一个切良金身价的款项。"③《944年条约》第7条也规定:"不管罗斯人带来多少我们臣属的基督徒俘虏,他们若是精壮的小伙子或少女,赎取时我们可以付给10个佐洛特尼克,并把他们领回,如果是中年人,可付给他们8个佐洛特尼克领回他,如果是老人或小孩,那为他可付5个佐洛特尼克。如果罗斯人做希腊人的奴隶,倘若他们是俘虏,罗斯人可用10个佐洛特尼克将人们赎回。"④这说明,俘虏只有在被出卖后才成为奴隶,即使在这种情况下也可以被赎身。

除了战争之外,奴隶的来源分为:卖身为奴;未经与奴隶主订立

---

① 〔俄〕B.O.克柳切夫斯基:《俄国各阶层史》,徐昌翰译,商务印书馆1990年版,第37页。
② 〔俄〕T.C.格奥尔吉耶娃:《俄罗斯文化史》,焦东健、董茉莉译,商务印书馆2006年版,第33页。
③ 〔俄〕拉夫连季编:《往年纪事》,朱寰、胡敦伟译,商务印书馆2011年版,第27—28页。
④ 同上书,第40页。

保障自由人身份的契约而与女奴成婚者；未经订立主仆契约即入私人宅邸任管事或司库者。这些在《罗斯法典》中有所体现。《摩诺马赫法规》中规定，完全的霍洛普的来源有三种："如果某人想以半格里夫纳购买霍洛普，同时有见证人，并当着霍洛普的面交纳了1诺卡达。第二类霍洛普：未订约而娶女奴为妻；如订立契约，则按契约办。第三类霍洛普：未订立契约的基温或未订立契约而自己系上钥匙者；如订立契约，则按契约办。"① 虽然法典规定了成为霍洛普的途径，但是也作了一定的限制，如契约的限制。在购买霍洛普的情况下，需要有中间人，并且需要向国家缴纳税款，说明买卖已经处于国家政权的监督之下。这样在法典中对完全的霍洛普的来源作出规定，就可以使人们有意识地避免沦为霍洛普。除了本条的规定外，霍洛普的来源还可以是债农的转化，自由人的破产，以及世袭、继承等。

对于自由人在无法偿还欠债的情况下是否会沦为霍洛普，《罗斯法典》作出了不同的规定。《摩诺马赫法规》规定："如果某人有很多债务，而来自外城市或外国的客商在不知道的情况下将货物托付于他，可他却无力偿还货款，之前的债主们又制止他偿付货款，那么债权人可把债务人带到市场上出售。"② 其他观点认为这并不能完全抵偿债权人的债务，所以出售的物品是债务人的财产，而非人身。直到1269年，诺夫哥罗德和柳别奇两座城市签订的条约中规定了准许出卖无偿付能力的债务人为霍洛普，才明确了不同观点的准确性。同时，我们很自然地会理解到，在出售债务人为霍洛普的情况下，他的财产肯定也会同时出售以供偿还债务。③

在《罗斯法典》中，也规定了向他人借贷、借粮食或者接受其他物品的债务人，并不能因为到期未还债务而沦为霍洛普。《摩诺马赫法规》规定："借贷者、借粮食者或接受其他物品的人不是霍洛普。可是，如果债务未到期，他应以依附者的身份存在，直至期满或归还

---

① Н. Калачовь. Текст Русской Правды на основании четырехь списковь разныхь редакции. С-П. 1889. с. 19.
② 同上注，с. 31。
③ 参见王钺:《〈罗斯法典〉译注》，兰州大学出版社1987年版，第90—91页。

了物品,那么不再受约束。"①这说明,如果借贷者欠债,在一定期限内要以工抵债,很可能成为债主的债农。但是,如果工作期满或者归还了债务,他就可以重新成为自由人,而不能直接将其变成完全的奴隶——霍洛普。

相比较两个对于债务人的法律规定,可以看出两者均是在债务人无法偿还债务的情况下法律给予的解决办法,以此保证债权人的利益不受损害。从表面上看,两者似乎有些矛盾,即同为债务人而处置方式不同。但是,仔细分析可知,前者的规定是在债务人已经拖欠了大额债务,还接受了货物,有多个债权人的情况下,需要法律尽最大可能保证所有债权人的权利,而且其中很可能还有王公的债权,如此看来只能将债务人所有的财产——包括其本身都出卖,这样才有可能偿还所有债务。至于后者,大部分是在属小额贷款且债权人单一的情况下,所以通过变成债农做工抵债就可能达到债权人的目的,而且债务人还有可能再次成为自由人。这在奴隶地位逐渐发生变化的摩诺马赫时代似乎显得很重要。

二、切良津与霍洛普

(一) 切良津

由于最初的战争,异族人作为奴隶成为古代依附民在东斯拉夫人的大部分土地上都存在。所以,在古代罗斯的书面资料中,他们应该出现在其他类别的依附民之前。以最古老的依附形式在罗斯广泛存在的就是被称为"切良津"的人。第一次出现切良津是在《往年纪事》中,保存在罗斯与拜占庭签订的条约款项中。"如果罗斯人的切良津被窃,或者潜逃,或者被胁迫出售,罗斯人若提出控告,就应该能证明切良津确实发生了这种情况,允许把他带回罗斯。"②从文献中可以看出,切良津完全属于其主人,如果切良津逃跑或者被人盗走,

---

① Н. Калачовъ. Текст Русской Правды на основании четырехь списковь разныхь редакции. С-П. 1889. с. 39.
② 〔俄〕拉夫连季编:《往年纪事》,朱寰、胡敦伟译,商务印书馆2011年版,第28页。

主人可以像对待自己财产一样去寻找。切良津可以被买卖,据记载,甚至存在专门供罗斯商人交易切良津的市场。这样,历史研究者们很合理地就将罗斯与拜占庭条约中的切良津看作奴隶。作为畅销的货物,切良津就是一定的财富。很显然,这就是切良津可以被赠送的原因。切良津通常与其他贸易商品一样,而最初简直就是物品。在《罗斯法典》中,认为奴隶就是切良津,他完全是为法律所承认和维护的主人财产。被窝藏的切良津要返还给物主。切良津的贸易,按照一定的文献记载,是最平常的现象。从法律观点出发,在《罗斯法典》中,切良津完全没有法律权利,在法律关系上是客体,对主人而言就是他的财产。

关于切良津在 12 世纪的罗斯社会结构中的存在,《罗斯法典》中进行了叙述:"如果切良津逃亡,主人在市场上已公开声明,3 天内没有被送回,却在第三天发现了逃亡的切良津,那么主人可以带回自己的切良津,占有切良津的那个人要交纳 3 格里夫纳的罚金。"① 为了更好地明确这个条文的含义,同样在《摩诺马赫法规》中规定,债农从主人那里逃跑就沦为完全的霍洛普。比较之下可以发现,切良津逃跑不会发生社会地位的变化,而债农逃跑就会受到沦为完全的霍洛普的惩罚。逃跑的切良津在回到其主人那里后依然是切良津,而债农则失去了自己以前的地位而变成奴隶。如果法典中"切良津"的称呼就意味着依附人,那么逃跑的结果并不会给立法者带来显著的变动。这就是为何逃跑的切良津依然是切良津,因为社会上已经没有比奴隶更低的地位了。详编本法典规定:"如果某人认出了被盗卖的自己的切良津,那么要像财物一样把对质进行到第三次;从切良津所在地带走另一名切良津,那个人要提出证据,并把对质进行到底。……最终找到盗卖者后,送回切良津,换回自己的切良津。他赔偿损失,而且要因盗卖切良津向王公交纳 12 格里夫纳的罚

---

① Н. Калачовь. Текст Русской Правды на основании четырехь списковь разныхь редакции. С-П. 1889. с. 24.

金。"① 可见，切良津是主人日常生活中十分惯用的物品，可以不断地根据契约被买卖。很显然，切良津可以连续地被交易。但是，如果出售逃亡或偷来的切良津就是非法行为。《罗斯法典》明确禁止出售债农，债农被主人出售后就会变成自由人，而切良津还是奴隶。

这样，根据文献记载，切良津在9—12世纪的罗斯就是奴隶。同时，在文献中还有广泛的观点，11世纪末到12世纪初切良津进入了所有贵族的庄园，被列入各种群体的依附民中。

（二）霍洛普

在古代罗斯的词汇中，还有一个可以表示奴隶的术语——"холоп（霍洛普）"。我们并不会经常在一页文献中遇到"切良津"和"霍洛普"两个名词，因为他们是有区别的。《罗斯法典》在这个关系上表现得尤其典型，法典中这两个词并不是同义词，而是代表不同的概念范围。"霍洛普"的称呼所代表的具体社会内容要比"切良津"晚，"切良津"一词首见于《911年条约》，而霍洛普则始见于《往年纪事》"986年"条，是10—18世纪俄罗斯国家的一种封建依附者。在10—12世纪时，霍洛普已经适用于各种封建依附者，主要指奴隶。所以，"霍洛普"属于代表奴隶阶层的新术语。

（三）两者的关系

有研究者证明，对于"霍洛普"和"切良津"的称谓，清楚地在《雅罗斯拉夫法典》和《雅罗斯拉维奇法典》之间划清了界限，切良津在11世纪中期不存在了，而以霍洛普代替。但是，这些研究者的证明未必就能明确什么，因为在我们手中没有完整的两部法典——《雅罗斯拉夫法典》和《雅罗斯拉维奇法典》。以简编本法典为例，它是一部完整的文献，在进行了修改后，融合了几个文献。提到切良津和霍洛普时，简编本法典进行了调整，而不是仅对其中部分进行调整。这意味着有关切良津的法律在简编本法典形成时期很广泛。实际上，我们只能在时间上对这两个名词进行区分，而没有任何证据可以

---

① Н. Калачовь. Текст Русской Правды на основании четырехь списковь разныхь редакции. С-П. 1889. с. 9.

证明"切良津"和"霍洛普"的称谓发生了改变。

三、法律地位

从《罗斯法典》的规定分析,奴隶在严格意义上并非一个等级,而只是一个物品,是封建主的财产。杀害奴隶不需要支付命金,只需要向王公缴纳罚金,而向其主人赔偿即可。对于主人杀死自己的家奴,国家法庭根本不予处罚。奴隶无经济、政治地位,而且得不到王公法律的保护。

（一）奴隶是法律的客体而非主体

《罗斯法典》中规定:"如果霍洛普是这样的,即或者是王公的霍洛普,或者是波雅尔的霍洛普,或者是修道院的霍洛普,那么王公对他们不科以罚金,因为他们不是自由人。"①这种明确性的指示已经证明,霍洛普丧失了法律意义上的人所应具有的地位,成为近似于物或家畜的物品。也就是说,霍洛普并非法律的主体,当然也不是犯罪的主体。同时,霍洛普可以被交易。在关于霍洛普来源的规定中,就有"如果某人想以半格里夫纳的身价购买霍洛普"的说法,表明霍洛普可以作为物品和交易对象按照法律进行买卖。

（二）杀害霍洛普不需要交纳命金

《摩诺马赫法规》中规定:"如果霍洛普或洛巴被杀害,无须交纳命金;如果霍洛普或洛巴无罪而被杀害,那么就要因此向其主人赔偿身价,同时向王公交纳 12 格里夫纳的罚金。"②法典之前还规定杀害霍洛普要支付 5 格里夫纳的命金,但是之后又进行了修改,处以罚金而非命金。在教会的审判法中,也规定:"杀死完全的霍洛普,不被认为是杀人犯,只是在上帝面前有罪。"③

---

① Н. Калачовь. Текст Русской Правды на основании четырехь списковь разныхь редакции. С-П. 1889. с. 10.
② 同上注,с. 36。
③ Б. Д. Греков. Киевсая Русь. М. 1953. с. 160.

(三) 无权充当证人

法律规定:"霍洛普不被允许作证人证言,如果他还不是自由人。"①不过,霍洛普可以揭发犯罪。"如果原告人使用霍洛普的揭发,那么应对被告人声明:我根据他的揭发控告你,但是控告人是我,而不是霍洛普,还要对被告人进行铁审判。"②其实,霍洛普的揭发并没有法律效力,只是原告提起控告的原因,即使原告引用了,也要对被告进行铁审判。最后的判决是根据铁审判的结果作出的,而不是根据霍洛普的揭发。如果铁审判的结果表明被告人无罪,原告还要支付给被告因遭受铁审判痛苦的 1 格里夫纳赔偿金,因为原告人听信了霍洛普的揭发。从霍洛普在司法上的这种限制也可以看出,他们同样没有起诉权。

(四) 依附性极强

除了主人论价将其出售之外,霍洛普没有离开原来的主人的法律依据。由于霍洛普在经济、法律等方面都处于毫无权利的地位,所以他们必须依附在主人的权利下才能生存;即使是被出售给其他人,对于他们也没有任何实质性意义。也正是因为这种依附性,主人可以不受任何限制地处置自己的霍洛普,较为严重的就是毒打或处死。在这种情况下,经常出现霍洛普逃亡的事件,在《罗斯法典》的条文中就可以间接地体现出来。《摩诺马赫法规》中集中规定了霍洛普逃亡的情况,例如"如果霍洛普逃亡,而主人又公开声明""如果某人抓到别人逃亡的霍洛普""如果某人查明自己逃亡的霍洛普在另一城市""如果某人遇到别人逃亡的霍洛普"。这些规定从各个方面列举了可能发生的情况。同时,法律也规定了对不同情况下霍洛普逃亡事件的处理方式,例如禁止其他人为逃亡的霍洛普指路、提供食物,通知其行踪或向行政长官报告。这些间接的证据都可以说明当时霍洛普并没有实质的脱离主人的法律依据,法律反而极力维持这

---

① Н. Калачовь. Текст Русской Правды на основании четырехь списковь разныхь редакции. С-П. 1889. с. 33.

② 同上注,с. 35。

种主奴关系,禁止霍洛普逃亡。

除此之外,还有一种类型的奴隶值得讨论,即与王公关系较为紧密、为王公家庭或经济服务的家奴。这些服务人员与王公的总管、基温等一样,都是在王公的庄园里进行管理或侍奉工作,只不过与前者相比,他们的地位和身份都要再低一些。在《罗斯法典》中,对这些人作出了一些规定。

1. 庄头和田畯

庄头（сельский староста）是王公村庄的管理人。田畯（ратай）是王公的农业监督。他们都是王公的重要助手,管理村庄,带领农业霍洛普耕种土地。他们在个人身份上属于非自由人,是一般的依附者。

2. 乳母和保育员

乳母（кормилица）和保育员（кормилец）是专门喂养、负责照顾、管教封建主子女的家仆。值得注意的是,他们的身份是奴隶,却生活在封建主身边,并且就工作性质而言与封建主有一种特殊的关系。

3. 工匠

工匠都是具有一定手工技术的人,是为王公制造日常生活必需品或者奢侈品的特殊人群,是王公在经济生活中的一部分服务人员。他们大部分人的身份是非自由人,实质上就是霍洛普。

这些与王公关系较近、在经济生活上有着密切联系的人,虽然在身份上都是奴隶,处于非自由人的地位,但是相比其他类型的一般性奴隶,法律还是作出了一定的特殊规定,以此区分彼此之间的差别。《罗斯法典》中就以较高的命金数额加以表达,即如果王公的庄头、田畯、乳母、保育员以及工匠被杀害,对凶手处以12格里夫纳的命金。其他奴隶则没有这种"优待"。最初霍洛普被杀还可以处以5格里夫纳的命金,后来则变成了赔偿,即霍洛普已经成为财产而非人身。但是,从中可以发现,即使是对这些较为高级的王公家奴规定相对高些的命金,也不能绝对地认为他们的地位就产生了实质性变化。他们的命金数额在一定程度上表示了他们所具有的特殊技术或功能的"价格",如果和一般奴隶相比,就是他们具有的附加值和重要性要大些,所以在人身价值——命金上就会出现差别。

第四节 社会阶层的演变

随着社会的发展,罗斯社会中的阶层已经开始发生一些变化。在《罗斯法典》中,尤其是较后的条款中,反映出了社会阶层进一步分化的痕迹。在原来的几个阶层的基础上,开始分化出了新的阶层,而他们的特征又与几个基本阶层又有所不同。这几个新的阶层是贵族、依附的斯麦尔德和债农。就这几个新分化出来的阶层的来源而言,他们并不是真正的"新阶层",同以往根据与大公的关系而划分的那几个基础阶层没有什么不同之处,只是在经济基础上有所不同而已。贵族依然是王公臣仆,只是多了一份作为产业的土地。依附的斯麦尔德和债农也是从自由民中分化出来的。此外,奴隶阶层也发生了一些变化。

一、贵族

随着土地私有制的逐渐形成,王公的武士或随从中产生了享有特权的土地私有者阶层,在当时的罗斯被称为"贵族"。贵族作为俄国历史上一个较为重要的阶层,其产生的时期可以追溯到基辅罗斯时期,其来源就是波雅尔。有关波雅尔和贵族,"在俄语中,这两个名词无论就词源、词根或词形来说都大相径庭,但它们所分别标志的两大社会阶层之间既有差异,又有共同之处,或此消彼长,或势均力敌,最后则随着历史演变,合二为一了。"[①]

在古代罗斯,"贵族"一词有多种表达方式,例如"дворянин""дворяне"或"служилый феодал-дворян",按照这些表达方式也可以将其译为"军功贵族"或"服役贵族",借此强调与领主的区别。"'дворяне'一词最早出现在12世纪末的文献之中,其词根来源于

[①] 蒋路:《俄国文史采微》,东方出版社2003年版,第287页。

'宫廷''家院'(двор),含意为'宫廷或家院的人'(людииздвора)。该阶层起源于12世纪下半期,他们原来作为大公、王公和领主的亲兵和侍卫,处于前者的军事的、行政的或司法的庇护之下,但与雇用他们的王公没有人身依附关系,属于自由差役。"①但是,他们并非被册封了爵位的人员,而只是享有特权的地主。

贵族作为基辅罗斯社会阶层变化过程中产生的新型阶层,其所具有的社会地位和法律权利可以通过几个角度进行考察。

第一,土地权利中的政治权力。在古代罗斯贵族的土地上,具有代表性的标志就是"贵族的院落",它不仅是贵族生活的区域,也是进行土地经营的中心,往往是很辽阔的。这些"贵族的院落"就是贵族地产的核心。有一点需要注意,即"贵族的"意义并不是绝对表示该地区完全归属于贵族所有。因为被称为"贵族的院落""贵族的领地"或者"贵族的草地"的土地也有属于小土地占有者的,贵族可能将这些土地分给公事人员。所以,"贵族的"的含义是贵族对这些土地的权利意义。"从14世纪起,王公开始以土地赏赐贵族,伊凡三世就曾把他从诺夫哥罗德领主手中夺取的土地分配给他手下的贵族,后来又向他们赏赐国有官地。这种赏地有别于领主的世袭田庄,不得出售、交换和继承,服役期满即交还王公或国家。在封建割据时期,这部分人成为王公和领主争夺封建继承权、大公权、争夺领地和采邑所倚重的对象,在他们的操纵和控制下,甚至可以决定大公政权的兴废或使王公成为其傀儡,因而他们的社会地位和重要作用已经非同寻常。"②

第二,世袭领地上的司法权。贵族拥有世袭领地,标志着贵族在其土地上的权利,也标志着与其土地私有权相结合的贵族权力。王公的行政长官无权进入贵族世袭领地履行审判和收税任务。贵族"可以亲自管辖和审判自己属下的人,他们的审判权在封建割据时

---

① 张建华:《俄国贵族阶层的起源、形成及其政治觉醒》,载《理论学刊》2008年第6期。
② 同上。

代包括了审理从抢劫到杀人的所有一切案件,他们中有许多人与西方的封建主一样,可以吊死盗匪。他们不仅对自己的农奴,而且对生活在他们土地上的自由农民也都有审判和惩处的权力。他们在自己的领地范围内有像国王在其领土范围内一样的权力。"①

第三,继承特权。与波雅尔一样,贵族的动产和不动产在其本人死后,如果没有儿子,可归女儿继承。

二、依附的斯麦尔德

在古代罗斯的封建化早期,斯麦尔德这个群体还处于自由状态,自由地生活在农村公社中,进行生产,同时要对国家履行一定的义务。但是,随着封建化的加强,土地大量集中在王公贵族手中,对教会的捐赠及赏赐也使得村社的土地连同斯麦尔德一起被转移。这就使得一部分自由的斯麦尔德逐渐走向贫穷,向着封建依附地位发展,最后形成了依附的斯麦尔德。

依附的斯麦尔德的法律地位可以从具体的情况中进行观察:

第一,地位低下。这可以从命金的规定角度考察。《雅罗斯拉维奇法典》规定:"斯麦尔德和霍洛普的命金是 5 格里夫纳。"②对于《罗斯法典》来说,命金的金额是最能体现受害人的身份和地位的制度,所以可以对该类条款进行分析。首先,相比一般的自由人或者游民、商人等(命金为 40 格里夫纳),斯麦尔德的命金只有这些人的 1/8,可见其生命价值和地位之低。其次,将斯麦尔德与霍洛普规定在一起,命金数额相同,虽然在当时的立法者意识中两者之间是有差别的,而且并不是同一种人群,但是依附的斯麦尔德就相当于奴隶,而且是一般的奴隶,因为他们的命金比王公庭院中的家仆的 12 格里夫纳还低很多。同时,依附的斯麦尔德已经不能成为犯罪的主体,如果他们进行了不法行为,其主人要为其负责。《摩诺马赫法规》中规

---

① 〔俄〕Н. П. 巴甫洛夫—西利万斯基:《俄国封建主义》,吕和声等译,商务印书馆 1998 年版,第 338 页。

② Н. Калачовь. Текст Русской Правды на основании четырехь списковь разныхь редакции. С-П. 1889. с. 22.

定:"如果某人逃亡时,盗窃走邻人的物品或货物。那么,主人应按正常价格赔偿对方的损失。"该条款中的"某人"并不是霍洛普或者债农,而是依附的斯麦尔德。①

第二,死后的财产继承。依附的斯麦尔德死后,如果没有男性继承人,其财产归世袭领地的王公所有。《摩诺马赫法规》中就规定:"如果斯麦尔德去世,那么其遗产归王公。如果家中还有未出嫁的女儿,那么给她一部分。如果女儿已经出嫁,那么就不给她。"②其实,这种继承财产的权利并不只仅限于王公,而是扩及世俗和教会封建主,他们都享有占有无人继承的财产的权利。这类似于西欧封建社会的死手权。在古代罗斯社会,这种权利对封建土地所有制是很有利的。依附的斯麦尔德在其财产继承的问题上受到限制的规定,相比波雅尔的财产可以被女儿继承的情况,更能说明他们的法律地位。

第三,受王公领地司法权的严格控制。斯麦尔德生活在王公的领地之上,而王公是具有一定司法权的,他们被这种司法权严格控制着。这种情况可以在《罗斯法典》的条文中体现出来。《雅罗斯拉维奇法典》中规定:"如果某人没有王公的指令而拘禁刑讯斯麦尔德,那么处以3格里夫纳的罚金。"③从中可以看出,王公在其领地上有指示进行司法活动的权力。虽然该条款指出的是违反这种权力的惩罚方式,但是从另一个方面可以看出对斯麦尔德进行拘禁刑讯是王公运用司法权的形式。

三、债农

在11世纪下半叶《摩诺马赫法规》出台之前,法典中提到与王公领地的农业经济相关的劳作者都只有斯麦尔德。可以看出,王公的土地主要是由半自由的依附民耕种的。在制定《摩诺马赫法规》

---

① 参见王钺:《〈罗斯法典〉译注》,兰州大学出版社1987年版,第131页。
② Н. Калачовъ. Текстъ Русской Правды на основании четырехъ спискові разныхъ редакции. С-П. 1889. с. 36.
③ 同上注,с. 34。

的时候,出现了一小部分单独的法令,涉及在封建主土地上干活的另外一种人,即债农。

(一) 债农的来源

关于债农的问题是基辅罗斯的历史中最麻烦的问题之一。书面文献中保留"债农"这个术语的数量十分稀少,在编年史中也没有。当前对债农进行评价只能根据详编本法典中的法规,这些法规也是研究债农问题最基本和最重要的资料来源。《摩诺马赫法规》中有专门针对债农的立法,叫作《债农法规》,其中规定的债农是随着一定的社会经济发展、债务关系而出现的。编年史中指出,债农就是以前的斯麦尔德,即自由的村社农民,由于破产和失去了生产工具和资金,丧失了经济独立性,被迫到处寻找"保护"和"靠山"。实际上,在那个范围内,经济遭到破坏,农民陷入贫困,或者保留了农民作为直接生产者的社会经济地位,或者完全摆脱了农民的身份。

要理解债农的来源,就需要将"закуп"这个词分开解释。其中,"куп"在古代罗斯的含义是对金钱、粮食、牲畜或者其他物品的借贷,这种借贷出现的背景是,当时出现大量的贫困农民,不得已需要进行借贷才可以进行生产、维持生活,所以很多人需要进行"куп";而"за"具有原因的意味。两者的结合——"закуп",其实就是因为借贷而出现的后果。根据罗斯社会的发展情况,债农是12世纪在古代罗斯普遍出现的一种封建依附者。随着罗斯封建化程度的加深,大量的斯麦尔德和维尔福的成员因欠债而被迫投靠各级世俗或教会封建主,以身抵债,进而沦为债农。他们住在封建主的私有土地上即庭院里,是接近于家奴的半自由人,有点像服临时劳役的农民。"他们是这样一种人,人身自由被禁锢在卖身契中,并且要在其债主的经济生产中进行劳动,借此进行赎身。"[①]

债农是古代罗斯农业的直接生产者。《摩诺马赫法规》中就有条款指出了债农的类型范围,规定:"如果主人的耕作债农损害了

---

① С. В. Юшков. Очерки по истории феодализма в Киевской Руси. М. 1989. с. 167.

马,那么不予赔偿;如果损坏了主人的犁和耙,由于他获得了酬金,因此要赔偿。"①其中的"耕作债农"是债农主要、基本的类型,从事的农业生产是其主要的生产活动。此外,还有一种畜牧债农,即"如果家畜从栅栏内丢失,那么债农对此不予赔偿。"②这就是在耕作债农之外为主人放牧的另一种债农。虽然在《罗斯法典》中并没有直接对债农的活动范围作出规定,但是从以上规定可以间接知道,债农主要是在农田里劳作,同时也会在牧场放牧。这些都可以清楚地反映债农的生产活动范围。

(二) 债农的法律地位

对债农这种在罗斯国家后期才出现的人群,法律给予了规定和描述,他们的权利、义务和法律地位相比自由人和奴隶而言显得很特别。所以,《罗斯法典》中的《摩诺马赫法规》专门通过集中的几条对债农的法律地位进行了规定。

1. 债农不完全的人身权利保障

债农作为一种依附民,其人身权利有时会受到主人的侵害。"在贵族老爷家中服役的债务人在主子有相当广泛的家务权力的时代,几乎等于奴仆。甚至对债农持人道态度的俄罗斯法典也允许主子可因故责打他。"③《摩诺马赫法规》规定:"如果主人因故殴打债农,是没有罪责的。"④债主有权根据自己的理由对债农进行惩罚,并且不需要通过法庭就可以实现。但是,债农并非完全要受主人随意的人身侵害,因为法律也规定了对其人身一定程度的保障。"如果主人醉酒后殴打债农,而债农并无过失,那么主人要对这种行为支付

---

① Н. Калачовь. Текст Русской Правды на основании четырехь списковь разныхь редакции. С-П. 1889. с. 31—32.

② 同上注, с. 32。

③ 〔俄〕Н. П. 巴甫洛夫-西利万诺斯基:《俄国封建主义》,吕和声等译,商务印书馆1998年版,第386页。

④ Н. Калачовь. Текст Русской Правды на основании четырехь списковь разныхь редакции. С-П. 1889. с. 32.

相当于殴打自由人的罚金。"①可见,对债农的人身保护是根据自由人的标准规定的。同样,对于主人杀害债农的情况,虽然法律没有规定,但是很可能也是按照自由人的40格里夫纳予以处罚。

债农的人身自由权在清偿债务之前是受到限制的。如果债农由于逃债而离开主人,是法律所不允许的,而且会给予其严厉处罚——沦为完全的霍洛普。但是,如果债农是因为要还债而离开主人去借钱,那么法律就会给予保障。所以,债农是否拥有离开主人的人身自由,是需要根据其目的决定的。这说明,法律给予债农一定的人身保障,并且具体规定使用条件,也正是这些条件的存在说明了其人身权利的不完全性。

2. 债农在诉讼中有一定的权利

债农对主人有控告权。"债农若是去筹措钱款,公开离去,或因主人的不法行为而到王公或法庭那里诉讼,……要对他的诉讼予以审理。"②如果债农胜诉,那么法典会根据各种不法行为作出处罚决定。"如果主人残酷虐待债农,克扣工资,抢夺他的土地和财产,那么应全部归还,并支付60库纳罚金。""如果主人强行抢占他的钱财,那么应归还其钱财,并支付3格里夫纳的罚金。""如果主人把债农出卖为完全的霍洛普,……主人需支付12格里夫纳的罚金。"③除此之外,债农在一定条件下可以充当证人。古代罗斯社会对于证人的资格有着严格限制,具有自由人身份的人才可以成为完全的证人。但是,对于身为半自由人的债农,法典却规定,在法庭上,对于"一般性诉讼案件,在必要时债农可以充当证人"④。这表明债农具有证人资格,但是只能对一些较小的一般性案件作证,而且还得在没有自由人可以作证的场合。

---

① Н. Калачовь. Текст Русской Правды на основании четырехь списковь разныхь редакции. С-П. 1889. с. 32.
② 同上注,с. 31。
③ 同上注,с. 32。
④ 同上注,с. 33。

3. 债农可能变成完全的奴隶

虽然债农与完全的奴隶之间有着本质区别,但是其身份也是处在摇摆之中,"由于逃跑或者犯有过错,债农很自然地就会沦为霍洛普。"①这种身份变化具有法律依据,在《罗斯法典》中有所体现。对于与封建主有债务关系,并且在封建主土地上进行农业生产的债农,逃亡就意味着其主人不仅失去了债权,也失去了一定的农业劳动力。所以,法典为了维护封建主的经济利益,规定了债农逃亡的严重后果——沦为完全的霍洛普。"如果债农偷盗,那么主人为他承担责任;如果债农的偷盗行为败露,那么主人应先赔偿他偷盗的马匹或其他财物,并把他变成完全的霍洛普。"②虽然债农不会承担自己偷盗罪行的责任,而由主人赔偿,但是其结果就是自己变成完全的奴隶。当然,如果主人不想债农成为自己的奴隶,还可以"将行窃的债农出卖,首先赔偿债农偷盗他人的马匹、牛或其他财产,余下的归自己所有。"③在这种将债农出售的情况下,并非主人为行窃债农承担责任,实质上是债农以丧失自己的自由为代价承担罪责,但是主动性似乎掌握在主人而非债农手里。将债农出卖,很可能也会使其沦为奴隶。

4. 债农有一定的财产权

俄国学者 Н. П. 巴甫洛夫—西利万斯基在其《俄国封建主义》一书中指出:"在私有经济的问题上,耕地债农与斯麦尔德有着本质不同,斯麦尔德虽然也具有一定的依附性和半自由人身份,但是还是拥有一定的私有经济——个体经营,而耕地债农却完全没有,他们只是农业劳工。"④但是,通过对《罗斯法典》有关规定的分析可知,这个观点是站不住脚的。

---

① Б. Д. Греков. Киевская Русь. М. 1953. с. 225.
② Н. Калачовь. Текст Русской Правды на основании четырехь списковь разныхь редакции. С-П. 1889. с. 32.
③ 同上。
④ 〔俄〕Н. П. 巴甫洛夫-西利万斯基:《俄国封建主义》,吕和声等译,商务印书馆1998年版,第387页。

《摩诺马赫法规》规定:"如果主人的耕作债农损害了马,那么不予赔偿;而如果损坏了主人的犁和耙,由于他获得了酬金,因此要赔偿。"①从这个条款可以看出,沦为债农并不代表丧失了对自己马匹的所有权,但是生产工具犁和耙为其主人所有。债农有小块的土地供生产经营。《摩诺马赫法规》规定:"如果主人残酷虐待债农,克扣工资,抢夺他的土地和财产,那么应全部归还,并支付60库纳罚金。"②从这个条款的一个侧面可以看出,耕地债农拥有自己的土地,那么也就说明他们是个体经营者,只是在世袭领地内履行劳役地租而已,从主人那里得到的报酬也是其个人财产。畜牧债农也拥有一定的私人经济。法典中有一条规定:"如果家畜未驱赶回庭院,或是主人指定的地方,……或者债农去干自己的私活……"其中的"私活"即为畜牧债农的私有经济,这说明他们还拥有自己的牲畜,在放牧主人家畜的同时,也可以兼顾个人的"私活"。但是,法典同时规定,畜牧债农进行其私人经济活动的前提是必须使主人的家畜不受损失,如果主人"家畜受到损失,那么必须赔偿"③。

可以看出,债农作为古代罗斯国家一种典型的封建依附农,是拥有自己的私人产业的,只是"极度的贫困迫使他们接受地主的奴役。他们向封建主举债——金钱或实物帮助,因此必须为债主工作。"④

5. 债农有纳税义务

纳税义务是自由人对国家所需要履行的必要义务。在古代,大部分特权阶层是不需要纳税的,但是对于一般人来说,却是必须的。对于债农来说,其所具有的法律权利虽然不完整,但是相比奴隶而言,已经具有较高的法律地位,又有私人财产和经济生产。所以,国

---

① Н. Калачовь. Текст Русской Правды на основании четырехь списковь разныхь редакции. С-П. 1889. с. 31—32.

② 同上注,с. 32。

③ 同上。

④ 〔俄〕О. И. 奇斯佳科夫主编:《俄罗斯国家与法的历史》(第五版)(上卷),徐晓晴译,付子堂校,法律出版社2014年版,第39页。

家不会因为债农欠了债就免除其纳税的义务。《罗斯法典》中并没有对此作出规定,但是比较霍洛普的地位和免税情况,"不是霍洛普的债农便一定要纳税。"①同时,法律上也规定:"如果主人把债农出售,那么债农就从债务中解脱,主人因此要支付12格里夫纳的罚金。"②这是因为纳税的原因,法律禁止出售债农为霍洛普,以此防止其法律地位下降成不纳税的霍洛普,对于保障国家税收也是必要的。

债农的出现体现了古代罗斯在11—12世纪封建经济的发展以及社会阶层分化的情况,同时对于这种在社会发展过程中产生的新事物给予了特别的对待。综合考量,债农虽然在人身关系上有依附性,处在半自由人的状态,但是他们还是拥有一定的权利和法律地位。

四、奴隶阶层的变化

奴隶制度在古代罗斯不是一成不变的,奴隶也是一个处于发展的状态。从11世纪开始,霍洛普的社会地位和自身状况已经部分地、不显著地发生变化。

首先,奴隶的来源已经逐渐减少。例如,霍洛普的来源可以被有意识地注意到了,法律禁止使一般的欠债人沦为霍洛普,自由人与女奴所生的子女可以在父亲死后与母亲一起成为自由人。《诺夫哥罗德第一编年史》中也提到,只要在见证人面前谈好价钱,就可以用劳作换取女奴的自由。所以,在古代罗斯,已经逐渐将霍洛普减少和分散,并不像古罗马、希腊一样集中奴隶。

其次,地位有所提高。如前所述,在11世纪初就已经出现了较为高级的奴隶,例如王公的庄头和田畯,他们已经是封建庄园的管理者了。同时,霍洛普已经具有一定的经济地位。《摩诺马赫法规》就

---

① 白玉:《基辅罗斯债农社会地位辩证》,载《宁波师院学报》(社会科学版)1992年第1期。

② Н. Калачовь. Текст Русской Правды на основании четырехь списковь разныхь редакции. С-П. 1889. с. 32.

规定:"如果主人派霍洛普经商欠债,那主人应偿还。"①霍洛普可以受主人委托进行交易、订立契约等经济活动,就已经在很大程度上反映出霍洛普的法律地位和法律权利都有所提高。

随着社会的发展,霍洛普的经济地位和独立性增强,政治权利扩大,逐步向封建农奴转化。16世纪末,霍洛普成批地转化为公职霍洛普。17世纪末,在移民区出现了拥有自己独立经济和交纳代役租的霍洛普。这个时期的霍洛普是农奴的基本成员。霍洛普作为一个社会阶层存在到18世纪初,才被法令明确宣布废除。

除了以上各个阶层之外,在罗斯国家中有一个与世俗社会平行的社会,即教会社会。教会社会的构成较为复杂,因为并不如同上述其他阶层一样,所以在很大程度上就决定了其组成人员的多样性和复杂性。在古代罗斯社会中,教会社会的组成人员主要有以下几类:第一,教会中的黑衣教士和白衣教士,以及白衣教士的家属。这些人的职责是通过举行圣礼、布道以及一种模范作用,引导教徒走向拯救灵魂之路。这两种教士都是由世俗社会中不同阶层的人员组成的,从王公贵族到普通奴隶都可以。第二,为教会服务的俗家人。其中,有烤圣饼的女厨师和教堂举行仪式时的服务人员。属于这类人的有王公贵族施舍给教会的家奴。教会通常对这种奴隶予以人身自由,并把他们安排在教会机构中工作。第三,帮助教会进行监视、与教会活动机密相关的行业的俗家人。如接生婆、女医生,这些人帮助教会监视新生儿的受洗情况,以及去世的人是否按基督教会的教规举行安葬仪式。在罗斯接受基督教初期,很多人表面上接受新的信仰,但是并不尊奉教规,因此教会认为这样的监视是非常必要的。此外,医生还有在教会医院中服务的义务。第四,附教人员。在罗斯社会的人员构成方面,出现了一些难以被纳入既有的法律制度规范的关系,所以社会中有些群体让法律不知道应当如何对待,例如孤儿、残疾人以及笃信基督教的人士释放的奴隶。在社会中,人们出于基督式的

---

① Н. Калачовь. Текст Русской Правды на основании четырехь списковь разныхь редакции. С-П. 1889. с. 40.

同情,都呼吁对这些人进行救助。于是,这些被抛弃的社会成员统统被纳入了罗斯社会中的一个新的阶层,他们被称为"附教人员"或"教会收容人员"。第五,失位人。在12世纪的古罗斯法律中有一种被称为"出籍人的人",这种人是由于本人过错、不幸或偶然,被迫离开原有的生存环境,因而失去相应权利和生存手段的俗家人。失位人包括:(1)神甫的文盲子孙,他们因无文化而无法继任父辈或祖辈的神职;(2)破产商人,他们在资本亏蚀之后终止了商业行为而无力偿还债务;(3)赎身的奴仆,他们在赎身之后并未取得一定的社会地位和生活职业;(4)早年丧父的王公,他们是顺序制的王位继承制的牺牲品,被排挤出雅罗斯拉夫后代在罗斯国土上继承王位而进行统治的行列。可见,教会社会的构成人员并不是一个稳固、有世袭意义的群体,也不是罗斯社会的一个阶层。教会社会中有世俗社会各个阶层的人,作为教会人员的资格并不是凭借出身,而是凭借个人意志或临时的地位,乃至偶然的境遇,甚至王公都可以成为教会人员。这些人员具有与世俗社会人员不同的境况,而且随着教会势力的发展,他们的成分越来越复杂,开始扩张性地囊括整个社会。

总体而言,随着古代罗斯社会进程的不断推进,社会结构也愈加复杂,但是其中已经明显体现出了封建关系的基本特征,如封建社会的基础——封建土地所有制的形成,主要的社会阶层——封建主和封建依附民的出现和演变。"如同所有封建社会的法一样,古罗斯的法也是一种特权法,即法律直接规定了分属于各个不同社会群体的人们之间的不平等。"[①]所以,在当时的罗斯社会,各个社会阶层可以说是由相同的法律地位联系在一起的居民群体,这些不同的群体也构成了古代罗斯复杂的社会结构,并在法律中体现出来。

---

① 〔俄〕О. И. 奇斯佳科夫主编:《俄罗斯国家与法的历史》(第五版)(上卷),徐晓晴译,付子堂校,法律出版社2014年版,第47页。

第五章

犯罪与刑罚

《罗斯法典》对刑法予以了极大关注,涉及很多条款。在俄罗斯法律史上,刑事法律作为一个独立的部门法规则的总和,是在封建社会晚期才逐渐形成的,在 15 世纪时才出现了"罪责""共谋""准备实施犯罪"等近现代刑法理论上经常讨论的概念。因此,谈论俄罗斯早期的刑事法律,其中心只有犯罪与刑罚。损害行为在法律上可以分为刑事的和民事的。例如,某人不偿还债务或不履行合约,这也是损害,但是并不是犯罪行为,而只是民事违法行为。犯罪会导致刑罚,而民事违法并不会导致刑罚,只是赔偿损失。在古代罗斯,损害行为被称为"обида"(原意指欺负、欺侮、委屈、气恼),意思是指"遭受损害",但是这种损害可能会导致犯罪,也可能只是民事侵害。这说明,在古代罗斯的法律制度中,刑法和民法之间的界限不是很清楚。"要在民事违法案件中分析出犯罪的成分,要抓住德意志法学家所称的'罪因'本来是桩难事;这让道德的敏感来辨识比作法律的分析要容易。"① 所以,在古代罗斯人的思想中,并没有所谓犯罪或者侵权的区分,只有因违反一定的氏族部落习惯而需要进行惩罚的现象。这些被违反的习惯多种多样,可能是杀人、抢劫或侵害财物。同时,可以推测,它们在古代是在习惯法的基础上实行惩罚,但是具体的资料信息没有留下来。在阿拉伯的历史文献、编年史以及基辅罗斯与拜占庭帝国签订的条约中,有 9—10 世纪贯彻国家在刑事侵害方面的某些信息,谈论到了盗窃、谋杀、殴打等犯罪行为,但是它们不

---

① 〔俄〕瓦·奥·克柳切夫斯基:《俄国史教程》(第一卷),张草纫、浦允南译,商务印书馆 1992 年版,第 238 页。

具有任何特别条款的特点。

古代罗斯在进入法典时代之后,就对犯罪行为和刑罚方式作出了较为详细的规定,在犯罪的具体理解中已经出现了近现代意义上的一般理论。但是,这些理论并非以法条形式出现,而是隐藏在具体犯罪或刑罚的规定之中,所以只能从其中考察古代罗斯有关犯罪的概念。犯罪行为在编年史中被叫作"凶恶的事情",具体包括侵害人身的行为和侵犯财产的行为,前者如杀人、伤害、侮辱;而后者则较为繁杂,无论是盗窃还是损坏一些私人财物,这种形式的犯罪均成立。《罗斯法典》在刑罚方面的主要内容是关于一个人的行为对另一个人造成生理或经济上的损害在法律上应如何处理的问题,具体方式包括具有私刑性质的血亲复仇、处以金钱处罚、放逐和没收财产等。

第一节 犯 罪

古罗斯时代的犯罪概念和近现代意义上的犯罪概念相比,是有很大区别的。由于当时在法律规定中并没有在近现代形成的对犯罪的正式看法,所以理解犯罪的概念并不是十分容易。犯罪在现代俄语中被称为"преступление"。"虽然在《罗斯法典》时代犯罪的事实已经在社会上得到了了解,但是《罗斯法典》中针对犯罪的专门术语并没有用专门的概念或观点给予明确的表述和概括性的解释。"[①]"对于犯罪的概念,立法者理解得非常简单,犯罪就是给具体的人身或财产造成直接的损失。"[②] 由于对犯罪的特殊理解,虽然当时的俄语中已经有希腊语"犯罪"一词,但是《罗斯法典》和当时的法律依然将其称为"欺负",认为只有这种行为才可以被视为犯罪。在古代罗

[①] М. Ф. Владимирский-Буданов. Обзор истории русского права. М. 2005. с. 367.

[②] А. В. Шободоева. История отечественного государства и права: курс лекций и методические материалы. И. 2009. с. 87.

斯,"表示犯罪的术语'欺负'就由此而来"①。值得注意的是,虽然当时"犯罪"和"欺负"在含义上较为相近,都可以表示压迫、暴力、侮辱和侵犯权利或财物等违法行为,但是立法者似乎更加偏爱"欺负"的内涵。"由此可见,虽然当时法律已把犯罪视为侵犯个人和社会利益的行为,但更侧重于侵犯个人利益,而不是社会利益。"②在这个犯罪概念和内涵的层面上考量,分析《罗斯法典》中有关犯罪的含义以及其中的制度,必须将法典中的相关法条互相结合,并对一般性的规定作出解释和考察,从而避免以没有明确规定的形式化表象掩盖内在的实质性内涵的情况出现。

一、犯罪构成

从近现代的刑法理论来说,犯罪构成包括犯罪主体、犯罪主观方面、犯罪客体、犯罪客观方面四个部分。古代罗斯人在编纂《罗斯法典》时显然不具有这样的知识,但是也不能完全否定他们的成绩,我们在法典的条文中是可以看到类似的情况的。

(一)犯罪主体

《罗斯法典》中给犯罪主体的身份定位是:具有自由意志、思想以及认识,并能为自己的犯罪行为负责的自由人,奴隶被排除在此之外。这在《罗斯法典》的规定中可以看出,任何犯罪都涉及一定数额的金钱,承担刑事责任的主体必须有财产。所以,在《罗斯法典》中,有关犯罪规定都是针对自由人的。《雅罗斯拉夫法典》第 1 条规定:"如果某人杀害他人"中的"某人"泛指自由人,既包括王公贵族、官吏,也包括市民、游民、斯麦尔德等阶层在内。③ 霍洛普不被认为是犯罪的主体,因为他们作为主人的所有物,本身并没有财产,所以根本没有能力承担刑法上的金钱处罚。在霍洛普犯有罪行的情况下,

---

① 〔俄〕O. И. 奇斯佳科夫主编:《俄罗斯国家与法的历史》(第五版)(上卷),徐晓晴译,付子堂校,法律出版社 2014 年版,第 49 页。
② 〔俄〕鲍里斯·尼古拉耶维奇·米罗诺夫:《俄国社会史》,张广翔等译,山东大学出版社 2006 年版,第 3 页。
③ 参见王钺:《〈罗斯法典〉译注》,兰州大学出版社 1987 年版,第 2 页。

只能由主人为他们承担财产责任。《罗斯法典》就规定:"如果霍洛普是这样的,即或者是王公的霍洛普,或者是波雅尔的霍洛普,或者是修道院的霍洛普,那么王公对他们不科以罚金,因为他们不是自由人。可是,对于霍洛普这种行为,主人应向原告人支付两倍赔偿。"①"如果是自由人与他们共同偷盗或窝藏,那么自由人要向王公交纳罚金。"②《罗斯法典》中没有提到有关妇女实施犯罪的情况,而针对犯罪行为人的主体条件也没有更多的叙述,例如刑事责任年龄、精神障碍、残障等生理缺陷等,因为"《罗斯法典》不承认形式责任的年龄限制,不承认无责任能力概念"③。

(二) 主观方面

《罗斯法典》中还没有类似近现代刑法理论中将犯罪的主观方面区分为故意和过失,更没有明确区分犯罪动机和罪过的概念,但是区分了两种故意——直接故意和间接故意。根据法典中的规定,直接故意是绝大部分犯罪行为要具有的条件,例如杀人、人身伤害、侮辱和侵害他人财产的行为。法典对间接故意也作出了规定,例如"如果某人与他人发生争吵,或在酒宴上当众杀死对方"的情况,就属于间接故意。在《罗斯法典》中,很大程度上是根据犯罪的主观方面划分责任的,在直接故意和间接故意的划分责任方面主要体现在杀人罪上,如抢劫杀人是"抄家流放",而争吵或者醉酒后杀人则是处以罚金。在有关商人破产的案件中也是如此,即只有在恶意破产时才被认定为犯罪。客观而言,《罗斯法典》对主观方面的涉及并不明显,这种意识和立法技术显然是当时所不能达到的。

(三) 犯罪客体

按照古代法律,犯罪客体的范围是很狭窄的,这就是物质方面的

---

① Н. Калачовь. Текст Русской Правды на основании четырехь списковь разныхь редакции. С-П. 1889. с. 10.

② 同上注,с. 40。

③ 〔俄〕О. И. 奇斯佳科夫主编:《俄罗斯国家与法的历史》(第五版)(上卷),徐晓晴译,付子堂校,法律出版社2014年版,第50页。

权利,包括人身权利和财产权利,犯罪也是针对这两种客体而形成的。这已经在《罗斯法典》中确定了。至于是何种类型的犯罪客体,需要进行界定。如果是自由人之间进行的犯罪行为,那么将杀人、损害身体、殴打、侮辱规定为侵害人身权利的行为,而将抢劫财物、盗窃、毁坏土地界限、非法占有或是使用别人的私有财物界定为侵害财产权利。这是在一般情况下进行的规定,也是最常见和最基本的犯罪客体划分。如果根据当时罗斯社会中身份地位的不同进行仔细考察,那么就会发现犯罪客体的确定并不是依据损害的对象,而是按照人格和身份。如果是没有人格的人,例如奴隶,不能是犯罪的对象,"没有过错"杀害奴隶的人,不是杀人凶手,而只是损害了他人财物;所指向的也不是侵害奴隶的人身权利,而是侵害主人的财产权利。《摩诺马赫法规》规定:"如果霍洛普或洛巴被杀害,无须交纳命金;如果无罪被杀害,那么就要因杀害霍洛普或者洛巴向主人赔偿身价,同时向王公交纳 12 格里夫纳的罚金。"①这和杀害一头牛或一匹马的价格差不多。可见,在被侵害的直接对象为非自由人或者非法律意义上的"人"的情况下,即使存在杀人或伤害的行为,其犯罪客体也不属于人身权利,而是属于财产权利——其主人的财产权。

在当时的罗斯社会,还存在一种半自由人,例如债农,他们的人身权利和财产权利都是受到法律限制的,在其他人甚至是主人对他们进行犯罪的时候,并不会出现类似霍洛普那种非自由人的人身权利转变为主人的财产权利的情况。

(四) 客观方面

犯罪的客观方面分为两种:犯罪既遂和犯罪未遂。《罗斯法典》中规定的行为大部分为既遂,例如杀人、伤害,当然也有关于未遂的情况。法典中就规定:"如果某人用剑刺杀别人,未致死亡,那么支付 3 格里夫纳,受害人得到 1 格里夫纳作为医疗费;如果死亡,那么

---

① Н. Калачовь. Текст Русской Правды на основании четырехъ списковъ разныхъ редакции. С-П. 1889. с. 36.

交纳命金。"①刺杀未致死就是杀人未遂的行为,如果死亡便为既遂。在有危险意志时,犯罪结果的不同影响着对罪行的评价,即对于犯罪未遂和既遂在处罚方式上是不同的:如果未遂,只需要向王公交纳3格里夫纳的罚金,给受害人1格里夫纳的医疗费;如果既遂,就需要交纳命金了。相对而言,命金数额高于甚至几倍于罚金和医疗费。但是,对于未遂的惩罚,有时也并不是给予与既遂不同的处罚评价。例如,在犯罪现场被当场抓住的盗贼,即没有来得及完成偷盗,法律规定可以将其打死,或者把他送到王公庭院进行审判并惩罚。"毫无疑问,这是与完成偷盗犯罪相同程度的处罚,因为这里的意思是未遂,没有完成并不是行为人的意志。"②

二、正当防卫

正当防卫是允许一方在被侵害时在一定限度内对实施者进行防御性的打击,借此保障自身的生命、健康或财产安全的行为。其实质内涵是损害另一种法益以保护一种更加优越的法益。在古代罗斯,对此也有所规定:"若在不可忍受的情况下用剑击打对方,那么他无罪。"③这就是一项规定正当防卫的条款,但是单纯从法条的规定分析可能不会被认为是正当防卫,所以需要进一步解释。根据《罗斯法典》的语言风格,这条规定应当属于一方对另一方进行侵害,而这种侵害已经达到受侵害一方用其他方式无法消除——"不可忍受"的情况,同时予以回击以进行自我保护,此种行为不承担刑事责任。④ 但是,通过分析,我们会发现这具有一定的局限性。按照条文的规定,同时比照其他的条文可以看出,只有这条规定了用"剑"击

---

① Н. Калачовь. Текст Русской Правды на основании четырехь списковь разныхь редакции. С-П. 1889. с. 24。

② М. Ф. Владимирский-Буданов. Обзор истории русского права. М. 2005. с. 372.

③ Н. Калачовь. Текст Русской Правды на основании четырехь списковь разныхь редакции. С-П. 1889. с. 23.

④ 用剑击打对方在古代罗斯社会不仅仅是一种单纯的侵害行为,而是被定性为侮辱犯罪。所以,如果没有一定条件而以剑击打他人,要被处以较为严重的刑罚。《罗斯法典》中,只有在正当防卫下用剑回击才不承担刑事责任。

打对方可以定性为正当防卫而免除刑事处罚,而在当时的社会有佩剑权利的人群只能是封建主和武士,其他人并没有这个权利。所以,这个条款具有明显的不平等性,具有一种用法律保障不平等社会等级关系的意味。

《雅罗斯拉维奇法典》中规定:"如果某人在自己的院落、仓库或者畜棚里将盗贼打死,那么不承担责任;如果盗贼被捉住,那么天亮后必须押送到王公庭院。"①这是对于不法人员夜里进入他人权利区域而允许主人正当防卫的规定。不法侵害是盗贼进行的盗窃行为,这种方式的犯罪行为可以进行当场的防卫。在这种情况下财产的利益是大于人身的利益的,对于注重保障财产的《罗斯法典》而言,这样的规定不值得奇怪。然而,法律同时也规定了防卫限度,即该条后一部分的表述,"但是如果人们发现盗贼是被捆绑着打死的,那么支付命金"②。这就表明在《罗斯法典》中即使是重财产而轻人身的表现十分明显,但是也进行了一定的限制。笔者认为,其中表达出了几层意思:第一,对财产被侵害者进行过度惩罚盗贼的一种限制;第二,限制私自刑罚而提高王公法庭的权威;第三,以此种限制缓解当时已经出现的社会矛盾。

三、集体犯罪

所谓"集体犯罪",与现代刑法中的共同犯罪在形式上是一样的,即两个人以上共同实施了犯罪行为。在当时,所谓"集体犯罪"或者"共同犯罪"在概念上还没有明确,③只是在具体表现上给予了规定。《罗斯法典》中就规定了有关集体犯罪及处罚的情况,例如《雅罗斯拉维奇法典》中规定:"如果某人盗窃马匹,或者公牛,或者进入仓库作案,如果是一个人,那么处以 1 格里夫纳 30 列查那的罚

---

① Н. Калачовь. Текст Русской Правды на основании четырехь списковь разныхь редакции. С-П. 1889. с. 4.
② 同上。
③ 参见〔俄〕鲍里斯·尼古拉耶维奇·米罗诺夫:《俄国社会史》,张广翔等译,山东大学出版社 2006 年版,第 8 页。

金;如果是 18 个人,那么每人处以 3 格里夫纳 30 列查那的罚金。"①"如果盗窃绵羊、山羊或者猪,即使 10 个人一起只盗窃 1 只,那么也应分别交纳 60 查那的罚金。"②详编本法典中也有相似规定:"如果在野外盗窃家畜,或者是绵羊,或者是山羊,或者是猪,那么交纳 60 库纳;如果是很多人一起犯罪,那么每人交纳 60 库纳。"③可见,《罗斯法典》规定了共同犯罪的形式,"但是参加者在犯罪中的作用没有区分,也没有划分其中单个人承担的不同责任,反而要求所有人承担同样的责任。"④所以,相比于单独犯罪,在相同的情况下,集体犯罪的处罚金额要大,也说明了对这种犯罪形式的处罚力度之重。对于这种对犯罪情况不加区分的处罚,一方面说明了当时立法技术的不成熟,另一方面也证明了在当时的罗斯社会这种犯罪方式给私人财产带来的损害更加严重,尤其注重物质和财产保护的《罗斯法典》作出这样的规定也是可以理解的。

四、犯罪类型

考察犯罪,必须先建立起对犯罪进行分类的意识,以更清楚地了解其中的具体内容。对犯罪类型的认识取决于对其划分的基础,就是按照犯罪所侵害的对象进行分类。在《罗斯法典》中,犯罪对象的分类反映出犯罪的两种形式:侵害人身(杀人、伤害、侮辱)和损害财产(抢劫、盗窃、损害土地界限、非法占用他人财产等)。法律保护那些从村社分离出来的个体的利益,保障他们的人身和财产利益。但

---

① Н. Калачовь. Текст Русской Правды на основании четырехь списковь разныхь редакции. С-П. 1889. с. 3. 这里需要说明的是,王钺先生所译注的《〈罗斯法典〉译注》中认为该条中规定的"18 人"应为"10 人",因为在详编本法典中类似的条款提到的是"10 人"。原文中可能是读错了,正确的应为"10 人"。从分析集体犯罪的意义上来说,该条所规定的是在集体犯罪的情况下的处罚措施,所以"10 人"或者"18 人"是数量上的区别,对是不是集体犯罪则无原则性影响。

② Н. Калачовь. Текст Русской Правды на основании четырехь списковь разныхь редакции. С-П. 1889. с. 4.

③ 同上注,с. 26。

④ В. В. Белковец. Л. П, Белковец. История государства и права России курис лекций. Новосибирск. 2000. с. 19.

是,同时需要注意的是,在当时法律中对犯罪类型的区分都具有原则性的意义,并没有将其集中规制或者分类。法律对国事罪、宗教犯罪和许多其他犯罪都没有在法典中予以体现,而是通过其他法律作了规制。

(一)侵害人身

1. 杀人

(1)故意杀人

古代罗斯社会已经区分了故意杀人和过失杀人,在《罗斯法典》中有所体现,而且大部分有关杀人的条款都是指故意杀人。作为被害人,其范围也非常广泛,其中规定最多的是王公臣仆,不仅包括王公的总管、税吏等高级臣仆,也包括庄头和田畯等低级臣仆。除此之外,其他自由人和奴隶也都可能成为被杀害的对象。

在《罗斯法典》中,一些条款规定了故意杀人,其中《雅罗斯拉夫法典》第1条就规定:"如果某人杀害了他人……如果是罗斯人,或者是侍从,或者是商人,或者是审判官,或者是审判执行官;如果被害人是游民,或者是斯洛维涅人,也应当交纳40格里夫纳。"[1]这同时也体现了被害人的具体对象。《雅罗斯拉维奇法典》中对故意杀人也有规定,被杀害的对象有封建主庄园的总管、王公的税吏、基温、马厩长、庄头和田畯、契约农、封建主身边的乳母和保育员,同时还包括了斯麦尔德。详编本法典中也是如此,被害人的身份大致与简编本法典中相同。值得注意的是,虽然都为故意杀人,但是惩罚方式有时会有不同。例如,大部分为处以命金,而详编本法典中有一条规定了没有理由杀害他人的情况,规定要将凶手判处流刑并没收财产,[2]可

---

[1] Н. Калачовь. Текстъ Русской Правды на основании четырехь списковь разныхь редакции. С-П. 1889. с. 1. 据王钺对法典的分析和注释,罗斯人是古代罗斯南方地区、在基辅附近的居民;侍从是罗斯王公的扈从队;审判官为王公的重要助手,战时担任军官,平时负责王公法庭的审判工作;审判执行官是王公法庭审判案件的具体执行者;游民是从自己原来的村社里游离出来的破产者,以及被释放的奴隶;斯洛维涅人是生活在诺夫哥罗德城郊区农村的居民。

[2] Н. Калачовь. Текстъ Русской Правды на основании четырехь списковь разныхь редакции. С-П. 1889. с. 6.

能是因为这种故意杀人过于严重。

(2) 抢劫杀人

在《罗斯法典》中,提到抢劫杀人的条文共有两条:《雅罗斯拉维奇法典》中有一条规定:"如果某人在抢劫中故意杀害总管,没有找到凶手,那么被害人的尸首所在的维尔福必须交纳命金。"①详编本法典中也有一条规定:"如果某人抢劫杀害王公的人,而未抓获凶手,那么被害人的头所在的维尔福要交纳 80 格里夫纳命金;如果被害者是一般人,那么要交纳 40 格里夫纳。"②这两条给人更多的认识是,抢劫杀人而无法找到凶手时,要由维尔福集体承担命金。其实,条文的表述已经在很大程度上反映了当时存在抢劫杀人的行为,并且处罚很严重,即命金数额很大,所以必须由维尔福集体承担才可能完成。

(3) 防卫杀人

《雅罗斯拉维奇法典》规定:"如果某人在自己的院落、仓库或者畜棚里将盗贼打死,那么不承担责任;如果盗贼被捉住,那么天亮后必须押送到王公庭院。但是,如果人们发现盗贼是被捆绑着打死的,那么要支付命金。"③详编本法典中也规定:"如盗贼被打死,而被发现是被捆绑着,那么对其死亡要支付 12 格里夫纳。"④对于夜间进入他人家里的盗贼,如果被主人发现而进行对抗,打死盗贼也不必负任何责任。但是,如果被打死的盗贼是被捆绑着的,很可能是在盗贼失去了反抗能力、正当防卫的条件消失的情况下,主人防卫过当而杀死了盗贼。

(4) 杀害亲属

有关杀害亲属的规定,在《罗斯法典》中只有一条,即杀害妻子。《摩诺马赫法规》中规定:"如果某人杀害自己的妻子,那么对此应进行如同杀害自由人一样的审判;如果妻子犯有罪行,那么将交纳半数

---

① Н. Калачовь. Текст Русской Правды на основании четырехь списковь разныхь редакции. С-П. 1889. с. 3。
② 同上注,с. 21。
③ 同上注,с. 4。
④ 同上注,с. 10。

命金,即20格里夫纳。"①妻子作为家庭中的一员,虽然处于夫权之下,丈夫对其具有一定处罚权,但是丈夫如果随意杀害妻子,也要受到处罚。至于父亲对子女及其他亲属的这种行为,法典没有明确规定。

(5) 杀害奴隶

有关杀害奴隶的问题较为特殊。在中世纪欧洲,杀害奴隶在实质意义上是一种杀人行为。但是,奴隶作为一种"物"或财产,并不是当时法律意义上被杀害的对象。在《罗斯法典》中几部法典对杀害奴隶的行为持有不同态度。《雅罗斯拉维奇法典》规定:"斯麦尔德和霍洛普被杀,命金为5格里夫纳。"②详编本法典中也规定:"斯麦尔德和霍洛普被杀,命金为5格里夫纳;而女奴被杀,命金为6格里夫纳。"③根据这两条规定,当时杀害奴隶确实是一种杀人行为,同杀害其他自由人一样要支付命金。但是,到了摩诺马赫时期,却将这种行为当作侵害财产的行为,《摩诺马赫法规》就规定:"杀害霍洛普和女奴隶无需偿付命金。"④这种前后规定的不一致,说明在摩诺马赫时期编纂法典时,已经将以前的一些条款的规定废除了,而代以新的规定。同时,也说明杀害奴隶行为的定性在罗斯各个时期是不同的。

2. 人身伤害

伤害行为是仅次于杀人的犯罪行为。根据《罗斯法典》中对有关伤害行为的规定,可以看出这种行为的危害性,而根据伤害的程度,惩罚力度也有所不同。在《罗斯法典》的条款中,共有两种伤害行为,即致人伤残和一般伤害。

(1) 致人残疾

在《雅罗斯拉夫法典》中,就规定了有关伤害致残的行为:"如果某人使他人的手受伤,或者使其断掉,或者丧失机能,应支付40格里

---

① Н. Калачовь. Текст Русской Правды на основании четырехь списковь разныхь редакции. С-П. 1889. с. 36.
② 同上注,c. 3。
③ 同上注,c. 7。
④ 同上注,c. 36。

夫纳;如果砍断他人的脚,或者致人残疾,可以复仇"①,或者凶手交纳40格里夫纳。② 凶手弄断被害人的双手,使其丧失劳动能力或者变成残疾,在《罗斯法典》中与杀人同等对待,规定了与杀人同样的惩罚方式,也就是处罚40格里夫纳。这个犯罪的惩罚方式能代替血亲复仇,但是与其他事先规定血亲复仇的惩罚方式的条款不同,只有在受害人受伤而他自己不能复仇的情况下,被害人的亲属才可以复仇。详编本法典中也有类似规定,即"如果某人伤害他人胳膊,使胳膊断落或者萎缩,或者伤害脚,或者弄瞎眼睛,或者割掉鼻子,那么要交纳半数命金20格里夫纳,而受害人因伤残得到10格里夫纳。"③在这里,只是惩罚的命金数额有所改变,并不代表惩罚力度有所减轻,因为这里规定的伤害致残命金比有些故意杀人命金数额还要高。法律对伤害致残规定这么严厉的惩罚,可能是因为致残会导致受害人丧失劳动能力,给农业经济带来负面影响,严厉惩罚可以避免这种恶性伤害行为的存在。

(2) 一般伤害

《罗斯法典》中也有对伤害程度较轻行为的规定,之所以称之为"一般伤害",是相对于伤害致残而言的。在《雅罗斯拉夫法典》和详编本法典中,就规定:"如果砍断他人的任何一根手指,凶手要因此支付3格里夫纳,受害人得到1格里夫纳。"④可以看出,虽然同样是伤害,但是没有达到致残或者丧失机能的程度,所以处罚3格里夫纳。这种处罚也只是赔偿金,与伤害致残的20或40格里夫纳的惩罚类型和金额都不同。所以,从同样是伤害行为,所造成的程度不同,处罚的力度也不同的情况来看,砍断他人手指只能称为"一般伤害"。

---

① Н. Калачовь. Текст Русской Правды на основании четырехь списковь разныхь редакции. С-П. 1889. с. 1.

② 王钺在《〈罗斯法典〉译注》中通过对俄国学者观点的分析和解释,认为该条文显然遗漏了一句话,即"或者凶手交纳40格里夫纳"。所以,本条款应当对此予以说明,并完整地表达出其中的内容。

③ Н. Калачовь. Текст Русской Правды на основании четырехь списковь разныхь редакции. С-П. 1889. с. 23.

④ 同上。

除此之外，法典还规定了击落他人牙齿的行为。《摩诺马赫法规》规定："如果某人的牙齿被他人打掉，口中全都是血，而且有人作证，那么凶手应交纳12格里夫纳的罚金，并为牙齿赔偿1格里夫纳。"①在撞击或推搡他人的情况下，凶手也需要支付3格里夫纳的罚金。

3. 侮辱

《罗斯法典》规定的大致是通过对人身体的损害而体现出来的人身侮辱性。侮辱共有两种形式，一是用工具击打，二是拔掉胡须或髭。

（1）用工具击打

从一般意义上说，无论是用手还是用工具击打其他人，都可以成为一种人身伤害行为。但是，《罗斯法典》并不这样认为，而是将这种行为定位为不同于人身伤害的侮辱犯罪。

《雅罗斯拉夫法典》规定："如果某人用棍棒、竿子、手、食器、饮酒器，或者用剑背，殴打、砍砸他人，那么要赔偿12格里夫纳。"②接下来又规定："如果某人用没有拔出剑鞘的剑或剑柄殴打他人，那么要支付12格里夫纳。"③详编本法典中也有相似的规定，即"如果某人用棍棒，或者食器，或者饮酒器，或者剑背殴打他人，那么要支付12格里夫纳。"④虽然条文中的表述为"殴打"或"砍砸"，很可能被认为是伤害行为，但是根据古代罗斯的习俗，用器皿或者剑背等打击会严重损害他人的人格和声誉。从另一个方面考察，我们可以注意到法条着重规定的是击打工具，如棍棒、竿子、手、食器、剑柄等，而没有规定人身的受伤害及健康程度，所以更加注重的是对人身的侮辱性。

（2）拔掉胡须或髭

这是损害人身部分的侮辱。《雅罗斯拉夫法典》中就规定："拔

---

① Н. Калачовъ. Текст Русской Правды на основании четырехъ списковъ разныхъ редакции. С-П. 1889. с. 33.

② 同上注，с. 1。

③ 同上。

④ 同上注，с. 23。

掉他人的髭,支付12格里夫纳;拔掉他人胡须,支付12格里夫纳。"①《摩诺马赫法规》中也有对拔掉他人胡须的处罚规定。对于古代罗斯人来说,胡须是非常珍贵的部分,具有表示勇敢精神的象征意义。他们认为人体的灵魂都聚集在这个地方,它是人体最神圣的部位,是最高荣誉的象征。如果被他人无故拔除胡须和髭,就意味着将要身败名裂。所以,法典认为这是一种对人身严重侮辱的犯罪行为,并严厉处罚这种行为。

4. 侵害自由的犯罪

侵害自由是侵害人身行为中较为主要的一个方面,在《罗斯法典》中将这种行为确认为犯罪,并给予一定处罚。法典中规定了主人对债农自由的侵犯,虽然债农处于主人的雇佣之下,并且并非完全自由,但是毕竟还存在一定的权利,包括人身自由权,如果主人任意或非法侵害债农的自由,也会受到惩罚。《摩诺马赫法规》就规定:"如果主人把债农出售,那么债农就从债务中解脱,主人因此要支付12格里夫纳的罚金。"②

(二)侵犯财产

在古代罗斯时期,私有财产已经出现,并且随着封建化进程的推进,各封地领主都拥有数量不等的私有财产。同时,村社中的斯麦尔德也拥有一定的私有财产。这种私有财产的产生就意味着个人所有权的确立。为了保护这些所有权及私有财产,立法者对各种形式侵害财产的行为都予以规定,并将其作为一种犯罪行为加以处罚。这其中包括盗窃财物、损坏他人物品以及其他形式的损害。

1. 盗窃

在《罗斯法典》中,最受关注的是盗窃。《罗斯法典》中详细记载了盗窃马、牛、家禽、木材、干草、霍洛普等而被抓获的盗贼应该支付何种罚金,立法者尽量不漏掉任何可能被偷盗的财物。对于盗窃,总

---

① Н. Калачовь. Текст Русской Правды на основании четырехь спискові разныхь редакции. С-П. 1889. с. 2.
② 同上注,с. 32。

的原则是:应充分弥补受害人的物质损失,同时也应为其犯罪行为承担责任。因此,罪犯必须赔偿被盗物的价值并被处以罚金。

《雅罗斯拉夫法典》中规定:"如果某人乘骑他人马匹,但未经允许,那么要支付3格里夫纳。"①这种未经允许而使用他人马匹的行为是很明显的盗窃行为。根据有关学者的分析,这里所指的"马匹"是罗斯王公雇佣军的战马,而当时居民与雇佣军之间的冲突很尖锐,盗窃战马的现象很普遍。所以,王公就出台这项法律,针对这种情况加以处罚。②《罗斯法典》中还有盗窃其他财物的规定,例如《雅罗斯拉夫法典》规定了盗窃武器和衣物等生活物品;《雅罗斯拉维奇法典》规定了盗窃鸽子、鸡、鸭子、鹅和天鹅等家禽,以及船只、牧草、柴火等。此外,随着社会经济的发展,逐渐出现了一些处罚盗窃贵重物品和奢侈品的规定。例如,《摩诺马赫法规》中规定:"如果某人偷盗海狸皮,那么要支付12格里夫纳。"③对于盗窃这种具有贡品性质的贵重商品,处罚力度也随之增强。

对于盗窃不同身份人的马匹、盗窃不同的家畜,法律规定的处罚也是不同的。《雅罗斯拉维奇法典》就规定"盗窃烙有火印的王公马匹,处以3格里夫纳的罚金;盗窃斯麦尔德的,为2格里夫纳。盗窃骒马为60列查那,盗窃公牛为1格里夫纳,盗窃母牛为40列查那。"④《摩诺马赫法规》中也规定:"如果某人偷窃捕猎网内猎物,或者鹘,或者鹰,那么罚金为3格里夫纳,并赔偿主人1格里夫纳。偷窃鸽子为9库纳,偷窃鸡为9库纳,偷窃鸭子为30库纳,偷窃鹤为30库纳。"⑤根据这两个条文可知,一方面,同样是盗窃马匹,马匹的主人不同,罚金的金额也不同,王公与斯麦尔德的身份高低有别,他们的财物也有贵贱之分;另一方面,盗窃的家畜不同,罚金也是不一

---

① Н. Калачовь. Текст Русской Правды на основании четырехь списковь разныхь редакции. С-П. 1889. с. 2.
② 参见王钺:《〈罗斯法典〉译注》,兰州大学出版社1987年版,第13页。
③ Н. Калачовь. Текст Русской Правды на основании четырехь списковь разныхь редакции. С-П. 1889. с. 33.
④ 同上注,с.3。
⑤ 同上注,с.35。

样的,这大概是由家畜本身的价值所决定的。

对于偷窃者,法律不仅规定了处以罚金和赔偿金,有时甚至允许所有者在案发现场对其进行严厉的处罚——可以当场打死。这在法律中有明文规定:"如果某人把盗贼打死在自己的院落、仓房或者畜棚内,不承担任何责任",甚至"犹如就地弄死只狗"①。这样处罚盗窃者的方式非常残酷。值得注意的是,在《罗斯法典》中并没有规定死刑,但是允许他人不经审判而处死盗窃者,似乎有些不合法。但是,从法律的规定同时也可以看出,处死盗窃者不是绝对的。法律对此作出了限制规定,即盗贼如果被活捉,天亮后须送到王公庭院;如果人们发现盗贼是被捆绑着打死的,则应为死者支付命金。

2. 破坏蜂巢或侵害蜜蜂

采集野蜜蜂巢内的蜂蜜和割取蜂蜡是古代罗斯经济生活中的一项重要内容,蜂蜜和蜂蜡是对外贸易的重要商品,也是人们生活中的必备品。在食糖传入欧洲之前,蜂蜜是唯一的甜食,而蜂蜡更是宗教仪式和人们日常生活中不可缺少的物质。这些资源往往控制在封建主手中,维尔福成员却没有利用权,于是常常做出毁坏蜂巢等行为。在这样的情况下,为了保护封建主的所有权,法律规定了相关的处罚手段。《雅罗斯拉维奇法典》中规定:"如果某人烧毁王公所占有的野蜜蜂巢,或者偷盗野蜜蜂,那么要支付3格里夫纳。"②《摩诺马赫法规》中规定:"如果某人破坏野蜜蜂巢的标志,那么要支付12格里夫纳。"③"如果砍掉野蜜蜂巢,那么要处以3格里夫纳的罚金。"④这些都是规定了对破坏野蜜蜂巢行为的处罚,目的在于防止和避免维尔福成员破坏生产蜂蜜和蜂蜡。

对于同样是针对蜜蜂的行为,方式或造成的损害不同,处罚也不同。《摩诺马赫法规》中就有规定:"如果劫引他人的野蜜蜂群,那么

---

① Н. Калачовь. Текст Русской Правды на основании четырехъ списковь разныхъ редакции. С-П. 1889. с. 10.
② 同上注,с. 4。
③ 同上注,с. 33。
④ 同上注,с. 34。

要处以 3 格里夫纳的罚金;如果只为获取蜂蜜,野蜜蜂未遭损失,那么要支付 10 库纳;如果是空蜂巢,那么要支付 5 库纳。"①

3. 杀害或诱拐他人的奴隶

奴隶作为一种财产,在法律上往往以"物"的身份出现,他们的主人便是所有权人。如果对他人的奴隶进行侵害,就意味着侵犯他人的财产。在《罗斯法典》中,就规定了诱拐和杀害他人奴隶的行为。《雅罗斯拉维奇法典》规定:"如果某人诱拐他人的霍洛普或者女奴,那么必须因此支付 12 格里夫纳的罚金。"②这种诱拐行为相当于偷窃他人财物,只不过犯罪对象较为特殊。所以,这也是对他人财物的侵害。《摩诺马赫法规》中也规定:"如果霍洛普或者洛巴被杀害,无须交纳命金;如果无罪被杀害,那么就要因杀害霍洛普或者洛巴向主人赔偿身价,同时向王公交纳 12 格里夫纳的罚金。"③这是一种杀奴行为,从表面上看是杀人。但是,这条规定却认为杀害他人的奴隶犹如损坏了对方的财产,或杀死对方的牲畜,只需要赔偿奴隶的身价和向王公交纳罚金,并不需要交纳命金。所以,这也是一种侵害财产性质的犯罪。

4. 帮助逃亡的霍洛普

霍洛普是封建主的一种财产,如果帮助逃亡的霍洛普或女奴隶,实际上就间接损害了其主人对他们的所有权,即私人财产所有权。在这种情况下,法律规定为犯罪行为。《摩诺马赫法规》规定:"如果霍洛普逃跑,主人已公开声明,某人听到了声明,或者知道并认出逃跑的霍洛普,仍给他食物或给他指路,那么要因此而支付 5 格里夫纳;如果是女奴,则要支付 6 格里夫纳。"④对这种犯罪行为支付的钱款,也就是对犯罪行为人的处罚。

---

① Н. Калачовъ. Текст Русской Правды на основании четырехъ списковъ разныхъ редакции. С-П. 1889. с. 34.
② 同上注,с. 3。
③ 同上注,с. 36。
④ 同上注,с. 39。

5. 窝藏他人的切良津

切良津被归入奴隶的范畴,完全依附于主人,是主人的财产和出售品。11—13世纪,切良津一直被用来表示与主人的领地结合在一起的广大依附者阶层,他们可以被赠送或转让。

既然切良津作为一种封建主的完全依附民,具有私人财产性质,那么对切良津的窝藏行为就是侵害了其主人的财产权。《雅罗斯拉夫法典》规定:"如果切良津逃跑,被瓦良格人或者卡帕克人窝藏,而他们在3天内未交出切良津,切良津的主人在第3天找到了他,那么有权带走自己的切良津,窝藏者要因此支付3格里夫纳。"①即如果窝藏他人切良津的人在3天之内交出,那么就不会产生赔偿金责任;如果超过3天期限而被切良津主人发现,不仅要归还切良津,窝藏者还要为此承担刑事责任。瓦良格人和卡帕克人虽然在一些方面拥有特权,但是"他们也必须承担窝藏切良津的法律责任和后果"②。这也充分体现了法律对私有财产的保护力度。

6. 侵犯土地所有权

所有权包括一般的私人物品,也包括土地。在11世纪时,私人的土地所有权已经受法律保护了,所以如果侵犯了他人的土地所有权,就是属于侵害财产的犯罪行为。《雅罗斯拉维奇法典》规定:"如果某人填平界沟或拔除界桩,耕种他人的田地,那么要处以12格里夫纳的罚金。"③这里所说的"填平界沟"和"拔除界桩"都是破坏了耕地的标志,这样耕种他人土地必然侵犯了土地所有权。《摩诺马赫法规》规定:"如果砍倒橡木标志,或者破坏地界,那么要处以12格里夫纳的罚金。"④这里所称的"标志"并没有具体指明是什么事物之间的所有权标志,可以泛指包括土地在内的一切私有财产。所以,对

---

① Н. Калачовь. Текст Русской Правды на основании четырехь списковь разныхь редакции. С-П. 1889. с. 2。

② М. Н. Тихомиров. *Исследование о Русской Правде*. М. 1941. с. 56。

③ Н. Калачовь. Текст Русской Правды на основании четырехь списковь разныхь редакции. С-П. 1889. с. 4。

④ 同上注,с. 33。

这些事物的破坏也就是在侵犯他人的私有财产所有权。

7. 强行抢占债农财产

在《罗斯法典》中,有关强行抢占是针对主人对债农而规定的。虽然债农在人身上处于半依附的状态,但是也有一定的私人财产,主人有时就会对其财产进行侵犯,法律对此种情形作了规定,以惩罚主人的这种行为。《摩诺马赫法规》规定:"如果主人残酷虐待债农,克扣工资,抢夺他的土地和财产,那么应全部归还,并支付60库纳罚金。""如果主人强行抢占债农的钱财,那么应归还,并支付3格里夫纳的罚金。"①在这些情况下,已经明确地规定了债农具有私人财产,如果主人要强行占有,就是侵犯他人私有财产的犯罪。

8. 杀害他人牲畜

牲畜作为农业社会中一种较为重要的生产工具,是所有人非常重要的财产之一,如果对其进行侵害,就是一种侵犯财产的犯罪行为。《摩诺马赫法规》规定:"如果某人恶意杀害他人的马匹或其他家畜,那么要交纳罚金12格里夫纳,并因此照价赔偿主人的损失。"②恶意杀害他人马匹或其他家畜的人不仅要向主人照价赔偿被害家畜的损失,还要向王公交纳高达12格里夫纳的罚金。要知道,当时一匹马的价格也就在二三格里夫纳左右,所以这种处罚可谓是非常严厉。

9. 损坏捕猎网

捕猎在当时是一种较为重要的活动,而作为其工具的捕猎网就成为被法律保护的对象。《摩诺马赫法规》规定:"如果某人割断捕猎网或者网上的绳子,那么要交纳3格里夫纳的罚金,并向主人赔偿绳款1格里夫纳。"③

10. 纵火焚烧他人的财物

纵火在现代意义上属于一种单独的罪名,而在古代罗斯时代,纵

---

① Н. Калачовь. Текст Русской Правды на основании четырехь списковь разныхь редакции. С-П. 1889. с. 32。

② 同上注,с. 35。

③ 同上。

火焚烧他人的财物只是侵犯财产犯罪的一种形式而已。《摩诺马赫法规》规定:"如果某人放火焚烧打谷场,那么要将其放逐并没收其财,首先偿付造成的损失,而剩余部分归王公所有;如果焚烧宅院,同样据此处罚。"①罪犯纵火烧毁属于私人所有的打谷场或者宅院,已经明显地侵犯了他人的财产。法律对这种纵火行为的惩处是非常严厉的,不仅要将罪犯流放,而且要没收其全部财产以赔偿损失。

在侵犯财产的犯罪中,主要包括抢劫、盗窃、毁灭和损坏他人的财产,其中有一类现象值得注意,即某些条款关注的是自然界的客体。一些学者认为这是自然保护法的萌芽,②但是"实际上这里保护的只是某个领主对自然自由的私人所有权。对所有这些犯罪行为的处罚是十分严厉的,因为他们会动摇封建社会的福祉基础——私人所有制。"③

(三) 侵害国家政权的犯罪

关于对国家政权进行侵害,《罗斯法典》没有明确提及。"《罗斯法典》不含有关于这个类型部分犯罪的规定,一方面是因为制定的一般意义上的法律与实际生活中的法律运用范围相比较还不完整,另一方面是因为还没有完全意识到从这些类别中产生的一些行为在犯罪上的意义。"④同时,在这个阶段还没有国家及国家利益的抽象理解,所以也没有理论上和法律上的详细界定。

1. 叛国行为

虽然法律没有明文规定叛国行为及其处罚方式,"但是基辅罗斯的历史上是知晓国家犯罪的。这样,如民众的起义,对参加者都适用死刑。王公之间也存在争斗,战胜的一方经常会进行残酷的镇压。

---

① Н. Калачовь. Текст Русской Правды на основании четырехь спискoвь разныхь редакции. С-П. 1889. с. 35.

② М. Б. Булгаков, А. А. Ялбулганов. Российское природоохранное законодательство XI—нач. XX вв. М. 1997 г. с8.

③ 〔俄〕О. И. 奇斯佳科夫主编:《俄罗斯国家与法的历史》(第五版)(上卷),徐晓晴译,付子堂校,法律出版社 2014 年版,第 132 页。

④ М. Ф. Владимирский-Буданов. Обзор истории русского права. М. 2005. с. 378.

只是这些都没有在立法中体现出来。"①例如,基辅居民在伊兹雅斯拉夫大公时期发动1067年起义,大公在起义之后作出了执行死刑的决定。这样的处罚现在也是能被理解的,同时证明了叛国的概念和意识已经开始出现:基辅居民本身将自己的起义叫作"灾祸"。编年史作家指责王公,认为他在没有经过审判的情况下就实行了死刑。1067年起义之后,王公砍掉了释放弗塞沃洛德出狱的70个人的头,其他人则被剜去双目,还有一些无辜的人在没有经过调查的情况下就被处死。② 在诺夫哥罗德和普林斯科地区,对叛国概念的理解及发展通常比其他地区要早一些。1141年,在诺夫哥罗德,雅库纳被处死,原因是他从王公处逃脱。他被脱光了衣服,从沃尔霍夫桥上扔了下去。

2. 职务犯罪

职务犯罪明显带有一些国家政治性的痕迹。就王公本身来说,代表着国家和国家权力。所以,王公在利用其权力进行犯罪的时候,就已经开始对国家利益产生了损害,被认为是一种较为严重的违反国家政权的犯罪行为。通常,在所有领地上的王公如果依靠自己的职务进行了犯罪,就要归属王族共同管辖并进行处罚。但是,在诺夫哥罗德和普林斯科,以及在某些王公领地,则属于谓彻管辖。1136年,诺夫哥罗德人民审判弗塞沃洛德王公,因为他没有完成王公作为领袖对人民的职责。除了王公之外,各级的官员也会出现职务犯罪,在这种情况下会被处以相应处罚。例如,1209年,诺夫哥罗德人民审判越权的行政长官并将其处以死刑。

3. 对王公及其权力的损害

应当认识到,虽然法律没有明确规定,但是就当时的情况而言,王公作为国家政权的代表,如果对其侵害就意味着侵害国家政权,而其中较为严重的就是弑君。关于侮辱君主的概念,出现在苏兹达尔

---

① Л. П. Белковец, В. В. Белковец. История государства и права России курис лекций. Новосибирск. 2000. с. 19.
② 参见〔俄〕拉夫连季编:《往年纪事》,朱寰、胡敦伟译,商务印书馆2011年版,第155页。

地区，并反映在编年史中提到杀害王公安德烈·柳戈柳布斯基的情况下。安德烈是一名独裁者，在其被弑杀之后，凶手是通过审判进行处理的。同时，这种行为也延伸到对王公随从人员的侵害中。在《罗斯法典》中，就很清楚地说明了杀害王公的随从人员（例如马厩长、总管、基温等）的行为与惩罚方式。这被看作对王公权益的侵害，也相当于针对国家的犯罪。在法典中还有一个规定可以说明这种犯罪行为，即针对侵害王公权力者的非法拘禁刑讯行为。拘禁刑讯是一种针对人身的侵害方式，它的形式大致是用柔韧的柞树条抽打赤身裸体的受刑者，或者是用火烫烙受刑者。总之，就是以种种残酷手段给被拘禁者制造痛苦。但是，在古代罗斯已经存在一定的司法秩序，法律不允许实施非法的司法行为。如果不经王公同意而擅自进行拘禁刑讯，就是一种违反司法进行侵害人身的犯罪行为。《雅罗斯拉维奇法典》中规定："如果未经王公的指令允许，拘禁刑讯斯麦尔德的，处以 3 格里夫纳的罚金；拘禁刑讯的对象是总管、基温或审判执行官的，交纳 12 格里夫纳。"①《摩诺马赫法规》中也规定："一个斯麦尔德在未经王公指令允许的情况下拘禁刑讯另一个斯麦尔德，那么处以 3 格里夫纳的罚金，并为对方的痛苦赔偿 1 格里夫纳 1 库纳；如果拘禁刑讯总管，那么交纳 12 格里夫纳，赔偿 1 格里夫纳 1 库纳。"②从这些条款的规定中可以看出，必须经过王公的允许或授权才可以进行拘禁刑讯。如果擅自实行拘禁刑讯，不仅是侵犯人身的犯罪行为，其更重要的后果是对王公权力的挑战和冲击。这种针对王公权力的侵害，无疑在实质意义上侵害了国家利益，是一种针对国家的犯罪行为。

可以看出，无论是对王公、其随从人员的侵害还是对王公权力的冲击，都是对国家犯罪的行为方式。法典中对这些都作出了明确规定，也就说明了在当时虽然没有这种针对国家犯罪的理论，但是确实

---

① Н. Калачовь. Текст Русской Правды на основании четырехь списковь разныхь редакции. С-П. 1889. с. 4.

② 同上注，с. 34。

存在这种犯罪行为。

（四）侵害宗教信仰、家庭和道德的犯罪

在罗斯国家接受了东正教之后，很多以前没有的犯罪形式逐渐出现了，例如反对教会、对教会进行管辖、极力维持教会秩序的家庭关系以及社会中产生的一系列道德问题。这些问题虽然没有在世俗的法律、法典中体现出来，但是对于当时的社会来说是确实存在的，并且由教会法规进行规制。

1. 违反信仰的犯罪

对于信仰的犯罪在多神教时期就已经出现了，现在关于这些现象的观察是在接受基督教后按照希腊、罗马教会法规形成的。"但是，这从《罗斯法典》中并不能体现出来，而只能来自于教会法规，表现出了两种形式，当时称为'зелейничество и ведовство'，即'实施妖术和魔法'。"① 这种妖术和魔法均为多神教术士所进行的活动，"首先，它们具有复杂的对象和客体，通晓自然界的特殊力量，并且可以运用这些力量伤害其他人，因此被称为'毒化'。其次，它们是与看不见的世界进行虚构的交往和沟通。因为这种类型的行为不仅不能追查到多神教那里，也不能从中发现什么，所以最初很难追查到它们是怎样进行犯罪的。"② 在 12 和 13 世纪，"双重信仰"形式渐弱，并且开始到处和时常追捕巫师、术士。例如，1227 年，在诺夫哥罗德"抓住 4 名巫师，控告他们放纵，而上帝要管辖这些，就把他们抓到雅罗斯拉夫庭院。"③ 其他被禁止的反对信仰和教会的行为，例如在小树林、水边或者谷物干燥室进行祈祷，抢劫死尸，在墓地或者道路上砍倒十字架，巫师从圣物上切割掉一部分，以及把狗或者鸟带进教会等。

这些反对信仰的犯罪形式都是东正教与多神教之间的斗争形式，只是由于东正教占据了优势地位，而将多神教的宗教性方式定位

---

① Л. П. Белковец, В. В. Белковец. История государства и права России курис лекций. Новосибирск. 2000. с. 19.

② М. Ф. Владимирский-Буданов. Обзор истории русского права. М. 2005. с. 380.

③ 同上。

成了犯罪。所以,我们在阐述有关违反信仰的犯罪时要注意的是,这仅仅是以东正教的标准评价多神教行为的一种方式。

2. 违反家庭和道德的犯罪

在《罗斯法典》中,并没有提到有关道德方面的犯罪。但是,家庭是早于国家而存在的。应当这样认为,侵害家庭和道德方面的犯罪从古代到罗斯法典时期都是存在的。这种类型的犯罪是在古代罗斯接受基督教之后产生的,并且体现在教会法规中。

(1) 违反基督教家庭制度

这类行为属于教会法庭管辖并处以有利于教会权力的罚金,但是也有来自王公方面补充的刑事惩罚。例如,近亲结婚;娶两个妻子,即没有合法地解除第一段婚姻而娶其他人;有两个丈夫,在这种情况下,惩罚属于两个丈夫;丈夫有情妇;在没有经主教同意的情况下,按照个人意志允许妻子离开丈夫,或者按照双方意愿而离婚,按照是否举行了教会婚礼仪式,处罚也是完全不同的;父母方面非法或者滥用权力强迫子女结婚,即拒绝同意子女的婚姻或强迫子女结婚。

(2) 在家庭范围内完成的共同犯罪

该类犯罪属于王公法庭管辖,或者属于王公和教会混合法庭管辖,但是命金和罚金是在教会和国家之间分配。例如,在举行结婚或者订婚典礼的时候杀人和行凶,无论是故意还是过失;纵火烧毁教堂和教会拥有的房产;配偶之间的盗窃,妻子从丈夫那里偷盗亚麻制品、粮食这些生活必需的物品,或者丈夫偷盗妻子的衣服。

(3) 违反道德的犯罪

该类犯罪包括:各种方式的纵欲、淫荡;抢夺少女,侵害了三个客体,即道德、父母的权利和规定禁止抢劫的法律;强奸,具有复杂的客体,即侵害了健康、名誉和道德;兽奸等。

这些犯罪形式都是在教会法规中体现出来的,而在《罗斯法典》中并没有被提及,却都是在《罗斯法典》时期客观存在的。因为这些教会法规都是在《罗斯法典》颁布和实施时期产生的,所以毫无疑问其存在和实施的时间对应的就是《罗斯法典》时期。这些教会法规的出台和实行,也在很大程度上反映了古代罗斯社会中较为复杂和法律没有明文规定的犯罪形态,更为重要的是在资料上补充了世俗立法文件对当时客观实际的反映。

第二节 刑罚方式

每当一个犯罪行为发生,世人的直接反应就是要处以刑罚,但是通过什么方式进行、要达到什么样的目的,可能是需要考虑的问题。在历史上,刑罚的方式有很多种,例如死刑、肉刑、罚金等。这些刑罚要达到的目的之一就是给犯罪行为人一定的处罚,并且起到一定的预防作用。在古代罗斯的法律制度中,针对不同的犯罪行为规定了不同的惩罚方式。根据《罗斯法典》的规定,血亲复仇(它仅仅可以部分地归于处罚)、流刑、没收财产、命金、罚金、赔偿金是当时罗斯法律明确规定的处罚方式。但是,通过其他材料也可以知道,还存在法典中没有规定而在实践中存在并实施的其他方式。在当时的法律思维中,"刑罚的目的是复仇,赔偿受害人的物质损失和国家获得物质利益。"①

一、血亲复仇

在古代社会,一开始时的惩罚方式与近现代的刑罚就存在相当大的区别。在近现代,对待个人之间的侵害的"处理权"属于国家,国家是刑事惩罚的主体,并且要对惩罚予以公布。因为国家认为犯罪是针对自己的,所以自己进行惩罚。在法律发展的历史上,"从一方面看,它们更被当作是涉及对家族利益的侵害,是对被侵害者的亲人的冒犯。另一方面,它们被当作是对社会利益——和平和秩序的伤害,因为这种伤害唤起了复仇的欲望,因而有引发私人复仇和私人间战争的危险。"②这也就决定了私人之间的恩怨会引发家族之间的

---

① 〔俄〕鲍里斯·尼古拉耶维奇·米罗诺夫:《俄国社会史》,张广翔等译,山东大学出版社 2006 年版,第 16 页。
② 〔美〕罗斯科·庞德:《法理学》(第三卷),廖德宇译,法律出版社 2007 年版,第 27 页。

冲突,而解决问题的方式往往是具有私人惩罚性质的复仇。所以,在古代社会最开始时,惩罚都具有私人性,"原始法倾向于给那些受害者以直接的权力。这样做部分是出于方便,它容易使错误者们承担法律责任,还因为原始的血缘团体有一个统一体的强烈感觉,同伴的死自然使他们承担沉重的感情影响。无论怎样,当一个团体以团体的名义在既定的情况下对犯错误者个人或他的亲属集团实施强力时,如果制止了恶人的扰乱行为,那么就是法律获得胜利,就是秩序压倒了暴力。"①在这种初民社会,惩罚的主体不是国家,而是个人。从历史进程来看,复仇是惩罚的第一种形式,也是受害人或者其亲属报复罪犯的权利。复仇是一种古老的习俗、渊源与氏族制度,在中古时期长期流行。直到15、16世纪,西欧仍存在这种习俗,之后随着法律的限制,开始出现了血亲复仇。在罗斯社会,血亲复仇也很盛行,甚至很长一段时间内都没有消除。

(一)《罗斯法典》中血亲复仇的适用

在古代罗斯社会,复仇出现得很早。"在俄罗斯土地上较为久远的时代,随着部落的逐渐建立,复仇方式开始占有统治地位。每个部落就像一个国家一样享有独立的权力,如果伤害它的成员,都可以按照自己的意愿进行报复,就在整个部落的基础上出现了复仇。"②之后,血亲复仇逐渐出现了。在《罗斯法典》编纂之初,罗斯社会还没有完全摆脱以往氏族公社时期的制度痕迹,所以"在《雅罗斯拉夫法典》中还存有古代氏族的习惯:血亲复仇","但是复仇的责任只属于近亲属,而不是所有的氏族成员。"③《罗斯法典》中允许近亲属进行复仇的情况只有两种:一是杀人。《雅罗斯拉夫法典》第1条就规定:"如果某人杀害了他人,那么兄弟之间,或者子也可以为其父,父也可以为其子,或者是侄子为其伯叔,外甥为其舅父,都可以向凶手

---

① 〔美〕霍贝尔:《原始人的法》,严存生等译,法律出版社2006年版,第256—257页。
② А. Попов. Русская Правда в отношении к уголовному праву. М. 1841. с. 33.
③ А. М. Панкратова. История СССР. М. 1954. с. 47.

进行复仇。"① 这个条文规定了被害人的近亲属范围。二是伤害致残。《雅罗斯拉夫法典》也规定,如果砍断他人的脚,或者致人残疾,可以复仇。② 我们通过法典的规定可以看出,复仇为法律所许可,允许复仇针对的是较为严重的杀人行为或严重伤害行为,并且将复仇权赋予一定范围内的直系亲属。"《罗斯法典》中规定有审判和侦查的程序规则,但是在最初的国家还没有相应的规定,因此遭受暴力而复仇的权利只能赋予受害者的近亲属。"③ 这就使得血亲复仇区别于最初的"不加选择地报复"。"这种制度在我们看来很野蛮,但我们只需要想一会儿,就会意识到它的重要性,因为这是人类文明进程的一步。如果有人被他人伤害或者被杀害,杀戮的激情立刻被唤醒,所有与死者有关系的人——包括那些与他信仰相同或者与死者处于战争的同一方,都急切地想为其报仇,向那些他们认为是凶手的人报仇。最后的结果可能是大杀戮,没有一个人的生命能得到保障。但是,一旦规定报仇的权利只属于死者一定范围内的亲属,并且也只能针对罪犯的直系亲属,那么报仇的范围就会从本质上缩小,造成的伤害也会相应地减少。这就是血亲复仇的功绩所在。"④

(二) 血亲复仇的变化

在中世纪的欧洲,如果有人不幸被杀或遭受伤害,那么他的亲人是一定会为他报仇的。"最开始的时候,受害者的亲人会与施害者的宗族结下世仇,向他们宣战,到最后形成了'赎杀金'制度:施害者应向受害人家族赔偿一定数额的钱以平息他们的仇恨。赎杀金数量不一,一则根据受害人的性别、年龄和社会地位而定,最高的当属贵族人家的男性和育龄妇女;二则根据杀害的严重程度而定,若是杀了人,偿金当然高,若是伤残,则伤越小,偿金越低。每种想象得到的伤

---

① Н. Калачовь. Текст Русской Правды на основании четырехь списковь разныхь редакции. С-П. 1889. с. 1.
② 同上。
③ И. Н. Кузницов. История государства и прова России . М. 2007. с. 90.
④ 〔英〕爱德华·甄克斯:《中世纪的法律与政治》,屈文生、任海涛译,中国政法大学出版社2010年版,第72页。

残——小到小脚趾——都有相应的级别。"①这反映了血亲复仇的一种变化过程,从无休止的互相复仇到以实物换取对方的满意,借此解除双方的恩怨。因为如果一直持续这种互相仇杀的状态,对于复仇的双方都是没有益处可言的。罗马人塔西佗就曾经指出:"宿仇并非不能和解;甚至仇杀也可以用若干头牛羊来赔偿,这样不独可以使仇家全族感到满足,而且对整个部落更为有利,因为在自由的人民中,冤仇不解是非常危险的事。"②

在古代罗斯也是如此,由于最初需要对古代习惯抱以宽容态度,所以将其规定在法典之中予以认可。但是,随着时代的变迁和社会的发展,新的观念开始代替以往的古老的观念,这在确定杀人的惩罚和逐渐改革血亲复仇的法规中已经被明确提出。我们可以看出,有关血亲复仇的规定只在《雅罗斯拉夫法典》中提到,之后的法典并没有再给予肯定。因为在雅罗斯拉夫死后,"他的三个儿子——伊兹雅斯拉夫、斯维雅托斯拉夫、弗塞沃洛德及其臣僚——科斯尼雅奇克、别列涅科、尼基弗尔,再次聚会,决定废除血亲复仇,可以代之以金钱赎罪。"③自从这次会议之后,血亲复仇为法律所禁止,新的惩罚制度"命金"出现。在《雅罗斯拉维奇法典》中,也完全排除血亲复仇的亲属成员,禁止任何人杀害凶手,凶手可以使用金钱补偿被害人的亲属。这样,就扩大了国家法律对侵犯人身和财产的犯罪的控制。

(三) 相关问题

血亲复仇作为一种原始习惯,也被法律认可,它在当时的罗斯社会到底处在什么样的地位?从历史上看,血亲复仇成为被害者族群惩罚罪犯的一种责任。但是,古罗斯国家的封建进程加强了王公和王公审判的作用,给运用血亲复仇的习惯带来重大变化。"有一段时间,王公法院(审判)与村社法庭并存。但是,逐渐地,通过加强封

---

① 〔美〕朱迪斯·M.本内特、C.沃伦·霍利斯特:《中世纪欧洲史》(第10版),杨宁、李韵译,上海社会科学院出版社2007年版,第38页。
② 〔古罗马〕塔西佗:《阿古利可拉传——日耳曼尼亚志》,马雍、傅元正译,商务印书馆1958年版,第38页。
③ 王钺:《〈罗斯法典〉译注》,兰州大学出版社1987年版,第45页。

建关系,王公法庭拥有了优先的地位,将村社法庭排挤到了次要的位置。"① 这样,王公就有很大可能性和能力去干涉血亲复仇的习惯,凶手也可能有机会在王公的调停之下赎回自己的罪行(虽然他在此之前可以与被害者的亲属协商)。同时,这个时期分离出了一类与自己的社会脱离的特殊类别的人,如商人,还存在众多王公的家臣和仆人。由于种种原因,这些人与村社经常发生矛盾并造成武力冲突,他们在那里并不能自保,所以他们的保卫者应该是王公。因此,他们更加关心如何加强王公的权力,赞同王公权威的提升。王公也限制村社而自己审判,这样就可以采用自己的惩罚方式——命金。

毫无疑问,王公时刻关注可以削弱中央权力的村社审判,不同意古代血亲复仇,具有新的伦理和道德规范的基督教会也不同意血亲复仇。但是,这种习惯已经被非常广泛地传播开来,不能立刻消除。因此,可以推测,王公对血亲复仇采取一种妥协的制裁方式。这在《雅罗斯拉夫法典》第1条中确定了下来。我们也可以认为,它是由于限制复仇制度而形成的一种惩罚方式,这种惩罚方式不仅仅是对复仇人的范围作出了限制,而是有了国家权力的介入,成为一种国家法律允许的私刑。在《罗斯法典》中,就反映出这种刑罚有一种过渡性的特征。

血亲复仇作为一种私刑性质的惩罚方式,到底是一个审判前还是审判后的惩罚?《罗斯法典》对这个问题没有给出一个直接的答案,但是通过其他相关的资料可以从侧面反映出这一点。据《往年纪事》记载,1071年,白湖地区发生了斯麦尔德起义。恰好大公的波雅尔扬·维沙季奇来此收取贡赋,于是对这场起义加以阻止,并最后平息。由于这次起义使许多封建主的女眷受到杀害,所以在审判罪犯时,扬·维沙季奇问他们:"你们之中有谁的亲属是被他们杀死的?"有封建主答道:"我的母亲被他们杀害了,那个人有个姐妹,另一个人有一个女儿被他们杀害了。"扬·维沙季奇对他们说:"为自

---

① М. Ф. Владимирский-Буданов. Обзор истории русского права. М. 2005. с. 25.

己的亲人复仇吧!"于是,这些人动手杀死了被俘的起义者,把尸体掉在橡树上——"他们就是这样受到了上帝的正义的惩罚。"① 从这个事件可以看出,这个时期如需进行血亲复仇,要经过王公法庭作出判决或许可后才可进行。但是,我们仅仅可以看出,在这个时期已经形成这样的制度,至于在此之前或者说在《雅罗斯拉夫法典》时期,血亲复仇是否需要经过这种审判过程才可以实施,在现有的资料中还不能得到完全的确定。

对于当时的血亲复仇,我们应当抱以客观的态度、历史的观点,这样才可以在其具体实施情形的基础上了解它的内旨。按霍贝尔的观点,"原始法中的私刑并不是一种倒退的形式,不是走弯路,也不是已建立的正式的法律。在某种情况下,它是走向刑罚的不规则的第一步,在它那里法律权力的实现还没有精确化和分配给特殊的人们,它是由暴力的公众中一帮人所掌握的锐利而残酷的武器。"② 从这个观点中,我们也可以看到血亲复仇在当时存在的正当性和意义。

二、罚金

罚金(продажа)在《罗斯法典》中是一种非常重要的惩罚方式,是这一时期运用最广泛的一种刑罚,而且在《罗斯法典》的法条中所占比例也非常大。"在《罗斯法典》的总共 164 条中,明指'罚金'的,共有 57 处。"③ 在法典中,直接规定罚金交纳给王公,这也说明罚金是自由人身份的罪犯交纳的具有公共性质的罚款。但是,处以罚金的犯罪行为都规定在《雅罗斯拉维奇法典》和详编本法典中,在《雅罗斯拉夫法典》中并没有涉及。这是因为,在雅罗斯拉夫时期,还不存在"продажа"一词,所以法条所规定的格里夫纳并不是交纳给王公的罚金,只是单纯的私人赔偿金。

---

① 〔俄〕拉夫连季编:《往年纪事》,朱寰、胡敦伟译,商务印书馆 2011 年版,第 158 页。
② 〔美〕霍贝尔:《原始人的法》,严存生等译,法律出版社 2006 年版,第 257 页。
③ 王立民:《古代东方法研究》,北京大学出版社 2006 年版,第 318 页。

（一）适用的犯罪类型及数额

1. 盗窃

罚金刑主要适用于盗窃犯罪。例如，《雅罗斯拉维奇法典》规定："盗窃烙有火印的王公马匹，处以 3 格里夫纳的罚金；盗窃斯麦尔德的马匹，则为 2 格里夫纳。盗窃骡马为 60 列查那，公牛为 1 格里夫纳，母牛为 40 列查那；三齿龄牛为 15 库纳，一齿龄牛为半格里夫纳；牛犊为 5 列查那，羊羔为 1 诺卡达，公羊为 1 诺卡达。"① 其余如盗窃鸡、鸭子、鹅和鸽子等家禽，猪、狗等家畜，以及船只等，都需要处以罚金。但是，也有些例外存在，即不适用罚金的盗窃，《雅罗斯拉夫法典》中规定的情形就是如此。

2. 侵害他人财产的犯罪

侵害他人财产的犯罪的对象很多，例如诱拐他人的霍洛普、非法耕种他人的私有土地、抢占他人财产等，这些行为在法典中都明确规定要处以罚金。《雅罗斯拉维奇法典》规定，某人烧毁属于王公所占有的野蜜蜂巢，应支付 3 格里夫纳的罚金。

3. 某些伤害行为

对伤害行为同样要处以罚金。例如，《摩诺马赫法规》规定："如果某人的牙齿被他人打掉，口中全都是血，而且有人作证，那么凶手应交纳 12 格里夫纳的罚金，并为牙齿赔偿 1 格里夫纳。"② 但是，法典中并没有对所有的伤害行为都处以罚金，而是有些例外情况。"如果某人伤害他人胳膊，使胳膊断落或者萎缩，或者伤害脚，或者弄瞎眼睛，或者割掉鼻子，那么要交纳半个命金 20 格里夫纳，而受害人因伤残得到 10 格里夫纳。"③ 所以，可以证明，只有部分伤害犯罪适用罚金刑，不同的惩罚大概是根据伤害程度不同而决定的，并没有统一的规定。

---

① Н. Калачовь. Текст Русской Правды на основании четырехь списковь разныхь редакции. С-П. 1889. c. 3.
② 同上注，c. 33。
③ 同上注，c. 23。

4. 侮辱

侮辱在《罗斯法典》中作为一种犯罪行为，对其处罚的方式也是科以罚金。《雅罗斯拉维奇法典》中规定，用没有拔出鞘的剑或剑柄，以及用棍棒、食器等器物殴打他人的行为，都要处以 12 格里夫纳的罚金。

5. 擅自拘禁刑讯

擅自拘禁刑讯是一种违反司法规则并会对王公权力造成损害的犯罪行为，法律对此规定了处以罚金的惩罚方式。《雅罗斯拉维奇法典》规定："如果未经王公的指令允许，拘禁刑讯斯麦尔德的，处以 3 格里夫纳的罚金；拘禁刑讯的对象是总管、基温或审判执行官的，交纳 12 格里夫纳。"①

6. 出卖债农为霍洛普

债农在身份上属于半自由人，依附于封建主，主人对其并没有像霍洛普一样的完全所有权。所以，如果主人将债农出卖为完全的霍洛普，就是一种不法行为，需要交纳罚金。《摩诺马赫法规》就是如此规定的："如果主人把债农出售，那么债农就从债务中解脱，主人因此要支付 12 格里夫纳的罚金。"②

罚金的数额从 1 到 12 格里夫纳不等，这些罚金数额的规定是根据某些因素确定的。其中，最重的惩罚力度就是 12 格里夫纳，这种数额较大的罚金通常适用于侮辱、主人出卖债农以及烧毁野蜜蜂巢的行为；而其他的犯罪行为所要交纳的罚金数额，或者根据盗窃物的价值，或者根据被侵害财产的价值，或者根据受侵害人的身份。

（二）罚金的分配

罚金是一种金钱性质的刑罚，最终的处罚结果是获得一定数额的钱款。虽然收取罚金的主体是王公，但是并非只归其一人拥有。所以，在犯罪人交纳罚金之后，这部分款项应当如何分配，何种人应该得到及得到多少，是值得关注的问题。在《罗斯法典》中，对此作

---

① Н. Калачовь. Текст Русской Правды на основании четырехь списковь разныхь редакции. С-П. 1889. с. 4.

② 同上注, с. 32。

出了明确规定。

首先,王公得到罚金的大部分。《雅罗斯拉维奇法典》中规定:"如果盗窃绵羊、山羊或者猪,即使10个人一起只盗窃1只绵羊,那么也应分别交纳60列查那的罚金。抓住盗贼者,奖赏10列查那。"①这条只规定了罚金总额,并没有规定缴纳给王公的罚金数额。《雅罗斯拉维奇法典》中则明确了王公所获得的罚金数额:"审判执行官1库纳,交纳什一税款15库纳,王公3格里夫纳;而罚金为12格里夫纳时,抓捕者70库纳,交纳什一税款2格里夫纳,王公10格里夫纳。"②王公能得到多数罚金是因为他们代表了政府、国家。那时,王公受大公的委托管理自己的领地,拥有一定的军队,可以剥夺依附于他们的斯麦尔德、霍洛普等人的劳动成果,是地位较高的统治者。

其次,司法人员可以得到从罚金中支取的部分酬劳。这部分司法人员包括审判执行官、罚金征收者及其助手、文书和捕快,他们在进行一系列的活动中所起的作用不同,法律规定将罚金的一部分分配给他们作为报酬或补偿。《摩诺马赫法规》规定:"罚金征收者12格里夫纳,助手2格里夫纳20库纳;……文书10库纳,旅途辛苦费5库纳,皮革费2诺卡达。"③给予司法人员的报酬数额是根据收缴罚金的多少决定的,《雅罗斯拉夫法典》第41条中就明确规定了这点。可以看出,司法人员得到的那部分罚金相对于王公所获得的数额是很少的。

再次,受害人获得的赔偿。在对某人的犯罪行为处以罚金之后,受害人也会得到其中一部分作为赔款。详编本法典中规定:"如果砍断他人的任何一根手指,凶手要因此支付3格里夫纳,受害人得到1格里夫纳。"④受害人赔偿金虽然在名目上不是罚金,却也是从罚金

---

① Н. Калачовь. Текст Русской Правды на основании четырехь списковь разныхь редакции. С-П. 1889. с. 4.
② 同上。
③ 同上注,с,34。
④ 同上注,с.23。

中分配出来的一部分。

最后,给予抓获罪犯的人的奖赏。对于抓获罪犯的人,法律规定分配一部分罚金作为对其的奖赏。在《雅罗斯拉维奇法典》中,就规定了抓获盗窃绵羊、山羊和猪的盗贼,可以"奖赏10列查那"。作为奖赏的规定,在法典中只出现过这一次。

(三)适用罚金的例外

虽然罚金在《罗斯法典》中规定得比较详细,适用的犯罪行为的范围也比较广,但是也存在一些本该适用而不适用罚金的情况。在《罗斯法典》中,有两种情况就是如此。

第一种是霍洛普的盗窃行为。详编本法典中规定:"如果霍洛普是这样的,即或者是王公的霍洛普,或者是波雅尔的霍洛普,或者是修道院的霍洛普,那么王公对他们不科以罚金,因为他们不是自由人。但是,对于霍洛普的这种行为,主人应向原告支付双倍赔偿。"①由于霍洛普是非自由人身份,所以并不具有犯罪主体资格,他们的犯罪行为也不会造成法律对其本人的惩罚,而是由其主人承担罪责。但是,其中有些问题存在着可讨论的余地,即对霍洛普的盗窃行为,法律规定本人不交纳罚金,是否就意味着不处以罚金,从法律规定来看是值得商榷的。因为霍洛普作为主人的一种活体财物,即使他们不为自己的犯罪行为负责,罪责也会转嫁给其主人,所以法律规定主人要向原告赔付损失。这样看来,由霍洛普主人赔偿给原告的款项的性质就显得非常模糊,究竟是代替霍洛普交纳的罚金还是单纯的赔偿金,我们从法条的字面意思上并不能完全理解。

第二种是缺少证人和证据的情况。《摩诺马赫法规》规定:"如果某人的胡须被他人拔掉,而提供了物证和一个以上的证人,那么处以12格里夫纳的罚金;如果没有证人,那么不能处罚。"②对于这种拔掉他人胡须的侮辱性犯罪,要处以罚金需要满足两个条件:实物证

---

① Н. Калачовь. Текст Русской Правды на основании четырехь списковь разныхь редакции. С-П. 1889. с. 10.

② 同上注,с.33。

据和证人。这也说明,已经进入了诉讼程序,必须有有力的证据证明犯罪事实的存在才可以定罪并处罚,否则就会免除处罚。可以看出,这种免除罚金的情况主要是由于缺乏证据而无法定罪,所以自然不会导致罚金刑的适用。对于这个问题,笔者认为,即使在法条中明确规定了免除罚金的意思,也仅仅是有条件的一种结果,实质上是原告败诉而无法追究被告人的刑事责任。

此外,《罗斯法典》中适用罚金时,还需要遵循加重处罚共犯、注重维护高身份者权益以及与赔偿一起使用的原则。① 总体而言,罚金作为在罗斯社会适用最广泛的刑罚方式,存在的时间很长,并且起到了非常大的作用,最主要的就是增加了国家的财政收入,同时也增加了王公个人的财富。由此可以看出,虽然罚金刑具有公共性质,但是在很大程度上是为了王公个人利益而存在的。

三、命金

所谓"命金"(вира),也称"血钱",简而言之就是一种对某些人身伤害所作出的金钱惩罚。这种制度在中世纪欧洲普遍存在,称为"赔命价"。"偿付受害者亲属的确定的金钱制裁,是12世纪以前欧洲所有民族法律的一个显著特征,而且也确定是处在某个发展阶段的每个印欧民族法律的一个显著特征。"② 但是,在古代罗斯,命金作为一种刑罚,其金钱的归属者是王公,受害人亲属只能得到一定量的赔偿。命金作为一种较为重要的刑罚,在《罗斯法典》中规定得也很详细,并且经历过了一个不断发展和变化的过程。

(一)适用范围

"命"所表达的含义就是与身体健康或者生命有关系的犯罪行为才可以处以命金。所以,这种刑罚只适用于杀害自由人和某些伤害行为。在《罗斯法典》中,没有提到有关杀害封建主而交付命金的

---

① 参见王立民:《古代东方法研究》,北京大学出版社2006年版,第321—322页。
② 〔美〕哈罗德·J.伯尔曼:《法律与革命——西方法律传统的形成》,贺卫方、高鸿钧等译,中国大百科全书出版社1993年版,第64页。

规定,这是因为杀害封建主要承受比命金更严重的惩罚。

1. 故意杀人

在《罗斯法典》中,涉及故意杀人的条款,除了废除某些条款后的新规定之外,都适用命金。《雅罗斯拉夫法典》第1条就规定,杀害自由人,如果不进行复仇,就要交纳40格里夫纳的命金。《雅罗斯拉维奇法典》集中用几条规定了故意杀害不同身份的人应当承担命金。详编本法典部分也有许多条款规定了故意杀人后需要交纳命金,如杀害王公的勤务、马夫、基温、工匠、保育员、霍洛普和女奴都要交纳命金。《罗斯法典》中许多有关故意杀人而处以命金的规定前后有很多相似之处,这是因为之后制定的法律在一定程度上继承之前制定的法典的内容,同时也说明对故意杀人处以命金的规定在法律上存在的时间很长。

2. 伤害行为

《雅罗斯拉夫法典》中规定:"如果砍断他人的脚,或者致人残疾,可以复仇。"①有关学者认为这个条款与"如果某人使他人的手受伤,或者是使其断掉,或者丧失机能,应支付40格里夫纳"为一个条款,②应当合并起来理解。所以,《雅罗斯拉夫法典》中有关伤害的那条其实遗漏了"或者凶手交纳40格里夫纳"这句话。③适用命金的情形显而易见。详编本法典中也有相关规定,即"如果某人伤害他人胳膊,使胳膊断落或者萎缩,或者伤害脚,或者弄瞎眼睛,或者割掉鼻子,那么要交纳半个命金20格里夫纳。"④

(二) 维尔福集体承担

按照《罗斯法典》的规定,交纳命金是凶手因犯所规定的罪行所

---

① Н. Калачовь. Текст Русской Правды на основании четырехь списковь разныхь редакции. С-П. 1889. с. 1.

② 王钺在《〈罗斯法典〉译注》中通过对俄国学者观点的分析和解释,认为该条文显然遗漏了一句话,即"或者凶手交纳40格里夫纳"。所以,该条款应当对此予以说明,并完整地表达出其中的内容。

③ 参见王钺:《〈罗斯法典〉译注》,兰州大学出版社1987年版,第8页。

④ Н. Калачовь. Текст Русской Правды на основании четырехь списковь разныхь редакции. С-П. 1889. с. 23.

要承担的刑罚方式。但是，通过对整部法典的观察和分析，笔者发现其中有一部分内容却是集体承担命金的条款。因为在命金处罚为40格里夫纳的那个时期，这些钱可以买20匹马，这样的数额不是每个人都能支付得起的，因此就存在一个集体支付的命金。为了在那种情况下为杀人而赎罪，村社的成员要这样做。在抢劫杀人的情况下，如果村社没有找出凶手，这个命金要集体支付。

《雅罗斯拉维奇法典》规定："如果某人在抢劫中故意杀害总管，没有找到凶手，那么被害人的尸首所在的维尔福必须交纳命金。"① 详编本法典规定："如果某人抢劫杀害王公的人，而未抓获凶手，那么被害人的头所在的维尔福要交纳80格里夫纳命金；如果被害人是一般人，那么要交纳40格里夫纳。"② 由于命金数量有时过大，而维尔福又是规模小、人口不多的集体，有的维尔福要数年才能付清悬案命金，所以王公不得不同意分批分期交纳。法典还规定，即使在维尔福内发现了悬案的凶手，维尔福也必须继续交纳命金。凶手除承担头金之外，只需再交纳自己分摊的那一部分命金即可。有些特殊情况下的杀人情况也是如此，如某人与他人发生争吵，或在酒宴上当众杀死对方，维尔福应资助凶手交纳命金。但是，这种方式已经不是只有维尔福交纳，而是"一种新的制度，即由凶手和维尔福共同承担命金"③。

这种集体承担命金的方式来源于维尔福成员之间的连环保制度。这种制度根源于氏族社会成员之间的互助义务。据摩尔根研究："氏族社会中，个人安全完全依靠他的氏族来保护。……在氏族成员中，亲属的团结是互相支持的一个有力因素。""氏族成员在他们处于忧患困难之时彼此相互援助。……如果被判偿付的人将因受罚而陷于贫困，则亲属为他分担。"④ 同时，法典中也有一个明确的规

---

① Н. Калачовь. Текст Русской Правды на основании четырехь списковь разныхь редакции. С-П. 1889. с. 3.
② 同上注，с. 21.
③ М. Н. Тихомиров. Исследование о Русской Правде. М-Л. 1941. с. 258.
④〔美〕路易斯·亨利·摩尔根：《古代社会》（上册），杨东莼等译，商务印书馆1977年版，第74页。

定,表明维尔福要为凶手承担命金是"因为他(凶手)也为别人承担过命金份额",在自己遭受命金惩罚时,其他人也要像当初他为别人承担份额一样资助他;反之,如果维尔福里的某人并未承担过因悬案产生的命金份额,那么当他自己成为凶手时,维尔福的其他人也不能帮助他分摊,只能由他自己承担所有命金。其实,从这个规定可以看出,维尔福的连环保制度已经开始遭到破坏。由于维尔福内部开始出现贫富分化,较为富有的成员在需要交纳命金的情况下已经不需要其他成员的资助而完全可以独立承担,所以他在其他人受到命金惩罚时自然也不会一起承担;由于较为贫穷的成员无法承担他人命金的分摊份额,所以当他受到惩罚时,大家自然也不会资助他。由此也可看出,这条规定是在当时社会经济及基层组织发生变化的基础上制定的。

(三)免交命金的规定

《罗斯法典》在规定了适用命金的范围之外,还规定了一些例外,即免交命金的情况。

第一种是有关诬告的命金。详编本法典中就规定:"如果受诬告而被处以命金,并有 7 名证人,那么免除命金;如果被告是瓦良格人或其他外国人,[是两名]证人。"① 但是,在这种情况下,也要支付一定的费用,其中包括被告支付给法庭工作人员的 1 格里夫纳的感谢费和 9 格里夫纳的辩护费,同时原告也要支付 1 格里夫纳的感谢费。

第二种是被害人无法辨认。封建主层面的人大概同意获得额外的、因为偶然出现的尸体而需要维尔福交纳的命金,而《罗斯法典》却禁止征收认不出被害人和尸体的命金。详编本法典就规定:"尸体所在的维尔福不交纳命金的情况,是无人认领或无法辨认时。"②

---

① Н. Калачовь. Текст Русской Правды на основании четырехь списковь разныхь редакции. С-П. 1889. с. 7. 根据王钺先生对《罗斯法典》的译注,"[ ]"中的"两名"是根据普希金抄本补充的,因为古代罗斯的法律特别注意对外国人予以优待。

② Н. Калачовь. Текст Русской Правды на основании четырехь списковь разныхь редакции. С-П. 1889. с. 7.

这种情况下,被害人不能被辨认,无法得知其身份,当然也没有原告会提出诉讼。当时罗斯的刑事案件是以原告人提起诉讼为前提的,这样当然不会涉及交纳命金的问题。同时,这点涉及维尔福交纳命金的规定,与一般情况下悬案未破而需要维尔福集体承担命金的规定有所不同,关键在于被害人是否被认出。

第三种是在作案现场处死盗窃者。《雅罗斯拉维奇法典》第21条规定:"如果某人在偷盗时将总管杀死在畜棚,或者马厩,或者牛舍里,那么可以像打死狗一样处死凶手。杀害基温的情况也是如此。"①这条规定的意思就是,当场抓获了杀死总管或基温的人,不必押送到王公法庭审判,而允许庄园自行处治,杀死盗贼,不必负法律责任,不必支付命金。

最后一种情况是判处流刑,没收财产。详编本法典规定:"如若某人在没有任何争执的情况下杀人,那么其他人不得为他交纳命金;而且要把凶手连同妻子和孩子交付审判,判处流刑,财产没收。"②这是一条有关故意杀人的规定,按照一般理解应当支付命金,但是这里却规定"判处流刑,没收财产"。其实,这与东正教教会法和拜占庭法律有很大的关系。俄罗斯有学者认定"从这个规定中看出了希腊、罗马法律制度的影响。这种新的惩治手段——流放和没收财产,显然是来自拜占庭。""没收罪犯的全部财产,全家流放到边远地区是'教会法律'的烙印。"③

这些情况均为交纳命金的例外情况,在同样的情况下是否交纳命金的规定并不一致。但是,这并非制度的矛盾,而是由于《罗斯法典》的几个部分是在不同时期制定颁布的。历史的发展及社会经济、政治情况的变化导致了法律的修改,形成了前后不一致的状况。

(四) 命金的征收

命金是归属于王公的,受害人或者家属有时只能得到很少的一

---

① Н. Калачовъ. Текстъ Русской Правды на основании четырехъ списковъ разныхъ редакции. С-П. 1889. с. 3.
② 同上注,c. 6。
③ 王钺:《〈罗斯法典〉译注》,兰州大学出版社1987年版,第52页。

部分补偿。所以,命金是王公的经济来源之一,征收也是主要由王公或其代理人完成的。命金是一种财物的支出,并且数额一般较大,一般的被征收者通常无法全部付清,即使有能力承担,也往往不愿意主动交纳。所以,大多数情况下,需要专门的征收者通过暴力强制执行,王公也通过各地区巡回审判的方式征收命金。有一个对于命金征收者待遇的规定显得很突出,即《雅罗斯拉维奇法典》中规定:"一周供应命金征收者七桶麦芽,一只公羊,或者一大片肉,或者2诺卡达;星期三是1列查那,3块干酪,星期五也是;而面包和黍米则按需要提供;每天两只鸡;命金征收者可在马厩内寄养4匹马并得到充足的饲料。"①这是征收者在为大公征收命金的过程中的生活待遇,即食品的供应和为其服务的方式。同时,征收者还有一定的报酬,但是这种报酬是不固定的,因征收命金的数额变化而变化。"如果命金是80格里夫纳,那么命金征收者得到16格里夫纳10库纳12维科士,并且预先支取洗尘费1格里夫纳。"②之所以这么规定,并非是因为征收者应当享有,而是王公对于其代理人即命金征收者非常了解,只有在这种优厚的待遇之下,他们才能尽心为王公办事,达到自己顺利增加财政收入的目的。同时,法典也规定了获取食物的具体数量和"每一地方征收命金期限不得超过一周"的时间限制,以及报酬的计算标准,通过立法对征收者加以限制,防止其任意妄为。这种规定在详编本法典第9条中也有所规定,"但是又与以往有所不同,这说明《罗斯法典》的编纂者对过去的规定作了修订"③。

从王公征收命金的方式以及对命金征收者的规定中,可以看出当时命金征收的阻力和困难,需要有非常规的手段和较为有力的助手去完成,同时也会发现这个制度可能已经不为社会所接受了。

(五)命金制度的变化

命金制度与其他法律制度一样,随着历史和社会的发展而有所

---

① Н. Калачовь. Текст Русской Правды на основании четырехь списковь разныхь редакции. С-П. 1889. с. 4—5.
② 同上注,с. 6。
③ М. Н. Тихомиров. Исследование о Русской Правде. М. 1941. с. 200.

改变。这其中包括命金数额、存废的反复以及最后的废除。当然,这与当时的许多因素相关。

1. 数额的提高

《雅罗斯拉夫法典》中对于杀死王公重要的助手如审判官、审判执行官规定的命金只有40格里夫纳,而之后的《雅罗斯拉维奇法典》在命金的数额上有所增加,即杀害王公的某些高级依附者的凶手应当支付的命金数额比以前有所提高。突然提高命金数额是有其特定原因的,直接的法律渊源是《雅罗斯拉维奇法典》中规定的"马厩长在放马时被杀的命金是80格里夫纳"①。这个条款的规定又直接与一个历史事件相关。1068年,人数众多的波洛夫齐人大举进犯罗斯国土,罗斯王公失败而逃回基辅。基辅也爆发起义,大公伊兹雅斯拉夫逃往良霍(波兰)。持续到第二年,伊兹雅斯拉夫返回基辅,途经沃伦地区的多罗戈布城。在这里,他的马厩长在放马时被杀。他决定以80格里夫纳的命金惩罚多罗戈布人。这一事件也作为判例被载入后来制定的《雅罗斯拉维奇法典》,并成为王公提高某些人命金数额的依据和先例。从罗斯王公对其某些高级依附者被杀害成倍地提高命金数额,可以看出当时的社会动荡给立法者带来的压力,也反映出历史事件的发生对王公们修改法律的促进作用。

2. 存废的反复

命金制度曾经在罗斯经过一个反复,这与东正教的影响分不开。根据罗斯的法律,对杀人者是不判处死刑的,而是向其征收命金。可是,拜占庭的法律是要对杀人凶手判处死刑的。当时的主教是拜占庭人,他们要求按照拜占庭的法律处死杀人者。弗拉基米尔大公一度接受了这个建议。据编年史记载,当时盗贼逐渐增多,抢劫之风在罗斯国土上越来越盛。看到这种情况,主教们就问弗拉基米尔大公为何不惩处这些盗贼,大公回答是因害怕触犯教规。主教们说:"你应遵守上帝的教导,惩罚恶人就是施惠善人。必须惩处盗贼,当然是

---

① Н. Калачовь. Текст Русской Правды на основании четырехь списковь разныхь редакции. С-П. 1889. с. 3.

在通过侦破之后。"①于是,弗拉基米尔下令废除对抢劫杀人者征收命金的制度,改判死刑。但是,后来主教们又对弗拉基米尔提出:"我们要经常打仗,如果我们有命金收入,可用它得到武器和马匹。"弗拉基米尔表示:"是那么回事儿。"②就这样,因为要增加财政收入以应付战争的需要,大公又听从主教们的建议,恢复了征收命金的制度。从命金制度存废的反复可以看出,教会力量在其中所起到的作用,不仅仅是提出立法建议,而且在很大程度上这种建议可以左右大公立法的方向和法律的内容。这个存废的反复也反映出,对于命金制度,立法者是随着一定的情况而变化的,虽然其中有外来因素,但是更重要的是对社会情况的了解。

3. 部分地废除

命金制度经过一定的变化和反复,最终还是被逐渐废除了。在《罗斯法典》的最后一部分《摩诺马赫法规》中就规定:"如果霍洛普或洛巴被杀害,无须交纳命金;如果无罪被杀害,那么就要因杀害霍洛普或者洛巴向主人赔偿身价,同时向王公交纳12格里夫纳的罚金。"③这一条的规定与以往的规定不同。由于《摩诺马赫法规》编纂和成文的时间比前三部分晚,所以其中的内容是前三部分的修改和补充。这部法规汇总的规定完全可以说明这个时期命金制度的有些部分已经被废除了,形成了新的规定。但是,这里并非完全地废除,丈夫杀害有罪的妻子时还是需要交纳命金的。所以,应当说这个时期只是部分地废除。从杀害奴隶的规定中还可以看出,虽然不交纳命金,但是凶手也不会当然免责。因为在霍洛普或女奴隶无罪而被杀害的情况下,凶手要赔付相当于物的赔偿金,同时要交罚金。这也是代替命金的另一种惩罚方式,只是没有突破金钱的范围。

命金制度在罗斯法典各个部分的规定都有一定的变化,也是因为这几个部分都是在不同时期完成的,而且具有继承和发展的关系。

---

① 王钺:《〈往年纪事〉译注》,甘肃民族出版社1994年版,第228页。
② 同上书,第229页。
③ Н. Калачовь. Текст Русской Правды на основании четырехь списковь разныхь редакции. С-П. 1889. с. 36.

所以,沿着时间顺序观察,就可以明白地了解该制度的变化情况。其中的各种变化都表明了各个历史环境和条件对法律制度的影响,同时也是当时社会经济和政治情况的及时反映。

(六)命金中的等级制

《罗斯法典》中规定的"命金",既然是一种以金钱抵罪的方式,就必然会产生数额多少的问题。按照分析法律的一般方式,金钱数额不是一个较重要的部分,但是我们在此并非单纯阐述数量,更为重要的是探究其中反映出的社会身份等级。按照法典中的规定,命金数额是不定的,按照不同的情况规定不同的数额,其主要依据就是死者生前的身份。

《雅罗斯拉维奇法典》中就有几条王公臣仆被杀害的最高命金的规定,即"如果某人故意杀害总管,那么对凶手必须处以 80 格里夫纳的命金,而任何人不得帮助他;王公的税吏被杀害,也是 80 格里夫纳。""杀害王公的基温的命金是 80 格里夫纳。""马厩长在放马时被杀命金是 80 格里夫纳。"①其中,总管是王公的代理人,对封建庄园的生产和生活全面负责;税吏是王公派往各地征税的人员;基温是参与管理王公经济的特权仆役集团。这些人被杀害后的命金是 80 格里夫纳,是最高的命金数量,在当时是一笔很多的钱,约合 16.38 公斤的白银。这些人都是王公的主要随从即高级依附者,与王公的经济利益相关,而不仅仅是单纯的人身依附关系。这样看来,这些人如果被杀害,那么命金达到最高标准也是很正常的。此外,王公的勤务、马夫、伙夫被杀害,命金也有 40 格里夫纳。如果是地位和身份稍微低些的人,在相同情况下就没有这么多命金了,如"王公的庄头和田畯被杀的命金是 12 格里夫纳。""奴隶身份的乳母或者保育员被杀的命金是 12 格里夫纳。"②详编本法典中也规定:"男工匠和女

---

① Н. Калачовь. Текст Русской Правды на основании четырехь списковь разныхь редакции. С-П. 1889. с. 3.

② 同上。

工匠被杀害,那么要交纳 12 格里夫纳。"①其中,庄头是王公村庄的管理人;田畯是王公的农业监督,从身份上看属于非自由人;工匠则属于非自由人或半自由人,均为一般依附者。当然,还有更低的,如"王公的契约农被杀害的命金是 5 格里夫纳","斯麦尔德和霍洛普被杀害的命金是 5 格里夫纳"②。契约农是与封建主订立契约的农民,斯麦尔德和霍洛普为接近奴隶的阶层,这些人都是罗斯社会最底层的人,是王公最为低级的依附者。他们被杀的命金少得可怜。在这里有一点值得注意,就是具有奴隶身份的乳母和保育员被杀害,其命金高于同是奴隶身份的斯麦尔德和霍洛普。这是因为,乳母和保育员是负责照顾封建主子女的专业人员,虽然是奴隶,但是与封建主有一种特殊关系,所以其命金比一般奴隶要高。除此之外,还有一条关于盗窃者被捆绑打死的命金规定:"支付 12 格里夫纳"。按照以往的规定,发生此种情况时,应当按照死者生前的身份来确定命金数额,而此条却规定交纳 12 格里夫纳。这是因为,即便被打死的盗贼是自由人,但是一旦为盗,就失去了自由人的身份,法律也就不会考虑其生前的身份,而全部规定 12 格里夫纳。

从这些规定中可以发现,死者的身份是界定命金数额的标准。其中,与王公经济利益密切相关的高级依附者的命金最高,一般依附者就减少了许多,具有农奴性质的低级依附者更少。这种命金数额的多少与死者身份成正比的状况,深刻地体现了人与人之间的不平等。《罗斯法典》将罗斯社会的身份等级通过命金数额的规定表现得非常明显。除了以身份确定数额外,还有其他的标准,即根据情况分别规定命金数额,如伤害他人胳膊,致使其断落或萎缩,或者伤害腿脚、弄瞎眼睛、割掉鼻子的,交纳半数命金——20 格里夫纳。从中可以看出,虽然处以命金,但是和故意杀人犯罪的命金数额是不同的,如法条中规定的是半数命金。这也体现了杀人和伤害这两种行为在命金制度上的差异,即按照侵害人身权利的轻重和性质区别对待。

---

① Н. Калачовъ. Текст Русской Правды на основании четырехъ списковъ разныхъ редакции. С-П. 1889. c. 7.

② 同上注,c. 3。

四、赔偿金

有关对犯罪行为进行金钱上的处罚,除了命金和罚金之外,还有一种被称作"урок"的赔偿金。赔偿金与罚金和命金不同,并不是交给王公的金钱,而是赔偿给对方当事人的财产损失的对价。这种赔偿方式在近现代民法中较为常见,大部分为民事赔偿的一种。在古代罗斯的法律制度中,赔偿金作为一种刑罚出现,并且在多种犯罪行为上都适用。在适用方式上,这种赔偿金有时是单独适用,有时与罚金一起使用。

(一)单独使用的情况

赔偿金单独使用的情形出现在《雅罗斯拉夫法典》中,原因如前所述,当时还没有"продажа"一词。所以,在该法典中规定的格里夫纳除了命金外,都为赔偿金。《雅罗斯拉夫法典》第3条规定:"如果某人用棍棒、竿子、手、食器、饮酒器,或者用剑背,殴打、砍砸他人,那么赔偿12格里夫纳;如果受害人没有追赶到他,那么支付赔偿金,案件结束。"①与这种侮辱性质的犯罪类似的,还有用剑鞘或剑柄击打他人和拔掉他人的胡髭。又如盗窃行为,法典中规定:"如果某人乘骑他人的马匹而未经允许,那么支付3格里夫纳。"②此处也是处以赔偿金。在这些情况下,处罚的方式即为赔偿金的一种。

(二)与罚金同时适用的情况

与《雅罗斯拉夫法典》的规定不同,在之后的几部法典中,赔偿金与罚金同时适用的情况逐渐增多了。可以说,几乎全部为两者同时适用。《雅罗斯拉维奇法典》规定:"如果某人盗窃船只,那么应因盗窃船只赔偿30列查那,而给王公60列查那罚金。""偷窃鸽子和鸡,赔偿9库纳。""偷窃鸭子、鹅和天鹅,赔偿30列查那。偷窃者必

---

① Н. Калачовь. Текст Русской Правды на основании четырехь списковь разныхь редакции. С-П. 1889. с. 1.
② 同上注,с. 2。

须向王公交纳60列查那的罚金。"①详编本法典中也规定:"如果砍断他人的任何一根手指,凶手要因此支付3格里夫纳,受害人得到1格里夫纳。"②这些条款都是规定罚金与赔偿金同时适用的情况,而且分别对罚金和赔偿金的归属作出了明确规定,即罚金归王公,赔偿金归受害人。

五、流刑与没收财产

流刑是将罪犯放逐到边远地区的刑罚,而没收财产是一种较为严重的经济处罚。在古代罗斯时期,流刑和没收财产的刑罚方式都存在,并且这两种方式通常结合在一起使用。在《罗斯法典》中,有三个条款提到了流刑和没收财产,代表着三个不同类型的犯罪。

详编本法典中所提及的某人在无任何争执的情况下杀死他人的,凶手连同妻子和孩子都要被判处流刑,而且将其财产没收。这条是关于故意杀人的情况,与其他故意杀人的规定不同,并没有处以命金,而是直接由凶手个人承担罪责,并株连妻子儿女。这样看来,这条所规定的杀人行为是指特别严重的故意杀人行为。对职业性惯盗,也实行这样的惩罚方式。详编本法典中就规定:"如果罪犯是盗马贼——将他押送到王公那里处以流刑;一般小偷则支付3格里夫纳。"③根据当时的法律规定,这里的盗马贼是职业性惯盗,所以相比一般小偷而言,需要处以相对严重的刑罚——流刑。④ 对于焚烧打谷场和宅院的行为,处以流刑和没收财产。《摩诺马赫法规》中就有规定:"如果某人放火焚烧打谷场,那么将其放逐并没收财,……如果焚烧宅院同样也据此处罚。"⑤没收罪犯的财产的处理,如果是对他人财产有所损坏的话,就要先对这部分财产赔偿损失,剩余部分归

---

① Н. Калачовь. Текст Русской Правды на основании четырехь списковь разныхь редакции. С-П. 1889. c. 4.
② 同上注,c.23。
③ 同上注,c.8。
④ 参见王钺:《〈罗斯法典〉译注》,兰州大学出版社1987年版,第72页。
⑤ Н. Калачовь. Текст Русской Правды на основании четырехь списковь разныхь редакции. С-П. 1889. c. 35.

王公所有,如果不存在赔偿损失的情况,这部分财产当然地也归王公所有。流刑和没收财产在《罗斯法典》中虽然没有像其他刑罚方式规定得那么详尽,但是却是较为严厉的惩罚方式,其程度仅次于死刑。

六、死刑

死刑是最为严重的刑罚,通常适用于危害性较大的犯罪行为,在中世纪的欧洲,大部分国家的法典都规定了这种极刑。但是通过对《罗斯法典》的条文进行分析,可以得知其中的刑罚方式并没有提到死刑。结合当时罗斯社会的实际情况,内战不断,底层民众的起义又此起彼伏,侵害财产和人身的犯罪行为也逐渐频繁,试想如果单纯地适用其他刑罚而无死刑的话,罗斯社会很可能早已经陷入了更加混乱的局面,所以当时的罗斯社会是存在死刑的。虽然不能从《罗斯法典》中得出答案,但是通过相应的资料和论述也可以加以证明。

其实死刑在当时并不是法律的规定,而是在实践中被运用到反政府的、参加叛乱和强盗团伙的活动中。在当时,死刑是王公政权在非政治领域的特权。由于缺乏死刑方式的法律规定,也导致了王公的肆无忌惮。"凡是起义者和背叛大公的波雅尔都被处死。"[1]例如,在12至13世纪之交,罗马王公加利兹基将反叛的波雅尔活埋,带着残忍的教训砍掉了他们的四肢和头。"收在《佩切尔斯基寺院圣僧传》里的一本十三世纪初的作品中我们也可以知道,在十一世纪末,重罪犯如果交不出这种罪行应付的罚款,就得判处绞刑。"[2]其中教会的影响因素不容忽视。东正教会根据其教义宣称爱和宽恕,在这个基础上,就不能独立运用这个血腥的习惯,因此不能把它规定在审判规则中。摩诺马赫大公在其给子孙的训诫中说:"不管是无罪还是有罪的人都不要杀,也不要下令杀他;即使他理该处死,也不要侮

---

① 张寿民:《俄罗斯法律发达史》,法律出版社2000年版,第22页。
② 〔俄〕瓦·奥·克柳切夫斯基:《俄国史教程》(第一卷),张草纫、浦允南译,商务印书馆1992年版,第232页。

辱你一个基督徒的心灵。"①可见,受到教会的影响,罗斯大公对于死刑也持有一种宽容和禁止的态度。

然而,这也不是绝对的。在最重的犯罪如谋杀的处罚中,教会法庭总是会参照王公法庭的意见。如果王公法庭提出了这种意见,那么按照习惯的要求也会判处死刑,同时可以通过绞刑剥夺强盗的生命。更为重要的一点就是当时教会对死刑态度的虚假性,在古代罗斯表现在两个方面:

第一,教会对非受洗的多神教徒在死刑问题上持肯定态度。编年史就记载了实行死刑的情况:基辅附近发生频繁的抢劫时,主教们到弗拉基米尔大公那里并对他说:"盗匪猖獗,你为什么不惩罚他们呢?"弗拉基米尔大公回答:"我害怕有罪过!"主教们对他说:"你是上帝委派惩治恶人、行善好人的。你应该惩罚强盗,不过要在查清实据之后。"此后,弗拉基米尔就接受了这个建议,将盗贼适用死刑。②从表面上看,当时这是根据拜占庭的法律适用死刑。但是,从当时的社会情况来看,就会发现并非这么简单。由于当时东正教尚未完全巩固,还保留着多神教及大量的多神教徒,在编年史中提到的这些盗贼极有可能是因为痛恨基督教并拒绝接受洗礼、躲在基辅附近的森林中的多神教徒在和新受洗的人进行斗争。所以,教会为了本身利益,需要通过国家政权对这些异教分子进行打击,最好的方式当然就是处以死刑。

第二,宗教裁判所的死刑。与中世纪西欧宗教裁判相同的组织随着东正教的传播和确立自然而然地在罗斯建立起来,所起到的作用与西欧国家的基督教裁判所无异。"从11世纪开始,俄罗斯东正教宗教裁判所就严厉惩处各种异端和镇压教派运动。1004年,僧侣阿德里安因破坏和诽谤教会而被革除教籍并被监禁在修道院监狱中。1123年,在民众中宣扬反教会学说的马西昂被基辅宗教会议判

---

① 〔俄〕拉夫连季编:《往年纪事》,朱寰、胡敦伟译,商务印书馆2011年版,第211页。
② 同上书,第102页。

处火刑。教会当权者不仅以背教和异端罪名来惩治教会的反抗者，还常常以此来铲除异己和仇敌。弗拉基米尔主教曾经将自己的许多敌人砍头、投监。后来，他在与基辅的主教的较量中失败，他被判异端并处以极残酷的刑罚：被割掉舌头，砍去右手，还被剜去眼睛。"①

可见，死刑这种处罚方式在法律文本中没有表现，但是在实际生活中却被应用。这一方面体现了罗斯统治者如何处理冲击其政权的行为，另一方面则更加明确，即东正教教会表面仁慈，背后却违反其宣扬的教义，在维护其教会利益的意识下对异教徒实行死刑。所以，虽然没有明文规定，但是这样才更有利于利益拥有者借此打击反抗者。

---

① 乐峰主编：《俄国宗教史》（上卷），社会科学文献出版社2008年版，第365—366页。

第六章

婚姻、家庭与继承法律

婚姻、家庭与继承制度是民事法律领域的一部分重要内容,这项法律制度涉及的不是简单的契约问题,更多的是民众的家庭生活。对于这项制度来说,并不是法律的简单规制就可以完全解决问题的。在古代罗斯,婚姻、家庭与继承制度在一定意义上属于习惯调整的领域,并且形成了较为传统的行为模式,然而其中却时刻充斥着宗教性因素。尤其是东正教传入罗斯之后,原有的习俗被逐渐打破,在固有习惯和教会方式相结合的状态下,这类私法性和民间性极强的规则开始产生变化,形成了一种混合性的行为方式。在这种方式之下,民间习惯依然起着非常重要的作用,甚至可以说具有不能也绝对不可能被取代的功能;同时,外来的一些法律制度和因素也在影响着这些习惯,并且在一定程度上开始进入婚姻、家庭和继承规则领域,在妥协的基础上发挥着作用。

第一节 婚 姻 法

从某种意义上说,婚姻是一个家庭的开始,对之后家庭生活及各种相关制度都会产生影响。所以,在谈论有关家庭与继承问题之前,需要对婚姻关系及相关的规则作出阐述。在古代罗斯,由于在不同性质的宗教信仰的影响下,以及各种法律的作用,婚姻制度呈现出变化的过程,也在很大程度上显现了国家在对待婚姻问题上的具体态度和实际做法。这些问题在《罗斯法典》的条文中并没有体现,但是从俄罗斯历史中却可以在一定程度上窥见其所具有的规则。

一、结婚的方式

婚姻关系在罗斯受洗之前是以多神教的习惯进行调整的,国家政权通常不干预这个领域。9 至 10 世纪,在基辅罗斯缔结婚姻有三种形式:抢婚、买卖婚和送婚。之后,随着东正教的传播和确立,结婚的方式和规定都发生了一些变化。

(一) 多神教时期的结婚方式

1. 抢婚

随着氏族联盟的逐渐解体,各氏族之间的相互接近有了地域上的可能性,其中一个很重要的方式就是婚姻。这时的东斯拉夫人由原来的单个家庭或者由近亲组成的大家庭,逐渐发展成了统一族人组成的村庄。"对于这种由同一亲族构成的村庄,得到新娘是一件重要的事情。在多妻制占主要地位的情况下,自己族内的妇女感到不足,而其他氏族呢?他们的亲族不肯自愿地、平白无故地相让,因此就必须要强抢。"① 所以,在罗斯受洗之前,通过新郎强抢新娘的途径缔结婚姻是非常普遍的。"抢婚应该是个人缔结婚姻的第一种形式,这也正好证明了编年史中所说的。这样,抢婚在接受基督教之前在很多斯拉夫部落都存在,虽然并不是全部部落都这样。"② 在《往年纪事》中,这种以多神教方式缔结婚姻的现象被记载了,通常在一个部落和其他的部落之间进行。各个村落的年轻人聚集在河岸或湖边进行唱歌等活动,新郎在那里"抢走"新娘。"德列夫利安人的生活习俗则如禽兽,……他们那里没有婚娶之说,而是在水边强抢姑娘为妻。拉基米奇人、维亚吉奇人和塞维里安人有着共同的习俗,……他们没有婚娶之说,但是各村之间一般举行联欢会,大家都来参加这些聚会、跳舞、唱各种情歌,在这里经过和女方谈妥后,把女的抢回成亲。"③ 可以看出,这种缔结婚姻的方式并没有什么仪式,或者说只能

---

① 〔俄〕瓦·奥·克柳切夫斯基:《俄国史教程》(第一卷),张草纫、浦允南译,商务印书馆 1992 年版,第 117 页。
② М. Ф. Владимирский-Буданов. Обзор истории русского права. М. 2005. с. 481.
③ 〔俄〕拉夫连季编:《往年纪事》,朱寰、胡敦伟译,商务印书馆 2011 年版,第 10 页。

将在"抢婚"之前所进行的活动牵强地称为"婚礼"。所以,有的学者就认为:"抢亲是婚姻的一种低级形式甚至是婚姻的否定,因为他们实际上并不是结婚,而是纯粹的拐骗。现在在乡村中男女青年捉迷藏的游戏,就是基督教婚礼以前的这种抢亲的最后残余。"①

这种抢婚方式的产生与原始民族的抢劫习惯是有很大关系的。"在原始社会中,带有营利目的的战争不仅在各个部落之间,也在同一部落中进行。胜利一方往往携带抢夺来的财物以及特殊的战利品——俘虏返回自己的住地。同时,在原始人的观念中,要想拥有妻子,就要靠自己'双手的力量'即强力去获得,因为妻子是一件值得骄傲的'战利品'。这也是给力量强大、勇敢的和精明强干的勇士的一种特殊奖赏。在这样的原始思维之下,与他们有相同愿望的人都会去模仿,于是导致了抢劫妻子的习惯出现。"②对于被抢的一方,虽然其父母或亲属为了保护本家族的人员,可能会抵抗抢劫者的行为,拒绝把自己的女儿或是女性亲属当作对方的战利品而去结婚,但是这种战争状态下的行为并不是由处于弱势一方的意志决定的。所以,这种强抢妻子的方式逐渐成为缔结婚姻的方式。

这种抢婚制的习俗在古代斯拉夫民族非常常见,"小俄罗斯和乌克兰的哥萨克,在17世纪初时仍在实行抢婚制,而南斯拉夫的很多民族,在19世纪初或更晚一些时候还有这些习俗。直至今日,抢夺女子为妻的事,在高加索山区的一些部落还存在。"③"但是,抢婚有时是一种行为,有时是假装的,因为在抢婚之前未婚妻和其父母都已经同意了缔结婚姻的要求。"④所以,在有些部落,仅保留了在婚礼上的一些仪式性的"抢劫"和表现。例如,在一些南斯拉夫人那里,新郎在迎娶新娘时会派出一个婚礼马车队到对方家里去,其中这个

---

① 〔俄〕瓦·奥·克柳切夫斯基:《俄国史教程》(第一卷),张草纫、浦允南译,商务印书馆1992年版,第118页。

② В. И. Сергеевич. Лекции и исследования по древней истории русского права. С-П. 1910. с. 199.

③ 〔芬兰〕E. A. 维斯特马克:《人类婚姻史》(第二卷),李彬译,商务印书馆2002年版,第688页。

④ М. Ф. Владимирский-Буданов. Обзор истории русского права. М. 2005. с. 481.

队伍为首的叫作"总提调"(古代俄罗斯婚礼上的人员)。走到村庄,来者就会问村里的评判人:"是否允许几个外来人进村?"对方回答:"进来吧,只是他们要宽恕老人和孩子。"

可以看出,在俄罗斯历史上,最初的结婚方式就是抢劫妻子,这种方式是从原始社会野蛮民族那里继承下来的,只是在文明开化的过程中逐渐产生了一些变化。

2. 买卖婚

第二种缔结婚姻的方式是买卖婚,也有着非常古老的来源,在很大层面上和抢婚的方式有关。新娘最初是通过抢劫得到的,但是在抢劫中失去女儿或女性亲属的家庭的激愤情绪并不会在委屈中得到缓和与消解,而强抢别族的女子更会引起氏族之间的敌意。于是,被抢一方聚集在一起并携带武器再亲手抢回被夺走的女儿。这样,在双方之间就可能发生战争。让富有的人给予受损害的人赔偿是调和矛盾和结束战争最具习惯性的做法,具体就是用"聘礼"消除矛盾,即向被抢女子的亲族付钱购买该女子。在这种形式中,最先出现了买卖婚姻的萌芽,它应该是出现在抢婚最频繁的时期。后来,"聘礼"逐渐变成了公开的买卖婚姻制度,即按照双方亲族之间的协商,由女方的亲族把该女子卖给他的未婚夫——强抢的行为被男方对女方的和平聘娶取代。

但是,最初没有形成制度时,这种婚姻方式很有可能会出现女方父亲不同意的情况。父亲在家庭中拥有对子女的权威,如果他不需要任何赔偿,只需要自己的女儿,他的不同意就会使得这段婚姻不能被接受或完成。"但是,在氏族部落的婚姻体系下,不可能承认父亲的权威,出售新娘可以不通过父亲,也不通过母亲,而是由氏族首领或氏族联盟决定。"①所以,毫无疑问,买卖婚是斯拉夫民族一个重要的缔结婚姻的方式。此外,关于买卖婚的证据,俄罗斯的民族学家在较晚的婚姻形式中经研究证明,在一些地区,至今还在用钱买新娘。不只是穷人,也有富人提出,在对方没有一定数量的金钱的情况下,

---

① М. Ф. Владимирский-Буданов. Обзор истории русского права. М. 2005. с. 481.

不能将女儿嫁给他。在古代罗斯,达到结婚年龄的女孩被称为"昆卡",这个词是从"昆纳"(即貂皮)一词演变而来的。貂皮是古代罗斯常用的支付手段,而女孩因可被父母用来换取貂皮,所以有"昆卡"之称。可见,这种买卖婚的婚姻方式在俄罗斯历史上的表现是非常明显的,也证明了买卖婚在多神教时期的罗斯是一种较为常见的现象。

这种婚姻制度延续了很久。《人类婚姻史》一书中就提到施拉德对这个问题的看法,他说:"时至今日,在俄国农民中,缔结婚姻所有的头一件事——求亲或提亲,仍旧是一宗纯粹的商品交易。做父亲的要给儿子求亲,通常都要在一位亲戚的陪同下,走访女方的父母,并对他们说:'我们家有个买主,想买你们家一样东西。不知你们愿不愿卖。'于是,讨价还价便开始了。据给我们提供情况的人说,这种交易同买卖一头母牛没有任何不同。在南斯拉夫人中,买卖婚在某些地方也很盛行。"①据此,可见这种缔结婚姻的方式的生命力和延续时间。

3. 送婚

关于送婚这种缔结婚姻的方式,在罗斯国家建立之前的斯拉夫民族中的一支——波利安人那里就已经出现了。编年史中就提到了当时的波利安人已经较早脱离了野蛮状态,他们"具有自己祖先传下来的温顺平和的性格",婚嫁习俗是"新郎不来迎亲,而是别人在前一天把新娘送过来,到第二天又把嫁妆送过来——还有所收的礼物。"②这是在自愿及宗教仪式——"送去"的基础上的结婚方式。它的实质,按照编年史的说法,不是新郎去新娘家迎娶她,而是由女方家人把她送到新郎家里。同时,新娘并不是男方出钱购买的。相反,新娘还会带来嫁妆。从中可以看出,送婚已经与抢婚区别开了,同时也与买卖婚不同了。"根据直到现在还保留着的仪式,可以完整地

---

① 〔芬兰〕E. A. 维斯特马克:《人类婚姻史》(第二卷),李彬译,商务印书馆2002年版,第810页。

② 〔俄〕拉夫连季编:《往年纪事》,朱寰、胡敦伟译,商务印书馆2011年版,第10页。

恢复这种形式,它包含在宗教活动中。现在的婚礼仪式是古代多神教婚礼仪式最准确的历史证明。""这样,在多神教时期,婚姻从开始到最后,都具有宗教意义。前来的妻子已经与情妇或姘妇区别开了,婚姻获得了固定性和责任性,不仅是对妻子,在同等程度上也是对丈夫的要求。"①所以,"在信仰多神教的罗斯,合法的妻子被称为'嫁来的女人'。'брать замуж(娶妻)'和'выдаватъ замуж(出嫁)'这两个词显然就是从聘娶和送嫁这两种婚姻形式得出来的。语言里保存着人们记忆中已被时间磨灭的许多古代事迹。"②

这种送婚制在古代罗斯存在的证据也可以从《罗斯法典》的规定中窥见。在《摩诺马赫法规》有关继承规则方面的条文中,几次提到"嫁妆"的问题。例如:"如果死者还有未出嫁的女儿,那么给她一部分。""……可是,兄弟应尽可能为她准备嫁妆。"③可以看出,这些表述中都对"嫁妆"作出了规定,从一个方面表明嫁妆在当时很盛行并需要好好准备,另一方面说明当时有很大可能存在着送婚制。

在多神教时期,古代罗斯的婚姻缔结方式就是由抢婚、买卖婚、送婚组成的,三者之间是一种进化的过程,即抢亲为聘娶所取代,而聘娶又被女方把所受聘礼送还男方或送嫁妆的制度代替。"从抢妻到聘娶再到嫁女,东斯拉夫人的婚姻形式和习俗的变化,反映了氏族关系逐渐瓦解过程的各个阶段,婚姻使得男方和女方的亲族成了自己人,其结果是各个氏族的相互接近,姻亲成为亲族的一种形式。"④

(二)基督教时期的结婚方式

在罗斯的基督教时期,婚姻制度是在100年间逐渐形成的,是罗斯习惯法、拜占庭世俗法和教会法规混合作用的结果。受洗给罗斯带来了许多拜占庭的法律,也触及家庭婚姻关系。家庭处在东正教

---

① М. Ф. Владимирский-Буданов. Обзор истории русского права. М. 2005. с. 483.
② 〔俄〕瓦·奥·克柳切夫斯基:《俄国史教程》(第一卷),张草纫、浦允南译,商务印书馆1992年版,第118页。
③ Н. Калачовь. Текст Русской Правды на основании четырехь списковь разныхь редакции. С-П. 1889. с. 36.
④ 姚海:《俄罗斯文化》,上海社会科学院出版社2005年版,第7页。

教会法规的保护之下,婚姻开始受到教会管辖,家庭婚姻关系要在教会法律的基础上进行调整,基本上采用东罗马帝国的婚姻制度。这种秩序在弗拉基米尔和雅罗斯拉夫王公的教会法规中得到确立,包含在教会法律关系中。在此之前,这在大多数情况下不是法律调整的对象。教会渴望渗透到婚姻关系中,因此首先在家庭中将宗教性的文化教育传授给孩子。东正教教会这样做,是为了在步入婚姻的人们中间获得认同。

按照教会法和罗斯习惯法的要求,结婚之前都要举行订婚仪式,这在习惯法的语言中叫作"婚约",是将来要结婚的双方之间的契约。教会法规和罗斯习惯法在看待订婚问题上则完全不同。"教会法规认为订婚有完全的、独立的意义,在亲属之间订婚就会出现阻碍结婚的情况;订婚被认为是不可废除的、牢不可破的,并在特殊的仪式上获得了崇高的宗教意义。与此同时,按照习惯法,这个婚约类似契约,只是财产性的,不履行契约只是会导致支付违约金的后果出现。"①所以,按照习惯法,订婚起到很小的作用,并且在实践中会导致大量的不方便。父母或监护人是订婚契约中较为积极的人,并且有时在订婚者很小的时候、结婚之前就已经确定了婚约。完成这些之后,他们就不再左右结婚的人的自由意愿。虽然交纳违约金就可以免除完成婚姻的必要性,但是违约金通常都很高,要完全赔偿不是任何人都可以做到的。

基督教的婚礼都需要在教堂举行,并且要进行一定的宗教仪式。所以,当时的罗斯社会出现了非宗教婚姻,这是对宗教性质的婚姻而言的。缔结婚姻需要在教堂进行,这种权力也掌握在宗教手中。但是,在那个时期,也有很多不通过教会而私自结合的婚姻,这也就是当时意义上的非宗教婚姻。在12世纪,即接受基督教两个世纪之后,普通人并不在教堂里举行婚礼,只有波雅尔和王公在教堂里举行婚礼。普通人还在进行着原来的婚姻仪式,还继续着多神教的婚姻方式。教会恰恰反对这种多神教的婚姻方式。同时,教会还把这种

---

① М. Ф. Владимирский-Буданов. Обзор истории русского права. М. 2005. с. 484.

家庭看作非婚家庭、非法家庭。在这种家庭的遗产制度上,不能按"私通份额"办理。因为如果这样做,在数量巨大的罗斯老百姓中就根本没有合法的家庭和直接继承人了。事实上,在雅罗斯拉夫的教会规章里,"非婚妻子"从教会的观点看是非法的,而从法律的观点看却被承认是合法的,只要丈夫不另有婚妻。

由于受到教会的影响,《罗斯法典》中根本不提所谓的"非宗教婚姻",尽管这种婚姻是合乎古代法律习惯的。《罗斯法典》所规范的家庭是举行教会婚礼所成立的基督教家庭,其中有一个条文规定了非婚家庭的地位,即"私生子女"与他们的母亲在父亲死后便获得自由,但是不能与婚生子女一样继承遗产。

(三) 再婚的法律限制与保护

婚姻的缔结对于一个人来说可以多次进行,一般意义上的规定只是针对第一次婚姻的情况。婚姻是两个异性个体之间形成联合体的方式,这种方式在前一段婚姻结束的基础上就可以恢复到原本的状态,可以继续进行。

对于再婚的问题,基督教会的理论与古罗马的实践形成了尖锐的对峙:教会完全不赞成再婚。在基督教时期,拜占庭的世俗法律处于摇摆状态,禁止第三次、第四次结婚,并在所有情况下将不良的财产与再婚联系在一起。教会让步于肉欲上的渴望,对再婚不予解除,但是这使大主教很不安。当基督教理论进入罗斯后,遇到了不一样的情况。罗斯的多神教习惯法对于鳏夫和寡妇问题有着不一样的解决方法。当然,对于第一次婚姻的重复可以不受限制。但是,对于寡妇并不总是这样的,或者不是对于所有寡妇都是体面的事情:妇女最重要的是从一而终,这里面表达出一种观念,即她只能是一个丈夫的妻子,并且要活在丈夫的世界里。但是,鳏夫就可以再次结婚,就像奥列格和弗拉基米尔那样,娶了兄弟的遗孀。总体而言,这在教会严格的理论意义上是非常不体面的事情。但是,这不妨碍教会用严格的规定对待其他事情,例如不结束第一段婚姻就不能进入下一段婚姻。然而,从《罗斯法典》的相关规定中可以看出,在摩诺马赫时代,法律是允许妇女再婚的。在法典中,就有一些表明这种形式的情况,例如"……可是在使用完财产又改嫁……",还提到了"如果是异父同母的孩子……""若继父……"①。虽然没有法律明文规定寡妇改嫁,但是"改嫁""异父同母"和"继父"等已经表明了妇女可以改嫁的情况,并且在法律中有明文体现。

可见,罗斯多神教的习惯法以及基督教对于再婚的理论并不是完全自始至终贯彻了下来,而是随着社会的发展和法制的进步逐渐发生了变化。这不仅表现在法典对待习惯法上,也表现在世俗法对待教会法上。

二、结婚的条件

缔结婚姻并不是一种简单的个人行为,也不是可以随意进行的行为,而需要有一定条件,或者说是法律上或习惯上的标准。在古代罗斯,结婚也是如此。

(一) 适当的婚龄

在法律中确定婚龄是必不可少的,因为这不仅在婚姻中具有物质上的目的,也具有道德上的关系。即规定婚龄是为了让结婚的人在关于婚姻的问题上有明确的理性认识和自由的意志。拜占庭的法律中确定的婚龄是不固定的,男性是 14 岁或 15 岁,而女性是 12 岁或 13 岁。虽然罗斯移植过拜占庭的法律制度,也包括婚姻法层面的规定,但是对于婚龄的规定没有很快在罗斯实行。在罗斯,结婚的年龄要更小一些,甚至男性在 11 岁、女性在 10 岁时就结婚了。这种较小年龄就结婚的例子在王公家庭很多。罗斯教会法规也规定了婚龄,男性为 15 岁,而女性则为 12 岁。但是,这种规定一直处在与习惯法的强烈斗争中,并且到了 17、18 世纪也没有得到全社会的认同和承认。所以,在古代罗斯,婚龄偏小,而且持续的时间也较长;同时,对于婚龄的规定没有体现在《罗斯法典》中,更多是在习惯法及教会的法规中。在当时的情况下,罗斯的世俗法律并不可能改变教

---

① Н. Калачовь. Текст Русской Правды на основании четырехь списковь разныхь редакции. С-П. 1889. с. 37—38.

会的决定,同时更不可能有力量与习惯法对抗。

(二) 当事人的自由意志与父母的同意

按照拜占庭的法律理论,结婚需要得到父母或监护人的同意。但是,法律也规定了例外情况。例如,如果父亲(或者是具有父权的祖父)没有健康的智力,或者存在偏见,或者在此之前已经失踪三年,婚姻没有父母的同意也可以完成。除此之外的所有其他情况下,都不能放任子女自由地结婚,而必须得到父母的许可。关于奴隶的婚姻,他们的同居不属于法律意义上婚姻,是因为他们处在其主人的控制下,没有自己的自由意志。缔结婚姻需要自由意志是教会强制要求的。在多神教时期的罗斯习惯法中,已经存在通过对方的同意就将其带回家的做法。当弗拉基米尔大公想娶别人的女儿时,也没有进行抢夺或使用强力,而是要征求对方的同意,并且女方的父母也要听取她自己的意见,允许她在弗拉基米尔和雅罗波尔克之间选择并回答:"不想给奴隶的儿子脱鞋。"[①]但是,大部分多神教时期的习惯长时间地在基督教社会中存在,想结婚的子女需要取得父母的同意,否则宁愿不结婚。教会则向来是同这些观念斗争的。雅罗斯拉夫教会法令规定了自愿结婚,要求父母尊重儿女的自由意愿,如果儿子或者女儿反对结婚,而父母强迫他们结婚,或者是儿子和女儿同意结婚,而父母反对,要对父母进行惩罚,父母要受到教会法庭的责问。与此同时,罗斯的教会不只允许,并且要求奴隶的婚姻也这样自由地进行。

可以看出,在古代罗斯社会,自愿只是教会的要求,只有一小部分人在遵守着这些信仰中的法律制度,大部分人的思维中还是需要父母的同意,而将自己的意愿放在父母之下。所以,结婚需要自愿或父母的同意是从教会和社会习惯两方面考虑的。

(三) 结婚者所在辖区管理者的许可

对于这个要求,法律中是没有规定的,只能在习惯中表现出来。这个要求最初在全社会不仅适用于王公仆役人员,也适用于非王公

---

① 这里所指的对象明显是弗拉基米尔,因为弗拉基米尔的母亲原来是奴隶身份。

仆役人员。因为按照罗斯法律的观念，婚姻不只是个人和家庭的事情，也是社会的事情。仆役人员结婚需要取得王公的许可，而非王公仆役人员则要去他所处的辖区的地方长官那里取得许可。

关于这个条件和要求的历史起源并不是很清楚。"有些人认为，它起源于古代氏族部落初期。它的形成不仅因为氏族酋长的权威，也是古罗斯王公的婚姻规则。还有些人认为，这产生于习惯法时代。在结婚时，他们的管理人会带来礼物作为祝贺。"① 无论是处在部落酋长的权威之下还是赠送礼物，都表现出了一种公示意味，即需要结婚者的管理人参与，并在表面上得到他们的许可。

（四）对一夫一妻原则的遵守

一夫一妻原则只在基督教时期才作为结婚的条件出现。在多神教时期，存在普遍的多妻制，但是也不是没有限制的。编年史中记载了一些斯拉夫人部落的生活情况，即有些部落的人有两到三个妻子。在编年史的作者看来，这大概已经是野蛮人多妻制的最高程度了，也就意味着三个妻子对于一般人而言已经是多妻制的最高许可限度了。如果某人有多个妻子，那么只是在偶然的情况下。一夫一妻制是占大多数的。同时，每个人有拥有几个妻子的权利，而实际上不是所有人都拥有多个妻子。为了拥有多个妻子，必须有足够的财产，但是并非所有人都是这样。对于王公，尤其是弗拉基米尔，远远超过这个限度，虽然他的妻子的数量也有限，可是在其他女性伴侣方面完全没有限制。据记载，他在多神教时期有 6 个妻子，800 多个情人。

东正教在罗斯确立之后，就开始主张一夫一妻制的思想和做法。但是，在这个时期，多妻制还保留了很久。两者之间自然存在着斗争。在雅罗斯拉夫法规中，就有基督教与罗斯古老习惯斗争的痕迹。教会既反对一个人娶妻之后再和其他人结婚，也对第二个妻子自愿与有妻子的男性结婚这些情况持反对态度。教会法规就规定："如果某人娶有两个妻子，那么要交给主教 40 格里夫纳，将第二个妻子关进教堂以惩罚她，而第一个妻子按照法律给予保留；如果丈夫违反

---

① М. Ф. Владимирский-Буданов. Обзор истории русского права. М. 2005. с. 493.

道德地带她(关进教堂的第二个妻子)回家,那么就交给王公处置。"同时,一夫一妻原则也适用于女性。"如果一个女人有多个丈夫,那么按照法律办理离婚。如果妻子从自己丈夫那里离开到其他人的丈夫那里去,那么就把她关进教堂,出售给大主教。"①

但是,东正教会在这个时代的胜利远远没有达到全面化,在教规的约束下不能完全起到预期的效果。一夫一妻这种思想的灌输也是有限的,或者只能宣称这与东正教的教义和信仰相违背而已,一种带有牢骚性质的说辞并不能起到更大的效果。

(五) 结婚的法律与宗教限制

血缘和亲属关系是结婚的最基本阻碍。有血缘关系是不能缔结婚姻的,即亲属之间的婚姻行为是被禁止的。从生物学和繁殖后代的角度考虑,这绝对是合理的。在古代罗斯社会,这种情况也是被规制的。同时,为了努力加强婚姻的纽带联系,教会法律还禁止了该行为的潜在形式:亲属之间的性行为。对近亲和亲属之间的性行为,法律规定处以死刑。同时,东正教教会从其精神和教义出发,认为婚姻的阻碍还有很多。教会认为婚姻并不只是肉体上的连接,也是精神上的,因此婚姻只允许在基督教徒之间缔结。如果一个犹太人或穆斯林与俄罗斯女子发生性关系,那么将罚他交纳 50 格里夫纳给教会,而女子将被囚禁在教堂;如果一个俄罗斯男子与犹太人或穆斯林私通,那么将把他逐出教会并处以 12 格里夫纳的罚金。但是,并没有对非东正教徒和天主教徒的规定。此外,在罗斯受洗之后,结婚应该举行教会婚礼,虽然在实践中还保留了以往多神教的婚姻形式,并禁止未婚男女婚前在一起生活。

三、婚姻的解除

缔结婚姻的最初预想一般都是没有期限的,或者说是终生性的。但是,即使是为终生目的而缔结的婚姻,也会由于种种原因在男女双方的有生之年被解除。虽然基督教教会渴望家庭中有自然的热爱,

---

① М. Ф. Владимирский-Буданов. Обзор истории русского права. М. 2005. с. 495.

并且认识到婚姻是女人和男人的一个牢不可破的联盟,但是也允许有离婚的可能性存在。教会尽力说服以前的多神教教徒,婚姻是包括所有生活和理想的,尽量让人们习惯这种想法:婚姻是不可破除的,并努力做到和谐相处,而不是由于很少的不和谐情况就分开。

解除婚姻并不是破坏婚姻,破坏婚姻是一种非法的行为,不是婚姻解除的实质内涵。用破坏的手段消灭这种联合体,既不能称为"离婚"也不能称为"解除婚姻"。破坏婚姻与离婚和解除婚姻是有区别的,由此所产生的所有后果都是在婚姻存在的情况下出现的;同时,在这种情况下不能给这个联合体带来任何法律上的后果。在古代罗斯,离婚或解除婚姻的方式或条件有以下几种:

(一)婚姻关系中主体的人身死亡

按照古代罗斯法律的规定,解除婚姻的条件之一是事实的人身死亡。在多神教时期,这个观念一直占有不可动摇的地位,婚姻(和一个妻子)要一直维持到死亡。同时,妻子要在丈夫死后烧死自己。阿拉伯的历史学家对此进行了详尽的记录,如马苏迪写道:"如果丈夫去世,那么他还活着的妻子要与他一起死去;而如果妻子死了,丈夫则不用这样做。如果未婚就去世,那么男方可以在女方死后再娶妻;而女方则要焚烧自己,以进入天堂。"① 婚姻中一方人身的消亡,可以说是婚姻关系结束的自然原因,并不用过多的理论或者法律加以证明或规定。但是,值得注意的是,这种理由只单纯针对妻子,而不是丈夫。这显然给丈夫在家庭生活中提供了更大的自由。

(二)婚姻一方患有疾病

在广泛的意义上说,疾病与过去的生活或者其身体本身的健康程度有关。所以,如果在婚后有了很严重的疾病,就意味着他(她)本身并没有结婚者所需要的健康基础。这样,也可以让人相信,长期生病和患上了无法医治的绝症是离婚的充足理由。这在古代罗斯的习惯中体现得很明显,虽然在法律中没有规定,但是在实践中却得到了很广泛的运用。可是,教会法规禁止这些成为离婚的条件。《雅

---

① М. Ф. Владимирский-Буданов. Обзор истории русского права. М. 2005. с. 506.

罗斯拉夫法典》中也规定,如果妻子患了重病,或者失明,或者长期生病,丈夫不能赶她走;同样,妻子也不能赶走丈夫。这种规定也就意味着,妻子或丈夫不能在对方生病时提出离婚或是抛弃对方。这也是教会教义在法律上的体现。但是,假装生病可能导致同第一个配偶离婚,并可以开始第二段婚姻。

夫妻一方的疾病也包括最主要的一点,就是不育。不育可以看作最大的疾病形式,虽然并不会导致身体机能在家庭劳动方面产生问题,但是无法生育后代就意味着无法构成一个纯粹的家庭联合体,也无法完成传宗接代的家族任务。所以,这种情况也是导致离婚的一种原因。

(三)通奸所导致的道德原因

从拜占庭法律中我们可以知道,离婚的道德原因只有一个,就是通奸。因为在所有不道德行为中,通奸的程度最高。罗斯法律对此的规定与拜占庭法律有所不同。第一,对于妻子和丈夫在通奸时离婚是一种道德条件。当然,这不是突然就出现的。在多神教时期,没有提及通奸,因为当时不仅允许多妻,也允许有情人。在基督教时期,多妻制并没有很快消除,拥有情人的情况也在很长一段时间内存在着。直到12世纪,也不允许依据丈夫有公开的情人而解除婚姻。但是,最终还是按照可以解除婚姻的这个原因,对于丈夫和妻子提出了道德条件。第二,依据情人的存在而解除婚姻的后果在俄罗斯法律与拜占庭法律中有所区别。当建立这个原则时,通奸会导致离婚,并且在丈夫或妻子有过错的情况下,解除配偶的新婚姻关系,会延伸到双方配偶。

(四)夫妻之间的不和睦

夫妻之间也有他们自己的原因,可能导致离婚。古罗斯法律允许根据夫妻之间生活的不和睦而离婚,因为夫妻之间的关系取决于信任和健康。按照习惯法所反映出来的信息,夫妻之间要"和睦友爱",即有相同的思想和感情。夫妻之间生活的不和睦应该体现在实际生活中,确定配偶中一方或双方的行为:他们之中有一个人引起或不能以独立的经济能力支持家庭生活,或者是妻子的亲属与夫家不和睦,或者是其中一方有不道德甚至犯罪行为。离婚的条件就是配偶双方在这些行为中表现出来的不和睦,即"恶性的生活"。但是,在这里首先是指客观实际的不和睦情况。这可以在12世纪的资料中得到证明。例如,妻子发现丈夫负债且是个醉鬼,开始出售衣服买酒,那么允许离婚。在生活中有离婚的条件,直接的一个理由就是贫穷。在这种情况下,当然会出现不和睦——很少量的自然产品,在紧迫的生活需要中体现出来。

(五) 一方对另一方有犯罪行为

婚姻关系的解除有时直接体现在配偶中有一方对另一方有犯罪行为。例如,妻子偷窃丈夫的财物。《雅罗斯拉夫法典》中就提到了妻子到丈夫的储藏室进行偷窃的情况。拜占庭法律中有关于配偶中一方对另一方犯罪的部分情况,例如杀人未遂,可以导致剥夺权利,然后解除婚姻。这些可以导致离婚的犯罪行为在罗斯法律中也有所提及,并指出这是家庭极其不和谐的表现。

解除婚姻关系如同缔结婚姻一样,需要经过一定的程序,并且同时存在世俗和宗教两种方式。世俗的方式就是或者在配偶之间签订书面契约,在世俗法庭的主持和见证之下证明或表示解除之前的婚姻契约,或者只是通过一方的行为——准许妻子从丈夫那里离开而解除。其中,以多神教方式解除婚姻关系更加简单,即到水边交涉完成,因为当时也是在水边完成的婚姻。相对于世俗方式,教会极力追求其自身以主导者身份进行干涉。所以,有些婚姻关系的解除需要经过教会法庭的审判和裁决,并且经过教会的同意才可以完成。

第二节 家 庭 法

家庭是由配偶、父母以及子女组成的一个联合体。家庭的存在可以有两种形式,第一种是没有子女的丈夫和妻子,第二种是由父母和子女共同组成。前者重要的法律意义在于,配偶之间的联合就是契约的开始;而后者则是家庭内血亲的开端。不仅如此,在父母与子女之间的关系中也可以存在契约关系,即子女可以成为夫妻之间婚姻契约之后的结果,并从这个间接的契约关系中获得一定的权利。但是,在罗斯的历史上,古斯拉夫人对于家庭的理解和定位是绝对的,即父母和子女在家庭中有必要的意义,没有子女的配偶并不具有家庭意义,不育是解除婚姻的原因。所以,在古斯拉夫人那里,契约开始具有家庭的意义需要有血缘关系。这就像从"家庭"的术语中看到的那样,它在古俄语中意味着在契约和协议基础上建立的"合伙"关系。这也将斯拉夫人的家庭与古罗马和希腊的家庭区别开来了。

一、夫妻之间的相互关系

在男女缔结婚姻之后,就转向了另一种关系,即夫妻关系。他们在共同的家庭中生活,相互之间自然会产生一些关系,表现在人身和财产上。这些关系不仅表明了家庭秩序,也表明了各自的家庭地位。

(一)人身关系

夫妻之间的人身关系可以是一方处于奴隶的地位(通常是妻子),或者一方屈服于另一方的权力之下,或者是平等的。这几种形态在古代罗斯的历史上都曾存在过,"但是有些人并不同意这种说法,一些人只承认丈夫对妻子的权威,另一些人认定在配偶之间的关系中就是妻子处于奴隶地位,还有些人认为妻子处于奴隶地位只在古代斯拉夫时期存在过。"[①]但是,笔者认为,关于丈夫与妻子之间的人身关系问题,需要从丈夫在生活中的权力、妻子的自由角度进行分析和考察。

在古代罗斯的婚姻中,按照既有的信息就可以判断,夫妻之间并没有平等关系,一旦进入婚姻,妇女就立即处于丈夫的权力之下。文献中就有一些现在还保留着的古老婚礼仪式可以证明这点,例如穿鞋的仪式——年轻的新娘要给自己的丈夫穿鞋。这种仪式可以反映出妻子的地位,她就如同仆人一般,或者说这种象征性的行为反映出妻子就像奴隶一样处在丈夫的权力之下。这种穿鞋的习惯显然是古

---

① М. Ф. Владимирский-Буданов. Обзор истории русского права. М. 2005. с. 514.

代罗斯夫妻关系的一种表现,然而这种习惯性的做法在现代的乌克兰还依然保留着,在那里新娘要给丈夫脱去皮靴,而新郎用皮靴筒打新娘的背部,意味着他拥有对妻子的权威并可以在此基础上拥有惩罚权。丈夫惩罚妻子的权力是根据妻子对丈夫权力的服从。这也反映在科斯特罗马的行省的结婚仪式中,即举行婚礼之后,父亲用鞭子轻轻地击打新娘的背部三次,然后把鞭子交给新郎接着这样做。妻子的这种地位也与抢婚制和买卖婚有关系,因为在这些婚姻方式下妻子很自然地就成了丈夫的奴隶。东斯拉夫人一开始就是通过强行带走女方完成婚姻的。虽然这种方式到最后只是一种仪式性的,但是也可以表明社会对妻子不平等地位的认定。在其他的习惯中,也可以看出来妻子的家庭地位,也是体现在婚姻仪式中,例如把帽子放在新娘的头上。从斯拉夫民族的诗歌中可以看出,解开的发辫、装饰的发带是自由的标志,而戴上帽子就是服从的标志。"按照小俄罗斯民族的习惯,当新娘的辫子解开之后,有人便给她戴一顶帽子。这时,新娘就会将帽子愤愤扔至地上。接着,有人喊道'勇士们,拿出剑来!'于是,新郎的男傧相们就假装抽出刀来,刺向新娘。"[1]妻子对丈夫的服从也反映在新娘的父亲把新娘手从自己手中交到未来丈夫手中的习惯,这像是转交财产一样,并且更重要的是象征由父权向夫权的"交接"。随着东正教的确立,教会拒绝承认妻子的奴隶地位,也绝对不允许妻子处在丈夫的权力之下,这种观念对于夫妻之间关系的变化具有重要意义。所以,妻子对丈夫权力的服从在一定程度上有些减弱,即夫妻的相互关系较以往来讲倾向平等化,丈夫已经不能把妻子当作纯粹的奴隶看待。丈夫不仅要尽到对妻子的保有义务,而且要对其加以爱护,并且必须做到对婚姻的忠实。但是,实际上,教会的力量并不能完全达到这种效果。所以,原则上,在基督教婚姻中,妻子依然要处于丈夫的权力之下。弗拉基米尔·摩诺马赫也在对孩子的训诫中说:"要爱自己的妻子,但是不能让她们的权力

---

[1] 〔芬兰〕E.A.维斯特马克:《人类婚姻史》(第二卷),李彬译,商务印书馆2002年版,第702页。

凌驾于自己的头上。"①妻子与丈夫之间的人身关系,也可以从身份角度得到证明。妻子的人身地位取决于丈夫的地位。也就是说,王公的妻子是公爵夫人,波雅尔的妻子是大贵族夫人,农民的妻子就是农妇等。对于自由人与奴隶之间的婚姻,我们从这个古代法律的社会规则中可以得出一个结论,即自由人和女奴隶结婚,不仅不会宣布女奴隶为自由人,而且自由人自己也会变成霍洛普。

根据以上的分析和阐述,可以看出在古代罗斯时期,家庭中的夫妻关系并不是完全平等的,妻子依然处于丈夫的权威之下,成为夫权的行使对象,并且丈夫同时自然地拥有惩罚权。妻子虽然已经不再具有奴隶的性质,但是仍然具有仆人的功能,只是由于社会的进步、东正教的影响产生了一定的变化。

(二) 财产关系

在家庭中,夫妻之间除了人身关系之外,还有一种由人身关系决定的关系——财产关系。这种关系在家庭中具有很大意义,一方面体现了夫妻关系的平等与否,另一方面也代表着家庭秩序在历史中的发展进路。夫妻之间的财产关系实际上可以根据三个原则建立:妻子的财产处于丈夫的权力之下,没有个人财产;夫妻双方对待财产权具有一致性,彼此没有分开;夫妻之间的财产权是分开的,妻子具有个人财产。这同时也是夫妻财产关系在各个时期的不同表现。第一种形态是典型的古罗马时期的情况,第二种形态的典型代表是德意志,最后一种形态大概在斯拉夫法律——主要是在罗斯法律中体现出来。但是,这里所说的也不是绝对意义上的,在古罗马法中也规定了妻子有一定的财产权,在德意志也有一些夫妻分别拥有自己财产权的标志。

这些情况在古代罗马都有所体现,具体情况是这样的:最初,女子一旦出嫁,就被置于丈夫权力之下。在这种婚姻中,妻子的财产成为丈夫的财产。随着时间的推移,出现了自由婚姻,也就是妻子已经

---

① 〔俄〕拉夫连季编:《往年纪事》,朱寰、胡敦伟译,商务印书馆2011年版,第212页。

不在丈夫的权力之下，反映在财产方面就是妻子的财产具有了事先规定的独立性。在这种自由婚姻中，所有的生活花费由丈夫负责。再晚一些，出现了详细的制度，由妻子的嫁妆及丈夫的馈赠保障家庭生活的花费，此外还有其他的财产。嫁妆和馈赠成为家庭共同财产，放在丈夫的财产中并保障婚姻生活的必要支出。但是，丈夫对于嫁妆的财产权是有限制的，他不能在没有得到妻子的同意下将嫁妆归为私有。在离婚的情况下，嫁妆归妻子或她的继承人，婚前的馈赠归丈夫或者丈夫的继承人。

  婚姻带来共同的生活，因此一方或另一方的财产应该为婚姻的目的服务。婚姻的目的很广，共同财产保障的不只是家庭和教育子女的花费，还要进行生产。对于妻子的动产，丈夫不能在未经同意的情况下出售；对于出售不动产，应该得到妻子的同意。丈夫支配自己的财产可以不受限制，像婚前财产一样。离婚后，每个人获得自己的财产；而如果丈夫不是为了婚姻的目的而使用财产，妻子有权制止。

  考察整个斯拉夫时期的法律制度，可以在其历史发展过程中了解这三种形态。对于古代罗斯初期妻子的财产是否处于丈夫的权力之下的问题，如果没有准确的历史资料就不能得出结果。有一些人只关注编年史中关于波利安人的送婚制，这并不是通过强抢妻子的方式并将其置于丈夫的权力之下，其中涉及嫁妆，这些物品被作为财产交到新郎手中并在之后处于其权力之下。不过，这个时期，配偶之间的人身关系已经发生了变化，妻子的奴隶地位已经消失了，所以在配偶的财产关系中也找不到完全可以证明妻子的财产处于丈夫的权力之下的证据。在俄罗斯编年史中，也可以找到一些资料说明这个问题。例如，从奥列格和拜占庭签订的条约中就可以看出，死者所有的财产都会转交给他的亲属，其中也包含了可以实现妻子财产权的意味。这从单方面可以说明妻子在丈夫死后可以拥有一定的财产权。但是，条约中的规定是在拜占庭法律的影响之下形成的，所以是否符合古代罗斯的法律及实际还不能完全确定。因为按照罗斯法律，在丈夫失去了财产权的情况下，妻子是否当然拥有还不明确。甚至在《罗斯法典》中还规定，犯故意杀人罪行的罪犯应当被没收财产并与妻子和子女一起流放。这样看来,妻子的财产权还不能完全得到证明。

在《罗斯法典》后期的规定中,保留了一些妻子财产权的证据,但是所有表述只涉及部分。例如,在有关继承的规则中提到,如果妻子在丈夫死后未改嫁,那么可以获得丈夫的一定遗物,但是绝非遗产继承,这些东西也就成为她所拥有的财产。法典中还提到,母亲的财产可以被子女继承或赠予某个子女,也说明了妻子财产权存在的情况。但是,法典并没有明确表明在婚姻存续阶段丈夫对妻子的财产权利。同时,法典还提到,亲属(父母和兄弟)同意自己的女性亲属出嫁,会给她们准备嫁妆,这样她们就可以在结婚时随身带着一些财产。在罗斯社会普遍接受东正教之后,"不仅这些嫁妆可以归妻子拥有,同时可以获得家庭财产所有权。在丈夫去世后,妻子才能按照遗嘱或法律获得其中规定为家庭共同财产中的一部分,或者获得与子女相等的部分。"[1]在12世纪的文献中,对以上的这些说法和情况都予以了证明。《雅罗斯拉夫法典》中有一些条文提到,丈夫如果偷窃大麻、亚麻制品、谷物、家具布品或妻子的衣物,将会受到刑事处罚。在弗拉基米尔法规中也提到,如果妻子与丈夫之间发生了动产上的纠纷,将移交到教会法庭处理。在这里,实际上可以看出妻子拥有财产权的证据,不仅包括结婚时带来的财产,也包括在婚姻存续期间产生的生活物品。但是,其中有一些应该并不是属于妻子的个人财产,而是家庭共同财产。由此看来,《雅罗斯拉夫法典》和弗拉基米尔法规的规定已经描述出了当时的情况。

虽然没有办法在不准确的信息之下解决古代罗斯有关配偶之间的财产关系问题,但是根据一些有代表性的实例和综合考量,还是有可能推测这种制度的发展过程。在通过抢夺或者买卖形成的婚姻中,对于妻子的财产权是没有提及的,或许只能按照同时期周边国家和地区或者当时世界文明的发展进程推测妻子的财产权处于丈夫的

---

[1] Л. П. Белковец., В. В. Белковец. История государства и права России. Курс лекций. Новосибирск. 2000. с. 18.

权力之下。如果夫妻双方通过宣誓缔结婚姻时,嫁妆与其结合在一起,那么一些财产,仅仅是一部分动产,例如妻子的衣服和装饰品等物品,以及妻子通过劳动获得的东西,可以被认为是妻子的财产。在基督教经过广泛传播并普及之后,在教会法律的影响下,妻子的人身和财产权增强了,即除了对嫁妆拥有所有权,也确立了在家庭共有财产中的权利。这样,罗斯国家配偶之间的财产关系经历了三个阶段,第一个阶段是古罗斯国家的初期,妻子可能并没有财产权;在第二个阶段,妻子已经拥有一定的个人财产;在第三个阶段,又产生了夫妻共有财产形态。

二、父母与子女之间的关系

在家庭法律秩序中,除了夫妻关系之外,最重要的就是他们与子女之间的关系。家庭中不仅存在夫妻双方形成的联合体,也存在父母与子女结构,这样就可以成为标准、纯粹意义上的家庭。在父母与子女之间,会形成一定的家庭权力,并且在此基础上决定了彼此之间的关系。

(一) 父母是行使家庭权力的主体

在家庭中,父母对其子女的权力是一种自然性的血亲关系所衍生出来的形式,双方对其子女的管理、支配以及惩罚都表现在其中。一般而言,在古代社会,对子女行使权力的主体都是父亲,他在一家之主的身份基础上对子女享有充分的父权。但是,在古代罗斯社会,父母在家庭中的权力并非如此。"罗斯法律中有关父母权力不能够明白、清晰地在古代罗斯的历史中表现出来,但是在其他斯拉夫民族的法律中有所表现。可以说,家庭权力制度在斯拉夫人那里从远古时期就已经出现了,证据表现在:(1)子女在父母一方去世后就可以从另一方的权力之下解放出来;(2)如果父母一方去世后另一方再婚,子女也可以从其中获得自由。"①但是这并不能说明当时罗斯社

---

① М. Ф. Владимирский-Буданов. Обзор истории русского права. М. 2005. с. 522—533.

会中父母权力的实际情况。编年史中也记载了王公夫人奥莉加在其丈夫死后执政的情况,她在这个王公家庭中对待其子斯维雅托斯拉夫的确也像父亲一样。在莫斯科时期,已经有大量的有关父母权力的证明:(1)有权支配子女的婚姻;(2)有权将子女送进修道院;(3)有权将子女出卖为奴隶;(4)管理和惩罚子女的权力;(5)母亲的权力只有在其寡居的情况下才存在,不作为监护人。在古代王公的家庭中,莫斯科的公爵夫人还有对王公子女之间的纠纷进行裁判的权力。

实际上,在古代罗斯社会的家庭中,拥有对子女的权力的不仅仅是父亲,也包括母亲,相比同历史阶段的其他东方国家是一个较为突出的表征。同时,还有一种较为特殊的表现,即按照罗斯习惯法,家庭权力并不总是属于父母的,有时也按照家庭或村社的意思选择而属于儿子们中的一个。例如,一个家庭是由父亲和三个儿子组成的,由小儿子掌管家庭权力。

(二)子女是处在父母权力之下的主体

在古代罗斯社会,家庭中处在父母权力之下的人只能是子女。按照古代法律,家庭权力辐射到生活在家庭中的所有人,依从的人被称作"孩子",这个概念的外延包括子女、奴隶、亲属和仆人。家庭权力在对待所有人上是没有区别的。但是,随着从这个较为复杂的联合体中逐渐对奴隶制度、家庭制度在法律上进行区分,在家庭权力之下的就只有子女了。

这个"子女"概念包含的人,是在婚姻中产生的。在婚姻之外或非法律婚姻中出生的孩子不能被这个概念包括,他们被称为"非婚生子女"。如果是某人在婚前与情妇姘居生出的孩子,或者是在有法律上的妻子之后与其他人生的孩子,即使某人娶了这个孩子的母亲,法律也不承认这个孩子为某人的子女,某人所在的家庭也不会接纳这个孩子。这样的概念和意识在多神教时期还不明显,但是已经存在了。《罗斯法典》中也将法律上认可的子女与自由人和奴隶所生的子女区分开。教会法令也是如此,但是教会谴责抛弃未婚生育的女婴或者堕胎。立法者的意图很明确:孩子应该是在婚姻中产生的,但是如果未婚生子,那么也应该给婴儿生命。虽然法律对非婚生子女的身份和地位有所限制,但是对母亲与非婚生子女的关系在一定程度上还是承认的:她有对子女的法律权利,只是相比婚生子女要微弱一些。

在家庭产生子女成员的过程中,还可能出现收养的情况,被收养的子女也是家庭中的一员。在俄罗斯,养子成为家庭成员自古以来都需要在宣布其具有子女的权利条件下才能完成。拜占庭法律给我们带来了关于养子的准确说法,同时这些法律也解决了这个问题。但是,无论是通过民事方式让非婚生子女成为自己的子女,还是通过娶其母亲收养子女,都是不被法律认可的。完成收养要通过来自教会法规规定的特别的程序,通过特别的教会收养仪式才可以。依照这个仪式进行收养在俄罗斯直到18世纪才不再通行。同时,在罗斯习惯法中也有完成收养的具体做法:或者取得被收养人亲生父母的同意,或者(在多神教时期)通过娶兄弟的遗孀,或者通过将被收养人带回家中的实际行为,或者通过收养人和被收养人之间的特别契约。

可见,在古代罗斯的家庭中,除非婚生子女之外的、包括亲生和收养的子女都是父母权力行使的对象,他们处于父母的权威之下,成为家庭元素中必不可少却又受限制和管制甚至可被支配的组成部分。

(三) 父母权力的表现

父母和子女之间的人身和财产关系基于传统的规则,已经形成了一套不可破除的制度性做法。父亲拥有决定家庭内部纠纷及惩罚子女的权力,在他死后、孩子成年之前,权力就交给母亲。

1. 父母与子女之间的人身关系

父母与子女之间的人身关系以及在此基础上形成的权力既不是人为的,也不是国家赋予的,而是自然形成的。父母权力更多的是建立在管理或审判上,子女对父母具有崇敬的一面,这意味着内在的自由限制,而不是单纯的表面服从的强制性。

父母对子女自由的限制权力的第一个表现就是可将其变成奴隶

第六章 婚姻、家庭与继承法律

的人身支配权。关于这点,不仅在编年史中记载了在饥荒时允许父母出卖子女为奴隶,也在莫斯科公国时期的法律中提到过。按照伊凡四世的判决,完全和被宣告成为霍洛普的人不能将子女出售而变成霍洛普或者切良津;自由人可以享有这个权利,但是限制未成年子女及其他条件,即父母要和他们一起成为霍洛普。父母将子女出售而变成永久的霍洛普的权利在 16 世纪法律上没有废除的情况下自然消失了。这只是改变了父母把子女变为奴隶的权利。但是,在父母本身犯罪的情况下,他们就与未成年子女一起成为奴隶。当奴隶制契约在 17 世纪被废除之后,父母将子女变成霍洛普的权利也消失了,取而代之的方式就是在法律中规定父母可将子女出售而使其成为侍役。但是,父母对子女的权力的期限有多久,对子女的教育以及对其生活的关心就要持续多久。在历史的发展进程中,极为明显的就是将子女的受支配关系变为父母对其履行义务。但是,父母因债务问题而将子女当成抵押物的情况却存在了很长时间。

父母对子女也享有生命权,并且逐渐延伸到了惩罚权和教育权方面。在大部分原始民族都出现过对子女生命无条件的权利,只有当父亲赋予他生命的时候,新生儿才能存活;而在相反的情况下,尤其是女儿,就很有可能被处死。古代罗斯存在相同的习惯,有关顿河哥萨克的传说中就有这样的情况,"当妻子被侵犯时,按照一般原则,所生的婴儿起初被投入水中。这是为了不给父母增加麻烦。然后,父母会对外界宣称,这是为了生育儿子,而扔到水中的是女婴,一段时间内成为了习惯。"①关于这些,在古代东斯拉夫并没有相同的记载。在 12 世纪,甚至不是故意的原因致死——掐死在睡梦中的子女,就被认定是犯罪。但是,世俗法长久以来没有对杀害子女行为作出任何惩罚,而是承认了父母对子女生命的取舍及安排。直到俄罗斯帝国时代的《1649 年法典》才决定对这种情况予以惩罚,但是相比杀害其他人的惩罚要轻缓得多。可见,以往的传统并没有因为法律的规定而得到实质性改观,但是我们对其中的发展因素也要客观

---

① А. И. Ригельман. Истории о Донских казаках. М. 1846. с. 9.

看待。

父母对子女的生命权就很自然地转到了惩罚权,这种权力从父母的权力和责任的对等性中显露出来。惩罚权首先是没有限制的。古代罗斯的治家法典——"治家格言"是莫斯科习惯法可靠的资料文献,它指出对妻子惩罚权的限制,也证明了对子女的无限制惩罚权。它通过在神和国家面前父母要为子女犯罪负责论证了惩罚权,如果子女进行了某种行为,父母与子女要在上帝和神面前承担由于审判而被处以的罚金。

以上叙述的这些父母对子女的权力在古代更多地针对未成年子女。随着年龄的增长,子女成为家庭中享有充分权利的成员,并成为父母财产权的分享者。

2. 父母与子女之间的财产关系

家庭就像是个人权利主体一样,不仅把父母双方,也把子女(占优势地位的是儿子)列入其中。随着年龄的增大,子女的积极控制权会逐渐增加。在俄罗斯历史的第一个阶段由于缺乏资料,不能对那个时代的这个问题作出清晰的解答。但是,通过分析古代捷克人和波兰人的法律就可证明,父母和子女共同分享财产权的状态已经在古代出现了。在捷克1203年的文件中提到,波雅尔要在预先得到妻子、子女和其他继承人的同意下,才可以把自己的财产送进修道院。在波兰1223年的文件中也有类似的情况。子女和父母的财产权的本质带有特别的效力出现在债法领域。古代斯拉夫社会的原则反映在波兰人的规章中:"善与恶、利益以及债务,他们中的所有人都要为其中一个人负责,直到他们分家。"同样的情况在更高的程度上在俄罗斯法律的古代阶段发生了改变,甚至在父亲的犯罪中子女也要为其负责。之后的子女责任在这种关系中有所限制,而在莫斯科法律中则完全被废除了。但是,由契约义务产生的责任在《1649年法典》之前都有完全的效力:子女要为死去的父亲的债务负责,并不是以继承人的身份,而只是作为子女。同样,父母要对没有与其分家的子女的债务负责。契约通常都会以全体家庭成员的名义签订,这个家庭必须处在稳定关系中，即不能是已经分成了几个家庭组织。①

（四）父母权力的变化

按照拜占庭法律的规定，父母的权力可以根据父母的意志，也可以根据法律在父亲有过错的情况下消除。按照罗斯习惯法的观点，父母的权力并不是法律规定的，而是自然存在的道德规则，因此在父母去世之前都不能消除。但是，这个权力可以根据子女年龄的逐渐增大以及父母的年老达到一定的减弱效果，并且可以在父亲还健在的时候将家庭权力转交给儿子。古代罗斯社会有关父母权力的消除问题可以分几种情况予以考察，这些也都说明了父母权力在历史中的状况。

第一，子女成年而获得自由。古代阿拉伯作家在谈论俄罗斯的文献中提出了证明，这在俄罗斯法律中也存在，就是在古代罗斯的"骑马"仪式以及在莫斯科时期的"剃发"仪式。如果某人生有儿子，那么对儿子的关心和教育要到他成年。那时父亲会给儿子弓和箭，并对他说："离开我吧，自己照顾自己。"从那时开始，父亲就会像陌生人一样看待儿子。但是，这种情况大概会引起人们对国家历史中较为常见的"骑马"仪式的曲解，可能会被认为父亲将儿子赶出家门，同时成为两个彼此独立的个体，而不存在任何权力关系。其实，这个仪式本身意味的并不是解除父母与儿子之间的关系，而表示儿子已经成年并认定他成为具有完全权利的家庭成员。"剃发"仪式就有这样的意义。所以，儿子就算完成了这个仪式，也绝不能消除父亲的权威，父亲也不能消除对儿子的关心和教育。相对比而言，父母对未成年的子女与成年的子女的权威是有所不同的，即子女年龄的增长会导致父母权威在一定程度上减弱。

第二，父母有犯罪行为。对于父母有犯罪行为的情况，最初也不能因此而消除对子女的权力：犯罪的父母要和自己的子女一起被放

---

① М. Ф. Владимирский-Буданов. Обзор истории русского права. М. 2005. с. 538—539.

逐。《罗斯法典》中，在故意杀人的情况下就是这样规定的。在莫斯科公国时期，也存在这个父母被流放的原则：流放到西伯利亚去耕地，带着子女在那里永久地生活。但是，新的法令很快出台，使得这种情况变得清晰且细致了。即同父母一起被流放的子女，只能是在他们小于三岁的时候；而如果子女年龄超过三岁，则不一同流放。这意味着，通过永久的流放消除父母权威不只体现在成年子女关系上，也适用于大于三岁的幼儿。由于三岁以下的婴儿，很难留给其他人照顾，所以只能和自己的父母一起。如果可以不流放的子女自己愿意跟随父母，那么也继续维持父母与子女的权威关系。

第三，父母进入教会而成为僧侣。进入僧侣阶层对于父母对子女的权力有着重大的意义。在莫斯科公国时期，进入修道院的父母没有被完全剥夺民事权利，包括父母对子女的权力。但是，在成为僧侣后，父母本质上的重要权力消失了。例如，成为僧侣的父母不能把自己的子女出卖为霍洛普，这意味着父母对子女的支配权消失了。同时，这些对于具有僧侣身份的人来说也是一种宗教规制，所以在这种情况下完全消除了父母的权威。

第四，父母成为霍洛普。这在最初也不能消除父母的权力，因为未成年子女通常会和父母一起成为霍洛普，前者依然处在后者的权威关系之下。虽然父母的权力在这种情况下受其主人的制约，但是他们并不会因此而改变与其子女的关系。如果子女是成年自由人，那么就意味着他们可以从父母的权力那里获得自由和解放。

第五，分家的儿子进入国家服役阶层和女儿出嫁。这时，父母的权力实际上变得衰弱了，但是并没有消除。父母依然在出嫁的女儿那里保有一定的权力。但是，对于出嫁的女儿来说，父母的权力在与夫权的竞争之中，是不占有优势地位的。

第六，只有父母双方的自然死亡，才可能消除父母的权威。父母其中一方死亡时，家庭的权力就转移给了在家庭中继续生活的另一方，所以这样也不能完全消除父母对子女的管理和限制。

三、监护制度

在父母对家庭及子女的支配权消失之后,如果家庭中只留有幼小的成员,就可能或必须建立起一种对家庭人为性质的管理权,这种制度就被称作"监护"。监护一般出现在城市的小家庭中,因为拥有大家庭的农村居民很少面临父母去世后家里只剩下年龄很小的孩子的情况。所以,在村社之外生活的一部分居民那里存在监护。

《罗斯法典》中规定了监护制度,但是监护产生的条件与现在我们所理解的是有区别的。按照古代法律的观念,在家庭的领袖——父亲去世之后,家庭要通过母亲的领导权或者年龄大的男性子孙的权威维持。但是这两个条件可能有不存在的情况:一是母亲可能已经过世或者改嫁;二是子女年龄都偏小,没有人有能力去领导家庭生活。在这种情况下,就会出现继承问题,但是并不能马上兑现。于是,在这期间必须指定监护人。从这里可以看出,监护的指定有两种情况:所有的孩子都处于年幼阶段,母亲过世或者改嫁。这两种情况在《罗斯法典》中都提到了:"如果死者留下的孩子年龄还小,不能照顾自己,而母亲改嫁,那么就需要由近亲属担任监护人。……如果是由继父监护孩子和遗产……"[①]从这里可以看出,关于监护人的资格问题,首先,与孩子住在一起的母亲绝对不是监护人,因为监护人的概念和母亲的权威是相互分开的。虽然法律规定在父亲死后子女可以处于母亲的管理之下,但是这并不是监护,而只是单纯地将原来属于父亲的权威转移给了母亲。"的确,当时已经出现了一种意识,即建立一种制度以防止母亲滥用权力,从而保障子女的权利。如果母亲损害了财产并改嫁,应该对这些损失予以赔偿,但是这只能是在母亲改嫁的情况下。"[②]关于母亲如何承担家庭管理的责任,法律没有明确提出。其次,按照一般原则,近亲属可以被认定为监护人,属于

---

① Н. Калачовъ. Текст Русской Правды на основании четырехь списковь разныхь редакции. С-П. 1889. с. 17.
② М. Ф. Владимирский-Буданов. Обзор истории русского права. М. 2005. с. 542.

监护人中的第一顺序。如果由近亲属担任监护人，"改嫁的母亲有义务将子女和所有的遗产转交给他们，并且要将她控制期间内的财产变化状况予以报告。"[①]最后，母亲在改嫁的情况下，可以保留一些与家庭幼子的关系。但是，她已经没有家庭首领的权力，因为她的丈夫变成了家庭的首领。然而，按照血缘因素，她依然是孩子最亲近的人。因此，与近亲属有完成监护的义务一样，《罗斯法典》也承认继父有这样的义务。

监护人的权利代替了父母的权力，但是两者存在差别。监护人的权利只能在法定权利和义务上加以确定，只能在孩子成年之前管理财产。法律让监护人管理财产，是为了使财产可以完整地转移给孩子们。监护人有权经营被监护财产，并且可以获取利润。监护人的义务主要包括对被监护人人身、财产、健康的管理，他们需要养育并教育被监护人，并且应该接管动产。这些义务的履行在原则上是没有报酬的，被监护人财产的增加应算作监护人的义务。法律明确规定，任何东西（或者是切良津，或者是牲畜）都属于被监护人的财产。只有监护人进行商品贸易而产生的利润才算作他们的劳动报酬，即监护人利用这些资产获得的盈利归他们自己所有。很显然，商贸利润可能有，也可能没有，因为这一般只适用于商人。因此，监护人的劳动报酬并不是一定的。监护人也有责任，若造成了被监护人的资产损失，要如数赔偿。"如果继父耗尽了继子在其生父那里继承来的财产，然后死去，那么应通过证人，由死者的亲生儿子将这部分财产归还给他异父同母的兄弟。"[②]这里需要说明，即使是继父作为监护人，如果对遗产造成了损害，即使死去也需要由他自己的儿子赔偿。

在被监护人成年之后，监护人要把财产返还给他。监护在被监护人"自立"时终止，而被监护人成年的年龄应该是 15 岁。这点在

---

① Л. П. Белковец, Белковец. В. В. История государства и права России. Курс лекций. Новосибирск. 2000. с. 18.

② Н. Калачовь. Текст Русской Правды на основании четырехь списковь разныхь редакции. С-П. 1889. с. 18.

《罗斯法典》的规定中并没有被提及,但是在监护人转交监护财产时必须有见证人在场。法典中只提到了对未成年人的监护制度,而现代民法意义上的其他种类的监护并未被提及,如残疾人和精神病人及其他无完全行为能力的主体。

第三节 继 承 法

在最初的罗斯社会,所有的财产是属于所有家庭成员或者部落整体的,家庭领袖或者其他成员去世时,只需要重新安排家庭成员的次序即可。这样的继承规则在留里克大公统治时期适用在整个罗斯国土的范围内。"在家庭或部落的权力占完全的统治地位的情况下,继承转移财产是不可能实现的,某个人去世不能成为转交权利的原因。但是,每个民族的历史发展中都会碰到移交个人权利的情况,有一些人已经从部落群体部分地分离出来,虽然不能马上为自己争取到地位和影响。"[1]但是,在《罗斯法典》时期,继承法的原始基础已经很明显了,具体标志为:继承人只能是家庭成员;立遗嘱人的意志占有绝对地位;被继承人如果没有家庭成员,不能立遗嘱将财产交给其他人,要交给社会权力的代表。

《罗斯法典》时期不是单指《罗斯法典》本身规定的内容,也是指在其存在并适用的那个历史阶段。罗斯的历史文献中第一次出现继承的问题是在奥列格与拜占庭签订的《911年条约》中,其中有一条规定:"在希腊国土上为希腊皇帝供职的罗斯人,如果(他们中)某人死了,没有说如何处理自己的财产,而且在他身边(在希腊)又没有自己的亲人,那他的财产可以转给他在罗斯的最亲近的年幼的亲属。如果死者留有遗嘱,那么就让他遗嘱中写的那个继承财产的人领取并继承他的财产。"[2]从这条规定中可以看出:区分了遗嘱继承和法定继承;在继承中按照法律区分了自己的亲属和近亲属、旁系亲属;

---

[1] М. Ф. Владимирский-Буданов. Обзор истории русского права. М. 2005. с. 545.
[2] 〔俄〕拉夫连季编:《往年纪事》,朱寰、胡敦伟译,商务印书馆2011年版,第28页。

这里所说的是书面形式的遗嘱。关于这个条款的内容，一些人认为"只能反映出拜占庭的法律和拜占庭在继承方面的观点。还有人认为，这里不能分清楚是拜占庭的法律还是罗斯的法律，而应该认为是一个简单的国际法条款。"①按照《罗斯法典》的规定，旁系亲属不能按照遗嘱或者法律继承遗产——没有继承人的财产应该归王公所有。但是，罗斯王公的这种权利在拜占庭不会产生法律效力，同时罗斯人也不想在这种情况下承认拜占庭皇帝拥有这种权利，所以这里规定将遗产送回罗斯。所有的情况都意味着，与拜占庭签订的条约的这部分内容并不能反映出古代罗斯继承法的规则，而只有《罗斯法典》才是其真实的反映。

《罗斯法典》所列举的可继承财产仅仅是动产，包括房屋、商品、马匹、牛、庭院，关于土地的继承没有规定。从这里可以看出，土地在当时为村社所有，在所有者死后不能成为他的孩子或亲属的继承物。关于这点，"大概是因为土地的财产权处在形成时期，而这种情况下法律还没有达到可以规定土地财产继承的程序的水平。"②同时，《罗斯法典》规定了继承的遗嘱继承和法定继承两种方式，并且对一定的继承规则作出了说明。

一、继承方式

古代罗斯存在两种继承方式，即遗嘱继承和法定继承。这两种继承方式的区别在于是否存在被继承者的意志，遗嘱继承意味着要按照被继承人的意志进行，而法定继承则是在无遗嘱继承的情况下由继承人依照法律规定完成继承。

（一）遗嘱继承

在某种意义上说，要清晰地区分遗嘱继承和法定继承在古代罗斯是不可能的。在古代罗斯时期，不能说遗嘱继承和法定继承哪个

---

① М. Ф. Владимирский-Буданов. Обзор истории русского права. М. 2005. с. 546.

② Л. П. Белковец, Белковец. В. В. История государства и права России. Курс лекций. Новосибирск. 2000. с. 17.

更占优势,因为最初这两种继承形式并没有区别。在《罗斯法典》中,只是按照外表形式区分遗嘱继承和非遗嘱继承。但是,从它们的内在实质来看,相互之间没有本质区别。遗嘱是立遗嘱人的一种安排或命令,"但是这种命令的内容不是确定继承人,而只是在法定的继承人之间分配财产。"① 与此相符合的情况也被写进了《罗斯法典》。一方面,规定了绝对不能违反立遗嘱人的意愿:"如果某人在去世前将财产分给自己的孩子,那么是有效的。"②"母亲去世前把财产分给谁,就归谁;或者分给所有的孩子,就平分。"③ 但是,这不违意志,只涉及财产的分配,只有在自己子女之间分配财产的安排才被称为"遗嘱",而被继承者的意志指向的都是自己的孩子——法定继承人。在14世纪的教会僧侣时代,虽然遗嘱都以书面形式出现,但是财产继承为法定继承者的利益的原则并没有变。然而,这并不意味着立遗嘱人的意志受这些书面文字的约束,即预先限制立遗嘱人选择继承人只能是降序的。相反,立遗嘱人可以自由地安排,将遗产分给子女。

这样,最初的遗嘱只是将遗产在法定继承人之间进行分配,《罗斯法典》最初也没有赋予立遗嘱人在没有子女的情况下指定其他继承人的权利。但是,在东正教时期,这种例外却出现了。在多神教时期,在具有排外性的家庭关系中,家庭范围之外的人根本不是继承人。随着东正教的引入,社会关系逐渐扩大了,出现了与亲生关系相似的宗教上的父亲、僧侣。每个被继承人都可以在子女之间分配财产,同时也要有一部分分给教会。这样,立遗嘱人的主观意志就有了较大的开放性,可以在法定继承人之外分配财产。《罗斯法典》也在一定程度上承认了这点,"如若没有留下遗嘱而去世,那么财产分给所有孩子,同时也要留一部分用以超度亡魂。"④ 其中,用于"超度亡魂"的财产就是要给教会的那部分遗产。但是,在一般原则上,当死

---

① М. Ф. Владимирский-Буданов. Обзор истории русского права. М. 2005. с. 547.
② Н. Калачовъ. Текстъ Русской Правды на основании четырехъ списковъ разныхъ редакции. С-П. 1889. с. 36.
③ 同上注,с. 38。
④ 同上注,с. 36。

者有法定继承人时,立遗嘱人不能随意将自己的财产让其他人继承。这种情况到13世纪才有所减弱和改变。现在我们所见的记载中,只有一个立遗嘱人将自己的财产给了其他人,因为他既没有兄弟也没有儿子。按照《罗斯法典》的规定,这种财产就是无人继承的,要归王公所有。

遗嘱的形式虽然在《罗斯法典》中没有明确的规定,但是可以推测,口头遗嘱是一种习惯性做法。口头形式与遗嘱的本质相符。遗嘱是在家庭成员的一致同意下支配财产,这不是个人意志,而是在父亲领导下的整个家庭的集体意志。然而,从《罗斯法典》时期到现在,留下记载的遗嘱文件只有1147年安东尼亚的一个遗嘱和弗拉基米尔·瓦西里科维奇·沃雷斯基王公的两个遗嘱,而从这些文件中也得不出其他重要内容。《罗斯法典》关于遗嘱的理解是,僧侣可以有遗嘱,王公也可以有,而王公立遗嘱在当时所有家庭中占大多数。之后才逐渐出现书面形式的遗嘱,并由专门草拟遗嘱的人员完成,他们通常是按照王公的指示书写遗嘱。

(二)法定继承

法律最初并不干涉继承制度,父亲在去世前,都会按照其他家庭成员的意见分配财产。在《罗斯法典》时期,已经出现了法定继承,这是在某人去世时没有留下遗嘱的情况下所作的规定。每个父亲去世之后,他的财产都会在自己的子女之间分配,当没有遗嘱时,分配死者的财产就需要继承人按照法律的规定完成。这样,法定继承并不是限制立遗嘱人的意愿,而是对遗嘱继承进行了补充,两者在本质上是相同的。法定继承所确定的继承人范围只能是家庭中的人,包括配偶、子女、父母。遗产继承可以是死者自己亲生的子女,但是在分配财产时,他的遗孀和教会也可以在不确定的意义上参与进来,而其他人如旁系亲属不能成为遗产继承人。

《罗斯法典》用两个条款确定了法定继承的一般原则,即"如果斯麦尔德去世,那么其遗产归王公。如果家中还有未出嫁的女儿,那么给她一部分。如果已经出嫁,那么就不给她。""如果波雅尔或亲

第六章 婚姻、家庭与继承法律

兵去世,那么遗产不能归王公占有;如果他们没有儿子,就由女儿继承。"[①]在这里,法典区分了斯麦尔德和波雅尔及扈从的继承方式。在第一种情况下,只有男性后代才是财产继承法律意义上的"子女",如果没有男性继承人而只有女儿,那么这些遗产也不能被女儿继承,她只能获得一些嫁妆。在第二种情况下,波雅尔和扈从的家庭如果没有儿子继承,那么可以由女儿继承。这是在《罗斯法典》中简单而清晰的表述。

二、继承规则

在古代罗斯社会,虽然已经出现了继承的方式,但是如果要完全达到继承的后果和预期,必须有一整套规则以规范继承人以及在此过程中的一些问题。所以,继承并非简单的口头叙述或托付就可以完成的,而是需要根据不同的情况和对象采取不同的态度。在《罗斯法典》时代,在对待继承的问题上提出了一系列规则,以此规范当时社会的继承问题,但是这些规则并非全部已经由法律加以规定。

(一) 儿子的继承

在这个问题上,《罗斯法典》已经提出明显特别的原则:继承同时在所有的儿子中进行,即在死者临终前没有留下遗嘱的情况下,遗产平分给所有的儿子。古希腊法律的显著特征则是由长子继承财产。这种嫡长制的原则不是只出现在古希腊法律中,在东方民族也很盛行。在古代罗斯的法律中,嫡长子继承原则大多数是在解决国家权力问题的时候,例如王公领地和王位的继承问题,在民间的私人继承问题上就没有这样的规则了。

儿子继承的方式有两种,即兄弟们在父亲死后,或者留下共同的财产,或者平均分配。第一种情况是古代继承的典型形式,当继承权没有出现任何显著的转移时,长子代替父亲。第二种情况下,平均分配财产,或者按照父亲的遗嘱,或者按照兄弟之间的相互协议完成。

---

① Н. Калачовь. Текст Русской Правды на основании четырехь списковь разныхь редакции. С-П. 1889. с. 36.

《罗斯法典》中只规定"如果父亲没有留下遗嘱而去世,那么财产分给所有孩子"①,但是没有进行详细地规定,从中可以反映出它本身隐含平均分配财产的秩序。同时,也应当发现,被继承人可以不把财产平分给所有的儿子。其中还有一个例外,就是"房产要完整地留给最小的儿子"②。这里的"完整"一词具有很重要的意义,就是房产不列入财产分配范围,且不能认为可以此代替最小的儿子的法定继承份额。实际上,这是将房产作为很小的一部分遗产分给小儿子,其他的财产依然会得到继承。这种规定是由习惯法而产生的,其法律目的就是保障最小的儿子的权益,让他有生活上的保证。

《罗斯法典》不能干涉儿子们继承遗产的份额,但是已经预见到因分配遗产发生纠纷的可能性。所以,在这种情况下,法典规定由王公的意见决定。同时,按照古代罗斯的教会法规,遗产纠纷应当属于教会管辖。众所周知,在古代罗斯,所有的继承权、家庭纠纷都是归教会管辖的,所以这条规定很可能是《罗斯法典》反映东正教之前古代罗斯的习惯,或者按照《罗斯法典》直接的表述,当诉讼双方在王公法庭进行诉讼时,王公解决的仅仅是简单的财产分配问题,而不是遗产纠纷。

(二)孙子的继承

虽然有关孙子的继承问题在《罗斯法典》中没有被提及,但是确定这个问题的答案必须在一定的条件下,即孙子和作为被继承人的祖父共同生活在没有分家的家庭中。《罗斯法典》中没有对此种继承规则进行叙述大概是因为有这样的习惯,即当每个已婚的儿子独立组成家庭后,就出现了与父母分离的非联合性家庭,是小范围意义上的家庭,孙子可以按照儿子继承的规则实行,因此不需要提及孙子的继承问题。

(三)女儿的继承

按照一般原则,女儿的继承只能在死者没有儿子的情况下才可

---

① Н. Калачовь. Текст Русской Правды на основании четырехь спискові разныхь редакции. С-П. 1889. с. 36.

② 同上注,с. 17.

第六章　婚姻、家庭与继承法律

以进行。按照专门条款(斯麦尔德)的规定,即使死者没有儿子,女儿也不能获得继承权。在有儿子的情况下剥夺女儿的继承权是一般原则,在斯拉夫民族和拜占庭的法律中都有体现。斯拉夫法律就认为,在有兄弟或兄弟有孩子的情况下,女儿不能继承父亲的领地或者其他财产,通常父亲只会给她留下一些嫁妆。

有关女儿是否有继承权的问题,《罗斯法典》中的规定是有所区分的,即根据被继承人的身份决定其女儿是否享有继承权。具体而言,自由人的女儿没有继承权。《摩诺马赫法规》中规定:"如果家中还有姐妹,那么她无权继承遗产,她的兄弟应尽可能为她准备嫁妆。"①但是,如果女儿已经出嫁,则什么也得不到。这里有一种例外情况,即同母异父的子女中,如果所有儿子对母亲都不孝顺,母亲也可以把财产给赡养她的女儿。

斯麦尔德的女儿在其父死后是没有继承权的。《摩诺马赫法规》规定:"如果斯麦尔德去世,那么其遗产归王公。如果家中还有未出嫁的女儿,那么给她一部分。如果已经出嫁,那么就不给她。"②由于斯麦尔德无合法继承人,所以其遗产归王公所有。这种现象在西欧也存在。在古代罗斯,这种权利并不仅仅局限于王公,而是扩展到世俗和教会封建主,他们都有占有无人继承的财产的权利。

贵族的女儿可以取得继承权。《摩诺马赫法规》规定:"如果波雅尔或亲兵去世,那么其遗产不能归王公占有;他们没有儿子,就由女儿继承。"③需要注意的是,虽然女儿有继承权,但是也需要在没有儿子继承的情况下才可以实现;如果被继承人有男性继承人,那么女儿一样没有继承权。

这些继承情况都是针对动产而言的,如果涉及不动产,情况就有所不同了。例如,王公领地是属于国家所有的,根据国家的意志,应

---

① Н. Калачовь. Текст Русской Правды на основании четырехь списковь разныхь редакции. С-П. 1889. с. 36.
② 同上。
③ 同上。

该把领地移交给死者的亲属,而女儿只能获得一部分嫁妆。这是因为,不动产有为国家政权服务的责任和义务,而女性不能担负起这个责任。但是,在《罗斯法典》中却没有这个理由。法典在条文中提到财产时通常都是关于遗产,例如庭院或一些动产。这里应该存在着其他原因,这个原因是原始家庭继承法的基础:家庭是由儿子延续的,而不是女儿;女儿出嫁后,就是其他家庭的成员了。这种女儿继承遵循的理由延续很久,但是这样看来是有违公正的。

(四) 非婚生子女的继承

上述所有的情况都是针对婚生子女而言的。"但是,在《罗斯法典》时期,要理解'子女'的概念是不完全的,因为既不能消除情人的存在,也不能限制离婚的自由。所以,只能在妻子和具有女奴身份的情人之间进行区别。"①《摩诺马赫法规》中就明确规定,非婚生子女"不得继承遗产,但可以与母亲一起成为自由人"②。由此可见,自由人与女奴所生的子女即为非婚生子女,他们在法律上是没有继承遗产的权利的。虽然根据东正教的教义,应该平等地对待非婚生子女,但是依据东斯拉夫人的古来习俗,对待非婚生子女是较为严苛的。在这种情况下,没有继承权的非婚生子女只能获得与其母亲一起成为自由人的权利。

(五) 母亲去世后子女的继承

如果要从母亲那里继承遗产,就是另外一种规则了。《罗斯法典》说得很清楚,母亲有比父亲更大的自由支配自己的财产:"不允许子女占有母亲的那部分财产,母亲去世前把自己的财产分给谁,就归谁。"③这个条款指出了有关遗嘱的效力,但是在这种情况下,分配遗产要在母亲实际生活并去世的那个家庭中进行。实际上,《罗斯法典》接下来也规定了母亲去世后的法定继承方式:"母亲若无遗嘱

---

① М. Ф. Владимирский-Буданов. Обзор истории русского права. М. 2005. с. 558.
② Н. Калачовь. Текст Русской Правды на основании четырехь списковь разныхь редакции. С-П. 1889. с. 37.
③ 同上注, с. 38。

去世,那么和她住在一起并供养她的孩子,取得母亲的财产。"①其他条款也说明了这个条款接下去的发展。女儿在父亲去世后有儿子的情况下不能继承遗产,而当儿子不收留母亲并侍奉她,女儿做了这些事,那么在母亲死后女儿是否能继承?《罗斯法典》规定:"母亲可以把自己所有的财产给某个儿子,而无论是第一个丈夫的儿子还是第二个丈夫的儿子;若所有儿子都不孝顺,也可以把财产给赡养她的女儿。"②在这里,《罗斯法典》再一次提到了遗嘱继承,但是遗嘱规则与法律规定完全符合。通过对法条的比较就会很清楚地发现,如果母亲没有留下遗嘱去世,那么财产由她生前生活的那个家庭的人获得,即使是归女儿继承。这其中还有一层意思,即母亲可以在子女都不奉养或不孝顺时带着自己的财产去投靠不相干的人,而这在《罗斯法典》中完全没有体现出来。教会法规是同意这样的做法的。应该认为,在这种情况下,寡妇一般会去投靠教会。

这种父亲和母亲去世后财产继承的区别,其根据是什么? 母亲成为家庭权力代表并在家庭中延续权威,是在家庭没有分散的情况下。如果寡妇获得了自己的法定份额,那么她就不能在所处的新家庭中延续这样的权力了。她可以按照个人意志去任何一个子女家里生活,并可以在那个家里安排自己的财产。不过,所有这些只能在母亲成为寡妇之后发生。如果妻子在丈夫之前去世,那么她的财产要留到丈夫去世时,即使丈夫再婚,也要成为整个家庭财产的一部分。仅仅是在父亲死后,子女可以继承母亲财产的一部分。

(六)逆向继承

从以上论述可以看出,继承制度是在从父辈到子辈的自然次序中进行的,这也是最基本、最常见的继承顺序。此外,还可能出现儿子早于父亲去世的情况,那么这种顺序与以往恰好相反,即由父亲继承儿子的遗产。当然,这不是由于父母的权力剥夺了子女那部分可

---

① Н. Калачовь. Текст Русской Правды на основании четырехь списковь разныхь редакции. С-П. 1889. с. 38.

② 同上。

能存在的财产。在一个家庭中,如果需要延续,那么男性子嗣的独立生活是无可怀疑的,他们能拥有自己独立的财产权。所以,如果出现早逝情况,那么父亲就可以继承他的遗产。《罗斯法典》对这个逆向继承的规定的存在采取沉默态度,而将侧重点放在了一般原则之下的家庭自然继承顺序之上。

(七) 配偶之间的继承

家庭中的继承不仅包括父母与子女之间,也存在于夫妻之间,这种继承规则在俄罗斯历史上是客观存在的。《罗斯法典》中有一些条款是有关丈夫去世后留给妻子的财产的规定。我们可以很自然地认为,《罗斯法典》确定了妻子有继承丈夫财产的权利,同时也可以出现相反的继承顺序,即丈夫可以继承妻子的遗产。那么,实际是否如此呢?如果第一种情况,即依据《罗斯法典》的叙述,妻子可以获得丈夫的财产而非遗产是可信的,那么第二种情况是可能发生的,即丈夫继承妻子的遗产。一些情况表明,妻子在丈夫生前没有任何财产,因此也不可能留有什么遗产给丈夫。这样,对夫妻之间的继承问题的考察,就需要进行分析之后才可以得出结论。

1. 妻子的继承

对于妻子的继承,需要再次提出一个问题:《罗斯法典》是否给妻子继承丈夫遗产的权利?《罗斯法典》中明确表示"她不能继承丈夫的遗产",即妻子不能在丈夫死后追求遗产。法典资料中明确地区分了遗产和馈赠物的概念。因此,《罗斯法典》虽规定了妻子有接受物品的权利,但不应该认为是遗产。《罗斯法典》对这个问题规定了两种可能的情况:第一,在父亲去世后不分家,妻子成了此时的"一家之主"。甚至在这种情况下,"如果孩子不同意她留在家里居住,而她想留下来,那么应按她的意志办理,而非子女的意志。"[①]如果家庭不反对母亲的权威,那么母亲就不需要任何财产。同时,《罗斯法典》也指出寡妇对待丈夫的财产中出现的不良情况,即"如果妻

---

① Н. Калачовь. Текст Русской Правды на основании четырехь списковь разныхь редакции. С-П. 1889. с. 37—38.

子在丈夫死后决定孀居,之后又改嫁,那么她要向所有孩子支付所用的全部费用。"① 可见,寡妇不受监督地使用财产,损害的仅仅是她的第二段婚姻。同时,也不能将家庭权力的移交理解成就是转交继承的财产权。第二,如果家庭在父亲去世后分化了,那么母亲处于什么样的地位? 有时,她获得丈夫财产的一部分遗物:"如果妻子为丈夫守节,那么给她一部分物品,丈夫生前给她的财产由她占有。"② 这个部分可以认为是丈夫给她的遗物,也可以认为是在子女份额中的一部分,但是绝对不是遗产。这是寡妇获得法定份额唯一的权利,这样安排是父亲为了自己所有孩子或其中一个孩子的利益着想。这部分可以被称为"生活必需财产"。当寡妇可以进入第二段婚姻时,这部分"生活必需财产"通常要返还给家庭或子女。这从《罗斯法典》中可以找到间接的形式,即如果妻子为丈夫守节而成为寡妇,那么给她一部分遗物。从相反的角度理解,这意思大概是:如果妻子没有成为寡妇,那么不能获得那部分遗物。

除此之外,妻子在结婚时还有一些嫁妆,这是由妻子带来并在丈夫支配下的财产,如果在丈夫去世后返还给她,这大概和继承也没有任何关系。

2. 丈夫的继承

《罗斯法典》中提到了丈夫去世后妻子可以获得一些遗物,但是对于丈夫获得妻子去世后的遗产的问题却没有提及。假设丈夫不能在妻子死后继承她的遗产,可能是因为妻子在处于与丈夫的关系中没有任何财产权。但是,《罗斯法典》中的条文直接明了地反驳了这点。《罗斯法典》中规定:"如果前妻有孩子,那么他继承自己母亲的遗产;同时,丈夫给前妻的财物,其子也得继承。"③ 这表明,可能会出现两个妻子遗留下来的子女,那么每个孩子只能继承他们自己母亲的财产。第二个妻子如果成为寡妇,可以认为这里提到的"财物"是

---

① Н. Калачовь. Текст Русской Правды на основании четырехь списковь разныхь редакции. С-П. 1889. с. 37。
② 同上注,с. 36。
③ 同上。

丈夫分配给她的"生活必需财产"。早于丈夫去世的妻子的财产处在丈夫的控制和支配之下，但是这绝对不是继承，丈夫仅仅是继续使用而已。很清楚，这里提到妻子的个人财产，是她带来的嫁妆或者是在婚姻生活中产生的东西。妻子的财产权利在婚姻存续阶段是处于丈夫的权利之下的，在离婚或者其中一方去世的情况下才能分离出来和专有。《罗斯法典》没有依据这样的原因，而是以沉默的方式回避丈夫对妻子的继承权，可能是因为文献的不完整和含混。但是，《罗斯法典》几乎完全涉及家庭成员之间在继承上的关系，并且几次提到了寡妇的权利。所有的理由和根据对于文献编者而言，都可以使他关注丈夫继承的权利。所以，可以断定，古代法律之所以回避这个现象，是因为这种情况实际上是不存在的。

这样，按照古代罗斯法律，夫妻之间并不存在互相继承的权利，但是在一方去世后，另一方可以使用所有的家庭财产或者这个财产的一部分。

古代罗斯的继承原则和制度最初还显得并不是那么成熟，法典中规定的内容和规则也都很简单。随着历史进程的推进，继承制度也在不断发展和完善之中。"在诺夫哥罗德和普林斯科，法定继承和遗嘱继承已经得到很广泛的运用，扩大了继承人的范围。在普林斯科的审判文书中，就记载了父亲、母亲、儿子、兄弟、姐妹和其他近亲属，扩大了配偶的继承权，被继承者的义务也转嫁给了继承人，首先就是债务。遗嘱出现了书面形式。遗嘱由教士作为见证人予以证明。遗嘱继承具有绝对的效力，即不能按照法律规定对其进行改变。在遗嘱中，承认行为人的意志，并且按照其遗嘱的内容完成死者的意愿，同时也确定了死者的债务。"[①]

[①] А. В. Шободоева. История отечественного государства и права: курс лекций и методические материалы. И. 2009. с. 84.

第七章

财产关系法律

在古代罗斯社会,已经出现了财产关系及对财产的意识,但是在法律中并没有将其作为一个单独的制度予以规定,而且其中所涉及的财产关系法律也并非以纯粹的民事法律方式规制,更多的则是体现在刑事法律条文中。这其中所体现出来的财产关系法律的实质内容较为明确地反映了当时社会的财产法律制度,并且这种制度与罗斯社会和国家的发展以及封建化的进程息息相关。

第一节 物 权 法

人对物的权利是一种对所有物进行占有、使用和支配的权利,而物权的高级形式就是财产权,排他地、完全地占有某个物。毫无疑问,物权和其较高的表现形式——财产权,是随着人类社会发展和进步而逐渐出现的。财产权在历史上引起的疑惑通常不是针对动产物权,而是针对不动产物权,尤其是土地权利。

一、物权的客体

物分为动产和不动产,但是在人类社会的初期并不存在像现代这样很大的意义,而且也没有现代物权法中对物权的详细分类。"《罗斯法典》和俄罗斯其他的古代文献对这个权利的表示没有提出一个统一的术语和名词,原因大概是这个权利的内容那时取决于什么人是权利主体,以及何种物品可以被列入财产权的客体范围。"[①]

---

① Л. П. Белковец., Белковец. В. В. История государства и права России. Курс лекций. Новосибирск. 2000. с. 15.

动产和不动产在法律上的差别及其专业术语在俄罗斯出现得较晚。"在普林斯科第一次出现了动产与不动产的划分,对不动产规定了特别的占有制度。第一,在共和政体中,王公不占用土地,并且不能按照自己的意愿将土地赐给任何人;第二,存在大量的教会土地。当时,出现了广泛的终身使用的土地财产,可以使用土地进行盈利,但是不能出卖或者是赠与。"①

（一）动产

所谓动产,是指能够移动而不改变其性质和价值的有体物。这种物品在生活中非常常见,例如生活用品、生产工具等,古代社会的奴隶也包含在其中。在古代罗斯社会,私人拥有的物品首先就表现为动产,因为这些物品能同其他人的物品和财产区分开。在原始游牧民族,占有和使用的必要前提就是确定财产占有。因此,在古代文献中,物的名称通常就是"имение"（旧称"财产"）,这样就可以同普通的物品（拿在手里的东西）区分开。"имение"这个词仅仅是代表着动产。俄罗斯编年史中就记载了许多这样的情况,例如伊戈尔希望从德列夫里安人那里获得更多的"имение",俄罗斯人在伊戈尔时期从拜占庭帝国获得很多"имение"等。

"物"的称谓虽然在古代西斯拉夫法律（在动产的意义上）中和俄罗斯人迁徙中就曾遇到过,但是在俄罗斯法律中却出现得很晚。因为在13世纪之前并不认为个人是民事法律行为的主体,更没有"私有权"的概念,"法律和风俗也都不区分动产和不动产,也没有对动产给予必要的关注。"②俄罗斯人的远祖的所有财产都是由一些动产构成的,他们通常用来表示财产的词语可以证实这点。如"家畜"一词,在当时就是用来表示金钱或者代表其他形式的财产。"粮食谷物"也是如此。编年史中的资料也可以证明,在初期,人们的财产包括武器、衣服、装饰品、切良津、马匹和一些捕捉采集到的东西。在

---

① А. В. Шободоева. История отечественного государства и права: курс лекций и методические материалы. И. 2009. с. 71.

② 〔俄〕鲍里斯·尼古拉耶维奇·米罗诺夫:《俄国社会史》（下卷）,张广翔等译,山东大学出版社 2006 年版,第 31 页。

《罗斯法典》中虽然没有将何种物品明确规定为动产,但是通过法条中关于损害各类物品的不法行为的规定,可以从侧面反映出当时罗斯社会存在大量动产,并且均为私人占有的财产。所以,法典多次提到了个人动产财产权。例如,《雅罗斯拉夫法典》就确定了私人占有的物,"如果某人盗窃了他人的马匹、武器或者服装","如果某人损坏了他人的枪矛、盾牌或者衣服","如果某人偷窃捕猎网内的鹰和鹞……","偷窃牧草和木柴"等。这些法条中规定的牲畜、生活用品、农业和牧业工具等受侵害的个人物品均为动产,除此之外,还有一种特别的动产,即奴隶。

这些动产的财产权利最开始时不受限制,在财产消灭之前都可以被占有、使用或支配。"法律保护所有的财产,包括动产和不动产,虽然在法律中找不到区分动产和不动产的具体规定,但是动产的状况和地位在《罗斯法典》中已经充分进行了分析。"[①]同时,古代罗斯也给予这些动产完全的法律保障,即对侵害这些动产财产的行为以犯罪的性质定位,以此保护这些财产。例如,"如果某人未经允许骑别人的马匹,那么要支付3格里夫纳。""如果某人盗窃了他人的马匹,或者武器,或者衣服,而失主在自己的米尔找到了失物,可以取回他们,而盗窃者因此要支付3格里夫纳。"[②]

(二) 不动产

相对于动产而言,不动产就是不能自行移动或以外力移动,否则就会改变其性质或毁损其价值的有体物。一般而言,动产包括土地、房屋以及依附在土地上的其他物品。在游牧民族的习惯中,完全没有占有不动产的可能,有的仅仅是他们定居于和搬离所占有的土地。这些土地在他们那里都是必要的,一部分土地是为了建立真正的住宅,其余一部分土地是为了进行农业生产或其他经济生产。

[①] А. В. Шободоева. История отечественного государства и права: курс лекций и методические материалы. И. 2009. с. 70.

[②] Н. Калачовь. Текст Русской Правды на основании четырехь списковь разныхь редакции. С-П. 1889. с. 2.

1. 住宅

游牧民族的帐篷就是他们所谓的"房子",当它没有固定在地表上的时候,仅仅是动产;而当它固定在地表上时,就成为土地的一部分,变成了不动产。这种变化并不是很快,俄罗斯的法律到 17 世纪时还把房子看作动产。这样的法律规定完全自然地从俄罗斯国家的经济情况中表现出来。在土地对其上居住的人们没有很大经济价值的情况下,土地或者是上面的附着物并不是很重要的财产,而只是可以使用的普通物质而已。相反,当土地对经济生产有重大价值,可以在经济流通中充当重要的流通物的时候,住宅就发生了质的变化。在研究城市中占有庭院的权利时,可以发现这种类型的物权的特殊性,占据房屋在所有条件下都是拥有不动产物权的首要方式。《罗斯法典》中提到房屋财产的情况只在继承规则中出现过,即对于父亲死后的房产不作分割而留给最小的儿子。除此之外,法典对于保护房产作为不动产而免受侵害或者是权利保障之类的只字未提。

2. 土地

土地是一类非常重要的不动产。从历史上看这个财产权形式的构成和发展,不能立即获得很明确的答案,但是可以充分肯定的是,它与动产是有所区别的。土地财产权的发展在客观情况下是这样的,即起初确定耕作参与者的部分权利,像草地和牧场都是村社或者部落集体所有,森林和水资源起初属于国家或者村社和部落,后来土地财产的其他形式才成为私有财产。

古代罗斯社会的土地占有制经历了一个演变过程。"6 至 8 世纪时期东斯拉夫人的社会经济状况发生了剧变,最初表现为氏族制度的解体,形成农村公社,公社的森林、牧场、水源、荒地等为公有,耕地则为家庭分配使用。随着公社内部贫富分化,长老和部落酋长上升为富有贵族,他们利用职权获得更好的土地,不断兼并农民的土地。10 世纪后,王公贵族们建立起自己的大庄园,形成了大公贵族的大土地占有制。大公还把大量的土地赐给教会,形成了教会大土地占有制。至此,基辅罗斯的封建土地所有制最终形成了。"①在 10 至 11 世纪的基辅罗斯,最大的土地占有者是大公和封邑王公,他们的土地除了来自于掠夺之外,还大量占有无人的土地。王公不仅拥有乡村,还拥有城市。在《罗斯法典》中,就提到了生活在这些庄园中的人:王公基温、霍洛普、王公的士兵。庄园主内部关于土地和调整领地关系法律的契约,并不能从史料中获得完全的证据,仅仅可以证明他们的存在而已。同时,还存在波雅尔的领地,来源于剥夺公社社员的土地,抢夺并开垦荒地,还有从其大公或王公那里获得的一部分。这些土地属于封建主的财产并可以继承,原则上是由王公赏赐的,同时王公赋予其所有者豁免权,在他们的领地上可以独立进行审判、财政和行政活动。在 11 至 12 世纪,由于出现了大量斯麦尔德贫困化,逐渐失去了土地和生产工具,成为封建主依附民的情况,封建土地所有制也随之发展。但是,即使如此,成为债农的人还是拥有自己的一部分土地。到了 12 世纪之后,基辅罗斯处于封建割据状态,逐渐出现了王公王室领地占有制和王公侍卫的土地占有制。

在王公和波雅尔的地产发展的同时,教会的地产也逐渐发展起来了。"教会土地的占有是在国家赋予其什一税这样专门为教会利益而设立的税的情况下产生的,但是在这个阶段教会的土地还不是很多。"②之后,教会土地的主要来源是王公赏赐或其他人赠送。"史料记载基辅佩彻拉修道院曾多次接受捐赠、赏赐土地,如 1061—1062 年,伊兹雅斯拉夫·雅罗斯拉维奇曾应修道院的请求,将一片土地连同一个较大的村落——别列斯托沃村交给它。雅罗波尔克曾将涅波里斯克、捷列夫斯克和卢奇斯乡以及基辅周围的土地交给了该修道院。"③教会占有土地除了靠王公和波雅尔的赏赐外,也靠敲诈和欺骗。"教会会以建立教堂、修道院为名大肆占用公社土地,这

---

① 张寿民:《俄罗斯法律发达史》,法律出版社 2000 年版,第 17 页。
② А. В. Шободоева. История отечественного государства и права: курс лекций и методические материалы. И. 2009. с. 71.
③ М. Н. 齐霍米洛夫:《俄国早期反封建运动》,王松亭、姜桂石译,吉林大学出版社 1992 年版,第 23 页。

种靠敲诈勒索夺得的土地为数并不小。有时教会和修道院还通过购买的方式获得土地。如《大诺夫哥罗德章程》上曾记载,在12世纪前半期,一块城郊草地被诺夫哥罗德一修道院——安东尼耶夫修道院从行政长官的孩子手中买去。"[1]在11至12世纪,教会和修道院从王公和其他贵族手里得到赏赐和捐赠的大量土地,经营土地已经成为教会经济生活的重要内容。教会和修道院土地所有制逐渐形成,教会因此成为独立的经济组织。"统计修道院和教会土地占有量是不太可能的,其中教会在13世纪末已经将大部分土地财富集中在自己手里。"[2]

在《罗斯法典》时期,土地所有权已经受到了法律的保护,例如法典中提到惩罚破坏地界的行为即是如此。对于农民少量的私有土地,法律也保护这种土地所有权,惩罚侵害这种土地的行为。例如,《摩诺马赫法规》中就规定:"如果主人虐待债农,剥夺他的酬金,抢夺他的土地和财产,那么应全部归还给他,并应支付60库纳。"[3]

土地财产权在古代时期的所有民族都是存在限制的。人类历史上,在东方是国家完全限制和吞噬了个人权利的情景,而其中最多、最显著的就是限制个人的不动产权利。但是,在古代罗斯却是相反的情况,土地财产权的发展进程一般是这样的,即"在蒙古人入侵之前,土地财产权是完全自由的,并不受国家的限制。限制出现时,已经是之后罗斯与蒙古人和立陶宛人的战争时期。但是,一些人认为限制财产权要更早一些,是在与瓦良格人的战争时期。还有些人回避历史资料中提到的外部事件,在内部事件和俄罗斯内部国家法律的基础上确定,12世纪王公定居的后果是限制财产权的条件,当所有的土地变成了王公领地时,依附在王公领地上的人们减少了自己的权利。尽管观点有所区别,但是所有的人都同意这点,即财产权的

---

[1] 杨翠红、张晓华:《东正教对罗斯封建制度发展的促进作用》,载《西伯利亚研究》2009年第1期。

[2] Ю. Л. Проценко. Древнирусское государство и право. Волгоград. 2000. с. 38.

[3] Н. Калачовь. Текст Русской Правды на основании четырехь списковь разныхь редакции. С-П. 1889. с. 32.

限制出现是在后来,而最初这个权利是完整的、不受限制的。"①但是,在理解土地财产权的限制与否的问题上,需要更明确一些。在古代罗斯初期,虽然占有土地是完全自由和不受限制的,但是这只是占有,而且没有来自国家方面对该财产权的保障。要达到将土地成为固定财产的结果,占有者就要转向国家权力,从那里获得所需要的支配权。所以,可以看出,不受限制的土地财产权只有占有权,其实质是不受限制的占有权、受限制的不动产物权。

二、占有和财产权

从历史方面来看,有关个人物权问题的实质,最初要完全确定是很困难的。"财产"的概念在古代法律中并不显著,那时它是以"贮藏""永久"或其他这类术语表达的,显现出来的是权利的持久性,而并不是权利的完整性,最开始时占有物品只是单纯的事实和拥有。

如前所述,不动产物权中的土地权在古代罗斯只是占有权,而且当时通常不区分占有和财产。"罗马法中的'possession(占有)'和'dominium(所有权)'的概念都包含在俄罗斯术语'占有'一词中,它被认为是认定物权的统称术语。这在财产法意义上的西俄罗斯语言中尤其明了:'占有的土地'就意味着土地财产权。这个术语开始被安排成为罗马法中占有的概念。当对所有权进行认定时,就出现了新的术语——'财产'。"②

一个占有物只有从其他人或者社会那里获得承认,完全而不受限制地占有,才能成为财产。这样,只有当没有对这个权利提出异议时,以往的占有才能变成真正的权利。毫无疑问,财产权不取决于占有的事实从古代就被承认。这个认识对不动产物权使用有很大影响,但是反映在《罗斯法典》中却是与动产有关系。"如果某人发现别人占有自己丢失的物品,不要取回它,也不要对他说:'这是我

---

① М. Ф. Владимирский-Буданов. Обзор истории русского права. М. 2005. с. 589—590.
② 同上注,с. 591。

的',而应该对他说:'一起去对质,从哪里获得的这些东西?'"①占有物可以是善意获得的东西,因为在找到非法获得物品占有者情况下,占有人有权获得为此物支付的相等的对价。由此可知,(1)财产所有人在丧失占有物时,并不会丧失对该物的权利。这可以很清楚地从《罗斯法典》中有关对质和盗窃的条款中看出。(2)善意占有者的占有权与财产权相遇时会产生矛盾,并且会丧失物品。这样对待动产是没有任何争议的,可是如果对待不动产,例如土地,情况可能就不是很清晰了。实际上,占有和财产在表面上是没有区别的,不仅在最初的历史时期,就是在后来的发展过程中也是如此。但是,无论如何也不能认为,随便什么时候占有的意思可以掩盖住财产的概念。例如,在古代罗斯有关活动的习惯公式中,占有的概念吸收财产的概念,进入了土地上耕种者的界限标志的情形中:"镰刀、犁和斧子去向哪里?"但是,这些意味的仅仅只是物的事实范围和获得物的方式,而绝不是物权的本质。

在古代罗斯,还存在抽象不动产财产权的概念,在第一个阶段表现为《罗斯法典》中规定的地界、栅栏以及其他标志。这些标志代表着一种财产权的存在。《摩诺马赫法规》规定:"如果破坏蜜蜂场的栅栏,或者耕犁他人土地,或者损坏他人院落的篱笆,那么处以 12 格里夫纳的罚金。"②法典规定的界沟、界桩、栅栏或者院落的藩篱本质上就是不动产财产权的外在表现,是一种抽象的权利。在自己的地界以内,财产权人不用表现出对什么东西的实际占有,这些物品也处于其控制下。在损害地界的情况下,实际上还没有侵占或控制,但是已经具有了被禁止和犯罪的意思。法律法规得出这种结论毫无疑问是古代罗斯的思维:占有者即使破坏标志,也不能马上带走他人财物,而仅仅是因为要面临的情况并以此推测占有者对财产权人物品的行为。

---

① Н. Калачовь. Текст Русской Правды на основании четырехь списковь разныхь редакции. С-П. 1889. с. 2.
② 同上注,с.33。

在15世纪,法律已经完全清晰地区分了财产和法律上占有的概念,在普林斯科的审判文件中就提到了关于占有时效和终身的占有的决议,在诺夫哥罗德的审判文件中有保护占有且不取决于财产权的问题的决议,即财产权人本身无权侵犯其他人占有的财产。人们可以提起有关袭击和侵害占有土地的诉讼,但是这种案件区别于有关土地权的诉讼。如果有侵害土地占有过错的人是土地财产权人,那么他也要因损害占有而受到惩罚。

三、物权的主体和形式

古代罗斯的民商法制度与近现代不同。"13世纪之前,个人并不被法律和社会看作民事法律行为和物权行为的主体,因为当时还没有产生现代意义上的私有权概念。"[①]在村社里居住的手工业者和农民的不动产都归属于集体,动产主体则为家庭。当然,处于社会上层的财产是归私人所有的,这与当时的社会阶层和等级制度是相关的。"但在11—13世纪,他们也不认为不动产归个人所有,而是归家族所有。"[②]

在古代罗斯初期,国家的占有(统治权)和个人权利(所有权)在最初是没有分开的(即完全统治国家的起源与个人是联系在一起的)。当时所谓的"土地"既是国家的领土,也是组成国家的各个群体中个人权利的对象。基辅城市公社(最初所有的波利安人混在其中)占有它周边的森林,所有这些都是它的领土。但是,基辅城市公社占有的一切土地是和在"森林和大片的松林"里"英明和机灵扑捉野兽"的波良人共同拥有。这样的秩序为所有研究畜牧和捕猎习惯的学者所通晓:占有公认领土的部落,就要共同开发、垦种和使用这些土地。在罗斯社会初期,土地习惯改变很小,原始人类为了互相保护而密集地生活在一起,耕种着周边的土地。他们在那里寻找适合

---

① В. С. Нерсесянц. Развитие русского права в XV - первой половине XVII в. М. 1986. с.165.

② 〔俄〕鲍里斯·尼古拉耶维奇·米罗诺夫:《俄国社会史》(下卷),张广翔等译,山东大学出版社2006年版,第31页。

自己的土地，或者规定村社和部落的权力。他们中的任何人都没有固定和大量地占有土地，但是他们的领袖和王公每年都能分给部落和聚集在一起的家庭适合的田地。值得注意的是，这些情况只是俄罗斯历史上的初期表现，况且从其中也绝对不能得出罗斯历史初期个人财产权通常并不是十分明显的结论。

　　个人权利的国家性表征在历史上只表现在出现变化的情况中。在12世纪私人财产已经出现了很久的时候，国家权利的痕迹出现，即被私人遗留下的领土失去了自己的私人占有权。《罗斯法典》就赋予王公继承没有子嗣而去世的人所有财产的权利。1156年，伊兹雅斯拉夫王公对到沃林投靠自己的波雅尔说："你们按照我的意思从基辅的土地上离开，抛弃了自己的村庄和生活。"很明显，因需要投靠不同的王公而迁徙的波雅尔丧失的财产不只是不动产，也包括一些动产。甚至在诺夫哥罗德公国，到较晚时期还保留着一些痕迹：(1) 非诺夫哥罗德公民谁也不能在个人权利上占有诺夫哥罗德内的土地，禁止王公和他们的侍从得到诺夫哥罗德领地上的村庄。(2) 谁也不能在没有获诺夫哥罗德邀请的情况下在诺夫哥罗德的领土上重新获得土地。(3) 具有诺夫哥罗德国籍所有人如果迁徙到其他地区或公国内，就自然丧失了自己在诺夫哥罗德的财产，甚至在为了波雅尔在领地转移后保存权利而在王公之间达成契约的情况下。但是，国家权利排斥所有个人权利的情况，仅仅是在远古时期。后来，其实仅仅只有一些占有——狭义上的国家财产以国家所有的形式保留了下来。居民的繁殖、群落的产生以及新村社的建立，应该在这些居民和国家之间分散直接的国家权利。公共形式的土地占有在俄罗斯的文献中不能用明确的实例加以证明，而在之后的历史阶段（莫斯科公国时期）出现完全与第一个时期相近的文献证明，公共占有权应该出现在罗斯社会的最初阶段。

　　在之后的历史阶段，已经逐渐把土地权利分为部落的、个人的（也可以看作家庭的）和东正教教会的。关于王公的个人占有从奥列格时期就已经有证据了，编年史中就提到了奥列格村和其中特别的捕猎者们。《雅罗斯拉维奇法典》中保存了一些关于个人财产权的证明,提到了王公财产的优势,例如关于界沟和界桩,也提到了王公的野蜂巢等,这些均为王公的私人财产。1158年,安德烈王公在弗拉基米尔给予基督教教会许多土地、带着贡赋的自由人以及周边的村庄。1150年,拉斯季斯拉夫·斯摩列斯给予教会村庄、土地、湖泊、城市。这些被赠送的财产无疑是国家组织的一部分,但是似乎已经成为王公的个人物品而可以随意馈赠。关于王公获得的土地变成私人财产这种情况一直持续到16世纪末。

私人占有者的世袭领地权具有很大的历史意义,却由于资料的缺乏而不能完全在文献的帮助下予以明确。但是,通过古代文献实际指出的参考资料,可以接近有关这个问题的正确认识。从国家对领土的最高权利可以看出,个人的土地权利不是没有限制和完全的。但是,因为那个时期的历史资料较为贫乏,保留下来的仅仅是从12、13世纪才开始的一些文件。当然,这是个人财产已经固定了的时期,那时已经叫作"可继承的领地",掌握在波雅尔手中。有关波雅尔占有土地的证明已经在《罗斯法典》中体现出来了,其中提到了波雅尔的遗嘱。在12世纪的编年史中,有关这个问题的连续不断的证明,而且在有些地区波雅尔和土地占有者的称呼、身份被看成是同样的。

但是,我们不能因为在那段时间存在土地完全的权利,就认为不存在其他类型的与将来的地主庄园相适应的土地占有权,而应当认为所有的亲兵都占有土地,其中有些是没有转变成地方波雅尔的亲兵。亲兵是流动的,在不断地跟随自己的王公从一个领地到另一个领地的情况下,他们的土地不能成为固定的财产。王公要供养他们,给予他们土地或者食邑的权利,或者是一定土地的使用权。所以,此类财产形式的占有对于亲兵获得的收入只是一定时间内的收益。

更加完全的私有财产形式就是教会财产。教会通过王公的赏赐、私人的捐助、从私人那里购买以及占有空地等方式,将社会中大量财产纳入教会财产。王公贵族通过向教会的忏悔可以得到"精神慰藉",于是会将自己的庄园、房屋捐献给教会,甚至将土地以及之上的农民一起捐赠。"王公雅罗波尔克·伊兹雅斯拉维奇(11世纪下半期)将'自己的全部生命',即全部不动产,或者至少是自己全部最好的地产,都'进奉'给了佩切尔修道院,此外还奉献了4个乡(其中一个在基辅附近),当然是连同居住在那里的所有农民一起奉献的。该修道院还曾两次得到其他王公捐赠的'带仆役'的村庄,每次5个村庄。另外,格列布·弗谢斯拉维奇生前馈赠和遗赠给这所修道院700格里夫纳白银和100格里夫纳黄金。"①通过这些途径,教会的财产很快集中起来。"自从教会、修道院出现后,它们很快成为经济组织,具有雄厚的物质基础,其收入的来源是多方面的:1. 王公、贵族和领主赏赐的土地、山川、河流、湖泊、森林、庄园、城邑,以及其他金银财产;2. 征收什一税,即征收农民收入的十分之一的税;3. 征收诉讼税,即向打官司的人征收上诉税;4. 开放教堂,要收税;5. 委任神职人员,要收税;6. 参加礼拜,要交圣礼;7. 道德行为不正,如乱搞男女关系,要交罚金;8. 搞犯罪活动的人(淫乱者),要交罚款;9. 偷盗者,要罚款;10. 打架者,如婆婆打媳妇,或者小叔打嫂嫂,要罚款;11. 教会、修道院从事各种商业,收入可观,还放高利贷。""封建割据时期,修道院在罗斯有了飞速的发展,其数量已经达到70座。从12世纪起,由于各地王公们的慷慨捐赠,每个修道院已经有了雄厚的经济基础、大量可经营的土地和耕种这些土地的农民。"②

教会的不动产权利的特点是大而完全且不依附任何人,这其中有两个原因:第一,那个时期,教会大量存在且彼此之间争夺土地,使用治外法权,其权利并不会由于王公的更替而变得不稳定,因为教会有与世俗国家行政机构相类似且独立的一套行政机构。第二,教会当局按出身来看,既有希腊人,也有罗斯人,遵照拜占庭法律行事,随后出现的固定明确的"私人财产"的概念也是从拜占庭法中得来的。对于其他类型的(除了教会财产)私人财产,"他们不动产占有都处

---

① 〔苏联〕尼·米·尼科利斯基:《俄国教会史》,丁士超等译,商务印书馆2000年版,第36—37页。
② 乐峰主编:《俄国教会史》(上),社会科学文献出版社2008年版,第77—78、87页。

在与国家紧密的关系之下,那些被驱逐或从土地上离开的王公和波雅尔,丧失了自己的财产,在社会中的村社劳动不仅是为了自己,也是为国家。国家权利、私人和集体之间的相互关系还没有确定,而这些关系的明确定位是在进入了莫斯科公国时期才出现。"①

在《罗斯法典》中,几乎没有直接表述保护土地财产权的确切规定。对于保护封建主的土地财产,《罗斯法典》只是建立了在破坏草场和森林的界碑时的损害责任。关于买卖,在《罗斯法典》中也不明确。但是,从其他资料中我们可以知道,土地可以赏赐、奖赏、买卖、赠与。所以,在没有关于土地财产买卖的资料的情况下,不能对封建财产基本形式的法律内容进行更深入的分析研究。

第二节 债 法

一、古代罗斯法律中"债"的概念

"债"既指债权、债务,也指二者之间的关系。古罗马法中将其称为"法锁",即指特定的当事人之间的法律关系。一方依法负责履行给付的义务,他方依法有权接受债务人应履行的给付,从而获得一定的利益。有权要求的一方称为"债权人",被要求的一方称为"债务人"。② 在俄语词汇中,"обязательство"表示"债、债务",同时也有"义务"的含义。这表明,古代罗斯法中的债也是一种义务——债务人对债权人的义务。要达到对古代罗斯法律中"债"的概念的准确理解,就像理解关于其他方面行为的权利,也并非易事。

在古代罗斯社会中,对人的权利在实际运用中已经被对人本身行为的权利代替,这种权利的产生很大一部分是随着债的订立而出现的。这样,在借贷契约情况下,通常会出现人身抵押的债务人;人身雇佣契约也可能直接导致被雇用人变成完全的霍洛普或不完全的自由人的依附人。由债而产生的责任只能是对人的,而不是对他的

---

① М. Ф. Владимирский-Буданов. Обзор истории русского права. М. 2005. с. 599.
② 参见周枏:《罗马法原论》(下册),商务印书馆2001年版,第677页。

财产,因为义务有完全的人身性——归责于他自身和不可分割的那部分。因此,在实现义务的情况下,不能对债务人的不动产进行处分,虽然这个财产此时可能是归债权人占有,而债务人本身最后可以用这些财产抵偿贷款。

在莫斯科公国时期,对"债"的概念的准确理解又向前了一步。《一五五〇年律书》禁止在借贷契约中约定债务人因为利息而为债权人服务。当时的法律规定:"按利息借钱的债务人不必为债权人也不必为任何人服役,仍可独立生活,只需要偿还借款及利息。"①可见,这时已经禁止借贷契约的人身抵押。这段时期的法令禁止将不独立的债务人"支付"给债权人而成为完全的霍洛普,试图限制人身雇佣契约成为霍洛普来源的效力。1558年,政府开始转向这个类型问题的立法。有一些不独立的债务人自己请求,在给他们提供贷款的情况下,允许最后把他们变成完全的霍洛普。沙皇不同意这样的做法,命令通过做工服务偿还债务只能在一定的法律期限内实施。

二、债法关系中的参与者

债是债权人与债务人之间的法律关系,二者作为必须参加人要体现在其中。根据债的概念的本质,它只有在缔结契约或者是进入契约的人与人之间才具有效力,不涉及第三人。但是,这个原则在古代罗斯法律中却有所不同。

(一)债权人和债务人

既然债是债权人和债务人之间的关系,那么其中最主要的主体和参加者就是这二者,或者在人数众多的情况下就会形成两方。按照现代法律规定,只要是具有行为能力和权利能力的自然人或法人,都可以成为债权人或债务人,享有权利或履行义务,但是对于古代来说则不然。在古代罗斯社会,由于区分了各种身份,形成了不同的等级,所以哪些人有资格参与债权债务关系就有所不同了。一般来说,

---

① 张寿民译:俄国《一五五〇年律书》,载外国法制史研究会编:《外国法制史汇刊》(第一集),武汉大学出版社1984年版,第230页。

完全的自由人,例如大公、封邑王公、波雅尔以及商人等都有完全的资格,而非自由人——奴隶则不能成为债务人。《摩诺马赫法规》规定:"如果霍洛普自己骗取了借贷,而借贷人不知道其身份,那么霍洛普的主人应赎回他或失去他。"[1]可见,霍洛普借款后,其主人应为其承担责任,即使将其出卖还债也由其主人选择完成。所以,霍洛普即使实施了一般债务人的行为,在资格上也不能以债务人的身份对待。至于霍洛普成为债权人,就更加不可能,因为他根本不会拥有借贷的物品。对于半自由人如债农,其本身就是依附封建主的债务人,也保有一定的财产,虽然没有资料证明其成为债权人的情况,却也不是没有存在的可能。在古代罗斯社会,要确定债务人和债权人的资格,除了身份地位之外,法律并没有规定其他方面的标准,例如取得权利能力的年龄。

(二) 在债法关系中必要参加的第三方

关于债的概念在罗斯法中还不是很清晰,但是其中有一点与物权相似,即债权首先属于整个家庭。前文已经提到,在古代罗斯,家庭最初是作为一个责任或义务整体出现的,这不仅表现在刑事案件中的诉讼上,也包括民事债权债务中互相承担责任方面。这样,在一个家庭中,配偶双方要互相负责,父亲要为子女、子女也要为父亲负责。这不仅是义务人去世后,即使是在他活着的时候也要如此。这经常在契约文件中直接体现出来,一个家庭成员为另一个家庭成员担负责任。可见,这些人都是家庭中的主要成员,也属于姻亲或者血亲。在没有这些人的情况下,那么其他降序亲属也不能赎回属于他们"孤独的父亲"的财产。较为相似的情况出现在领地主人与他的仆役或农民的关系中。在债权人临近履行债权期限的情况下,如果主要债务人没有出现或者是并不在债权人控制之下,那么债权人可以对债务人所有的仆役或农民,即可以对此负责的任何人提起诉讼。在作为小封建主的贷款人不能偿还债务的情况下,债权人可以从他

---

[1] Н. Калачовь. Текст Русской Правды на основании четырехь списковь разныхь редакции. С-П. 1889. с. 39.

的仆人和农民那里征收;如果某人要追债,可以派遣自己的侍从去债务人的领地或庄园,强迫命令那里的居民和农民偿还。可以说,在这里,允许债权人授权自己的依附民和农民代替自己追债。

(三) 接受债的转移的第三方

除了必须参与到债中的情况外,莫斯科法律还提到了代替其他人接受债权或债务的人。从16世纪末的法律文件中可以看出,债权人可以不以债务人的意志,将自己的权利依照义务转移给任意其他人,这只是一些善于运用法律的人转移债权的情况。

当债权人将自己的权利(契约)转移或者赠送给第三人,或者因为债务而转移给第三人时,当时被称为"给予性契约"。在第一种情况下,债权人应该将契约资料与债权一起移交,即形成新的行为。但是,由于债的人身性,立法长久以来没有承认这样的做法。法典在1588年小范围的规定中提出:"按照这样的契约和法庭以往经验,不能满足其要求。"但是,在1628年和1646年,法典规定了"给予性契约"的组成,承认了这些契约的效力。法典拒绝承认的情况是:只有当这个契约没有书面形式(文件转交并不意味着契约本身),或者在起诉时没有这些材料的时候。文件的这种形式在诉讼中应当是完整的,甚至要与典契相适应。这样预先准备票据权利的证明仅仅出现在帝国时代,并由法律作出了规定。① 但是,债务人要转移自己的债务只能在债权人的同意下。如果债权人同意将债务转移给某人,而对方拒绝履行义务,那么债权人总是保留退回到第一个债务人那里的权利。从债务人那里进行的转让叫作"转换"。在没有履行义务的情况下,这种转换赋予债权人对债务人的权利。

三、债的客体

债的客体是给付,即对之前签订的契约所产生的债务的履行。按照私法原则,这种行为的基础是缔约人双方的共同意志。所以,在一定意义上,对债的客体的研究要和债权的客观方面结合在一起,也

---

① М. Ф. Владимирский-Буданов. Обзор истории русского права. М. 2005. с. 685.

就是债的种类和范围要在双方的意志均允许的情况下才能确定。但是,这并不代表对于形成的债的关系只要双方同意即可。当时的法律已经了解并预防不道德行为契约出现和发生的可能性。例如,把妻子作为贷款送到西伯利亚给纵欲的人,赌博债务也被认为是不应当给付的。所以,可以看出,并非所有的给付行为都是债的客体,因为其中所允许的双方意志需要建立在道德性和法律规制的基础上。只有满足了债的客观方面——共同意志,以及限制非道德性行为这两个条件,才可以被看作古代罗斯法律中债的客体。

除了主要的债务客体外,有些给付可以由不履行其他债务而引起,被称为原来债务客体的"次等债务"或者"夹杂性债务",这可以看作一种保障履行债务的契约。这种契约可以在缔结契约或者履行契约的时候确定,一般来说是后者。这样,就允许所有人提高不履行债务的当事人的责任。这里最主要的就是违约金,可以在契约中预先确定罚金数额,或者按照没有履行契约中义务的债务人给对方造成的实际损失确定。在古代罗斯的实践中,通常是把后者作为违约金赔偿的情况。

四、债的产生

《罗斯法典》中提到了两种基本"债"出现的形式:造成损害和契约。第一,造成损害在《罗斯法典》中被称作"обида"(欺负、委屈、气恼),按照这个行为的特点,它包含了犯罪并会导致惩罚。所以,在任何情况下,任何人对其他人的利益进行了侵害,都需要为补偿受害者利益而负担一定的义务。但是,在《罗斯法典》中还没有出现民事责任和刑事责任的严格区别。所以,在古代罗斯,法律规定的由侵害而引发的义务是交纳罚金和赔偿损失。第二,契约之债形成制度是随着私人财产出现而产生的。虽然在当时还没有"契约"这个术语明确这个概念,但是"在契约之下理解两方或多方的同意,他们的结果就是在各方面都产生法律权利和义务。如果在缔约人中间某一方侵害了对方的权利,即未能履行契约中自己的行为,就会产生契约性的义务。"①对于第一种损害,这个类型的义务属于刑事法律管辖的范围,而我们所提及的契约义务是民法上所对应的义务类型,因此我们讨论和阐述的债权债务关系的内容仅仅只是契约关系上的。对于契约的产生而言,重要和必须的条件就是自由意志和缔约双方的意识。这本身就表明,非自愿、强迫而缔结的契约没有任何效力。

由契约而产生的债包括两种性质:人身的和财产的。人身性质的,例如借贷契约之后形成的借贷雇佣契约,将债务人变成雇工,并且在人身上受到其主人的一定限制。在破坏或不履行契约的情况下,能将债务人变成完全的霍洛普,这种情况出现在债农逃跑的规定中。所以,如果债农逃跑,就是破坏了该契约的条款,法律规定他要承担沦为完全的霍洛普这种具有人身性质的债务。此外,商人因本人过错或罪责造成他人财产损失时,也可能会被其债权人出卖而成为霍洛普。第二种情况是债务人的财产转为债权人所有,这是最常见的情形,即在买卖契约或者借贷、雇佣契约之中,会出现交付对价、转移财产所有权或使用权,其中所涉及的债的关系很明显就属于财产性质的。

在古代罗斯法中,针对债出现的情况,除了基本的造成损害和契约之外,还有一种情况,就是损害赔偿。但是,首先要明确,这里提到的"损害"并非刑法意义上的,而只是单纯的民事义务。《雅罗斯拉夫法典》规定:"如果损坏了他人的枪矛、盾牌或衣服,而物主希望保留,那么可以从损坏者那里获得补偿;如果物主拒绝接受损坏物,那么损坏者须以原价赔偿。"②据了解,这个条文是从第一保加利亚王国的《审判法》中借鉴而来的,其中表达出的意思也很明确,即虽然损害了他人私有物,但是并不与其他相类似的情况一样处以刑事罚金,而是补偿或赔偿。可见,这种情况下的损坏即为义务产生的方式,而补偿金或赔偿金就是所需要履行的义务。

---

① Л. П. Белковец, Белковец. В. В. История государства и права России. курс лекций. Новосибирск. 2000. с. 16.

② Н. Калачовъ. Текст Русской Правды на основании четырехъ списковъ разныхъ редакции. С-П. 1889. с. 2.

五、缔约

从上述内容中可以发现,缔结契约而形成文件对于实现债权有非常重要的意义。缔约双方相互的意志应该保有外在的形式,在实现契约中可以说服任何一方。但是,按照古代罗斯的术语,一般用"协商""商讨"(如奥列格和伊戈尔的条约)、"妥协""约定"等词汇代替契约。在 9—12 世纪,书面契约形式还没有那么发达,所以这个时期缔结契约通常采用口头形式,同时已经开始使用象征性的缔约方式,例如树叶或宴请客人——让神来公示,以及击掌或者握手等。但是,一些重要的契约,例如涉及不动产买卖,就经常采用书面形式。在法律规定和具体实践中,为了消除缔约之后彼此之间的纠纷,有时缔结契约的时候需要有见证人在场。这在《罗斯法典》中就有规定,例如"如果谁想以半格里夫纳购买霍洛普,而且有中人,并当着霍洛普的面交纳 1 诺卡达。"[1]其中的"中人"就是所谓的见证人或者是交易时的证人。不仅如此,"当时的契约已有附带的协议,例如已有关于保证履行债务的补充条约,有的契约还附有涉及违约罚金和关于分期还债的协议。"[2]

"随着商品经济的发展,在诺夫哥罗德和普林斯科出现了较高水平的法律制度,完善了缔结契约的形式,出现了书面形式的契约,有较为常见的两种缔约方式:(1) 书面记录,是书面合同的一个副本,由一个印章将他与合同连接在一起,进行存档。这种方式是在合同标的金额较大时使用,对于记载的内容不能争论。(2) 木板,也是一种书面文件,在合同标的金额不大时借助它完成缔约。这个木板就是以后引起争论时的证据。"[3]同时,口头缔约的方式也依然保留。普林斯科的审判文件中提到了契约,叫作"смолвою"。在莫斯科公

---

[1] Н. Калачовь. Текст Русской Правды на основании четырехь списковь разныхь редакции. С-П. 1889. с. 38.

[2] 张寿民:《俄罗斯法律发达史》,法律出版社 2000 年版,第 19 页。

[3] А. В. Шободоева. История отечественного государства и права: курс лекций и методические материалы. И. 2009. с. 76.

国,口头契约的形式持续了很长一段时间,在普林斯科立法之后还保留了很久。在 15 世纪时,书面契约形式已经很广泛了,但是还不是法律意义上的义务。这种义务第一次出现是在 17 世纪沙皇的命令中。

六、债的消灭

债在一定的条件下就会自然地消除,或者根据法律的规定而归于消灭,即在客观上不再存在。在古代罗斯,由于债体现出来的是契约性的,所以契约的消灭或解除也就意味着债的终结。契约的解除或者是因为得到履行,或者是因为在期限内没有完成而变更成另外一种契约关系,或者是因为提存给付,或者是因为在一些条件下缔约人中一方去世,或者是因为过了时效而使得契约终结,这些都是债消灭的形式和原因。

(一)履行契约

契约的履行是债消灭的最基本也是最正常的方式,它是完全严格依照债的要求而履行给付,实现了缔约时确立的债权债务关系和目的。所以,在正常履行契约的情况下,债自然就消灭了。契约的履行需要在一定的期限内完成才可以算作债消灭的情形。契约的履行期限通常是双方在契约文本中或以口头方式确定的。在有些情况下,法律认为必须确定一个契约的一般原则性期限。例如,有关农业财产租赁,在普林斯科的法律中确定的一般期限为一年。其他的限制,例如现代法律中规定的租赁不动产的最高期限,在古代法律中并没有提及。有时,债务人没有在期限内履行债务,债权人可以获得利益,这仅仅是在履行抵押契约以保障抵押物的情况下。当债务人对债权人支付债务后,就可以消除债权人使用抵押物的权利。莫斯科时期的法令还规定,在抵押契约中,债务人在债权人拒绝接受支付的情况下可以提起诉讼,而后者还要提供契约文本和票据。"有时,完成债务的履行期限会因为上层权力的干预,或者在一定的条件下为了大多数民众的利益,或者在整体居民都知晓的情况下而推迟。"①债务人在遭遇不幸而没有支付能力时,可以分期付款的方式偿还债务,这已经在《罗斯法典》中明确规定了。《摩诺马赫法规》规定:"如果某个携带他人钱财的商人遇险,或海难,或兵燹,或火灾,那么既不能逼迫他还债,也不能出售他。但是,他应逐年偿还,因为这是上帝的意思而不是他的过错。"②履行契约中的债权债务,只需要在约定或规定的期限内完成,就达到了清偿债务的目的,使契约得到履行,债权债务关系也随之消灭。

(二)债的变更

债的变更是指债务人无法履行之前契约中的义务,而通过其他方式清偿债务的情况,即从一种义务形态进入另一种义务形态。这种方式在古代罗斯主要表现为无法履行借贷契约之后的劳务清偿,即《罗斯法典》中提到的债农制度。这种变更的方式根据法律规定,可以是从借贷转向人身雇佣。这在《罗斯法典》中体现得较为明显,有关债农的大量规定就可以反映出当时这种以人身劳务偿还借贷的义务变更方式。以物清偿的情况并不常见,因为对于当时的人来说,如果将自己的私有物品拿来抵债,那么也就意味着他以后将陷入新的贫困,最后也必将以借债维持生活,再次沦为债农或完全的霍洛普的情况极有可能发生。所以,债务人宁可以劳务偿债,也不愿以物抵债。

(三)提存

"提存"的术语是罗马债法中的称呼,即指有清偿能力的债务人在义务履行期限内,向债权人支付其全部债务以清偿义务,但是债权人拒绝接受或无法找到债权人,债务人将用以清偿的标的物寄存于指定的场所以解除义务的制度。这种制度在古代罗斯的法律中被称为"不能履行的义务",其含义就是非直接地对债权人履行义务。因

---

① М. Ф. Владимирский-Буданов. Обзор истории русского права. М. 2005. с. 692.
② Н. Калачовь. Текст Русской Правды на основании четырехь списковь разныхь редакции. С-П. 1889. с. 31.

此,"不能"并非无法履行,而是无法直接履行。这种"不能履行的义务"在莫斯科法律中有所规定,只针对寄托契约和抵押契约。如果提存的物品在指定场所的寄存人那里被偷走,那么债务人并不承担责任,而是从义务中解放出来。在其他情况下,当物品还处于寄托或者抵押中时,就不能因为物品被偷窃而消除义务,被寄托者或者抵押人要按照物品在其占有期间来自他那方面的过错承担责任。

(四) 债消灭前当事人去世

在履行债务之前,如果其中一方当事人去世,可以导致债的消灭,但是并非所有的情况都如此。这种情况在古代罗斯大多存在于具有人身性质的契约中,例如以上提到的以劳务偿债的债农制度。但是,如果债农在清偿债务之前死亡,债权人依然可以通过执行对方的财产实现债权。所以,有关债农问题需要一分为二地看待。债农去世会导致其与主人之间的劳务清偿性质的契约消灭,但是债权人以往对债农的债权还是可以实现的,并不会因为对方去世而随之消灭。莫斯科法律中规定,只有完全的人身性质的契约可以因为死亡解除,即农奴制中的劳动者。

(五) 时效消除

权利人由于各种原因,可能在很长时间内,甚至超过了约定或规定的期限而不行使其债权。按照罗马法的规定,在这种情况下,就会导致债权请求权的消灭。"权利本不因时间的经过而消灭,但对诉权若不加以限制,任其永久拖延,听任当事人纠缠不休,不利于维护良好的社会秩序,且债务人或在清偿之后因时久不再保留收据,或收据在事变中丧失。对此,应有解除其负担的措施;至债权人既长期不行使其权利,即可视为有抛弃其权利的意思,否则也显有重大疏忽。所以产生了消灭时效的制度。"① 虽然古代罗斯法律对罗马法有一定的借鉴,但是我们在《罗斯法典》以及那个时代的相关资料中并没有看到义务的时效消灭制度,其中较为重要的原因就是在当时保护债

---

① 周枏:《罗马法原论》(下册),商务印书馆2001年版,第918页。

权人利益是统治者非常注重的问题,立法者本身在大多数情况下就是债权人和受益者。如此看来,时效消灭在当时虽没有很大存在的空间,但也不能绝对地否认。

在莫斯科公国时期,这个原则也没有完全的效力。相反,在有的王公之间的契约中,还约定对债务人的诉讼可以延续一个世纪之久。第一次关于时效的规定出现在1588年2月8日的命令中,它规定契约的诉讼时效是15年。这个时效制度在整个莫斯科时期的法律中一直延续,例如1622年和1626年的法令中,以及《阿列克塞·米哈伊洛维奇法典》(即《1649年会典》)中。

七、契约体系

如果对契约进行深入分析、分类,就可以发现,根据不同的标准,契约有多种表现,例如罗马法中将契约分为单务契约和双务契约、要物契约和诺成契约、有名契约和无名契约、有偿契约和无偿契约。但是,以这些分类方式形成的契约体系在古代罗斯法中并没有划分得像罗马法那样深入和详细,因为当时还没有相关理论基础。所以,考察古代罗斯社会中的契约体系只能依靠单一的标准,即以义务的对象为基础划分契约,可以分为买卖、借贷、寄托、赠与、雇用、租赁、委托。在古代罗斯社会,这些契约的种类并非都表现得非常明显。当时所有类型的契约往往都相互联系,甚至可以说形成了一个整体。例如,买卖是随着物物交换而出现的,并且有时融合在一起。这个痕迹在莫斯科阶段还经常出现在不动产买卖契约文件中。例如,在进行不动产交易时,常以某些动产补充价格上的不足。在契约的形式上,按照《罗斯法典》的体现,借贷契约是与人身雇佣、动产租赁契约联系在一起的。同时,在《罗斯法典》中已经发现了以上提到的所有契约的界限。

(一)交换契约

古代最初的契约形式就是物品的交换,这种形式甚至在没有口头缔约的情况下也可以形成。编年史作家提到了俄罗斯人和外国人之间商品的默示交换。可想而知,他们互相之间没有相通的语言,所以在交易时也无须用语言来完成。不只是买卖,甚至是其他契约也是从交换契约发展而来的。《罗斯法典》中并没有提到关于交换类型的契约,但是毫无疑问,交换自古以来不仅允许在动产之间进行,也包括了土地交易。这在普林斯科的文件中就有体现,从莫斯科时期到现代也留下了不少关于土地交换的文件。"交换契约进入较为特殊的应用时期是在17世纪。由于消除了其他将不动产财产收归国有的方式,为了教会的经济利益,买卖和赠与很容易就会被交换掩盖住。舍弃微不足道的物品而换取具有较大价值的财产,这只是形式上的一种交换契约或方式。大概这种契约形式在帝国时代强迫立法者对不动产交换契约进行否定,1714年停止交换与其他方式的不动产支配,之后又恢复了其他方式,这样的方式就不允许出现在交换中了。"①

(二) 买卖契约

在日常生活中,买卖契约是最常见的。对于出售财产(动产或不动产)和霍洛普,法律给予了非常多的关注。在《罗斯法典》中,对买卖合同规定了在彼此之间出现争论时的规则。国家可以管理的只是自己的财产,偷来的和身份不明的财物在购买之后的争论要行政机关裁决。如果卖方是合法的,就无须证明,废除合同并以财产补偿争夺的一方。有关出售多少或买卖什么东西的合同在公开的市场完成,可以避免双方的纠纷。

买卖契约在《罗斯法典》中被提到了几次,买卖的物品可以是霍洛普、衣服、牲畜等。法律没有要求有书面契约的强制性规定,但是在买卖过程中需要有见证人,以避免购买赃物产生的不利后果。按照《罗斯法典》的规定,出售动产的契约与现在有所不同,只需要简单的口头同意就可以转移交易物的所有权。但是,动产中出现了奴隶这种例外,法律规定出售奴隶应该当着奴隶的面,在见证人在场的

---

① М. Ф. Владимирский-Буданов. Обзор истории русского права. М. 2005. с. 694.

情况下完成。有人认为,买卖动产应该在两个自由见证人或税务员在场的情况下完成。这在法典的规定中有所体现:"某人若在市场购得赃物,或者是马,或者是衣服,或者是家畜,那么应提出两名自由人或税务员作证。"①如果不满足这个条件,就会导致买卖行为被撤销。与《罗斯法典》的条文相同的还有普林斯科的审判法中的规定,即如果当事人在市场上购买到陈旧的物品,法律提出了方法进行司法保护,以此消除因有过错的人的偷盗行为造成的侵害。如果一方陷入了另一方关于买卖物的质量的错误认识,那么契约可以在较长的期限内撤销。《摩诺马赫法规》中有一条记述了这样的情况,"某人——王公的波雅尔,或商人,或斯麦尔德,购买了马匹。可是,马匹患有寄生虫或伤残,买主提出退还,允许取回自己付出的货款。"②可见,法律规定,在标的物出现瑕疵的情况下,之前的买卖契约就会被否定,买卖双方需要按照规定恢复原状。对于其中请求的期限,《罗斯法典》并没有作出规定,而在普林斯科的审判法中则规定这种情况的期限是三年。

出售不动产从古代开始就需要有书面买卖契约,然后以报告形式完成这个文件。在对待这个类型的物上,受到买卖契约的源头的影响。根据买卖契约,财产所有权在支付对价之后要从卖方转到买方。如果卖方没有出售物的财产权,那么这个契约不具有任何效力。这样,如果一个人出卖自己的自由,而他本身已经没有自由而成为霍洛普,那么在下列两种情况下契约就会遭到破坏:如果买方知道对方是奴隶,那么就丧失自己的钱款;如果对方不知道,那么可以返还他的钱款。《摩诺马赫法规》对此给予明确规定:"如果某人不知情而购买了别人的霍洛普,那么当主人向其索要时,购买人发誓表明自己不知情而购买,可以收回钱款;若知情而购买,那么就失去了购买

---

① Н. Калачовь. Текст Русской Правды на основании четырехь списковь разныхь редакции. С-П. 1889. с. 9.
② 王钺:《〈罗斯法典〉译注》,兰州大学出版社1987年版,第112页。

钱款。"[①]但是，土地的财产所有权例外于其他类型的私有权，并不能因为买卖而马上将权利归属确定下来。甚至在莫斯科时期，还可以找到明显偏离了一般原则的例外，即卖方应该保持对他出售土地的财产权。另一个例外是出售世袭领地，出售者是有条件地占有使用权，他可以将这样的领地以出售的方式而使之被收归国有。但是，国家绝对不能称他为这些财产的实际所有权人。通过买卖转移财产权的一般原则还有第三个限制，即买方通常并不具有对不动产完整的财产权，这个财产总是有可能被卖者赎买回去，就像是无限期的借贷一样。或许，在古代不动产财产通常如果不是收归国有，就应当赎回。但是，在14世纪出现了较为完整的买卖不动产的文件。这意味着如果它的限制没有反映在文件中，那么就要完整地转交土地权利。关于赎买财产规则的叙述证明，这个类型的物品买卖不完全将财产权转交给买方，财产权彻底确立需要的不仅仅是买卖契约，也要等40年时效期满。

在古代罗斯社会，已经出现了由于出售土地而出现的象征性行为，就是递交草土块的仪式，借此表示出售土地的行为。这种情况在俄罗斯的文献中有很多记载。俄罗斯人类学家叙述：梁赞和奥洛涅茨两省的农民在为证明有争议的地块应当属于谁时，铲下一块草土，把它放在头顶上，绕着该地段四周行走，并且不断地说："让干酪的母亲土地给我们作出判断吧"或"让土地把我永远埋起来吧"。这种头顶草土块绕着土地转的行为有许多明确记载，可以从19世纪一直追溯到基辅时代。例如，1621年的一份文书中写道："那些农民，手拿圣洁圣母圣像，肩上搁着土块……手拿圣像在田界内来回走，肩上扛着土。"在1667年的一份地契中，可以看到"普隆卡·扎维亚洛夫

[①] Н. Калачовь. Текст Русской Правды на основании четырехь списковь разныхь редакции. С-П. 1889. с. 40. 该条在《〈罗斯法典〉译注》中表述为："如果某人不知实情购买了别人的霍洛普。那么，当原主人索取霍洛普，而某人举行发誓，表明自己因不知道才购买的，然后取回自己的钱款……"但是，据王钺教授的意见，普希金抄本在此处进行了补充，即"若某人知道却仍购买了别人的霍洛普，那么，他就丧失了那笔钱款。"所以，《罗斯法典》中这条规定是经过了补充才形成的，但是其中所表达出来的意义并没有因此而改变。

把草土块顶在头上,手拿着圣洁圣母的圣像……走遍田地、草场和各种可经营地。"虽然这种象征性的方式并没有在法典中予以规定,而且大多是在《罗斯法典》时代之后的情况,但是这种情况早在俄罗斯人和北方异族开始接触之前的11世纪的南方古代文献中就已经有所记述。当时的斯拉夫人也有将草土块挖出来放在头上起誓的仪式。①

(三)借贷契约

按照《罗斯法典》的规定,借贷有些接近动产租赁。借贷的对象不仅仅是金钱,也可以是蜂蜜、粮食谷物和其他东西。在这种情况下,借贷契约中的借贷对象应该具有可以返还给债权人而不是本身的特性,即通过分量、数量或重量确定。借贷对象不是金钱而是粮食的情况持续到莫斯科时期,但是也有差别。在借债人错过了还债期限的情况下,他承担的返回责任就不是物品而是金钱了。

《罗斯法典》对借贷契约作了详细的规定,涉及借贷契约的订立和有效的条件。借贷契约的订立要有证人在场。在有争执的时候,证人需发誓证明事实本身以及之前借贷契约有效的条件。法典中有关讨债的规定就证明了这点:"如果某人向对方讨债,而他拒绝,那么原告人要提出证人,证人要发誓,而他就可以取回自己的钱。"②根据借贷的金额或是获得借款的价值,事先需要确定签署借贷契约的具体程序。详编本法典中就规定:"如果没有证人在场,而借贷3格里夫纳,那么债务人应就自己所借的数额发誓;若超过这个数目,那么债务人应向他说:'如果不提供证明人而借钱,那么责任在你。'"③可见,在借贷契约的缔结过程中,存在两种程序:第一,在借贷金额不高于3格里夫纳而又没有证人在场的情况下,债务人应该就自己借贷的事项向债权人发誓。第二,如果借贷金额超过3格里夫纳,并且

---

① 参见〔俄〕Н. П. 巴甫洛夫—西利万斯基:《俄国封建主义》,吕和声等译,商务印书馆1998年版,第56页。
② Н. Калачовь. Текст Русской Правды на основании четырехь списковь разныхь редакции. С-П. 1889. с. 26.
③ 同上注,с. 27。

债权人没有证人,那么债务人有可能会抵赖,所以需说明:在债权人的借贷物高于3格里夫纳的情况下,如果要实现债权,必须有证人在场。

  法典对商人借贷作出了特殊的规定。第一,商人借贷程序简单。如果一个商人借贷,那么不需要履行有证人在场的借贷程序,当然也不需要证人。详编本法典中就对此予以规定:"如果商人借贷在本地或外国从事商业贸易,那么商人无须在证人面前完成借贷手续,不需要证人。"①但是,如果债务人出现了否认债务的情况,那么必须亲自发誓。古代罗斯法律给予商人借贷的特殊规定是有其社会原因的。在当时的罗斯社会,商业贸易已经非常活跃,不仅有在当地进行的小规模贸易,也有超出自己所在城市范围,甚至去海外从事的大规模贸易活动。所以,在这种情况下,如果给予一般借贷契约的程序限制,可能会影响商贸活动。第二,为客商制定了债务可分期偿付的优惠政策。如果一个商人遇船难,遭到抢劫,或者他的货物在火灾中受损失而成为债务人,那么就可以得到这种优待。《摩诺马赫法规》规定:"如果某个携带他人钱财的商人遇险,或海难,或兵燹,或火灾,那么既不能逼迫他还债,也不能出售他。但是,他应逐年偿还,因为这是上帝的意思,而不是他的过错。"②如果商人因自己的过错或赌博损失了这些钱财,那么这时赋予债权人自由裁量权,即等候债务人偿还或者出卖债务人为奴隶。

  利息是借贷契约中的一个重要方面。所谓利息,就是在借贷对象的基础上增加的东西或金钱。在普林斯科,利息被改称为"小赠品"或"小礼品"。在莫斯科法律中,利息在粮食借贷的情况下被称为"产下的卵"。教会法规在古代罗斯与西方国家一样指责利息制度,认为利息是严重的弊端。教会的牧师极度仇视和反对利息的存在。古代罗斯社会是以宗教法规革除利息制度的。但是,世俗法律

---

  ① Н. Калачовь. Текст Русской Правды на основании четырехь списковь разныхь редакции. С-П. 1889. с. 27.
  ② 同上注,с. 31。

一直到 17 世纪还允许征收利息。

　　《罗斯法典》对借贷利息有所规定,并且随着社会的发展有所变化。法律规定,支付利息的形式不局限于金钱,而且也可以是其他生活用品或经济作物。详编本法典中规定:"如果某人要偿还利息,或以蜂蜜,或以谷物顶替利息,那么在证人面前,债主要按原商定的内容接受。"①这里不仅体现出了偿还利息的方式,同时也表明了其中的程序和方式。对于利息而言,较为重要的就是利率问题。《罗斯法典》时代允许有非常高的利息比例,并且将利息区分为年息、季息和月息,其中年息是最低的,季息次之,最高的是月息。当时只确定了年息的数量,即每 1 格里夫纳要 10 库纳。在雅罗斯拉夫·穆德雷大公之后,罗斯的货币兑换关系就是 1 格里夫纳等于 50 库纳。但是,如果超期没有还款,那么利率就要提高,"借贷一年以上,那么利率为 1/3"②。可见,在当时的罗斯社会,利率达到 1/3 已经是非常高了,意味着 3 年的利息就抵上了本金。高息的原因之一要归结到当时俄罗斯的社会情况,把钱借给债务人会有很大风险,很可能会预见到收不回来的后果,这种高额的利息已经不能继续被接受了。

　　在 1113 年斯维雅托波尔克去世后,"基辅民众抢劫了千人长普佳塔的邸宅,袭击犹太人,抢尽他们的财产。"③不合乎规范的高利息需要社会权力通过立法途径进行削减。《罗斯法典》在摩诺马赫之前就已经规定了月息,但是仅仅规定收取月息只能在短期借贷的情况下,如果借贷持续一年,就像上面提到的一样要按 1/3 的利率来偿还。此后,摩诺马赫召集亲兵开会,制定了对 1/3 的高利率的限制,即如果利率为 1/3 的债务,利息只能收取到第三次。这也说明,债权人获得的利息数额不得超过其本金。

　　在一些贸易城市如普林斯科,法律关于利息的限制比《罗斯法典》要多,"利息的索取只允许出现在要求在期限内支付债务时,而

---

　　①　Н. Калачовь. Текст Русской Правды на основании четырехь списковь разныхь редакции. С-П. 1889. с. 27.
　　②　同上。
　　③　〔俄〕拉夫连季编:《往年纪事》,商务印书馆 2011 年版,第 264 页。

不是在界限期满后;如果债权人要求在期限之前偿还债务,那么不能收取利息;如果债务人要求在期限满之前支付借款,那么按照借款的时间计算利息。"① 在莫斯科国家,一直以来都没有遭受过收取高额利息的质疑,只在 16 世纪出现过过分高额的利率(20%)迫使立法者开始进行限制的情况,在 17 世纪完全禁止了。

除了借贷契约缔结和履行及利息之外,还有一个与借贷契约紧密相关的问题,即借贷雇佣。这种雇佣属于人身性质,与一般的人身雇佣不同的是,被雇用人属于半自由人,在古代罗斯被称为"债农"。他们由于没有偿还之前借贷的能力,只能以自己的人身作为抵押物。债务人在借贷期间待在债权人家里,为债权人劳动以赚取报酬或以劳务抵债,直到债务清偿为止。这种借贷雇佣契约需要通过特别的手续签订。

(四) 寄托契约

寄托契约在古代有特别的意义,在全社会缺乏内部安全感时,迫使人们在外出进行商业活动时把货物保存在可靠的人那里。《罗斯法典》中有关寄托契约只有一条规定:"如果某人委托他人照管自己的货物,那么无须证人;如果货主提出了更多的要求,那么照管者应发誓:'在我这里寄存的是这些货物',并要为其保管和照料这些货物。"② 《罗斯法典》中,寄存与义务相比,在很大程度上是道德上的义务,并且可以在没有见证人的情况下进行缔结,而且只是口头形式。从内容上看,当时认为寄托是一种私人间的友谊效劳,因此交付此物件时不需要证人,为他人保管物品一般也不收取报酬。但是,这其中的"友谊"并非纯粹的,如果货主在交付保存的东西时担心受托人会隐藏一部分物品,受托人可以采用发誓的方式证明自己的清白和名誉。毫无疑问,这样是为了避免受托人否认存在契约而引起纠纷。在普林斯科的法律中,寄托契约允许口头完成只是在某些会对完成

---

① М. Ф. Владимирский-Буданов. Обзор истории русского права. М. 2005. с. 699.

② Н. Калачовъ. Текстъ Русской Правды на основании четырехъ списковъ разныхъ редакции. С-П. 1889. с. 11.

契约造成阻碍的情况下,例如由于国家发生战争而不能从外国回来的人,以及没有固定住所的人。在所有其他情况下,寄存应该以书面形式完成,并记载交给对方的准确的货物数量。

(五)人身雇佣契约

人身雇佣的情况在《罗斯法典》中最明显的体现就是债农的服务,他们从债务人成为被雇用者。同时,法典中也提到了基温和掌匙人,他们在一定程度上也是被雇用的对象。这些被雇用的人很有可能会沦为霍洛普,例如债农逃亡,或者是没有订立契约的基温和掌匙人。在实践中,雇用者对待其他低级服务人员时也是如此。虽然是被雇用人,失去了一定的人身自由,但是法律还是给予其一定的保护,如主人不能侵占其财产或者是克扣其报酬或工资。在普林斯科立法中,对待人身雇佣也有相应的规定。例如,法律特别规定,雇工在劳动报酬受侵害的情况下可以起诉主人,可以要求服务期限前的劳动工资,但是只能要求服务的最后一年的工资。相反,在莫斯科国家时期,个人雇佣的法律与《罗斯法典》一样,雇工可以成为霍洛普,除了在法律中明文规定的一些工作外。按照法典规定,自由的人身服务在没有契约的情况下只允许进行3个月,而在有契约的情况下就不存在这个结果。

在古代罗斯社会,人身服务雇佣与完成公共事业的雇佣之间是有区别的。在《罗斯法典》中,提到过关于修理和建造桥梁的雇佣情况。《雅罗斯拉维奇法典》中就规定:"支付给桥梁建设者的费用:铺设新桥,支付2诺卡达,其中材料费1诺卡达;维修旧桥,更换3根、4根或5根原木,付给同样的材料费。"[①]可见,这个时期对于建设公共设施的雇佣已经存在,并且与其他人身雇佣有所区别。到摩诺马赫时期,又有所发展,"当桥梁竣工时,每十肘尺给工匠1诺卡达的报酬;如果是维修,那么以维修所用的木头数量计算,每根木头支付

---

① Н. Калачовь. Текст Русской Правды на основании четырехь списковь разныхь редакции. С-П. 1889. с. 5.

1 库纳,而工匠及其助手的两匹马,每周供给 4 鲁克诺燕麦。"①对比两条可以发现,古代罗斯有关劳动报酬制度方面的改进也表明,工作和供给的工资规模已经形成、固定化了。在 12—13 世纪,已经出现了雇工的范畴和种类,法律将他们与其他团体居民区分开来,并且他们和雇主之间的关系在合同中要预先说明。

在《罗斯法典》中,有关财产契约的问题阐述和规定得较为详细,体现了当时对资本的评价以及资本的重要意义。"《罗斯法典》对违反道德秩序的罪行,理解是很模糊的;法典中几乎看不到非难不道德的思想。可是,它对财产关系却区别得很细致,规定得很精确。法典严格地区分了下列情况:寄存财产不同于借贷;普通债款,无利息的贷予,出于友谊的借贷不同于讲好一定利息的借贷;短期有息的借款不同于长期有息的贷款;最后,借债不同于商业佣金及放在商业公司中收取不固定的利润或红利的存款。此外,我们还可以看到清理破产的债务人的业务时关于清偿债款的明确规定:在处理商业破产时分清以欺诈为目的的破产与不幸的破产。"②

在 12—15 世纪,出现了契约和债务发展的三个趋势:第一,商品货币关系的发展导致出现新类型的契约,例如担保契约,法律上因损害所产生的责任逐渐变成了刑事责任。第二,在封建统治的关系下,仍保存着债务人个人的责任。债务人陷入了与放债者的相互关系中,应该偿还债务,处在债权人的监督之下。个人之间的关系甚至推广到封建主行列,在国家或者封建领主的附庸关系之中。第三,在诺夫哥罗德和普林斯科形成了发达的基于商品货币交换的财产责任的产权责任制度。

---

① Н. Калачовъ. Текст Русской Правды на основании четырехь списковь разныхь редакции. С-П. 1889. с. 37.

② 〔俄〕瓦·奥·克柳切夫斯基:《俄国史教程》(第一卷),张草纫、浦允南译,商务印书馆 1992 年版,第 243—244 页。

第八章

司法制度

当罗斯国家没有出现的时候,人们过着氏族部落的生活,在氏族中裁判一切纠纷、分歧的法官和追查一切罪行和罪犯的人员就是氏族首领或部落首领。那时的审判是在众目睽睽之下进行的,依据习惯判明罪犯的罪行以及处罚的方式和程度。如果某个罪犯给任何人带来物质上的损害,那么应该用等价的财物赔偿他们因盗窃、毁坏田土或草皮以及毁坏牲畜或武器的损失;如果杀人,那么他自己要用生命来偿还,被害人的亲属可以亲手杀死他。这个时期,审判中的参加者包括在法院承认自己罪行的人、提起诉讼的人、蒙受的损失因判决而获得赔偿的人。当俄罗斯国土形成的时候,社会关系变得复杂并产生了国家,逐渐制定了明确人们相互之间关系的社会规则,而这些都是基于公共利益以及为了达到全体社会人员的和谐和稳定;同时,逐渐形成了具有国家性质的法律制度,即可以在最大限度上在法院表达愿望,并且在那里可以审查人们之间按自己的方式没有能力解决的争议。所以,人民不得不倾向于这种力量,以求获得当局对自己言论的承认。古罗斯封建社会早期,尚无完善的司法制度,司法机关还没有从行政机构中分离出来,亦无专门的司法官吏,从中央到地方,对自由民的司法审判一律由行政机关或权力主体执行,"司法权由个人、村社和国家机关行使,主人有权审理自己的奴隶和依附他的人,村社有权审理村社成员在村社领域内的犯罪。"[①]王公、王公臣僚、千人长、地方行政长官和乡长都是法官,王公宫廷就是法院。随着社会经济的发展,基辅罗斯国内的财产纠纷案件增多,各阶层的斗

---

① 〔俄〕鲍里斯·尼古拉耶维奇·米罗诺夫:《俄国社会史》(下卷),张广翔等译,山东大学出版社 2006 年版,第 34 页。

争也日趋尖锐复杂。与此同时,司法机关逐渐形成并日趋复杂化,开始出现一些专门的司法人员,如负责征收命金和罚金的官员、负责征收法律税金的官员、检查员等,一些年轻的亲兵和基温等也从事司法工作。波雅尔享有法律豁免权,在其世袭领地内设有专门的法庭,可以对依附农民独立进行审判。在这个时期,公社法庭的残余虽然已经微不足道,但是仍然保留着,由12名见证人组成的陪审团继续起着重要的作用。诉讼方面,"在古代罗斯时期,在刑事诉讼和民事诉讼程序之间并没有一定的界限,它们的共同特征就是具有同一意义的起诉过程。诉讼双方在此过程中不仅拥有相同的权利,也是诉讼过程的推动力。此外,他们有责任证明真相。如果一方放弃,就被认为是对诉讼的拒绝。"①基辅罗斯时代的教会在司法制度体系中亦占有重要地位。东正教的大主教和主教始终是国家决策集团中不可缺少的成员。在法律上,东正教自成系统,由大主教和主教组成审判机关,负责审理教会内部案件和某些民事纠纷。为维护教会的司法权,世俗政权曾多次颁发教会审判条例。

第一节 审判组织

在古代罗斯,解决纠纷和诉讼的组织较为复杂,拥有审判权力的组织既可以是个人也可以是国家,恢复侵害权利的权力可以掌握在个人、家庭领袖、部落酋长或者主人手中。个人的审判权力体现的是复仇意义,而家庭领袖或部落酋长的审判权自然是针对切良津或霍洛普。诺夫哥罗德人在1307年的条约中指出:"没有主人的情况下,不能这样审判霍洛普或半自由人。"②对于进行审判时古代存在的私人权力,很明显是古代社会的一种特征,但是同时也应注意到国家权力的作用,因为审判权力中的主要力量当然地属于国家审判组织。

---

① А. В. Шободоева. История отечественного государства и права: курс лекций и методические материалы. И. 2009. с. 93—94.

② М. Ф. Владимирский-Буданов. Обзор истории русского права. М. 2005. с. 704.

在古代罗斯社会,虽然司法制度并不完善,但是已经出现了具有公权力性质的审判组织,形成了一套较为完整的审判体系,建立了各种性质的法庭。

一、王公法庭

审判职能被认为是王公固定不变的权力,也是最基础和最重要的权力。从瓦良格王公开始,王公就在适当的范围内指挥着审判,弗拉基米尔·摩诺马赫在他的训导中告诫自己的子孙后裔每天都要进行审判活动;当罗斯季斯拉夫王公想接受剃度成为僧侣的时候,修道院院长劝说他放弃这个打算,建议他更好地完成王公的使命,即在进行的审判中宣扬真理,实现审判公正。可以看出,王公拥有最一般的审判职能,由此而产生的审判组织就是王公法庭。它可以是第一审级和最后审级法院,在对地方法院审判不满的时候还可以作为上诉法院。

王公审判自己的扈从队和与他有关的切良津、农村基温和农民以及斯麦尔德。古代罗斯已经存在这种法庭。《罗斯法典》中提到了王公法庭,如关于偷盗案件,"盗贼若被活捉,天亮后须押送到王公庭院";关于殴打和伤害案件,"如果进入王公庭院……";关于债农,"债农若是去筹措款项,公开离去,或因自己主人的不法行为而跑到王公或法庭那里诉讼……";在刑讯程序中,"没有王公的同意就刑讯斯麦尔德";关于继承,"如果兄弟们为遗产纠纷诉讼到王公面前"等,这些都是对王公法庭的直接或间接表述。这表明,盗窃等通常的刑事案件都要交给王公进行审判,同时也包括一些民事类型的纠纷。将犯罪人押送至王公庭院也可以说明,王公法庭设在王公庭院,是审判各种罪犯的地方。王公经常居住和行使职权的地方一般是其领地中的一个区域,在这里其审判权所能涉及的范围也就很有限,如果要延伸到所有领地和官邸,或者通过亲自"巡行审判",或者通过在王公领地行事的固定官员代理审判。审判地点就是王公庭院,不只是王公的官邸,也包括王公官员所在省的庭院。

王公每年都会亲自进行"巡行审判"。每年冬天,王公都会前往自己的领地,即去在其统治之下的城市和领地征收贡赋。在这个时候,每个家庭和部落都要运送贡品到王公所居住的庭院。同时,王公也就在那里临时组织一个法庭进行审判。周围聚集着他的邑从队。在王公出现之前,庭院里就聚集了诉讼双方当事人、证人以及一些听审的人们。诉讼当事人和被告人一个接一个地走向台阶,向王公讲述他们之间的争论,或者是被告人犯了什么罪行。王公和其成员商量,同时听取知晓古老习惯的老者的叙述和证人的证词,按照"古制"形成判决意见,即按照习惯进行审判。除了处罚,有罪的一方还要向王公交纳罚金。

由于王公不经常出行审判,在自己的官邸并不能完全运用其司法权,所以他自己当然不能审判所有公国内的一切案件,通常委托州里的长官,即古罗斯的行政长官和管理者(总管)——基温,代替自己审判城市里的案件。王公将自己的司法权能授权给在其地方领地服务的基温,以王公的名义进行审判。基温进行的审判并不是具有完全的独立性。王公会询问自己的基温审理案件的情况,有时也会出现王公作出一些基温无权审理的案件的决定。所以,基温审理的案件是否要向王公禀报就显得很困难。一般认为,在非常困难或困窘的情况下,应该禀报王公。但是,按一般原则,基温处理案件视为最终结果。

但是,这些受王公委托的基温经常留下不好的名声。审判是王公可以获取盈利的一个很重要的方面,他通过基温的工作管理获利,同时会把其中一部分给基温作为酬劳或者赏赐。这样,在基温那里逐渐形成了一股"贪暴"作风。编年史谈到基温的时候,更多讲述的是"基温开始敲诈,出卖民众,而王公不知道"。当然,王公会指责基温,尽管他自己是最主要的获益者。所以,在这种情况下,王公也无法进行有效的治理,而只能对基温的司法权作出一定程度的妥协。

王公法庭初期的司法权一般只扩展到古罗斯城市的居民。这十分容易理解,因为王公的官邸在城市里,外来的商人和离开自己国家的外国人都被纳入到王公司法管辖权的范围内。逐渐地,王公的司法权扩展到国内其他地方,甚至扩展到了国外。在国内的扩展是与王公管辖区域周围的人逐渐增多以及归王公法庭管辖的案件增加有关,在国外的扩展则是与纳入王公司法权的领土的扩张有关。

二、谓彻会议

谓彻作为古代罗斯国家一个较为重要的机构,也具有一定的司法审判职能,是具有法院意义的审判组织。谓彻会议最初拥有对所有的诉讼案件的权力,但是后来"只局限于审理背叛的案件"①。谓彻会议通常讨论损害整个国家领土权利的案件,即关于领土占有的案件以及其他侵害国家利益的犯罪。谓彻审判和执行的情景很原始,即一大群人对审判后的犯罪行为人实施死刑。例如,在诺夫哥罗德,开始是扩大对抢劫和盗贼危害的关注。为了根除这个危害,诺夫哥罗德人民沿用了自己的习惯做法:因偷窃被起诉的人,或者盗贼被抓起来,要提交给谓彻,召开一百人元老会议,由具有法官头衔的人按照国家习惯进行长时间的讨论。然后,敲响谓彻钟,听到钟声的所有居民及他们的子孙都涌向谓彻所在地点,而且每个人手中都有一个石头。当有罪的人被带到法庭上时,元老就宣布判决,在场的居民就将他们手中的石头投向罪犯,就这样处决他。在审判之后,人群前往凶手的住宅并拿走他的所有财产。罪人的房子会被公开交易,出售所得钱财归于国库。

王公和谓彻的审判组织实际上最初是在一起的,彼此之间不存在审级关系。但是,在诺夫哥罗德和普林斯科,谓彻和王公的审判组织的关系已经有了明确的划分。因为在这些地区,立法权已经从审判权中独立出来,审判组织之间的相互联系和区别也通过法律建立起来了。

三、村社法庭

除了国家类型的法庭,即王公和他的行政机关、谓彻之外(教会法庭除外),在基辅罗斯还形成了领地法庭——在依附民之上形成

---

① 〔俄〕鲍里斯·尼古拉耶维奇·米罗诺夫:《俄国社会史》(下卷),张广翔等译,山东大学出版社2006年版,第34页。

的法庭组织,也可以称为"村社法庭"。因为当时存在大量的农村村社,居住了大量的自由农民,而其中有许多纠纷或者案件并不能完全依靠王公或者其他具有司法职能的机关解决,所以逐渐形成了以村社为依托的司法审判机构。虽然没有直接的文字记录,但是我们可以从《罗斯法典》的条文中看出其存在的客观事实。《雅罗斯拉维奇法典》中就规定:"如果某人拖欠他的钱,而他告发,那么他要向法庭提供12名现场目击者。"①该条款中提到的"法庭"就是村社法庭。虽然不同于王公法庭,但是村社法庭在审理案件的范围上与王公法庭一样,不可以对一切案件进行审判,只能在村社里面解决内部的小案件,例如此条款所规定的小额债权债务案件。村社法庭和王公法庭在一段时间内是同时存在的,并且存在一定的冲突。在确定的人群中执行村社法庭作出的处罚判决,就意味着损害了王公的司法权。随着时间的推移,村社法庭最终的司法权就变得狭窄了。有关这个法庭的职能、职权的信息在文献中没有太多保留。

四、教会法庭

除了王公法庭和村社法庭之外,东正教在罗斯确立之后,出现了教会法庭。东正教教会在罗斯国家的司法事务中起到很大的影响和作用。虽然东正教在很长一段时间里没有得到广大罗斯民众的认可,其教义也没有得到完全遵从,但是随着东正教在罗斯确立,大公逐渐以法令的形式赋予教会一些司法权,形成了与世俗司法权并存的现象。教会司法权的确定是通过两部法令表现的,即弗拉基米尔·斯维托斯拉维奇和雅罗斯拉夫的条令。

(一)《弗拉基米尔条令》

《弗拉基米尔条令》是罗斯大公弗拉基米尔一世(也被称为"圣弗拉基米尔")制定颁布的,其中对东正教的一些权利和优待作出了规定,这很可能是受洗之后东正教推广的一种制度性保证。《弗拉

---

① Н. Калачовь. Текст Русской Правды на основании четырехь списковь разныхь редакции. С-П. 1889. с. 2.

基米尔条令》一共有三部分,包括教会的什一税制度、教会法庭司法管辖权范围以及教会机构。这部分法令的大部分条款来自拜占庭的宗教法规,这也是罗斯国家第一次以法令的形式将有关教会司法权的内容予以确定。

条令的第一部分是关于根据拜占庭教会法规而为罗斯的东正教利益规定了一个新的税种——什一税。"按照法规的规定,将王公法庭的收入的1/10;王公国库中十个星期的贸易税收或税收的1/10;王公庄园或牲畜和土地经济1/10的收入捐助给教会使用。这些规定对于教会获取十一税提供了范例,并对以后的王公都有规范作用。"[1]这规定了王公赋予教会物质支持。弗拉基米尔大公接受并建立了罗斯教会,并将整个罗斯土地上全部收入的1/10交给教会,很大程度上使罗斯教会得以存续并给教会司法权的确立和实践提供了物质基础。

条令的第二部分是对东正教教会具体的司法管辖权的规定。《弗拉基米尔条令》规定:"在拜占庭法规的基础上规定了教会法庭的职权、司法管辖权范围,按照弗拉基米尔法规规定的教会法庭的管辖范围:所有家庭中的犯罪和诉讼,包括家庭不和睦、盗窃、离婚、夫妻间的纠纷、继承和监护等等。"[2]有一些案件是专属于主教负责审理的,包括与东正教为敌的行为,例如异端、妖术、巫术、亵渎神灵、破坏坟墓等;广义的违反家庭道德的犯罪,如抢妻、夫妻关于财产的纠纷、离婚等;商业方面的犯罪。同时,法典还规定,王公、贵族和世俗法官不得干涉宗教法庭的事务。这样,就形成了世俗法庭与教会法庭相分离而互相独立的情况,也表明教会的司法权已经确立起来。

条令的第三部分规定了"教会的人",即为教会服务的人和受教会庇护的人,包括教会中的黑衣教士和白衣教士、为教会服务的俗家人、帮助教会进行监视的人、与教会活动机密相关的行业的俗家人、依附教会并为教会庇护的人和失位人。"按《弗拉基米尔条令》规

---

[1] И. Н. Кузндцов. История государства и права России. М. 2007. c. 82.
[2] 同上注,c. 82—83。

定,这种人在一切诉讼案件中都归教会当局审理,但是仍然根据王公法庭行使的法律与习惯进行。不过,王公作为法庭审判的执行人,作为执行处分的警察工具,作为社会秩序的最高维护人,在审理教会所辖人员的案件中保留着某些干预权。这种干预权在法令中是以王公的话这样表述的:'凡教会案件交与教会审理,审时俗人不参与,至如当场抓获之盗窃案件,则当有余参加审判,凶杀亦然;其余案件寡人概不过问。'"① 虽然在其中有些较为严厉的案件有世俗权力进行干涉,但是绝大多数涉及教会人员的案件均由教会处理。其实,这里形成了一个与世俗社会完全并行且独立存在的教会社会,这些人员都是归教会管理的,有关他们的法律关系和法律行为都处在教会的管辖权范围之内。

以上提到的《弗拉基米尔条令》的大部分条款来自拜占庭教会法规,但是当进入罗斯国家时,根据当时的社会情况及实际需要进行了一些修改,具有本身的独特之处。"第一,教会庇护的对象扩大了,将一些不属于神职人员的阶层,但需要教会保护的人也纳入教会管理的对象,如残疾人等;第二,教会法庭的职权范围扩大了,如破坏坟墓罪等也由教会法庭审理,这方面的犯罪在拜占庭法规中没有提到;第三,拜占庭法规中属于世俗法庭审理的一些案件也交给教会法庭审理,如违抗父母之命、遗产方面的纠纷等;第四,《圣弗拉基米尔法典》规定,世俗人士与教会人士之间的冲突交给由世俗法官和教会法官共同组成的法庭处理;第五,免除了主教选举城市管理官员和监督监狱等方面的义务。"②

可见,《弗拉基米尔条令》通过借鉴拜占庭教会法规并进行扩大修改后,已经将大部分的案件归入了教会的司法管辖权范围之内,在这个时期已经对教会的司法管辖权进行了较为详细的规定,至此也将东正教教会的司法权确立了下来。同时,当时已经出现了教会法

---

① 〔俄〕瓦·奥·克柳切夫斯基:《俄国史教程》(第一卷),张草纫、浦允南译,商务印书馆1992年版,第250—251页。

② 乐峰主编:《俄国宗教史》(上卷),社会科学文献出版社2007年版,第436—437页。

庭和世俗法庭，但是并没有完全将这两者区分开。

(二)《雅罗斯拉夫条令》

继《弗拉基米尔条令》之后，针对教会的司法管辖权，又出现了一部《雅罗斯拉夫条令》，由弗拉基米尔的儿子、被称为"智者"的雅罗斯拉夫颁布。《弗拉基米尔条令》中已经确定的教会司法管辖权其实到雅罗斯拉夫大公时期才具有了较为切合实际的发展。这部法令在内容和表达方式上都与前者有所不同，可以说是一部较为详细和有条理的教会法令。它在内容上基本上将《弗拉基米尔条令》所提出的教会管辖案件及教会人员进行了重述，并在此基础上有所发展。

在《雅罗斯拉夫条令》中，将罪孽和罪行区分开来。"教会掌握罪孽，政府掌管罪行。教会将一切罪行看作罪孽；政府可并不将一切罪孽看作罪行。罪孽是道德上的不义或不正当行为，破坏的是神的法律；罪行是对社会有害的不正当行为，破坏的是人间的法律。罪行是行为，是一个人使别人遭受物质损害或道德耻辱的行为；罪孽则不仅是行为，而且还是思想，是对造成或可能造成物质或道德损害的行为的思想，而且这种损害不一定是害的旁人，也包括害的是作孽者自己。因此，一切罪行都是罪孽，因为一切罪行都是有害于犯罪者的心灵；而罪孽则只有损害别人或侮辱别人以及妨害公共生活的场合才是罪行。"[①]在区分了罪孽和罪行的基本观念的基础上，就形成了《雅罗斯拉夫条令》中有关教会司法权的制度。同时，《雅罗斯拉夫条令》区分了两种犯罪方式，即违反教规的犯罪和世俗犯罪。违反教规的犯罪就是所谓的"罪孽"，包括任何违反教规的犯罪，同时将世俗犯罪也认定为违反教规的行为，这些均为教会管辖；而涉及世俗犯罪的"罪行"部分，范围可谓已经很小了，或者说只能在一些特别的场合才可以适用。

《雅罗斯拉夫条令》对于教会的司法管辖权的规定较《弗拉基米

---

① 〔俄〕瓦·奥·克柳切夫斯基：《俄国史教程》(第一卷)，张草纫、浦允南译，商务印书馆1992年版，第249页。

尔条令》中的规定更加细致：第一，没有世俗犯罪因素即罪行成分而纯属违反教规的罪孽性的案件，完全由教会当局审理，由教会法庭中的主教按教会法规进行评判，不能有王公等世俗法庭的法官参加。因为这些案件是不在王公法庭职权之内的违反教会戒律的案件，例如行妖术、巫道、近亲结婚，与多神教徒有饮食来往，吃禁食物品，夫妻协议离异等等。第二，包含世俗犯罪因素的违反教规的犯罪，即既有罪孽又有罪行的案件，其中违犯教规的罪孽和行为与对被害人造成的身心损害或者破坏公共秩序的行为杂糅在一起。对于这类案件，因为违反了政府的法律，所以要由王公法庭的法官审理，同时必须有教会法官参审。"这种法庭制度与其组成可以由下述公式来表达：向大主教认罪，或向总主教交纳罚金，而由王公惩处。这类案件包括诱拐少女，以言行或行为侮辱女性，强迫跟没有过失的妻子离婚，夫妻不忠实等等。"①第三，有关教会社会的人员的案件，《弗拉基米尔条令》中已经明确指出归教会法庭管辖，但是王公也保留一些干预权。这种干预权最明显的表现就是教会人员所犯重罪应由教会法庭和王公法庭共同审理，而罪犯最后所遭受的刑罚——罚金由两者共同占有。这种制度在《雅罗斯拉夫条令》中表达为："罚金由大主教与王公平分，或：可缴'血款'由王公与大主教平分，即银钱罚款由政教两方对半平分。"②

五、会审法庭

《雅罗斯拉夫条令》中的规定其实已经很明确地规定了教会审理的案件，这样就可以划分出不同法庭的审判范围，"有些案件归教会法庭审判，其他的归世俗法庭审判，还有一种是混合类型法庭，是由教会代表和国家权力代表组成"③，这种司法组织也叫作"会审法

---

① 〔俄〕瓦·奥·克柳切夫斯基：《俄国史教程》（第一卷），张草纫、浦允南译，商务印书馆1992年版，第250页。
② 同上书，第251页。
③ А. В. Шободоева. История отечественного государства и права: курс лекций и методические материалы. И. 2009. с.44.

庭"。条令中已经规定了哪些案件由教会法官单独审理,哪些案件必须由世俗法官和教会法官会同审理。这种具有混合性质的法庭是根据案件或人员的特殊性而组织的;有些案件兼有刑事和宗教双重性质,本应由王公法庭审判当事人,但因案件中有宗教成分,因而吸收教会法官参加;有些人员本应由教会法庭审判的,但因当事人所犯的案件应在王公法庭上审理,因此教会法庭必须吸收王公的法官参加。在前一个场合,教会法官是王公法官的助手;在第二个场合,正好相反。"这种会审法庭是一种特殊的、别具一格的综合体:他处理的案件属于甲裁判权之下,但是犯案的人却是属于乙裁判权之下的。"①例如,杀人案件是属于世俗法庭管辖的,但是如果凶手是教会人员,那么犯罪主体就变成了教会管辖权之下的,在这种情况下就需要会审法庭审判了。

在古代罗斯,虽然最初并没有将司法机关和行政机关区分开,其职权也混合在一起,但是在行使司法权的时候就会凸显出一些人的意义,而这些人在司法审判、执行的过程中都具有一定的作用。首先是具有法官性质的人。如上所述,这类人不仅包括大公和王公,也包括他们的臣仆,而行政长官也因授权而具有这样的职能。《罗斯法典》中就提到"审判官"(ябетник),他是王公的重要助手,战时担任军官,平时负责王公法庭的审判工作。其次是具有执行职能的司法人员。例如,《罗斯法典》中提到"审判执行官"(мечник),原意为"佩剑者",他佩带着象征司法权力的剑,系王公法庭审判案件的具体执行者。此外,还有命金、罚金征收者,他们属于执行命金惩罚的人员。因为命金和罚金是王公收入的主要部分,所以需要由这些执行者完成。他们一般由王公邑从队的青年成员组成,除了可以担任王公法庭的助手或其他工作如管理一般行政事务之外,还可以担任征收者的职务。这些司法人员成为古代罗斯司法制度中的重要元素,各种审判活动就是在各种审判组织的基础上依靠他们进行的。

---

① 〔俄〕瓦·奥·克柳切夫斯基:《俄国史教程》(第一卷),张草纫、浦允南译,商务印书馆1992年版,第251页。

第二节 诉讼双方

诉讼双方,即诉讼程序中的当事人,是任何诉讼开始时必须参加的人。他们不仅是提起诉讼的人,也是要在法庭审理过程中叙述案件、提交证据、召唤证人、进行辩论以及最后结案的重要角色。在现代司法制度中,那些在法院里起诉的人叫作"原告",那些被起诉人指控的、需要作出回应的人叫作"被告",而要将这些落实到古代社会就不那么容易了。

一、原告和被告

在《罗斯法典》时代,诉讼程序接近于辩论式,诉讼双方被称为"对手",表明原告和被告在辩论中处于平等地位,①但是当时的诉讼过程中并没有对原告和被告作出区分。"《罗斯法典》中所有的案件叫作'争讼',或者'打官司',诉讼双方叫作'(民事)原告或申诉人',后来叫作'受法庭争讼而爱打官司的人'。"②这样对双方统一的称呼很明显地指出了原告、被告和其他人在诉讼程序中缺乏各自的特性和"优越性",因此在这期间有时很难确定原告和被告。但是,这仅仅是指在一些所谓的"民事案件"中出现的情况,如果是刑事诉讼就又有所不同了。"当时,在刑事案件中,国家作为原告的情形还没有出现,它也仅仅帮助提起诉讼的人对待被指控的人。"③所以,在刑事诉讼中将国家理解成现在法律所规定的原告式的公诉人的情况,在当时的罗斯社会还不存在。但是,随着时间的推移,早期国家已经开始帮助私人申诉者对被起诉人进行追捕,而追捕罪犯的责任则交给维尔福村社承担,并最终积极参与到双方的利益纠纷中,

---

① 参见〔俄〕鲍里斯·尼古拉耶维奇·米罗诺夫:《俄国社会史》(下卷),张广翔等译,山东大学出版社 2006 年版,第 35 页。
② М. Ф. Владимирский-Буданов. Обзор истории русского права. М. 2005. с. 709.
③ Л. П. Белковец, В. В. Белковец. История государства и права России. Новосибирск. 2000. с. 20.

禁止侵害他人人身的罪犯逃脱社会对他进行的惩罚。在12世纪的刑事案件中,如果私人原告拒绝诉讼,国家权力甚至可以自主追捕罪犯。导致这个现象出现的原因可能包括,权力机关不想拒绝追捕罪犯而获得的刑事罚金。但是,绝对不能认为,在国家权力主导的刑事政治活动中,金钱利益是唯一的指导力量。

二、诉讼当事人的类型

诉讼双方当事人,按照现代诉讼法理论,应当是自然人或者法人,但是在古代社会并不是那么绝对,或者说那么清晰。因为诉讼在古代人的观念中往往涉及的并不是单纯的个人纠纷,而是会涉及集体,所以其中的诉讼双方也会具有集体性。但是,并非所有情况都是如此,法律意义上的自然人作为原告或被告的情形也是存在的。在基辅罗斯时期,个人、家庭、部落和村社都可以以诉讼当事人的身份参加诉讼。

(一)集体(家庭、部落或村社)

按照一般原则,诉讼双方在所有案件中都是个人。但是,"个人"在古代人的意识中不是我们今天所认知的完全意义上的自然人,当时"在所有的案件中,诉讼方就是部落、村社、家庭、受害者。审判是一个群众性的行为,亲属、邻居和其他的帮凶都会参与进来。对于较为激烈或使人激动的案件,不仅家庭可以参加,就连犯罪地的居民也可以申请参加。"①可见,那时家庭、部落、村社均扮演着原告或被告的角色。"在这个斗争中,诉讼双方亲属武装起来准备好,那时对手也进入了战争状态……"②其中,因杀人或伤害致残这些犯罪行为产生的诉讼,就需要整个部落或家庭作为原告提起"诉讼"。③

另一方面,犯罪人的家庭、部落或村社就是被告,这些在古代罗

---

① Л. П. Белковец, Белковец. В. В. История государства и права России. Новосибирск. 2000. с. 20.
② М. Ф. Владимирский-Буданов. Обзор истории русского права. М. 2005. с.710.
③ 这里所谓的"提起诉讼"不仅包括可以向当时的审判组织进行申诉或控告,更重要的是可以进行私人性质的救济,即复仇。

斯都有所表现。例如,由于家长的犯罪行为,全家都会受到株连。详编本法典中规定:"如果某人在没有任何争执的情况下杀人,那么其他人不得为他交纳命金;同时,要把凶手连同妻子和孩子交付审判,判处流刑,财产没收。"①对于凶手和妻子及其孩子的共同处罚,可以表明当时已经将家庭作为一个被告整体,无论审判还是处罚都需要共同承担。但是,对于凶手家庭其他人员并不是出于刑事惩罚目的。从后来的法律可以看出,最初罪犯的妻子和子女承担的是类似在民事诉讼中无限连带的那种责任。同时,按照《罗斯法典》的规定,最初整个村社对某个成员的杀人案件负责是不值得怀疑的,因为其中存在着连环保。

可以说,在古代罗斯几乎每个诉讼案件中,一方和另一方中都会出现整个家庭、亲属或一群人,这样的情形一直延续到诉讼法律文件出现。普林斯科的审判文书就禁止"帮忙者"进入法庭,指明进得去法院的只有诉讼双方。这段话可以证明,在那段时间,如果"闲杂人等"试图进入审判,就要遭受惩罚。诺夫哥罗德的审判文件中也规定,如果双方带领一群自己的友人一起来,就失去了诉讼权利。

(二) 个人

除了家庭、部落和村社,法律上或法学上的人在自身意义上也是原告或被告,通常是本身就形成了这个完整的个体。在《罗斯法典》中,对于个体作为诉讼双方就有很多证明。《摩诺马赫法规》中就规定了债农可以作为原告控告其主人,"债农若从主人那里离去进行筹款,或去到王公或法庭对主人的不法行为提起诉讼,那么不能将他转变为奴隶,而且还要予以受理。"②这已经很清楚地证明了债农作为一个独立的原告,其主人当然可以作为一个独立的被告。同样,在摩诺马赫时代,霍洛普也已经可以作为一个单独的被告。《摩诺马赫法规》规定:"如果霍洛普偷盗他人财物,那么主人可将他赎回或

---

① Н. Калачовь. Текст Русской Правды на основании четырехь списковь разныхь редакции. С-П. 1889. c. 6.
② 同土注,c. 31。

者把其他盗贼一并交出,而他的妻子和孩子不应受牵连。"①这说明,霍洛普可以被当作被告送到王公法庭,而且在妻子和孩子没有参与犯罪的情况下不会牵连到他们。可见,这个时期,霍洛普的法律地位已经有所提高。在普林斯科的审判法中,也对个人进行诉讼作出了规定。

在有关教会土地的案件中,不允许帮助人进入法庭,起诉方和应诉方才是诉讼人。这里已经逐渐清晰地表明了具有独立权利的自然人的概念,确定了在诉讼过程中一方当事人作为独立自然人的行为。但是,对于这个历史时期在诉讼过程中善于运用自己的法律权利的自然人,现有的资料并没有给出任何实证。从这里只能知道,这个善于运用自己的法律权利的人是没有限制的,不仅可以是出嫁的妇女,也可以是子女,甚至是奴隶。诺夫哥罗德的审判文件中都将这些包括在内。

三、诉讼代表

关于限制亲属或邻居群体作为诉讼的集体参加者,法律应该确定是否所有的人都应该独自出现在法庭上,或者可以派出别人作为自己的代表。最初,原告和被告本人必须出庭,因为当时个人缺乏诉讼主体资格是一般原则,诉讼应该在家庭或部落的共同帮助下才能完成其中单个人的诉求。因此,《罗斯法典》对全权代表这类人并没有作出规定。只有在诺夫哥罗德和普林斯科时期的审判文件中,诉讼代表才得到了广泛的应用和发展。根据诺夫哥罗德的审判文件,全权代理人被称为"负责者",所有人都可以请代理人。但是,在普林斯科地区,法律只将能够请代理人的权利赋予妇女、未成年儿童、僧侣或修女、年老体衰的人和耳聋的人。作为诉讼代表,首先必须是和原告或被告具有家庭关系的人。很明显,这是原来家庭作为集体诉讼人的残留表现。这样,很自然的代表关系就是儿子对母亲、丈夫

---

① Н. Калачовь. Текст Русской Правды на основании четырехь списковь разныхь редакции. С-П. 1889. с. 40.

对妻子。诺夫哥罗德的审判文件中提到了这个问题,允许寡居的老人让儿子代表自己进行诉讼。

第三节 诉讼程序

在古代罗斯,由于刑法和民法并没有清晰的界限,所以在诉讼程序上也没有现代意义上的刑事诉讼法和民事诉讼法之分。按照《罗斯法典》的叙述,所有的诉讼程序具有对抗性的特征,即诉讼双方在案件中都积极平等地参与,具有几乎同等的诉讼权利。同时,在这种权利的基础上,可以进行一定的活动,这些活动在诉讼中不同程度地起到了促进作用。不过,《罗斯法典》提到了特有的诉讼程序,这些诉讼行为就其本质属性而言属于刑事案件,例如对质、排除痕迹,但是"无论在什么情况下,也无论是刑事案件还是民事案件,都通过辩论程序进行审理,在此程序下诉讼双方是平等的,其本身就是整个诉讼行为的推动者。"①

一、起诉

起诉是审判程序的开始,一般是由一方当事人提起。在诉讼中,控诉方要提出受损害情况和被指控方,由被指控方前来应诉,这样才可以形成诉讼。所以,起诉是诉讼程序中较为重要的形式。

《罗斯法典》时期的法院从来不根据自身的主动倡导进行审判,受害人或者其亲属应该作为原告提起诉讼,甚至在杀人案件中。例如,在谋杀的情况下,假设在某个村庄附近发现了尸体,如果没有人认出被害人的身份,那么谁也不用承担责任,国家也不会因此提起诉讼。如果提起诉讼的人是被害人的近亲属,他们要求在发生了谋杀的村庄或街道帮忙寻找凶手,那么这时国家政权就会让尸体或发生谋杀案件所在的维尔福进行帮助调查,而起诉人要自己寻找证

---

① 〔俄〕О. И. 奇斯佳科夫主编:《俄罗斯国家与法的历史》(第五版)(上卷),徐晓晴译,付子堂校,法律出版社 2014 年版,第 51 页。

人——看到谋杀或者知道这件事的人,同时被告人也要从自己的方面寻找目击者——见到自己行为的人,然后提交法庭。在这种情况下,诉讼才可以开始。提起诉讼的人要自行召集证人、搜集证据并向法院作出回答,否则有些案件并不会被受理。《雅罗斯拉夫法典》提到,受到别人攻击而受到伤害的人如果没有任何受伤害的痕迹,必须提供现场目击者,否则该案件不会被受理。由此可知,在《罗斯法典》时代,提起诉讼的程序就是原告向法庭提出被控对象和案件情况,然后根据要求提供证据、证人。虽然当时提起诉讼所用的方式并没有记载,但是根据实际情况,大部分应当是口头形式,而不一定有诉状或起诉书之类的书面文件。

但是,在当时的罗斯社会,并非所有在法典中规定的不法行为发生的情况下都可以实现起诉的目的。"因为按照诉讼法律制度的性质,可以提起诉讼只能是在当原告和被告都已经明确的情况下,如果出现了某种犯罪或侵权行为,例如在物品受损害时不能找出是何人所为,也不知道被告在哪里,那么就不能提起诉讼。"[1]

二、对质

对质是在《罗斯法典》中对于诉讼程序所作的一个较为特殊的规定,"它意味着在诉讼之前进行的庭外私人活动,如果没有形成较好的结果,就要进入诉讼程序。"[2]所以,从严格意义上来讲,对质并非如同现代诉讼程序一样是在提起诉讼后进行的行为。但是,在当时的罗斯社会,对质已经被看作一种实质上的诉讼程序,并且它对解决纠纷起到了非常重要的作用。

(一)对质的开始

对质是原告利用公开声明的方法寻找应有的被告而形成的,在准确意义上是一种宣誓。当某人丢失了东西,就会在市场上宣布,这是古代罗斯的社会习俗,也是寻找失物的第一个步骤,其目的在于否

---

[1] А. Попов. Русская Правда в отношении к уголовному праву. М. 1841. с. 101.
[2] 同上注,с. 104。

认该物品占有者的合法性。这个声明行为应该让全城市或者全村社的人都知晓,并且给予占有人3天的期限归还失窃物。如果原告在宣布后的第三天找到了自己的东西,那么在谁那里找到,谁就会被认为是被告,不只要返还失物,还要处罚因偷盗犯罪的3格里夫纳罚金。如果没有宣布,或者如果财产权利人在宣布之后的3天期满前在其他人那里找到了失物,或者在他所在的城市找到了失物,就可以宣布当时的占有者为罪犯,而这个人有责任归还失窃物并证明自己获取这些东西的合法性。这时,对质就开始了。

对质是一种较为谨慎的做法,因为这样可以避免不必要的冲突。《雅罗斯拉夫法典》规定:"如果某人发现别人占有自己丢失的物品,不要取回它,也不要对他说:'这是我的',而应该对占有者说:'一起去对质,从哪里获得的这些东西?'"① 同时,找到拥有别人失物的占有人,并不意味能将其作为被告。因为他能通过合法途径从第三个人那里获得这个物品,这是很正常的事情。所以,对质是必要的,也是保护合法占有人并可能最终找到真正的罪犯的方法。

(二)对质的规则

对质并不是随意而为的一种法律手段,需要遵循一定的程序和规则。如果对质在一个城市内,那么财产所有人要把对质进行到底,即以本城市及其郊区的范围为界,对在这个范围内发生的盗窃案件都要追查到底。这些对质如果进行到底,那么就可以发现最开始偷盗物品的盗贼,也就是"最后的人",这个人就需要接受惩罚——赔偿失主的损失和缴纳罚金。

但是,如果相关人在另一个城市,那么原告只能将对质针对第三个人进行。在这种情况下,如果此人的确经手过失物,那么他应该交给原告与失物相等的金钱价值。但是,其中有一个例外,就是失物为切良津的案件。原告应该在所有情况下都将对质进行到第三个人那里,并且需要一直进行下去。在《雅罗斯拉夫法典》中,就规定:"如

---

① Н. Калачовь. Текст Русской Правды на основании четырехь списковь разныхь редакции. С-П. 1889. с. 2.

果某人看到失踪的切良津,认出了是自己的,那么被告人应带领这个人到卖主那里,而这个卖主应再去找前一个卖主,第二个卖主再去找第三个卖主。这时,切良津的原主人对第三个卖主说:'你把我的这个切良津归还给我。你可以通过现场目击者,去找你的卖主要钱。'"①这表明了一定的程序,切良津新的占有者(被告人)必须带领失主(原告人)去找自己的卖主,这个卖主再去找自己的卖主,对质进行到第三个卖主结束。失主带回自己的失物,然后失去占有物的人可以继续进行新一轮的对质。因为在这种情况下,所有占有切良津的主人都不是特别的善意人,切良津本身可以证明他是经过什么途径从一个人手里转移到另一个人手里的。

当无法到其他城市进行对质的时候,被指控偷盗的人需要提出证人,可以是证明人,也可以是市场的税务员,这些人要证明他的东西是通过合法手段购买而来的。即使如此,赃物也要归原有者所有,而购买赃物者也要自己承担损失,只是不用承担刑事责任。

(三) 对质的结束

对质可以以四种方式结束:

第一,找到真正的罪犯。如果对质以找到盗贼结束,失主取回自己的失物,失物有所损坏,那么由盗窃者进行赔偿;如果失物已经遗失或不在了,那么他应该赔偿所盗窃的东西的价值。同时,罪犯应当承担盗窃犯罪的责任,提交王公法庭并处以交纳罚金的刑罚。

第二,最后的占有人不能证明他是通过合法途径从其他人那里获得失物的。在这种情况下,最后的占有人被认定为罪犯并交纳罚金,他个人去追究出售盗窃物品的人。

第三,最后的占有人能证明,但是不知道是在谁那里买的。最后的占有人应该证明,他是买的而不是偷来的,可以通过在交易时在场的两个见证人面前宣誓。最后占有人丧失了自己支付物品的钱款。然而,他随时保有诉讼权,如果遇到卖给他东西的那个人,就可以向

---

① Н. Калачовъ. Текст Русской Правды на основании четырехъ списковь разныхъ редакции. С-П. 1889. с. 2.

他索要回自己损失的钱款,而在市场上推销赃物的盗贼也要向王公交纳罚金。

第四,对质进行到外国。

三、排除痕迹

排除痕迹是按照痕迹侦查、调查罪犯,也被称为"追踪制度"。在有杀人痕迹的情况下,任何村社的成员都有义务交纳"共同的命金"或者对罪犯进行调查、侦查,如果足迹被引导到具体的人家门前,该人就被视为罪犯;如果足迹消失在空地、荒地和大路上,那么侦查搜索就会停止。

如果罪犯不是在作案现场或犯罪地被直接抓获的,那么就要开始寻找痕迹。在犯罪地居住的人群中,很可能就隐藏着罪犯。如果在某个地方找到了被害人的尸体,那么找到尸体的这个维尔福应该寻找并交出罪犯,如果找到并交出罪犯,那么被认为有罪的人不能使用任何诉讼方式寻求保护;相反,如果没有交出罪犯,维尔福就要集体交纳命金。如果当场偷窃的东西在某人家里被找到了,那么主人要承担责任,因为可以推测他就是小偷。按照痕迹寻找被盗的东西,原告很可能总是"丢失"了这些痕迹,那么在哪里丢失了,那里就会被推定为有罪犯。痕迹所在街道的所有村社和部分居民应该帮助原告。如果哪个村社没有进入自己居住的村庄寻找痕迹,或者村庄没有继续追查痕迹,即如果拒绝原告寻找痕迹,那么法律就认为这里隐藏着小偷。但是,"如果足迹在大路上消失了,而且那里也没有村庄,或者是在旷野上,那里既无村庄也无人烟,那么无须交纳罚金和赔偿盗窃损失。"①所有的程序就结束了。这种制度曾经长期在日常生活中运用。在乌克兰和白俄罗斯西部,这种制度一直沿用到18世纪,一般用于牲畜被盗的案件。②

---

① Н. Калачовь. Текст Русской Правды на основании четырехь списковь разныхь редакции. С-П. 1889. с. 34.

② 参见〔俄〕О. И. 奇斯佳科夫主编:《俄罗斯国家与法的历史》(第五版)(上卷),徐晓晴译,付子堂校,法律出版社2014年版,第52页。

四、逮捕

在排除痕迹的情况下,实质也包含了逮捕犯罪嫌疑人的意思。以上提到的要求村社帮助寻找或交出凶手的情况,就是一个逮捕的过程。在古代罗斯的审判过程中,如果被告人没有到庭受审,司法机关就可以决定进行逮捕。按照《罗斯法典》的规定,逮捕被告人不需要什么具体的理由,根据原告的意见就可以进行。

五、法庭证明

对于如何判定诉讼双方何方败诉,需要一个提交证据以证明自身说法的过程,这个程序就是法庭证明。在这个程序中,无论是何种证明方式,在不同的情况下都是非常必要的。其中,证人在所有的诉讼中都是必要的,甚至包括在排除痕迹的情况下。以上在"排除痕迹"部分提到的维尔福村庄集体的所有成员都要承担责任,其中也包括证明的意味,"同时这些也可以扩展到损害财产以确定过错人的情况中"[①]。在法庭审判中,诉讼双方进行证明的过程根据不同的证据有所不同,如果证据较为明显,例如有伤害痕迹或流血,那么这个程序直接完成而进入审判;如果是证人证词,那么需要进行考察和分析,并且证人要进行宣誓;如果采用神判方式,则更为复杂一些,需要按照既定的规则完成,并最后达到这个程序的效果。有关此类证据方面的问题,下文会有专门的阐述。

六、判决与执行

在古代,诉讼过程的结束就像开始一样,是诉讼双方共同作用的结果。如果进行了审判,那么就是公正、合法的。但是,如果被告人缺席,就不能进行宣判。在《罗斯法典》和其他的文献资料中,提及那个时代法庭制作判决书的人叫作"抄稿子的人",可以看出他们是用书面形式完成判决的。但是,这已经是在《罗斯法典》时代的末期

---

① А. Попов. Русская Правда в отношении к уголовному праву. М. 1841. с. 105.

了。所以,不能绝对地认为法庭总是作出书面判决和决定,在大部分的诉讼案件中只留下口头判决。案件的判决内容一般都是有罪过的一方支付给合法一方补偿或赔偿。这虽然是法庭在法律的基础上形成的判决,但是也是双方当事人在新契约下的产物,是双方"谈判"的结果。如果被指控人不认同这个新的"契约",对有罪指控不满意,那么在这种情况下,国家就协助胜诉的一方。这在诺夫哥罗德的审判文件中体现出来,即"败诉方应在一个月内同法官谈妥司法规费的交纳,并同胜诉一方谈妥他执行法院判决的办法。假如一个月期限没有谈妥,那么原告就有权向谓彻请求派执行吏来强行执行判决。"[①]

第四节 证据制度

审判过程就是诉讼双方在法官的主持下进行的辩论和"争斗"。要取得诉讼的胜利,就需要证明本人无罪或对方有罪,而这些证明就是我们所称的"法庭证据"。在古代罗斯时期,法庭证据其实就是诉讼双方在诉讼过程中为胜诉而运用的手段、办法或工具,而审判本身仅仅是在调节、评判的过程中使这些证据手段达到一种平衡。这意味着,诉讼双方在平等条件下竞争胜负,收集、提交证据和罪证。在诉讼过程中,可以运用各种口头证据、书面证据以及口供和供词。在《罗斯法典》时代,有一套证据体系,在诉讼程序中体现为很多方式,包括被告的供词、证人证词、外部特征,此外还包括一整套形式主义的证明—审判体系,包括抽签、宣誓、检验和司法决斗。

一、供词

古代罗斯时期,在诉讼中已经开始出现供词的证据形式。在庭审过程中,被告可以自己提出供词,借此全部或部分证明指控自己、

---

① 赵振英:《俄国政治制度史》,辽宁师范大学出版社2000年版,第14页。

与自己利益相冲突的诉讼的正确性,即承认指控的成立。同时,被告人自己应该明白,供词在诉讼中应该有决定性的意义,如果谁承认指向他的控诉,那么其他的证据就是多余的了。在《罗斯法典》中,我们只能间接地证明这种证据的地位。法典规定:"如果某人拖欠他的钱,而他告发,那么他要向法庭提供12名现场目击者。债务人如仍拒绝偿还债务,应支付3格里夫纳的赔偿,原告取回自己的钱。"①即如果有原告坚持自己的行为,而被告拒不认罪,那么需要让他们在12个人面前对簿公堂。从这里可以看出,如果被告不拒绝认罪而是承认,那么就不需要让目击者参与,因为案件会以供词方式结束。毫无疑问,供词可以成为一种审判中的证据,并且直接简单,同时具有决定性。但是,在实际情况中,并非所有的被告都会承认对自身的指控或者是对方诬陷的情况。所以,供词在古代罗斯审判中只是较不常见的一种证据形式。

二、证人证言

在古代罗斯时期的证据体系中,占据重要位置的是证人证言。法律将证人分为两个范畴——目击者和证人。目击者即为现代法律意义上的目击证人,而证人则是一个较为复杂的概念,一般指从别人那里听说而传达信息的人。但是,《罗斯法典》似乎并没有将二者彻底区分开,有时候是混淆使用的。

(一)目击者和证人的关系

在古代罗斯的法律中,已经出现"目击者"和"证人"的称谓和角色了,这在《罗斯法典》中有很明显的体现。在《雅罗斯拉夫法典》中,第一次提到了"目击者",例如"如果没有任何受伤害的痕迹,原告必须提供现场目击者;如果提供不出来,则不受理案件。""如果某人撞击或推搡他人,应支付3格里夫纳。但是,受害人必须向法庭提供两名目击者。""如果某人拖欠他的钱,而他告发,那么他要向法庭

---

① Н. Калачовь. Текст Русской Правды на основании четырехь списковь разныхь редакции. С-П. 1889. с. 2.

提供 12 名现场目击者。"①"目击者"这个概念在俄语中被称为"видок",即直接的见证人——最初的目击者。"证人"的称谓在《雅罗斯拉夫法典》时期并不存在,而是在后来才出现的。《雅罗斯拉维奇法典》中第一次提到了"证人",即"如果某人被殴打流血或者出现青紫伤痕,那么他不再需要提供证人"。详编本法典中也提到,如果某人因受诬告而被科以命金,那么提供 7 名证人就免交命金。②可见,"目击者"和"证人"这两个称谓在古代罗斯并不是同时出现的,而是经历了一个过程。同时,目击者和证人之间是存在着差别的:目击者是指目睹案件发生经过的人,但是他并不一定了解这个案件的全过程;而证人虽然没有亲眼看见案件发生的过程,却是了解案情真相的人,是可以保证被告人在无罪的情况下得以维护名誉的人。二者在诉讼过程中是两个角色,有所区别。目击者就是单纯意义上的见证案件经过的人,不存在对任何一方的倾向;而证人很可能是原告或者被告"派遣"来的帮手,可以借此对其中一方的言论加以证明。但是,在《罗斯法典》中,已经开始把目击者和证人混在一起,他们扮演着相同角色,起到相同的作用,都被列入了证人的行列。

(二) 证人的数量

"具有典型特征的是,在采用证人证言过程中出现了形式要件。"③例如,古代罗斯的法律在某些案件中直接要求确定证人的数量:对于人身侮辱的案件,要求有两名目击者,或者准确地说,每一方都需要两个目击者;在人身伤害案件中,大概也需要这么多的目击者;在对质最后一个占有物品的人时,需要提出两个证人,以证明这是他买来的东西,而不是偷的,这个数量明确地表述在罗斯人与德国人签订的条约中(每一方都需要两个证人);在诬告案件中,被告人应该提出 7 名证人;当某人需要证明在市场上向不认识的人买东西

---

① Н. Калачовь. Текст Русской Правды на основании четырехь списковь разныхь редакции. С-П. 1889. с. 2.

② 同上注,с. 4。

③ [俄] О. И. 奇斯佳科夫主编:《俄罗斯国家与法的历史》(第五版)(上卷),徐晓晴译,付子堂校,法律出版社 2014 年版,第 52 页。

时，需要一个国家官吏作为见证人才行；在从契约中产生的诉讼，即关于债务人拒绝偿还债务的案件中，需要12名目击者。但是，也有例外情况存在。外国人在成为伤害案件的受害人时，不需要提供目击者，只要发誓就可以证明。《雅罗斯拉夫法典》规定："如果某人撞击他人，或者推搡他人，要支付3格里夫纳。受害者要提供两个现场目击者。"[1]如果瓦良格人或者卡尔帕克人作为凶手而成为被告，原告就需要发誓并提供"足够数目"的目击者，这个数目应该是7。在有关诬告案件中，如果被告是瓦良格人或其他外国人，需要提供两名证人。

所有这些相同形式在普林斯科和莫斯科公国也在采用，在所有需要证人的案件中，只需要提供一名证人。但是，可能要在只需要一个证人的案件中有几个见证人。

（三）证人资格

毫无疑问，在《罗斯法典》时代，每一方都有权提供证人。"分析历史上其他斯拉夫人的法律可以反映出，在所有案件中，被指控人可以提出与原告方相反的证人。"[2]既然诉讼双方都可以提供证人，那么证人的身份或资格就成为古代罗斯的法律中所规定和限制的对象。

按照《罗斯法典》的规定，一般原则是自由人才可以担任证人，而奴隶没有这个资格，除了被释放的。《摩诺马赫法规》规定："霍洛普不允许作证人证言，如果他还不是自由人的话。"[3]需要自由人担任证人的原则说明了当时各个身份人群的权利范围的不同。对于没有自由身份的霍洛普，原告可以根据他的揭发提起诉讼，但是绝不能因为霍洛普的作证而结束案件。因为他即使具有证人的自然能力，也不具备法律赋予他的权利。这种情况在后来的诺夫哥罗德时期才有所改变，出现了霍洛普可以为霍洛普当证人的情况。虽然自由人

---

[1] Н. Калачовь. Текстъ Русской Правды на основании четырехъ списковь разныхъ редакцiи. С-П. 1889. с. 2.

[2] М. Ф. Владимирский-Буданов. Обзор истории русского права. М. 2005. с. 718.

[3] Н. Калачовь. Текстъ Русской Правды на основании четырехъ списковь разныхъ редакцiи. С-П. 1889. с. 33.

担任证人在《罗斯法典》中被确定为一般原则,但是在摩诺马赫时期逐渐有所改变,出现了一些例外规定和情况。第一,作为半自由人的债农也可以作为证人,虽然在这个方面的权利是受限制的。法律规定,一般性诉讼必要时可以"引证债农的证词",即债农可以在小型的诉讼案件中充当证人并提供证词,且可能会影响案件的结果。因为在这个时期债农问题尤为突出,摩诺马赫对此作出了很大的调整和平衡,给予债农一些法律权利以稳定社会,所以会出现半自由人充当证人的情况。第二,就是"高等级别的霍洛普"可以作为证人,即必要时,"波雅尔的基温可以作为证人提供证言,其他非自由人则不允许。"①基温在罗斯国家初期都是由自由人担任的。到了摩诺马赫时期,一些基温的职务就逐渐由非自由人担任了,他们是为封建主或王公服务的高级霍洛普。在没有自由人充当证人的案件中,他们可以提供证词,除此之外"其他非自由人"是绝不能拥有证人资格的。

此外,法律还对证人作出了其他要求,即证人应该是国家的公民,而不能是外国人。这点规定在本国人与外国人的诉讼案件中显得尤为突出。同时,证人不能是妇女。

(四)审判中证人的功能

证人在一般情况下都是一个诉讼过程中的必要角色,其本身不仅是单纯的自然人个体,而且也是一种具有物化效果的证据形式。所以,证人在审判中应该具有其本身的作用,这种作用甚至在很大程度上可以引导诉讼的走向。

首先,证人应该参与到诉讼中来。如果缺少证人,可能会导致案件不被受理。例如,前面提到的原告在被殴打而无伤痕的情况下,如果没有目击者,案件就不会被受理。在大部分的情况下,如果诉讼中证人不出庭,那么就会直接导致提出该证人的那一方当事人败诉。其次,应该对诉讼中某一方提出的证人的口头证词予以信任,同时证人也应该说出与他看到或听到相吻合的准确的供词。如果证人没有

---

① Н. Калачовъ. Текст Русской Правды на основании четырехь списковь разныхь редакции. С-П. 1889. с. 33.

将案件的经过或他所知道的事实说完整或者说清楚,那么他所作出的见证就失去了所有意义。最后,在《罗斯法典》时期,如果法庭辩论是以双方证人都作出有利于召唤他们一方当事人的证词的方式结束,那么证人就应该发誓或宣誓,以这种宗教信仰式的方式证明自己的诚实以及自己证词的可信性,而证人拒绝发誓当然会导致其诉讼当事人的败诉。如果发生这种情况,在诺夫哥罗德和普林斯科时期就要求证人与被告进行法庭决斗。

三、外部特征

根据一定的外部特征可以得知所有事件实际情况,这是古代罗斯社会的一种证据形式,并且在不需要其他佐证的情况下就可以判决。在《罗斯法典》中,提到了几种根据外部特征直接定罪的情形。例如,《雅罗斯拉夫法典》第 2 条规定:"如果有人被殴打而流血或者出现伤痕,那么就无须寻找现场目击者。"①《雅罗斯拉维奇法典》也规定,在出现流血或伤痕的情况下,就不需要提供证人了。这种因被殴打而流出的血或者出现的伤痕,就是判定被告有罪的证据,而无须其他证据加以证明。如果某人被指控杀人,那么尸体就是外在的表象。《雅罗斯拉维奇法典》规定:"如果某人故意抢劫杀害总管,被害人的尸首所在的维尔福没有追查到凶手,那么必须交纳命金。"②在这种情况下,实际上并没有找出真正的凶手,而被害人的尸首就成为一种证据,其所在的维尔福也就当然地成为责任的承担者。如果一个人被指控盗窃,那么在他的家里找到被盗窃物就是犯罪的证据。《雅罗斯拉夫法典》规定:"如果某人盗窃了他人的马匹、武器或者服装,而失主在自己的米尔境内发现了,那么有权取回它们,盗窃者因此行为需支付 3 格里夫纳。"③这种被盗窃物本身就成为一种证据,依据这种外在的表象就可以审判结案。这些罪证在古俄语中被叫作

---

① Н. Калачовь. Текст Русской Правды на основании четырехь списковь разныхь редакции. С-П. 1889. с. 1.
② 同上注,с. 3。
③ 同上注,с. 2。

"лицо",盗窃物品或找到尸体总称为"лице"。

四、抽签

抽签是古代社会一种解决问题的方式。一些令人怀疑的案件在当时的解决方法就是抽签——保留到现在,只是实践中立法承认,而不是在程序中。抽签在诉讼程序之外的意义在古代是很高的。谈论到诉讼程序的意义,那么抽签或者就是宣誓的必选项之一,或者具有辅助意义。抽签的第一个意义反映在一些《罗斯法典》的抄本中,在其中关于殴打是这样叙述的:"如果是瓦良格人或者卡尔帕克人,没有接受洗礼,不需要目击者,要发誓,而其他人抽签。"抽签并没有独立的意义。的确,在一些抄本的条文中提到,仅仅是下列形式:"如果没有见证人,那么他们(波雅尔、自由人或瓦良格人)就抽签。"抽签在其他方面的重要意义就是具有辅助性。这在1195年与德国人签订的条约中体现出来。①

五、宣誓

在俄罗斯的古代文献中,宣誓叫作"рота"。这个词与现代意义上的宣誓不是完全一样的,按照古代的解释,它就意味着"争论或战斗"。司法决斗和考验都是由它作为最初的来源发展而来的。在古代文献中它是指在神的面前宣告誓言,在进入了东正教时期之后被称为"教会式的亲吻"。根据奥列格和希腊人的协议,多神教教徒以自己的武器、雷神佩伦和畜牧神沃洛斯的名义宣誓或起誓,放下自己的盾和武器。在基督教确立之后,誓言就包括亲吻十字架和手按在圣经上发誓。

(一)宣誓在诉讼中的意义

宣誓在诉讼中有两个意义:独立的和辅助的。

具有独立意义的宣誓是在诉讼双方没有证人的情况下完成的。如果案件的原告或者被告没有找到合适的证人,而案件的标的少于

---

① М. Ф. Владимирский-Буданов. Обзор истории русского права. М. 2005. с. 719.

2 格里夫纳,那么案件就通过宣誓处理。在这种情况下,如果认为被告是可信的,但缺乏其他证据,法庭可以通过让他宣誓以为自己辩护,从而澄清罪行并避免承担责任。《摩诺马赫法规》中规定:"如果某人遇到别人逃亡的霍洛普,可他不知道,或者给霍洛普指了路,或者让霍洛普留宿后离去,那么他要发誓,表明自己不知道是逃亡的霍洛普,便不需要偿付。"①如果是殴打外国人的案件,就不需要提供目击者,而用发誓代替。在因契约产生的案件中,在缔约时没有见证人,案件的解决靠宣誓。详编本法典第 49 条规定:"如果委托他人看管货物,那么无须证人;如果货主提出更多的要求,看管者要发誓:'这些只是寄存在我这里',并保管和看管货物。"②这也是属于独立意义的。在普林斯科和诺夫哥罗德的审判法中,宣誓是处理案件、结案的方法之一,从土地占有者和农民之间因人身雇佣契约产生的案件,到亲属之间针对共同占有的诉讼都是如此。在所有这些案件中,宣誓应该是唯一的、必不可少的办法。

具有辅助意义的宣誓是指在原告提起诉讼的案件中,除了要提出一种证据外,还需要宣誓,只有这样才具有证明力,否则将败诉。这种宣誓形式在《雅罗斯拉维奇法典》中就有所规定:"如果某人撞击他人,或者推搡,或者打耳光,或用棍子打,并有两名现场目击者,那么应交纳 3 格里夫纳罚金。"③在一般自由人作为被告的情况下,只需提供目击者。如果被告是瓦良格人或者卡尔帕克人,那么原告就"应提供足够数目的现场目击者",并且要发誓,才可以将被告定罪。

(二)宣誓的主体

按照《罗斯法典》的规定,原告和被告都需要宣誓。笔者认为,在所有的情况下,宣誓的主体都是诉讼双方,因为宣誓本身的概念就

---

① Н. Калачовь. Текст Русской Правды на основании четырехь списковь разныхь редакций. С-П. 1889. с.39.
② 同上注,с.27。
③ 同上注,с.24。

蕴含了双方"斗争"的意味。实际上,诉讼双方宣誓或者是一方在另一方之后,或者通过抽签要求其中任何一方发誓。其中,第一种方式可以从其他斯拉夫民族的法律中分析得出,而第二种方式毫无疑问可以在古代罗斯的文献中体现出来。《罗斯法典》的很多地方只提出了原告或者被告一方要宣誓,例如在有关借贷纠纷的诉讼中,"如果没有证人,而借贷金额是3格里夫纳,那么债务人应该就自己借钱的事发誓。"这个发誓的人就是被告。在债务不高于2格里夫纳的情况下,"他就自己丢失金钱的事发誓",即原告。但是,由此绝不能得出仅仅只有其中一方才能宣誓的结论。

(三) 宣誓的方式

宣誓作为一种较为神圣的证据方式,在法庭审判过程中不仅具有宗教意义,也可以通过神的监督完成证明。所以,宣誓要以上帝的名义说出事实真相。这个证据的基础是信仰。这个过程是让上帝直接参与到人类的审判之中。所以,不准许任何人虚假地参与诉讼或虚假地成为证人。坚信自己的说法属于事实的每一方都应该证实自己坚信的誓言。提起诉讼的原告应该按照事实起诉宣誓。被告也应该宣誓,他是依据真理否认指控。如果任何一方拒绝就所要确认的情况宣誓,他就会被认为有罪。可见,原告或者被告的宣誓有时有着决定性意义,其中一方的拒绝就会导致另一方的直接败诉;如果两方都发誓了,那么他们之间的争论需要用决斗的方式解决。在普林斯科和诺夫哥罗德时期,宣誓就不是两方一起进行的,也不是通过抽签决定的,而是允许被告或者原告宣誓。

六、考验

这里所说的"考验",其实就是神判的一种方式。神判的具体形式分为单向神判和双向神判。单项神判通常是由被指控的一方当事人接受神判,例如热铁神判、沸水神判、冷水神判、抽签神判、圣餐神判、吞食神判、苦水神判、十字架神判、烛光神判等。双向神判即司法决斗,这个问题将在接下来的部分探讨。这里所提到的"考验"指的就是单向审判,即只涉及一方诉讼当事人的审判方式。更为重要的意义在于,它可以作为一种证据完成审判,决定最后的是非。

(一) 考验的类型

考验的方式在中世纪欧洲的大部分国家和地区都存在,甚至在现代社会的东方国家的一些地区也有所残留。在古代罗斯的历史文献中,首次提到这些考验方式是通过《罗斯法典》中的规定,而在罗斯与德国人签订的条约中最后一次提到。所以,人们通常会直接认为,从13世纪即与德国人签订条约开始,这些考验方式就已经在俄罗斯消失了。但是,有些审判文件甚至在17世纪还可以证明,在那段时间内依然进行着水审判。《罗斯法典》中提到的考验方式有两种,即水审判和铁审判。

按照古代罗斯的习惯,水审判就是将接受考验的人扔进冷水中,如果他沉了下去,那么就认为他是无罪的,可以被释放而免受惩罚;如果他浮在水面上,那么就认为他有罪。这是因为,古代罗斯在接受东正教之前,信仰表现在水上。他们认为,水是大自然中最清洁的元素,不会接受任何不清洁的东西,如果水将进入其内的东西吞咽了,就证明这个东西是清洁的,反之就是污秽的。所以,在对待是否有罪的情况下,依据水的这种"功能"就可以分辨出是非。在其他的斯拉夫民族,则有所不同。在捷克,进行水审判是需要原告游过一条河,而被告在一定的距离内跟随原告,这样往复三次,沉下去的人败诉。更多的情况还是将手浸入沸水中。铁审判可以被看作是一种通过铁进行的火审判,因为在这种考验方式之下,铁块是在烧热的情况下被使用的,某种意义上也掺杂进了火审的因素。铁审判是依照来自烧红金属对受控者的烧伤程度判定他是否有罪的一种方式,是将在火中烧热的铁块交给接受考验的一方(通常是被指控的人),并让被指控者用手紧握烧热的铁块,如果此后此人的手恢复了正常,那么就判定他无罪,反之则有罪。

(二) 适用情况

作为一种证明形式,在缺乏物证和人证的情况下,就要以水裁判和铁裁判代替。这种情况分为两种:第一是因为缺乏证据。在原告进行指控,而被告确实找不到证人,同时也不承认自己的罪行的情况下,就要进行铁审判。详编法典第21条就规定:"如果被告人找不到证人,而原告人已提起诉讼,对他们进行铁裁判。"①第二是在证据不足的情况下。如果被告是因为被人揭发而出庭受审,那么原告这时有一定的证据。但是,如果证人是霍洛普,而不是自由人,那么就显得证据不足。在这种情况下,就需要对被告进行铁审判。同样,如果揭发人是自由人,也是如此。但是,《罗斯法典》依照导致考验的罪证来源区分了后果,如果原告是根据某个或某些自由人证明被告有罪行,或者是因为有人看到了被指控人在犯罪地附近出现,或者根据其他罪证,导致让被告受到铁审判,被告最终经过考验而未受损伤,那么原告不用支付因被告痛苦产生的费用。如果原告不是根据自由人而是根据霍洛普的揭发让被告进行试验,那么被告通过考验被证明无罪时,原告应支付被告因痛苦产生的费用。铁审判和水审判的区别或者是适用案件类型取决于诉讼物的价格。法典中规定:"如果原告没有提供物证,那么诉讼物为半格里夫纳黄金时实行强制性铁审判;如果少于此而高于2格里夫纳,那么进行水审判。"②这些规定适用于一切争讼,例如偷盗、有嫌疑的案件等。

(三) 考验的司法意义

《罗斯法典》中提到的水审判、铁审判的考验是中世纪欧洲非常流行的审判方式,其主要目的是在特别棘手的案件中获取任何一种结果。"当证言和誓言皆不能提供一种使案件向前进行的方法时,在此障碍重重、棘手难办的时刻,神明裁判可促使正式的司法程序得以继续。它增强了法院的司法能力,并在同时代人眼中,隐秘的问题得以大白于天下。"③所以,这种考验方式在司法制度中具有证据意义,可以依据此判定案件的是非。

古代罗斯在进行这种水考验或铁考验的过程中,根据具体的情

---

① Н. Калачовь. Текст Русской Правды на основании четырехь списковь разныхь редакции. С-П. 1889. с. 23.
② 同上。
③ 〔英〕罗伯特·巴特莱特:《中世纪神判》,徐昕、喻中胜、徐昀译,浙江人民出版社2007年版,第207页。

况规定对一方实施即可。当原告提供了任何形式的罪证,但是对于完全确认被告为责任人还不充足时,就需要让被告进行考验。如果原告没有提出任何证据,那么就由他自己适用考验。例如,《罗斯法典》规定,在没有物证的情况下,如果诉讼物为半格里夫纳黄金,就可以实行强制性的铁裁判,其中被考验主体就是原告,而在被揭发的案件中要"对被告人实行铁裁判"。当然,也有例外,即同时实行的时候,"被告人如果没有找到证人,而原告已提起诉讼,那么对他们实行铁裁判。"①在这种情况下,双方都没有有力的证据证明自己,所以都需要接受考验。

  这种考验的方式只有在缺乏证据的情况下才实行,所以其本身所具有的证据意义毋庸置疑。当现有的证据不能确定诉讼的胜负以及双方的是非时,水或铁的考验便成为具有很强证明力的证据。如果其中一方被规定需要接受水、铁考验,就能依据结果判决,哪一方放弃或拒绝接受考验,就意味着他放弃了胜诉的可能;而如果接受了考验,那么根据实际表现判定。但是,同时应该注意到,如果进行水、铁考验,很可能会产生歪曲事实和冤枉当事人的情况。因为按照一般的看法,水、铁审判都具有其本身的自然规律和特性,而体现在人身上的生理表现也不会出现太大的差异,这种情况作为一个证据似乎很难成立。然而,在古代的司法制度和司法实践中,已经形成了这样一套较为特殊且自认为有效的证据原则。"《罗斯法典》也看到,能够接受考验的人都会对本身有利。如果所有的案件中进行的考验都是一样的结果,那么利用这些考验解决案件就会被当时的人们认为是荒唐事,也不可能在社会中存在很长时间。"②

七、司法决斗

  决斗在西方社会是一种较为常见的现象,往往是用于解决彼此

---

① Н. Калачовь. Текст Русской Правды на основании четырехь списковь разныхь редакции. С-П. 1889. с. 23.
② М. Ф. Владимирский-Буданов. Обзор истории русского права. М. 2005. с. 722.

之间的争论或平息斗争的方式。决斗可以最简单的方式完成较为复杂的对峙,从而获得双方都能够接受的结果。也正是因为决斗具有这样一种特性,在司法活动中运用决斗完全可以解决一些较为复杂或无法进行的诉讼案件。但是,"司法决斗并不等同于私人的武力争斗,而是由法庭命令或认可,依预订的法律规则和固定仪式,以武力方式证明案件事实和诉讼请求,旨在避免或结束暴力冲突的司法程序。"①在进行司法决斗的过程中,已将该方式作为一种证明手段,最后以决斗结果判定诉讼的胜负。

(一) 古罗斯的司法决斗

在《罗斯法典》中,存在许多法庭证据,有关司法决斗的情况却没有被提及。关于司法决斗的问题,在俄罗斯内部编年史中,13世纪之前都没有提到过,第一次提到是在1229年与德国人签订的条约中。"所以,从这个表现,一些研究者得出结论,决斗不是自古以来存在的现象,而是较晚时期从德国借鉴而来的。同时,许多研究者否认在基辅罗斯的法典中存在司法决斗,是因为在《罗斯法典》中确实没有提到司法决斗。但是,另外一些人认为,尽管《罗斯法典》没有提及,司法决斗依然是俄罗斯所具有的古代的证据形式。"②

毫无疑问,司法决斗在古代罗斯从最初的解决争端的方式——个人斗争的特性中就已经产生了,后来在战争之中也以决斗的方式分出胜负。据《往年纪事》记载,1022年,统治特穆托罗坎的姆斯季斯拉夫进攻卡索克人,卡索克王公列杰佳出兵迎战。在双方的军队相互对峙时,列杰佳对姆斯季斯拉夫说:"我们干吗要去伤害我们的亲兵队呢?还是让我们两个人自己格斗吧。假如你取胜了,你就夺走我的财产、妻子、儿女和我的土地。如果我取胜了,那我将夺走你的一切。"两人相约徒手搏斗。当姆斯季斯拉夫体力不支时,他求救于神灵,祈祷道:"圣洁的圣母啊,如果我战胜了他,将以你的名字修建教堂。"姆斯季斯拉夫将列杰佳打翻在地,并杀死了他。之后,斯

---

① 徐昕:《司法决斗考》,载《法制与社会发展》2007年第1期。
② М.Ф. Владимирский-Буданов. Обзор истории русского права. М. 2005. с. 722.

姆季斯拉夫如愿进入了对方的土地,获得了对方的全部财产及妻儿。① 在外国的文献中却提到,在 10—11 世纪罗斯就已经存在司法决斗的证据。阿拉伯作家伊本·多斯特讲述了大公处理官司的情形:"当一个罗斯人控告另一个罗斯人的时候,法官把案子交给大公亲自审理,原告与被告有时会在大公面前争执不休;一旦大公作出了判决,那就必须执行。但是,如果原告与被告对大公的判决都不满意,那么大公就会作出另一种判决,即双方通过比试武器的办法决断:谁的宝剑最锐利,谁就胜诉。"② 据此,可以证明古代罗斯国家的司法决斗并不是借鉴其他国家的,而是其民族本身所具有的一种方式。

有关在《罗斯法典》中没有提及司法决斗的原因只能推测,但是不可否认教会在其中存在一些影响的可能性。可以说,法典文本的结构秩序受到了东正教的影响。无论是决斗还是司法决斗,在 9—12 世纪基辅罗斯人民的生活中占有重要的地位。当时在欧洲盛行的司法决斗本应该反映在当时的法律和编纂的第一部法典——《罗斯法典》中,然而事实却是它从这个汇编中消失或者几乎消失了。可以说,罗斯在接受了东正教后很难维持这种证据形式。司法决斗虽然有浓厚的宗教色彩,诉诸上帝的裁判,教会对此却历来反对。这种情况直到 15 世纪末才得以改变,在全罗斯大公伊凡·华西里耶维奇颁布的《一四九七年律书》将司法决斗以立法的方式予以规定。③ 这同时也说明,这个时期司法决斗已经不再受教会的决定性影响,而是作为一种真正的司法制度实行。

(二) 司法决斗的实行

要实现司法决斗,有几个因素:

---

① 参见〔俄〕拉夫连季编:《往年纪事》,朱寰、胡敦伟译,商务印书馆 2011 年版,第 124 页。
② М. Ф. Владимирский-Буданов. Обзор истории русского права. М. 2005. с. 723.
③ 《一四九七年律书》本身就是一部确定如何进行审判的法律,它一开始就明确了有关司法决斗的问题,表明了司法决斗可以在债务契约纠纷案件以及纵火、杀人、抢劫、盗窃等案件中适用,同时还有一些其他相关问题,如因司法决斗而产生的一些费用。

首先是决斗主体。显然,诉讼双方和证人都可以成为司法决斗的主体。被告可以要求与证人决斗,如果证人拒绝了邀请,那么就可以要求原告进行决斗。但是,有一个条件就是决斗双方的平等,这个平等更为重要的是身体上的平等。这样看来,在决斗中,只能是男人对男人、妇女对妇女,而不能男人对女人。老人、残疾人、儿童和僧侣不能与成年人和健康人进行司法决斗。在一方较弱的情况下,可以"雇用别人"代替自己进行司法决斗,但是这可能会损害平等状态。所以,另一方也可以获得雇用的权利。较为重要的是,证人在任何情况下都不能成为被雇用的对象。原因显而易见,即证人作为决斗"代理人"可能会导致不公正的情况出现。

其次是决斗所使用的武器以及时间、地点问题。在古代罗斯,剑和棍子都可以作为司法决斗的武器,其中剑是较高阶层的人用的,而棍子是底层人用的。所以,在司法决斗的过程中,不同武器之间是不能进行决斗的。这也就意味着,只有同一个阶层的人才可以在一起进行司法决斗。至于决斗的时间和地点,按照诺夫哥罗德的审判文件,决斗可以在案件审理之后的两周之内进行;如果在这个期限内没有进行决斗,那么就认定其中拒绝的一方是有过错的。决斗是在空旷地进行,就像一场在城外的搏斗表演一样。在决斗的过程中,应该有相应的司法人员在场。

最后是适用案件。"实际上,决斗是依据因为犯罪产生的诉讼进行判决的,可以运用到双方都握有强有力的书面文件的土地财产纠纷案件中,也可以运用到没有缔结合同的债权债务案件中,除此之外的其他所有情况都不能运用司法决斗。"[①]

虽然司法决斗的信息和文献出现得较晚,也没有出现在当时的法律文献中,但是作为一种证据形式,在古代罗斯的诉讼活动中为查清真相确实在运用着,而且司法决斗也说明了古代罗斯采用对抗制的诉讼模式。

---

① М. Ф. Владимирский-Буданов. Обзор истории русского права. М. 2005. с. 724.

第五节 诉讼费用

在古代罗斯社会,审判是一种可以获得经济收益的方式,所以也成为王公盈利的一个组成部分。在法院审判时,王公可以从寻求法院帮助的那些人身上获得特殊费用,其中也包括因为司法活动而产生的税款。

一、审判费

(一)铁审判的费用

在进行法庭证据判定的情况下,如果实行铁审判,那么就需要根据不同情况支付一定的费用。法典规定:"铁审判支付40库纳,给审判执行官5库纳,给助手半格里夫纳。"[①]其中,助手得到的报酬高于审判执行官。这是因为,助手是铁裁判的具体执行人和事后的验证人,要为此负较多的责任。铁审判中还引出了一种费用,即痛苦费。这是在铁审判中由原告支付给被告的费用。法律规定,如果进行铁审判之后被告被确认无罪,由于被告必定遭受了痛苦,所以已经面临败诉的原告要赔付无罪的被告一定数量的痛苦费。

(二)免交命金的费用

在《罗斯法典》中,有一条提到了诬告案件,如果因提供证人而被宣告无罪,则不交纳命金,但是必须交纳其中产生的费用。详编本法典第20条规定:"如果免交命金,那么支付给助手1格里夫纳的感谢费;原告也支付1格里夫纳,被告人还应拿出9库纳作为辩护费。"[②]其中,免交命金的被告支付1格里夫纳是因被宣告无罪而给法庭工作人员的感谢费用,而9库纳的辩护费是被告人支付给为自己辩护、证明自己无罪的证人的费用。虽然名义上为辩护费,但是实

---

① Н. Калачовь. Текст Русской Правды на основании четырехь списковь разныхь редакции. С-П. 1889. с. 35.
② 同上注,с. 23。

质上具有酬谢金的性质。要注意,原告支付的1格里夫纳并不是感谢费,而是因诬告而交纳的罚金。

（三）执行中的费用

这是在执行判决的过程中产生的费用。按照《罗斯法典》的规定,这种费用是执行者的报酬。法典规定了罚金、命金征收者在执行任务过程中所需要的所有费用,包括他们本人及其助手的酬劳、食物费、差旅辛苦费、洗尘费等,甚至他们乘骑的马匹的饲料也要供应。

二、税款

在审判中,诉讼人除了有一定的费用开销外,还有因审判活动而产生的税款。

（一）法庭税

这是进行控诉或应诉之后应该交纳给法庭的税款。《摩诺马赫法规》中规定:"法庭税:来自命金的9库纳,并付给纳款人9维科士;来自野蜂蜜地区的案件30库纳,并付给纳款人12维科士;释放奴隶的案件支付9库纳,给纳款人9维科士;来自其他诉讼案件的胜诉者4库纳,付给纳款人6维科士。"①

（二）发誓税

这是在法庭上需要提出证据时发誓所要交纳的税款。《摩诺马赫法规》中规定:"发誓税如下:来自杀人案件是30库纳,来自野蜜蜂地区的诉讼案件是27库纳,来自农耕地区的诉讼案件也是这样,而释放切良津税是9库纳。"②

《罗斯法典》对这些费用作出了明确规定:"除了这些费用之外,在所有的诉讼中都确定了一个习惯性的费用,即要给'抄稿子的人'——制定判决书的人员10库纳,支付给外出执行判决时负责驾

---

① Н. Калачовь. Текст Русской Правды на основании четырехь списковь разныхь редакции. С-П. 1889. с. 38.

② 同上注,с. 18。在抄本中,有关"27库纳"的说法,原文可以译为"30库纳少3库纳",为避免语言烦琐,笔者直接译为"27库纳"。

驶马车的人5库纳,以及取暖需要的2诺卡达。"①这些在诉讼中产生的费用对于当事人来讲,也是一种沉重的负担。

　　随着时间的推移以及社会封建化的加强,罗斯社会的司法制度也发生了一些变化,这在之后较为著名的诺夫哥罗德和普林斯科地区表现得很明显。诺夫哥罗德的司法制度是建立在区分王公和谓彻审判组织的基础上的,王公法庭,即王公本身以及他的行政长官和基温,主要审理和解决的是刑事案件。谓彻审判组织的管辖范围很大,地方行政长官审判关于土地财产的重要案件,千人长审判因为贸易而产生的诉讼,尤其是在个人贸易之间。虽然个人恢复权利(私人救济)被禁止,但是个人在这里仍然是国家司法审判活动的参与者,在审判中通常可以按照大贵族或穆日的意见,将诉讼双方传唤到法庭。"这些法庭的区别在于两种类型的审级关系:重审和报告。重审,或者是在较高等级的法庭重新考察案件,属于王公法庭组织的职权;报告,或者是审判官根据不明确的法律或者司法文件呈交的案件,由城市居民公社的代表、诉讼双方约定的法院以及王公行政长官组成的共同组织完成。"②普林斯科的司法制度是在两个世俗法庭的基础上建立起来的,所有法庭都是由王公、谓彻组织构成的,形成了一个中心审判机构——"господа"(先生们),由王公、行政长官和乡村警察即公社的代表组成。王公、地方法庭和行政长官在实际审判中总是在一起的。

---

① Попов. А. Русская Правда в отношении к уголовному праву. М. 1841. с. 121.
② М. Ф. Владимирский-Буданов. Обзор истории русского права. М. 2005. с. 708.

第九章
《罗斯法典》中的宗教因素

宗教作为人类文明发展进程中最古老、最神秘的现象之一,几乎贯穿了人类的整个历史。可以说,只要有人类存在的社会,都会有宗教。如果说宗教表现出了各个历史阶段的不同,也只能是形式问题而已。在古代社会,即使不存在现代意义上的宗教,人们也没有隔绝与神灵的对话和交流,并借此战胜自然灾害和解决精神上的困惑;封建社会时期,宗教成为统治阶层控制民众思想和行为、维护统治利益和政权的思想武器;现代社会的宗教则成为人民心灵慰藉、精神寄托的重要文化形式。可以说,宗教从古代一直延续到现代社会,并成为各个国家的重要精神文化表现,它不仅反映、适应了社会文化和生活,也对社会发展和人类生活产生着不可替代的影响,在社会发展进程中潜移默化地影响着人们。就宗教自身的性质和内在实质而言,它是一种极其复杂的人类社会文化表象,既表现出了世人在精神领域的诉求,也凸显了人们的行为方式。俄罗斯被公认为各国中最具宗教品格的一个国家,也成为宗教性最强的民族之一。在目前的俄罗斯联邦,最为广泛的宗教就是东正教。然而,如果从该国的历史考察,俄罗斯则经历了从多神教到东正教的发展和变迁、两者并存于社会的过程,而且其国家和社会的历史也是随着这两种宗教的互相对立、融合而不断发展变化的。具体而言,在俄罗斯最初的历史中,在国家还没有形成的情况下,就已经产生了多神教信仰,这种宗教是当时社会中各群体最广泛的信仰对象。即便东正教在基辅罗斯确立、广泛传播且为大多数人所接受之后,多神教也没有因此退出历史舞台,甚至在今天的俄罗斯依然保留着许多多神教的传统。

宗教在给社会生活及人们的行为方式带来影响的同时,也会将

第九章 《罗斯法典》中的宗教因素

这些影响渗透到法律中。如果从和法律的关系角度观察,则更能体现出宗教在整个法律发展历程中的效果。在古代的法律制度中,宗教体现出来的能量不可小视。例如,印度教对印度法国家、基督教及《圣经》对西方法律传统的影响等都可以说明这个问题。对于俄罗斯法律发展的历史而言,多神教和东正教都对其产生了影响。作为俄罗斯历史上第一部法典——《罗斯法典》,其中也包含了许多宗教因素,其表现不仅在于法律反映和适应某些宗教行为方式,也在于宗教对法律制度变化的作用。要真正理解中世纪俄罗斯的法律制度,就必须考虑《罗斯法典》中的宗教因素。

第一节 古代罗斯的东正教

在俄罗斯的宗教史上,出现了多神教和东正教这两种信仰形态。最初原始社会出现的即为多神教,东正教则是伴随着征战及其导致的文化交流逐渐明朗,最终以政权的需要为目的而被纳入到信仰体系中的。在俄罗斯历史上,这两种宗教虽然有时间先后之分,但是并没有出现一方消灭另一方的情形,而是形成了双重性质的信仰,在俄罗斯社会中起着不同的作用,并且一直延续到现在。

俄罗斯宗教信仰的历史从东斯拉夫人时期就已经开始,当时信仰的是多神教。"多神教"的名称是相对于一神教而言的,从字面意义理解,就是信仰的神灵或主宰并非唯一,而是由多个神灵共同形成信奉对象。"多神教在现代的理解中不是宗教,与基督教、伊斯兰教、佛教不同。这是各种信仰、崇拜的相当混杂的综合体,而且也不是一种学说。这是各种宗教仪式和一整套宗教崇拜对象的集合体。"① 与所有的原始信仰一样,古代罗斯的多神教是在自然状态之下形成的。

"东斯拉夫人多神教源于新石器狩猎文化,但其主体结构在早

---

① 〔俄〕德·谢·利哈乔夫:《解读俄罗斯》,吴晓都、王焕生、季志业等译,北京大学出版社2003年版,第44页。

期农业文化时期形成,许多特征体现了农业社会的需求和期盼。"① 当时的东斯拉夫人还处于原始氏族社会状态,生产力水平低下,与所有原始社会的人种一样,没能力去很好地了解和理解周围的自然界情况,生活在一种对自然规律的惶恐之中,认为天地万物间存在无数的神灵,各种神灵具有各自不同的力量,主宰和影响着自然界和人类的命运和生活,让人敬畏。所以,因认识的局限性,且出于对大自然的畏惧和敬仰,东斯拉夫人开始将这些神灵奉为保护神,他们"把自然界各种力量——水、火、地、风、雷——崇拜为神,把各种动植物崇拜为神,认为这些东西都具有神奇的力量,因而向他们献供,以求得保佑。"②例如,东斯拉夫人在准备去森林打猎时,会在树墩上放上面包献供林神,他们视林神为狩猎者的保护神,活动顺利与否或获取猎物的多少都取决于林神。他们捕鱼时也要用供品敬水神,还有负责家务管理的家神也需要时常供奉,以求保佑。除此之外,东斯拉夫人信奉一些主神,如太阳神达日博格、雷神佩伦、风神斯特利博格、火神斯瓦罗格和畜神维列斯。虽然当时的东斯拉夫人信奉这些神灵,但是并没有建造专门的庙宇,只是把木制的神像放在露天场所,供奉方式就是经常进行祭祀,甚至有时还拿活人作为祭品。

由于信奉多神教,东斯拉夫人开始依照神灵的指示约束自己的行为方式,并且以此填补内心的空虚,解释对外界的疑惑,对于主宰不同领域的神灵都抱以最崇高的敬意,在不同的行为中供奉不同的主神。这样,对多种神灵的信仰就形成了俄罗斯历史上的多神教信仰方式。

自从多神教在俄罗斯原始社会出现之后,就成为古代罗斯国家一种重要的信仰方式。但是,我们只能说这是当时所处历史阶段的必然产物,并且对社会发展和人类社会进步起到的作用有限。因为如果从后来的历史考察,"古罗斯的多神教不仅是基辅与其他国家

---

① 乐峰主编:《俄国宗教史》(上卷),社会科学文献出版社,第17页。
② 乐峰:《东正教史》,中国社会科学出版社2005年版,第142页。

发展经贸关系和文化交流的严重阻碍,而且一直是各部落构成民族统一之路上的障碍。"[①]同时,当俄罗斯社会开始了封建化进程之后,"封建社会中的人的思维也要求对宇宙、生死等问题作出更为周详的说明,而多神教却教义简单、纷乱繁杂、各行其是,反映出的是民族社会多部落的特征。社会的发展、阶级形成过程的深化和早期封建国家的巩固,已经越来越表明,多神教是没有前途的。""它必须得让位于一种对社会不均和剥削祝圣的宗教。"[②]这样看来,多神教的命运随着历史的进步和社会的发展逐渐为他者所取代,俄罗斯统治者就很自然地寻求另一种宗教。这样,东正教便成为第一选择,开始逐渐进入俄罗斯社会。

一、东正教的产生

东正教产生于拜占庭帝国,即东罗马帝国。4世纪时,罗马的奴隶制发生了危机,整个帝国开始走向崩溃,其政治、经济以及文化中心开始东移。这时的帝国奴隶起义、统治集团内部的矛盾和斗争已经很激烈,同时也反映在基督教内部。由于基督教教徒来自不同的阶层,代表利益的差异导致形成了各种所谓的"异端"教派。[③] 由于各种非官方教派和官方正统教派相互对立并激烈争论,使得帝国基督教会出现分裂,受到了威胁。于是,公元325年,根据君士坦丁大帝的倡议,在小亚细亚的尼西亚城召开了第一次基督教大公会议,即历史上著名的"尼西亚宗教会议"。此次会议试图将其他非正统教派作为异端革除,但并未达到预期效果。然而,从这次会议起,基督教

---

① 〔俄〕T. C. 格奥尔吉耶娃:《俄罗斯文化史》,焦东健、董茉莉译,商务印书馆2006年版,第17页。
② 李晶:《从多神教到罗斯受洗——俄罗斯宗教之路历史探源》,载《西伯利亚研究》2005年第4期。
③ 当时被称为"异端"的教派有几个,较为著名的是埃及的阿里乌教派、科普特教派,叙利亚的聂斯托利教派,北非的多那图斯教派,他们所代表的主要是基督教的下层教徒,例如奴隶、城市平民的利益,同时也部分地反映了中层教徒——城市中等阶层的思想情绪。在这些"异端"教派中,影响最大的是阿里乌教派。

逐渐分裂成东西两派。公元395年,罗马皇帝狄奥多西一世将罗马帝国分而治之,东部交给大儿子阿卡丢,西部则归二儿子霍诺留治理,形成了我们今天经常提起的东罗马帝国和西罗马帝国。随着罗马帝国的政治分裂,基督教也分化为以希腊语地区为中心的东派和以拉丁语地区为中心的西派。5—7世纪,东罗马帝国奴隶制解体,封建制逐渐形成,接踵而来的就是封建化过程中的斗争,大地主兼并土地,广大农民破产,双方之间的矛盾不断激化;同时,阿拉伯人和斯拉夫人也乘虚而入,冲击了帝国的势力范围和统治秩序。在这种情况下,8—10世纪,东罗马帝国局势动荡,以宗教形式的异端运动层出不穷,外族入侵更是加大了对帝国统治基础的威胁,直接危及政权。"统治阶级为了自身的利益,除了采取其他措施外,不得不进一步加强扶植对自己有利的一派基督教会,打击其他异端势力。统治阶级的这种做法又加速了基督教会的分裂。"[①]虽然双方教派已经分化,但是"为了争夺普世基督教会的最高领导权,为了争夺势力范围和经济利益,为了宗教教义的分歧,他们之间的矛盾、斗争和冲突就更加激烈和尖锐了。"[②]11世纪初,双方教会就宗教礼仪和教区管辖范围问题又发生了激烈的争执和斗争,互相攻击和污蔑,打压对方以提高自身,争夺势力范围。1054年7月16日,罗马主教利奥九世派以红衣主教贝尔为首的使团赶赴君士坦丁堡,就君士坦丁堡教会存在异端等问题进行谈判,而对方的拒绝和冷漠态度更是激怒了罗马教会使团成员,在大庭广众之下将一份诅咒东方教会、革除牧首教职的训谕放在索菲亚大教堂的圣桌上。这样的行为同样激怒了东方教会,他们在东罗马帝国皇帝的支持下,召开宗教会议谴责对方,并宣布革除罗马教皇及其使节的教籍。至此,基督教彻底分裂成两派——西方天主教和东方正教,彼此处于完全隔离的状态。其中,东

---

① 乐峰:《东正教史》,中国社会科学出版社2005年版,第5页。
② 同上书,第14页。

第九章　《罗斯法典》中的宗教因素

方教会信守前几次基督教大公会议的决议和《尼西亚信经》,[①]以"正宗"自居,称为"正教",即东正教。

二、东正教在罗斯的确立

东正教作为拜占庭帝国的官方正统宗教,是在罗斯与拜占庭之间的不断接触和活动中逐渐传入罗斯的,逐渐成为罗斯国家的国教。要在一个已有普遍宗教信仰的国家注入一个新的宗教,需要经过较复杂的过程,并且需要具备一定的条件和基础。东正教在古代罗斯的确立即是如此。

有关东正教为罗斯所接受并确立为国教,在俄罗斯的历史文献中是有所记载的。据《往年纪事》记载,罗斯大公接受东正教有一个具体事件。公元987年,拜占庭发生内乱,皇帝瓦西里二世的地位岌岌可危,于是向罗斯大公弗拉基米尔求助。但是,在弗拉基米尔大公帮助平息叛乱之后,瓦西里二世却怠慢救兵。这引起了弗拉基米尔的愤怒,于是就攻打拜占庭所属的克里木半岛上的赫尔逊奈斯城,并对拜占庭提出条件,其中有一条要求瓦西里二世将其妹安娜公主嫁给自己,否则就攻打君士坦丁堡。瓦西里二世表示自己不能将安娜公主嫁给一个多神教的异教徒,弗拉基米尔大公必须接受洗礼才可以迎娶安娜公主。弗拉基米尔大公欣然接受洗礼,成为东正教徒。他将妻子带回的同时,也带回了一批拜占庭神父,回国后就下令将多神教的神像通通毁掉,并向全城各处传达指示:"无论是富人还是穷人,无论是乞丐还是奴隶,假如谁要明天不到河边,那他将会是我的敌人。"[②]就这样,所有基辅居民都被赶到第聂伯河中,由拜占庭神父

[①]　这几次基督教大公会议包括公元325年的尼西亚宗教会议、公元381年的第一次君士坦丁堡宗教会议、公元449年在小亚细亚以弗所城召开的宗教会议、公元451年在小亚细亚查尔西顿城召开的查尔西顿会议、公元553年的第二次君士坦丁堡宗教会议、公元681年的第三次君士坦丁堡宗教会议、公元787年的第二次尼西亚宗教会议。《尼西亚信经》来源于尼西亚宗教会议制定的统一的宗教信条,该信条确定圣父、圣子、圣灵为三位一体,强调圣父和圣子为同一体。该宗教信条后经修订,就是《尼西亚信经》,成为正统基督教会教义的基本原则。

[②]　〔俄〕拉夫连季编:《往年纪事》,朱寰、胡敦伟译,商务印书馆2011年版,第95页。

用河水为他们举行洗礼仪式,就连三岁的孩子,也得用树枝蘸一下冷水滴在头上,史称"罗斯受洗"。之后,弗拉基米尔大公又在全国各地进行东正教的受洗活动,使全国百姓均成为东正教徒。他还在罗斯建立了大主教区,兴建教堂和修道院,确立东正教为国教。

但是,根据编年史的记载,只能大致了解其中的历史事件,而不能揭示出其真正的原因。所以,可以说,编年史中的事件只是一个直接诱因,还有其他的重要因素决定了罗斯大公接受东正教的历史必然性。

其一,在东斯拉夫人的多神教信仰还占据统治地位的时候,罗斯国家在与拜占庭的征战贸易、政治交往中,已经开始逐渐接受了拜占庭帝国的文化,接触到了基督教并有了进一步的认识。当时,罗斯的王公、贵族、商人和亲兵已经熟悉了基督教。据编年史记载,有些亲兵在伊戈尔时期就已经信奉基督教,在与拜占庭签订条约时是以基督教上帝的名义发誓,其他亲兵则是以佩伦神的名义发誓。奥莉加王后和一些罗斯贵族、亲兵还皈依了基督教。同时,在当时的罗斯也有纪念伊利亚的基督教堂,只是教徒人数较少且不是十分活跃。可想而知,弗拉基米尔大公在位时已经对东正教有所了解,并已经意识到了这种宗教对罗斯国家的意义。

其二,多神教信仰对社会的稳定、国家的统一以及王公的统治非常不利。"基辅罗斯建国以后,反映原始公社时期社会经济存在的多神教与新的生活条件之间出现了越来越明显的矛盾,多神教已不能履行宗教在阶级社会中的基本职能,即维护和巩固现存制度。"① 东正教则强调政教合一,有利于提高王权、加强统治,而且罗斯周边各国都纷纷抛弃多神教,接受一神教。同是斯拉夫民族的西斯拉夫人捷克和波兰先后接受罗马天主教,南斯拉夫人保加利亚和塞尔维亚则从拜占庭接受了东正教,东方是穆斯林世界。所以,弗拉基米尔大公早就有对多神教改革的愿望。

其三,之前有许多宗教国家的使节纷纷来到罗斯,包括保加利亚

---

① 姚海:《俄罗斯文化之路》,浙江人民出版社1992年版,第6页。

人、德国人,还有犹太人和希腊人,宣传他们所信仰的宗教,并劝说弗拉基米尔大公皈依。大公决定派使节去了解各种宗教,以便作出选择。其中,从拜占庭君士坦丁堡回来的使节对大公表述了他所见到的拜占庭富丽堂皇的教堂设施和庄重的礼拜仪式,并表示十分崇拜。最后,大公决定接受东正教。"他拒绝伊斯兰教,原因之一是伊斯兰教禁止饮酒。他拒绝犹太教,因为他无法理解为什么上帝的选民会没有自己的国家。他也拒绝天主教,因为其教堂单调乏味、死气沉沉。"①

从多神教过渡到一神教,是历史发展的必然。"最初仅仅反映自然界的神秘力量的幻想的形象,现在又获得了社会的属性,成为历史力量的代表者。在更进一步的发展阶段上,许多神的全部自然属性和社会属性都转移到一个万能的神身上,而这个神本身又只是抽象的人的反映。这样就产生了一神教……"②罗斯也是沿着这种历史发展规律,由多神教逐渐走向一神教的。罗斯国家在弗拉基米尔大公统治时期主动实行基督教化,其接受基督教信仰的过程是经过认真思考和全面对比考察后审慎作出的,因为"建立统一的信仰可以加速所有东斯拉夫部落的统一和加强王公的权力"③。所以,弗拉基米尔推行的基督教化政策不是战争中的一个偶然行为,而是一个深思熟虑的行动,其中包括了政治、经济等多方面的考虑。其中,最明确的目的是推进国家的文明化建设,这是弗拉基米尔推行彻底的社会改革的一部分。同时,也应注意到,"弗拉基米尔一世和他的继任者从来没有在政治上屈服于拜占庭皇帝,但在宗教上,他们和他们的人民确实成了东正教的臣民。"④东正教在罗斯的确立是俄罗斯历史进程中具有重要意义的事件,标志着罗斯由多神教向一神教的转

---

① 〔美〕朱迪斯·M.本内特、C.沃伦·霍利斯特:《中世纪欧洲史》(第 10 版),杨宁、李韵译,上海社会科学院出版社 2007 年版,第 85 页。
② 《马克思恩格斯选集》(第 3 卷),人民出版社 1995 年版,第 667 页。
③ А. М. Панкратова. История СССР. М. 1954. с.45.
④ 〔美〕朱迪斯·M.本内特、C.沃伦·霍利斯特:《中世纪欧洲史》(第 10 版),杨宁、李韵译,上海社会科学院出版社 2007 年版,第 86 页。

变,同时对罗斯社会产生的影响也是非常广泛的。这不仅仅是一种文化上的渗透,在很大程度上对当时罗斯的法制也产生了非常大的影响。

三、双重信仰

宗教的精神和教义作为一种意识形态,并非通过一次政治运动或斗争就能固定下来,当然也不能很快地为广大民众所接受,必然需要一个漫长的过程。所以,虽然东正教已经被确立为国教,并且背后有国家政权的支持和保护,得到了广泛的传播,但是也必然要经历一个过渡。东正教作为一神教传入古代罗斯后,与本土的多神教的矛盾和冲突便开始了,形成了一种对峙局面,也造成了信仰宗教多元化的局面。这种情况在俄罗斯历史上被称为"双重信仰"。

当东正教传入罗斯后,罗斯人民(大多数是上层贵族或统治阶层)对它开始慢慢地适应了,新的圣像、十字架进入了他们的日常生活,而后在民族的传统中确立了下来,成为大多数人的宗教信仰。但是,同时也应注意到,988年的"罗斯受洗"并不意味着东正教在当时人们的观念中已经被接受。"实际上,这只不过是把基督教作为统治宗教的正式宣言和对多神教崇拜的禁止罢了。"①自愿接受东正教的人群只是贵族,普通民众则是被迫皈依,甚至有些地区是世俗政权通过暴力强制执行的。"多神教并未死亡,它并未立即衰落。在人民模糊的潜意识深处,就像在某个历史的地下室里,多神教依旧继续着它自己的隐秘的生活。"②实际情况也是如此,在大多数人的意识中,多神教与其日常生活紧密联系在一起,是其希望的保留,而东正教则会给他们带来新的剥削方式。因此,即使东正教开始在罗斯国家中确立,人们依然没有彻底放弃对多神教的信仰,在日常生活中依然进行着仪式、供奉。例如,"基督教的婚礼,在几百年间始终兴不

---

① 李晶:《从多神教到罗斯受洗——俄罗斯宗教之路历史探源》,载《西伯利亚研究》2005年第4期。
② 〔俄〕格奥尔基·弗洛罗夫斯基:《俄罗斯宗教哲学之路》,吴安迪、徐凤林、隋淑芬译,世纪出版集团、上海人民出版社2006年版,第9页。

第九章 《罗斯法典》中的宗教因素

起来。罗斯人几乎按照古来的习俗,采用围绕爆竹柳丛行走的方式,而有的干脆沿用抢婚的方式。"虽然基督教的葬礼方式推行起来较为容易,"但是按照活着的人的想法,向死者供给他来时所需要的东西——粮食、兵器等,这种旧的风俗依然保留了下来。"①多神教术士和巫师也大量活跃在民间,尤其是在农村保留了大量痕迹。不仅如此,即使在上层人的侍卫和贵族中也有这样的情况。对于两种宗教,不仅在老百姓中,就连当时的知识分子也认为"多神教即便有了新的形式,仍然没有放弃对多神教神祇的崇拜,在人们意识和生活中,新旧两种宗教密切地相互交织在一起,旧的多神教成为新的东正教的不可分割的部分。"②这样,也就形成了古代罗斯社会的"双重信仰"。

在这种"双重信仰"的局面之下,冲突和对峙不可避免,在这个过程中实际上形成了两种文化——"白昼"文化和"黑夜"文化。"这种白昼的基督教文化在任何情况下都没有完全彻底地包容全部俄罗斯精神命运。在社会下层发展着'第二种文化',形成了一种新的、独特的混合主义,其中融合了本土多神教的'遗迹'以及流行于民间的古代神话故事和基督教传统。这第二种文化在隐秘地流传着,很少突现到历史表面上来。但在历史的表层下,就像沸腾的和汹涌澎湃的岩浆一样,人民总能感觉到它。"③然而,两者的融合更多的是东正教的妥协。东正教对多神教表现出无力和无奈,不得不作出让步——开始做出一些实质性的改变,例如允许对多神教神灵以东正教的名义崇拜,允许东正教和多神教仪式的并存,多神教的节日也被赋予东正教的名称之后继续存在,以及被迫接受以往多神教的一些习惯等。这些融合的方式使得罗斯基督教化和基督教罗斯化的进程同时展开,并且东正教的妥协方式也使得它能够适应社会的发展和拓宽其发展空间,这样经过了长时间的过渡和发展,两者的互融已经

---

① 乐峰:《东方基督教探索》,宗教文化出版社 2008 年版,第 179 页。
② 乐峰主编:《俄国宗教史》(上卷),社会科学文献出版社,第 414 页。
③ 〔俄〕格奥尔基·弗洛罗夫斯基:《俄罗斯宗教哲学之路》,吴安迪、徐凤林、隋淑芬译,世纪出版集团、上海人民出版社 2006 年版,第 9 页。

使得东正教逐渐从依附走向了独立,并开始潜移默化地从多神教的表面形态进入到了东正教的深层意识中了,并且在相当长的历史时期中承担着重要的文化角色。这也就是在当今俄罗斯社会东正教成为主流宗教的重要原因。

第二节 东正教对《罗斯法典》的影响

东正教在基辅罗斯的确立对这个国家可谓是影响极深,甚至给之后俄罗斯国家和法制的发展开创了传统。与以往相比,东正教使这个国家的封建关系得到了巩固和发展。"随着基督教的进入,罗斯境内接受王权的形式也开始变得十分特殊,即罗斯继承大公的登基仪式与拜占庭王位的登基仪式完全相同。如果罗斯的大公曾是一个部落联盟的首脑,那么就说明,现在这位大公的权力是上帝赐给他的,是最神圣的和不可动摇的,由此便产生了教会对王公权力的决定性影响。"[①]除此之外,东正教对国家法制的变迁和发展也凸显出其力量,不仅对于《罗斯法典》本身,也表现在司法、立法等领域。

一、司法与立法

东正教被引入罗斯之后对法制方面产生的影响,首先表现在教会司法权的确立和审判范围的扩张,这些都与之前有所不同。同时,在立法上也是如此,教会的教义或者立法建议都对王公立法形成了一定程度的影响。

(一)教会司法权

在东正教被引入罗斯之前,一般争讼案件都由王公法庭审理,而有关婚姻家庭关系的案件基本上由人们依照习惯自行解决,王公不进行干预。在教会在罗斯确立之后,这种情况就发生了变化,在王公法庭之外形成了宗教法庭。王公法庭把大量案件和人犯交由教会审

---

① 〔俄〕T.C.格奥尔吉耶娃:《俄罗斯文化史》,焦东健、董茉莉译,商务印书馆2006年版,第27页。

理。凡是多少与宗教有关的案件,不论当事人是什么人,都归教会管,包括涉及婚姻法和家庭关系的一切案件、有关妖术与巫医术的案件、涉及亵渎神明行为的案件、盗窃教会财产的案件、从事基督教之前的崇拜的案件。另一方面,一切所谓"附教人员"彼此之间发生受欺侮的案件或者争讼和遗产继承案件时,也都由教会审理。可以看出,教会的司法权主要涉及三大范围:(1)对全体东正教居民的审判;(2)与宗教有关的案件的审理;(3)教会对其依附人口的审判。这个范围可谓已经超过了世俗权力部门掌管的案件范围。"与在西欧一样,这些法庭拥有非常广泛的司法权,处理包括道德、信仰、继承权和婚姻方面的一切讼案。"①"11世纪,教会司法权深入到社会生活的内部,它帮助封建世俗权力巩固正在形成中的封建制度和相应的社会关系,规范了婚姻、家庭以及亲属之间的关系,帮助克服了原始部落关系的因素,用新的阶级社会的法规代替传统的公社制度的法规。"②

按照这种理解,教会司法权是非常大的,不仅管辖的人群广泛,而且范围渗透到人们生活的各个方面,甚至完全可以左右人们在日常中的一切活动。它在对原有的王公法庭造成冲击的同时,也在罗斯建立起了相对完整的司法体系,促成了罗斯封建司法制度的形成。

(二)对立法的影响

东正教被引入的同时,也带来了教会经典——《圣经》,它对于教会来讲即是生命源泉。对于信奉东正教的罗斯来说,学习和借鉴《圣经》是自然之事,这也是宗教传播的一部分。

从立法方面看,《罗斯法典》中的某些条文与《圣经》上极为相似且关联,其中有一条有关盗窃的规定就是如此。《雅罗斯拉维奇法典》规定:"如果某人在自己的院落、仓库或者畜棚里将盗贼打死,那

---

① 〔美〕斯塔夫里阿诺斯:《全球通史》(上),吴象婴、梁赤民等译,北京大学出版社2005年版,第249—250页。
② 杨翠红:《东正教对罗斯封建制度发展的促进作用》,载《西伯利亚研究》2009年第1期。

么不承担责任;如果盗贼被捉住,那么天亮后必须押送到王公庭院。但是,如果人们发现盗贼是被捆绑着打死的,那么要支付命金。"①详编本法典中也规定:"关于盗窃:如果把盗贼打死在仓库或作案现场,犹如就地弄死只狗。如果把盗贼扣押到天亮,送交王公庭院;如果盗贼被打死,而被发现是被捆绑着,那么对其死亡要支付12格里夫纳。"②这两个条文的规定可以反映出《罗斯法典》在编纂过程中受到了《圣经》的影响。《圣经·旧约全书·出埃及记》第22章记载:"人若遇到贼挖窟窿,把贼打了,以至于死,就不能为他有流血的罪。若太阳已经出来,就为他有流血的罪。贼若被拿,总要赔还。若他一无所有,就要被卖,顶他所偷之物。"

具体分析两者的关系,可以看到其中有些相关且具深度的关联。例如,《圣经》中对人遇到贼挖窟窿将其打死,指出不用因此而负责,即"不能为他有流血的罪";而《罗斯法典》中规定,把当场抓住的盗贼打死就"犹如就地弄死只狗"一样,或者"打死在自己的院落、仓房或者畜棚里",不必负任何责任。但是,如果太阳已经出来,再将盗贼打死,《圣经》指出要"为他有流血的罪";而《罗斯法典》即规定为"送交王公庭院",不能私自处理。这只是对两者语言表述的分析,其中存在的紧密相关性是显而易见的。但是,也可以看出,两者有所不同。这是因为,《罗斯法典》将《圣经》的内容罗斯化,这样更有利于适用于古代罗斯社会的具体情况,如规定必须将罪犯押解到王公庭院——王公法庭的所在地。

教会有时也可以对立法进行建议,并且形成对立法的干涉,例如罗斯国家有关命金制度的变化。根据罗斯的习惯法,对杀人者是不判处死刑的,而是向凶手征收命金。这在《罗斯法典》中多有体现。《雅罗斯拉维奇法典》第20条规定:"如果某人在抢劫中故意杀害总

---

① Н. Калачовь. Текст Русской Правды на основании четырехь списковь разныхь редакции. С-П. 1889. с. 4.
② 同上注,с.10。

管,没有找到凶手,那么被害人的尸首所在的维尔福必须交纳命金。"①详编本法典在关于杀人的条款中也规定:"如果某人抢劫杀害王公的人,而未抓获凶手,那么被害人的头所在的维尔福要交纳 80 格里夫纳命金;如果被害者是一般人,那么要交纳 40 格里夫纳。"②可是,拜占庭法律是要对杀人凶手判处死刑的。当时的主教是拜占庭人,他们要求按照拜占庭法律处死杀人者。弗拉基米尔大公一度接受了这个建议。编年史中就有所记载,当时盗贼逐渐增多起来,抢劫之风在罗斯国土上越来越盛。看到这种情况,主教们就问弗拉基米尔大公为什么不惩处这些盗贼,大公回答害怕触犯教规。主教们说:"你是上帝委派惩治恶人、行善好人的。你应该惩罚强盗,不过要在查清实据之后。"③于是,弗拉基米尔下令废除对抢劫杀人者征收命金的制度,改判死刑。但是,后来主教们又对弗拉基米尔说:"现在战争频繁,如果我们有命金收入,那就可以用命金之款购买兵刃和马匹。"弗拉基米尔表示:"那就这么办吧。"④就这样,因为要增加财政收入以应付战争的需要,大公又听从了主教们的建议,恢复了征收命金的制度。

从命金制度被废除又恢复的变化可以看出,教会力量在其中所起到的作用,不仅仅是可以提出立法建议,而且在很大程度上这种建议可以左右大公立法的方向和法律的内容。

二、教会对罗斯习惯法的改造

此前的罗斯有许多民间习惯,并且这些习惯已经形成了很长时间,在罗斯社会具有重大的作用,而"基督教的传入给罗斯带来了拜占庭的教会法和世俗法,带来了拜占庭的法律观念和法律思想,动摇

---

① Н. Калачовъ. Текст Русской Правды на основании четырехь списковь разныхь редакции. С-П. 1889. с. 3.
② 同上注,c. 21。
③ 〔俄〕拉夫连季编:《往年纪事》,朱寰、胡敦伟译,商务印书馆 2011 年版,第 102 页。
④ 同上。

了古罗斯的法律习惯。"① 所以,教会在很大程度上对这些习惯予以改造,形成了与其教义或者观念相吻合的法律规定。

(一) 婚姻习惯

由于以往的罗斯盛行多神教,所以其中有关婚姻家庭方面的做法都与这种多神信仰有关,带有浓重的野蛮色彩。例如,在部落联盟时期,实行抢婚,而不讲婚嫁礼仪,后来逐渐发展成为买卖婚姻和送婚的情形。这些都是在罗斯社会形成的习惯,并且为民众所运用,王公从来不加干涉。但是,自从东正教在罗斯被引进并确立之后,就盛行教会的结婚制度。首先是结婚的前提条件,没有达到结婚年龄、近亲等和姻亲之间的婚姻,未征得结婚者本人或者其家长同意的婚姻,皆属无效婚姻,可由教会解除。其中,近亲不仅包括血缘亲属,也包括因洗礼而产生的教亲。拜占庭的法律规定,凡近亲结婚者,应被处以罚款,并被交予教会当局,由教会当局将之分离并罚苦行;男子的最低结婚年龄为 14 岁,女子为 12 岁;婚姻的缔结也需要当事人或家长的同意才可。其次,在罗斯受洗后,教会也开始在罗斯推行东正教的婚姻仪式。未婚男女婚前同居是被禁止的,同时禁止多神教的婚姻仪式。其中,教会最反对的就是抢婚。按照拜占庭帝国《首要的法律》的规定,抢婚者不能和被抢者结婚,即使被抢女子的父亲同意了这桩婚事。从罗斯接受基督教开始,抢婚是属于教会管辖的犯罪。但是,值得注意的是,对于抢婚而言,东正教只是起到了弱化以往习俗的作用,以往多神教在水边抢妻的行为已经不被允许了,但是"结识用水桶汲水的姑娘的习俗却保留了下来。在水边也进行姑娘小伙子的订婚仪式。"②

有关离婚的规定同样发生了变化。在罗斯受洗之前,多神教的婚姻可以依夫妻双方的合意解除。按多神教的仪式,夫妻双方到一条小溪去,分别站在小溪的两岸,一人抓住一根细树枝的一端,然后

---

① 王小波:《俄罗斯法律制度的源起初探》,载《俄罗斯研究》2008 年第 4 期。
② 〔俄〕德·谢·利哈乔夫:《解读俄罗斯》,吴晓都、王焕生、季志业等译,北京大学出版社 2003 年版,第 56 页。

双方均用力拉这根树枝直到树枝被拉断为止。多神教的婚姻是在水边缔结的,所以也在水边结束。多神教的婚姻也可以按丈夫一方的愿望任意解除。教会反对在罗斯社会存在的夫妻双方协议离婚,以及单凭丈夫的喜好任意解除婚姻,规定离婚要经过教会法庭的审理,并且只是属于允许离婚的几种情况之一。

由于教会司法权的确立,婚姻制度是在其管辖范围之内的,所以对其进行改造也是必然的。这些婚姻制度上的习惯经过教会的改造,已经基本剔除了多神教的意味,并且也是结合当时罗斯社会的实际情况加以规定的,所以在很大程度上是宗教与社会结合的产物。

(二)血亲复仇

血亲复仇是一种古老习俗,渊源于氏族社会,在中古时期长期流行。直到15、16世纪,西欧仍存在这种习俗。在罗斯社会,血亲复仇也很盛行,甚至很长一段时间都没有消除。但是,血亲复仇是被教会坚决反对的,所以当时的罗斯相关规定发生了变化,已经不完全是原来氏族时期那种放任的政策了。这在法律规定和具体的实践中都有体现。

《雅罗斯拉夫法典》中就对此予以认可并规定,可见血亲复仇并没有完全被禁止,但是已经被局限在一定的范畴之内,只有亲属之间可以进行血亲复仇。在无法复仇的情况下,也必须由凶手向受害人亲属支付赔偿金,而且需要在由王公法庭确认之后才可以进行。据《往年纪事》记载,1071年,扬·维沙季奇为王公斯维雅托斯拉夫征收贡赋而来到白湖,正好遇到当地巫术师杀害妇女的事情,并由此引发了起义。在平定起义之后,大公开始审判这两个巫术师,并向人们询问:"你们之中有谁的亲属是被他们杀死的?"有人答道:"我的母亲被他们杀了,那个人有一个姐妹、另一个人有一个女儿被他们杀害了。"扬·维沙季奇向人们宣布:"为自己的亲人报仇吧!"于是,人们抓住巫术师,处死他们,悬吊在橡树上。[①] 这里记载的血亲复仇已是

---

① 参见〔俄〕拉夫连季编:《往年纪事》,朱寰、胡敦伟译,商务印书馆2011年版,第154页。

要经过审判之后再由王公或代理人下令执行了。

可见,虽然血亲复仇这个习惯在东正教引入罗斯之后并没有完全消失,但是在教会的影响之下,已经发生了变化,逐渐朝着教会的观念方向发展。血亲复仇最终被废除,而代之以金钱赎罪的形式。

三、东正教对《罗斯法典》编纂的影响

《罗斯法典》是罗斯国家时期一部非常重要的法律汇编,其中涉及四部分内容,即《雅罗斯拉夫法典》《雅罗斯拉维奇法典》《详编本法典第一部分》《摩诺马赫法规》。这几个法典是在不同时期编纂的,而后汇编在一起,统称《罗斯法典》。法典中规定的内容很复杂,包括刑罚、民事、商贸方面的法律规定。在这些法典编纂的过程中及其内容上,都与东正教有很大关系。

首先,东正教的传入客观上发展了罗斯的文字和语言。"使用西里尔字母的俄罗斯人的书面语言的出现与这个国家的受洗有关。"[①]9世纪时,希腊传教士西里尔和美多德把《圣经》和祈祷文译成了斯拉夫语,并根据希腊文字创造出了斯拉夫语的文字字母。"在希腊字母和斯拉夫语的基础上,古罗斯的文学语言得以形成,虽然罗斯人与拜占庭的早期条约以及已经被译成了斯拉夫语的事实证明了早在998年前罗斯人就已经会书写了,但是皈依了东正教才使得书面语言在罗斯确立下来。而罗斯人用这些文字写出了具有重大价值的《罗斯法典》。"[②]

其次,《罗斯法典》的形成在很大程度上是受教会的影响。在法典形成之前,王公法庭进行诉讼审判并不一定要依靠法典。一方面,古代的习惯及力量,王公及法官完全可以依靠这些进行判决,即使是没有注意到这些习惯,当事人也会给予提醒。另一方面,王公也有随时可以行使的立法权,可以在法官无法解决疑难案件时提出司法建

---

① 〔美〕尼古拉·梁赞诺夫斯基、马克·斯坦伯格:《俄罗斯史》(第七版),杨烨、卿文辉译,上海人民出版社2007年版,第48页。

② 王小波:《俄罗斯法律制度的源起初探》,载《俄罗斯研究》2008年第4期。

议。但是，东正教被引入罗斯之后，形成了教会司法权，在这种司法体制之下，法典对于教会法官就显得必不可少。教会的审判范围很广，可以在宗教道德案件以及非宗教的民事、刑事案件上审判教徒。在审判一切教徒的宗教案件时，教会法庭可以使用拜占庭法律或者罗斯王公颁布的教会规章。但是，在审判教会人士非宗教的民事、刑事案件时，教会法庭就必须根据当地的法律来审判。这就需要有一个当地的成文法典，直接的结果就是《罗斯法典》的形成。这其中也有两个必然的原因：其一是当时罗斯的教会法官是拜占庭人或者南斯拉夫人，对于罗斯的法律习惯并不熟悉；其二是教会对于某些罗斯习惯抱有反对态度，希望参与法典的编写，以消除那些与教会精神或者教义相违背的当地习惯。

最后，法典受到教会法律或者教会观念的影响。前文提到，对杀人者不处死刑而交纳命金，经过了教会主教的建议，经过了废除又恢复的过程。在《罗斯法典》中，有一种对于故意杀人的处罚方式，显得与其他两种杀人处罚方式不同，即之前多次提及的无故杀人而株连妻儿，被判处流刑和没收财产的情况。按照一般理解，故意杀人应当支付命金，但是此条却规定判处流刑和没收财产。其实，这与东正教教会法和拜占庭法律有很大的关系。有学者认定"从这个规定中看出了希腊、罗马法律制度的影响。这种新的惩治手段——流放和没收财产，显然是来自拜占庭。""没收罪犯的全部财产，全家流放到边远地区是'教会法律'的烙印。"[①]这个例子说明了《罗斯法典》中的有些规定是受教会法律影响的。

除此之外，有些问题也受到了教会观念的影响。如司法决斗，也称"当庭决斗"，这是古罗斯解决纠纷的一种方式或者是法庭证明法。其具体过程或者情形是这样的："原告和被告一起来到王公的院子，走向台阶，向王公讲述诉讼的关键在哪里，或者被告的罪行何在，王公听取证人的证言和通晓习惯法的长老的意见后，与亲兵讨

---

① 王钺：《〈罗斯法典〉译注》，兰州大学出版社1987年版，第52页。

论,然后自己作出判决……如果争讼双方对王公的判决不满,就可以诉诸武力。争讼双方持武器进行决斗,直至一方重伤或是死亡,胜利者赢得诉讼。"①《罗斯法典》中并没有这种司法决斗的相关规定或是解释,而在俄罗斯的古代史料中却保存着这种痕迹,"无论是在《罗斯法典》之前或其后很久一段时间内都有这种决斗。"②司法决斗存在的客观事实与法典中的空白规定就形成了矛盾。显然,立法者是在知晓的情况下避而不谈,如此看来就显得有些奇怪了。其实,这与东正教的教义或者观念有很大关系,可以说直接受了东正教的影响。教会的神职人员一直坚持反对司法决斗,认为这些是多神教时期的野蛮残余,是与东正教的教义不符的。他们甚至采取惩罚的方式,努力将这种方式剔除。所以,王公立法时面对司法决斗事实的存在和教会的反对,就采取了在法典中不明确表态的方式。我们可以看出,虽然这种习惯在东正教的影响下依然存在,但是已经在《罗斯法典》中消失,其影响显而易见。

由此可知,东正教对于《罗斯法典》的影响之大,在形式和内容上都留有教会的印迹,其中也含有宗教观念,这些都证明了东正教的力量。

第三节 东正教给罗斯奴隶制法律带来的变化

从《罗斯法典》产生的社会背景和历史阶段来看,当时正是奴隶制盛行的年代,所以对于奴隶的规制就成为其中主要的内容。甚至可以说,《罗斯法典》是带有封建性质的奴隶制法典。但是,随着东正教的传入,它的教义和精神已经开始对这种奴隶制"发难",使得罗斯的奴隶制法律开始在东正教的作用下产生变化。

---

① Закон и суд во времена Русской Правды, http://www.allpravo.ru/library/doc313p/instrum2359/item2362.html,访问时间:2010年12月20日。

② 〔俄〕B. O. 克柳切夫斯基:《俄国史教程》(第一卷),张草纫、浦允南译,商务印书馆1992年版,第206页。

一、按遗嘱释放奴隶

在东正教对奴隶制真正产生作用之前,释放奴隶几乎是不可能的事情,征战、世袭等方式都使得当时存在大量的奴隶,并且一直被认为是理所应当的。随着东正教的正式确立,教会把按遗嘱释放奴隶作为一种风俗习惯带入了罗斯社会,开始对罗斯奴隶制进行改造。这种风俗习惯来自于拜占庭国家,其存在的主要原因在于,基督教徒受到教义的影响和教诲,开始认为奴隶制存在于社会中是一种道德上极不公正的现象。这一思想早就渗透在拜占庭的法律中。10世纪中叶的拜占庭皇帝君士坦丁七世曾颁布一项法令,规定凡无直接继承人者,死后需将1/3的财产奉献上帝。在这1/3的财产中,包括死者所有的全部奴隶,他们在主人死后即可获自由。根据这一法令,皇帝认为奴隶继承关系是一种违反上帝意旨和心肠狠毒的关系。法令认为,如果主人之死还不足以打破使奴隶感到痛苦的监管,那么这就是对神圣上帝、圣明国君和人类良知的亵渎。东正教教会将这些思想观念作为其行动理论指导,通过主持忏悔仪式和起草遗嘱等方式,逐渐使奴隶主在意识中形成了一种死后释放或部分释放奴隶的思维,并形成了一定的风气。

这种风俗习惯由东正教的作用而产生,所以当东正教进入罗斯国家之后,自然就跟随而来,并且在一定程度上改变了罗斯的释奴规则和方式,对罗斯奴隶制法律的变化产生了很大影响。

二、强制无偿释放奴隶

对于释放奴隶而言,除了以上提到的按照拜占庭风俗中的按遗嘱释放之外,还存在一种强制性的规则,也是与东正教有关。东正教教会针对罗斯奴隶制问题,对强制无偿释放奴隶的条件作了规定。东正教教会在11、12世纪确定了以下三种情况:第一,凡主人有与女奴生有子女的情况,在主人死后,女奴必须与子女同时获释而成为自由人;第二,如果自由人强奸别人的女奴,该女奴也可以因此种伤害而获得自由身;第三,男女奴隶因主人的过失而导致残疾者,也可立即获释而成为自由人。其中,前两种规定并非直接来自希腊—罗马法律,而是罗斯教会运用希腊—罗马法及教会法在当地风俗习惯之上进行实践的产物。

在罗马法中,子女的法律地位取决于母亲,这一规定是以罗马社会各阶层人民之间婚姻合法与否为基础的。该法则是:如果父母双方分属于允许通婚的不同阶层,则子女继承父亲的社会地位,反之则继承母亲的社会地位。所以,法律不允许自由人同非自由人正式结为夫妻。"由于不能同女奴结婚,因而总是确定的母亲就可以将本人身份传给新生儿。"①自由人与女奴结合就会产生奴隶,而自由女性与男奴结合则产生自由人。这些规定的目的在于,防止与因罗马公民身份享有的人身权利相联系的利益受到大量异己成分的侵害。"拜占庭法律接受了罗马人的这些规定,经过改造,收进了拜占庭的几部法典,如8世纪的《法律选集》和9世纪的《法典》。"②但是,基督教会对这些规定所维护的制度并不关心,因为它努力掌握并欣然接受的只是那些能保护它获得更高利益的制度。例如,基督教会虽然不直接反对不平等的婚姻,即罗马法认为不同阶层人士的婚姻不合法,但是为了保持家庭道德的纯洁,便由上述几部法典中引出一项规定,可以把同已婚男人姘居的女奴依法收归国有;而地方官员则有义务将女主人的这位"竞争者"卖往外区,其收入归国库所有。后来,在教会的影响下,罗马法律中一种释放奴隶的特别方式——默示释放奴隶起了更大的作用。这种方式在主人与他买来的女奴发生关系,犹如夫妻般生活时,就可以起作用。这时,女奴因法律推定可以获得自由,即法律推定主人在与她发生关系时就自动免除了她的赎买身价,等于向她交还了自由。

---

① 〔意〕彼得罗·彭凡德:《罗马法教科书》,黄风译,中国政法大学出版社2005年版,第26页。

② 〔俄〕B.O.克柳切夫斯基:《俄国各阶层史》,徐昌翰译,商务印书馆1990年版,第49页。

第九章 《罗斯法典》中的宗教因素

在古代罗斯社会,东正教传入后的很长一段时间里,自由人与女奴之间较为随便地发生关系的情况依然很普遍。东正教会并不具备同这种陋习作斗争而将其改变的能力和手段,于是便尝试用一种谨慎、适中的手段解决这一问题:一方面与当地习惯妥协,另一方面又不放弃从拜占庭引入的关于婚姻关系中社会身份意义的内涵,"于是在不强迫未婚主人与女奴正式结婚的同时,也不强迫他与女奴断绝关系,这就使处于姘居状态的女奴在主人死前依然保持原有的奴隶地位。然而,它又把罗马法中默认释奴的推定规则运用在这种关系中,即要求与主人生有子女的女奴在主人死后可以获得自由,同时这种权利由母亲而及于她的子女。"①《罗斯法典》将其具体方式表达了出来,《摩诺马赫法规》第98条就规定:"如果丈夫与女奴生有孩子,不得继承遗产,但是可以与母亲一起成为自由人。"②这条规定的继承部分虽然违反了东正教奉行的平等对待非婚生子女的问题,但是女奴可以因此成为自由人的做法确为教会所认同。"然而,《罗斯法典》没有把话说完:教会达到了更大的目的。拜占庭法律准确地规定,非婚生子女在任何情况下可以分得哪一部分遗产。罗斯教会在运用拜占庭这些法律条文时,也在法律中正式规定,主人应从他的财产中'实现制定应给予姘妇的'财产作了硬性规定。"③

同时,罗斯的东正教教会巧妙且合乎逻辑地发展了这种规则,将其运用在自由人对女奴实行暴力奸污的场合:在这种情况下,无论暴力行为是否存在其他原因,女奴一律可以获得释放,成为自由人,而实行暴力的人必须向女奴的主人"赎买"他所实行的暴力行为,即经济赔偿。

---

① 〔俄〕B. O. 克柳切夫斯基:《俄国各阶层史》,徐昌翰译,商务印书馆1990年版,第50页。
② Н. Калачовь. Текст Русской Правды на основании четырехь списковь разныхь редакции. С-П. 1889. с. 37.
③ 〔俄〕B. O. 克柳切夫斯基:《俄国各阶层史》,徐昌翰译,商务印书馆1990年版,第50页。

三、确立奴隶的强制赎身制

希腊—罗马法律在有些情况下规定,主人必须把奴隶出让,以换取一定的补偿或赎金。"希腊人有一项法律,就是一个奴隶受到主人极端的虐待,可以要求主人把他卖给另外一个人。罗马在末期也有类似的法律。"[①]在这种情况下,奴隶有离开其原主人的主动权,几乎都会愿意离去。所以,在一定程度上可以说,主人必须把奴隶出卖给他人。此外,还有一种情况,即允许俘虏赎身。在罗马,自由人成为敌人的俘虏后,即使在其本国也会被视为奴隶。这样,他在家中享有的一切权利均告暂时停止,但是仍享有"复境权",依然可以重新获得曾经拥有的一切权利。如果本国人购得这样一名俘虏,则俘虏在人身上暂时依附于买主,只有在付给买主约定数额的款项后,才能终止这种依附关系。如果俘虏无力支付这笔款项,那么他只能留在买主身边充当佣工。在这种情况下,须经法庭判定他每年的劳动可抵偿多少俘虏的赎金。

10—12世纪,这种有关俘虏赎身的条文也运用于罗斯奴隶制。东正教教会使奴隶本身赎买自由的权利得到广泛扩展,即自由人卖身为奴之后,只要向主人偿还身价,就可以再次获得自由。但是,在罗斯,自由人卖身为奴的法律意义已经有了变化,即卖身已变成债务,它造成暂时的债权,而奴隶则可以用还债的方式终止这种债权。这种方式的强制性在于,主人不能因债权而完全占有奴隶。在厘清债权债务关系的情况下,奴隶就可以不经主人同意而变为自由人。这种变化逐渐发展为规定有期或无期依附关系的复杂契约,它以人身典质为保证,在封建领主时期形成一种特殊的半自由人状态的阶层——债农。这在《罗斯法典》中有集中的表述。《罗斯法典》在指出奴隶的基本来源时,也从一个侧面指出它不承认为奴隶的三种人身依附关系:父母送子女为佣工;自由人为维持生活而投身个人门下

---

① 〔法〕孟德斯鸠:《论法的精神》(上册),张雁深译,商务印书馆1997年版,第255页。

第九章 《罗斯法典》中的宗教因素

为佣工;为维持生活而投身个人门下为仆,事先以借贷形式取得预支报酬。可见,《罗斯法典》以一种共同特征说明这些依附关系的形式,即这样的仆役在约定期满后可以离开主人,不用再付给主人任何款项。他们还可以提前离开,但是必须偿付贷款或按契约偿付生活费。

通过上述评介,可以明显地看出,这些制度均为对罗马法的发展,其引入和变化都是在教会的影响之下进行的,所以教会起到了很大的作用。可见,东正教在对待罗斯的奴隶制法律问题上做出了很大的贡献。这种贡献与其说是改变了法律制度,不如说是改变了奴隶制制度本身,对罗斯社会之后的奴隶制变迁起了很重要的作用,并且在宗教精神影响之下形成了新的发展。

总体而言,俄罗斯古代社会中,宗教信仰形式时刻影响着其法律制度。对于《罗斯法典》而言,这表现得也十分明显。应当承认,在俄罗斯宗教发展过程中,多神教扮演的角色与东正教相比不那么突出。虽然现今的俄罗斯社会依然存在多神教传统和行为方式,但是东正教的作用似乎显得更为重要。东正教作为一种外来宗教传入罗斯,形成了一种新的意识形态,并且与传统的多神教融合,给罗斯社会带来了新的生机和活力。虽然这种情况是在不断的斗争和妥协中出现的,但是无法否认的是,东正教无论是在罗斯封建关系的加强方面还是在法律制度变化部分,都造成了极大的影响,并且在无形之中改变着罗斯社会的固有形态。这种影响是以往的多神教信仰无法企及的。可以这样说,东正教给罗斯社会带来的不仅是法律制度的变化,还是社会制度的变迁,还是一种民族性信仰精神的开创,这在以后的历史中得到了证明。东正教的影响一直延续到了当今俄罗斯,无论对政治还是民众生活都起着不可替代的作用。

第十章

《罗斯法典》的意义

在世界法制发展过程中,出现过多部法典,其中一些以其发达性和先进性而传世,成为后续法制发展的借鉴,甚至在现代社会有些法规依然被遵守。从某种意义上说,这些法典对世界法律文明的发展具有重要意义。相比之下,并不能绝对认为《罗斯法典》也能承受得起这么高的评价,但是对它的存在和意义不能简单地得出一个一般性的结论。在俄罗斯的历史上,《罗斯法典》在当时的社会发展进程中具有一种整体性的功能特征,对当时的社会控制、法制发展都起到不可小觑的作用。也正是这部法典所发挥出来的功能,才使得罗斯国家和社会在一种较为有序的状态下运行。不仅如此,《罗斯法典》的价值并不只在于当时的历史时期,它对俄罗斯法制的发展、法律传统的形成以及学术理论研究都具有重要意义。同时,《罗斯法典》对俄罗斯后世法制的意义和借鉴作用也不容忽视,它不仅是法律条文和规则的继承,也是法律文化和法律精神的启迪和传播。

第一节 时代功能

一部法典主要的功能就是控制社会,完成稳定社会秩序、保持社会运行的任务,同时也会给法制发展带来契机。《罗斯法典》作为一部汇编性法律文献,各组成部分以及最后形成的整体文本都在其所处时代的社会运行中发挥了较为重要的作用,同时也为罗斯法制的发展做出了应有的贡献。

一、社会控制功能

"立法是通过法律来实现政治意志对于社会变迁的影响的最明

白的方式"①,而法典无疑是国家立法行为最明显的产物。从某种意义上说,法典的编纂和形成都是国家性的"法治"行为,而且法典的出台在一定意义上存在着深刻的社会动机。所以,法典的编纂和形成在其所处时代所能发挥的功能不仅是立法性的,也在于政治性和社会性,而最终的落脚点就是社会控制。在古代罗斯社会,在法典出台之前存在着各种不可控的情况。甚至在《雅罗斯拉夫法典》制定之后以及其他几部法典公布之后,也都存在着各种不利于社会控制的因素。通过一般国家行为无法达到完成有效调控整个社会运行的任务,而通过制定法典可以在很大程度上发挥这个功能。这些主要表现在风俗习惯的法律化、加强区域控制、对新情况立法以及加大处罚力度几个方面。

(一)风俗习惯的法律化

一个民族的风俗习惯具有强大的能量,可以形成一定的意识形态,所以进行法典编纂的时候需要对此进行考量,并做适当的举措。《罗斯法典》中就有很多这样的情况,通过对其法律化达到维持社会稳定的目的。

例如,承认并限制复仇制度。这种复仇制度来源于古老的习惯法,在整个中古欧洲都很盛行,已经被大多数人认可,并不能在短时间内予以废除,在古代罗斯社会也是如此。所以,《雅罗斯拉夫法典》第1条就认可了复仇。但是,如果放任此种行为,就会使整个社会陷入一个相对混乱的局面,这对于统治者进行社会控制是极其不利的。所以,法典同时也对此作出了限制,将其复仇主体范围限制为最亲近的亲属之间,即如果出现杀人行为,兄弟、父子、叔侄、外甥和舅父之间都可以为彼此复仇;同时,在没有复仇者的情况下,可以通过命金代替。这就在一定程度上既防止了完全废除复仇而带来的弊端,又避免了过于泛滥而带来的社会动荡。又如,法典中明确规定了损害他人胡须和用剑柄击打他人是有损名誉的犯罪行为。这是根据

---

① 〔美〕埃尔曼:《比较法律文化》,贺卫方、高鸿钧译,清华大学出版社2002年版,第44页。

古老的俄罗斯风俗习惯制定的,这种习惯在人们的心中已经形成了定式,如果法律对此不予以规定或认可,就会导致整个社会大众的不满和抵制。所以,法典将其法律化,用刑事法方式加以惩治,以法律的威慑力抑制这种行为的频繁出现;同时,在这种行为出现时,用法律手段维护受害人的利益,做出平衡性的举措,这样就可以避免因为此种原因而造成的社会不稳定。此外,还存在一些其他的风俗习惯,例如将房产遗产留给最小的儿子和一些诉讼类的做法等。

这些风俗习惯已经在俄罗斯民众心中形成一定的共识,其中的社会原因在于,这种源于原始社会的习惯具有其强大的生命力,根深蒂固,是社会稳定不可缺少的一部分。所以,《罗斯法典》必须考虑这些风俗习惯,以法律化的形式加以确认,这对于统治阶层进行社会控制是不可或缺的。

(二) 加强区域控制

虽然《罗斯法典》的实施范围为整个罗斯国家,但是其中有一个区域是较为特殊的,即农村公社,也就是所谓的"维尔福"或"米尔"。该区域属于最基层的行政单位,由于经济不发达而成为整个社会贫富分化过程中的弱势群体,所以导致其成员频繁地滋生是非。对于这种情况,《罗斯法典》制定了相关法律,以加强对这个区域的控制。

这些规定在《罗斯法典》中有明显体现,其方式就是建立连环保制度,具体表现在三个方面:第一,如果被害人的尸首在某个维尔福区域内被发现,即使并不确定其凶手是否为该村社成员——成为"悬案",那么也需要他们集体承担命金处罚责任。甚至之后在维尔福内找到凶手,确定了责任人,集体责任也不能完全免除。第二,在出现凶杀案件之后,尸首所在的维尔福需要承担侦查和抓捕任务。如果没有抓捕到凶手,那么该维尔福就需要承担相应的命金责任。第三,在盗窃情况下,如果抓捕者发现痕迹指向了某个维尔福,这个维尔福就有负责寻找盗贼的义务。如果没有进行寻找或者"半途而废"式地履行该义务,那么该维尔福就要承担盗窃损失并要集体承担罚金。除了这三个方面的表现之外,王公还抑制村社法庭的作用,以保证其政权的集中和扩大。

可见，《罗斯法典》对维尔福区域的控制较为严苛，集体性的责任将整个维尔福都纳入到连环保制度中，使得成员为彼此之间负责，这样就在最大限度上避免其成员做出有损封建秩序的恶性行为，他们也会尽最大努力去完成相应责任。法典通过这样的规定加强了对维尔福的管理，在控制社会方面发挥了其重要功能和作用。

（三）对新情况立法

社会发展过程中会不断地出现一系列新情况，而这时法律的滞后性就会很明显地体现出来，如果不适时加以规制，就会导致社会不稳定因素的扩大化，这对于政治稳定和社会秩序都是极大的弊端。

前文提到，债农是古代罗斯12世纪普遍出现的一种封建依附者。在罗斯封建化进程中，大量的斯麦尔德和村社成员因欠债而被迫投靠各级世俗和教会封建主，以身抵债，从而沦为债农。有关债农的规定集中在《摩诺马赫法规》中，但是该现象在此之前就已经出现了。据史料记载，1113年发生了基辅人民起义事件，其中主要的原因就是之前基辅王公和高利贷者"竭泽而渔"式地压榨民众，出现了大量的负债农民，无法忍受压迫的下层民众将矛头直指统治者和高利贷获利者。所以，摩诺马赫在进入基辅之前就对如何限制高利贷利息作出了限制，借此缓解一定的矛盾。从中也可以知道，民众以这样过激的方式抵制统治，其中的原因并非是短时间内形成的，债农问题早已存在，只是通过起义"浮上水面"，成为社会中的新情况。债农虽然处于一个负债者的地位，并受到主人的欺侮，却是封建经济发展不可缺少的成员，如果不对其法律地位和具体权利进行一定的保障和维护，必定会产生大量的起义活动，社会秩序的混乱程度可想而知。同时，在封建化进程中所出现的债农问题已经无法消除，该问题开始受到摩诺马赫大公关注，相关的规制方式也在法典中表现出来。在《罗斯法典》的《摩诺马赫法规》部分，大公以各种方式对此进行规制，例如债农可因其主人的侵害而提起诉讼，主人对债农财产或人身的侵害都要受罚等。这样，就在很大程度上维护了债农的权利，缓解了债农和其主人之间的矛盾，降低了因二者冲突出现的不良事件而造成社会动荡的可能性。当然，对债权人的保障也必不可少，如债农逃亡即成为完全的霍洛普。这样,也防止了债农的逃亡,抑制了他们的随意行为。《罗斯法典》用一个较为均衡的方式对双方都作出了规制。

可见,《罗斯法典》对这种社会新情况所做出的举措是必要的,保证了封建经济的正常发展,创造了一个相对良好的社会环境,在维护社会秩序方面起到了很大的作用。

(四)加大处罚力度

法律在进行社会控制方面,需要借用一定的严苛手段,所以在《罗斯法典》中对许多不法行为规定了加大处罚力度的措施,以一种近乎于"严法治国"的方式体现其社会控制功能。

其中,较为明显的就是对命金数额的规定。《雅罗斯拉夫法典》中规定,杀害自由人需要承担的命金数额为40格里夫纳,如果换算成白银,就是8.19公斤,这种数额并非一般人可以承担。对于杀害王公总管、税吏、马厩长等,命金则高达80格里夫纳,相当于一个乡全年的赋税额。虽然法典中没有规定杀人者死,但是如此高额的经济赔偿已经显得相当严厉了。统治者通过法典中这样的规定提高责任成本,借此达到稳定社会秩序的目的。此外,对于非杀人类犯罪行为,如盗窃等,会处以罚金刑,但是有的甚至高于杀害一般人的命金数额,这样的高额支出也是为一般人所难以承受。

《罗斯法典》在没有规定极刑的情况下,以较高的财产刑作为惩罚手段是其控制社会的一种重要方式。因为许多杀人、盗窃行为的行为人一般是社会中不稳定因素之一——下层贫困民众,法典以高额责任成本加以事先"恐吓",就会在一定程度上抑制类似情况的出现,保证社会秩序的稳定。当然,要想单纯以严法达到社会控制的目的是不能完全奏效的,所以只能说这种方式起到了一定的作用。在这个方面,《罗斯法典》发挥了一部分功能。

从上述评介中可以看出,《罗斯法典》在社会控制方面以各种方式体现出其功能,这也是一部法典或者其中的法律规制最基础和最重要的作用。通过这样的社会控制,一方面可以使社会朝一个较为稳定的方向发展,另一方面可以巩固政权。这些都是统治者所要考虑和掌控的,而以法典的形式完成这个任务是较为有效的方式。

二、对罗斯法制发展的功能

《罗斯法典》是当时各种社会关系的调整规则,而其中各个部分又体现出了各自的时代性,不可避免地会出现落后或者是不合时宜的情况。所以,在《罗斯法典》最后编纂形成的时候,并非只是将以前几部法典或法规简单地汇编在一起,而是作了一定的补充和修订。也正是这样的工作,才使得《罗斯法典》可以保持其生命力和延续性。这其实是对罗斯法制发展和完善起到了非常大的作用,也是《罗斯法典》的主要功能之一。这个功能集中表现在补充条款上,在《罗斯法典》中有所涉及。

例如,《雅罗斯拉夫法典》中规定:"而拔掉他人的髭,12 格里夫纳;拔掉他人的胡须,12 格里夫纳。"①如果与其相邻条文相比,该条文的开头部分有所不同,如规定砍断他人手指、拔剑而未用、撞击或推搡他人等都是以"如果……"起句,该条文却是以"而……"开始。从法典整体的语言风格来看,这条的语言表述并非原始条文所有,"是后来编纂整理《法典》时补充进来的,具有嵌入的性质。"②与此相同,《摩诺马赫法规》中有一条规定:"如果霍洛普偷盗他人的马匹,那么主人支付 2 格里夫纳。"③很明显,这是关于盗窃行为的规定。但是,较为蹊跷的是条文所在的位置,通过相邻条款的观察,均为关于债农问题的规定,而这条却很突兀地穿插在其中,具有明显的嵌入性质,所以可以肯定它也是在后来编纂法典时补充进来的。又如,《雅罗斯拉夫法典》中有一条规定:"而如果损害了他人的枪矛,或者盾,或者衣服,而主人仍希望保留它们,那么可以得到一定的补

---

① Н. Калачовь. Текст Русской Правды на основании четырехь списковь разныхь редакции. С-П. 1889. с. 2.
② 同上注,с. 32。
③ 王钺:《〈罗斯法典〉译注》,兰州大学出版社 1987 年版,第 98 页。

偿;而如果主人拒绝补偿,那么损坏者就要赔偿给主人。"①从内容来看,这属于民事赔偿类规定,全法典中只此一条,而且语言表述上也是以"而如果"开始,并无上下句衔接,同时与第一保加利亚王公的《审判法》有很大相似之处,②所以,可以肯定,这条并非最初制定的,而"是后来编纂《罗斯法典》时,根据需要由《审判法》转引补充的"③。

可见,编纂者在整理汇编《罗斯法典》时新增加了一些条款,有些是根据原来法典已有的内容而进行再次增补,有些是根据需要而直接移植。但是,无论何种方式,都是在最后编纂法典的情况下完成的。试想,如果没有最后的整体性汇编工作,那么很多条款可能就会较为分散,并不能呈现出今天所见法典的全貌。这种补充性的编纂法典,表面上是适时增加规则,深层作用却是发展了罗斯法制。所以,可以说《罗斯法典》在这个方面体现出其重要功能。

第二节 历 史 价 值

历时三个世纪形成的《罗斯法典》,是以基辅罗斯为代表的俄罗斯封建社会的早期法典,也是俄罗斯历史上第一部成文法典。它曾是俄罗斯几个世纪法院审理案件所适用的基本法典,在俄罗斯法制史上占有重要地位。对于具有较高地位的法典,它的历史价值也是值得总结和评析的。

一、俄罗斯法制的历史基石

在世界法律文明体系中,产生过众多著名法典,它们都具有一定的历史价值和意义,都成为一个国家或者更大范围的法律基石,影响

---

① Н. Калачовь. Текст Русской Правды на основании четырехь списковь разныхь редакции. С-П. 1889. с. 2.

② 《审判法》中表述为:"关于武器。如果有人损坏了他人的枪矛,或者盾牌,或者战斧,主人还想保存它们,可以得到另外的赔偿……"

③ 王钺:《〈罗斯法典〉译注》,兰州大学出版社1987年版,第18页。

着世界法制发展的进程。相对比而言,《罗斯法典》并没有这些法典那样著名,但是对于俄罗斯法制史却是一部较为重要的法律文本,可以称之为"俄罗斯法制的历史基石"。

不可否认,在古代罗斯,《罗斯法典》出现前曾经存在过一定的法律制度和法规,通过文献记载和之后的考证可知,有过《罗斯法律》以及一些地方性、临时性的法律法规和习惯法等。但是,如果将这些称为"俄罗斯法律的历史基石"却有不当之处,因为这些并不是通过立法而形成的法典形式,至今也未被世人所发现,所以要还原其原貌、整理出其中的具体法律条文是不可能的,当然也就无法通过这些记载完全了解《罗斯法典》之前的法律制度情况,而通过其他形式的文献资料完成此项工作也远远不能达到预期的效果。但是,《罗斯法典》的编纂和出台却在一定程度上解决了这个问题,因为在法典中不仅规定了一些新的条文,也记载了之前的一些习惯法和法规,例如血亲复仇、继承、诉讼中的一些原则和做法等。形成了文字并流传下来的《罗斯法典》在很大程度上成为俄罗斯法律历史上的重要里程碑。

《罗斯法典》作为俄罗斯历史上第一部成文法典,它是对以前俄罗斯古代的法律进行了继承和发扬的结果,并且是俄罗斯法制在历史发展的过程中不断完善和发展的体现,可谓是了解当时法制的第一手历史资料。甚至可以说,《罗斯法典》不仅是俄罗斯法制史上一座里程碑,也是世界法律文明重要的组成部分。

二、俄罗斯法典化的开端

法典的形成大都是在对已有的法律资料进行搜集整理的基础上进行的,而且往往与社会的变革和政局的变化有关。对于法典而言,它是我们了解和分析人类法制文明甚至是整个文明的最有利、最直接的文献资料,因为"在人类物质文明和精神文明之外,还存在着制度文明。一定的制度文明既不能超越一定的物质文明和精神文明的发达水准,受物质文明和精神文明的制约,又反映物质文明和精神文明的要求,对它们产生广泛而深刻的影响。这是为史实所充分证明了的。特别是随着人类文明的日渐演化,制度文明对于整个文明的发展范围和发展进程,更有愈加显明的影响。而在制度文明系统中,法律制度文明占据首要地位,担负着制度文明服务于人类社会的基本责任。在法律制度文明系统中,位居核心的则是法典文明。"① 同时,"如果不了解一个时期一个国家的法典,或者某个时期某个国家的法典还不曾为人们所认知,人们便难以集中便利地了解和认知那个时期或那个国家的法律制度。"② 这些法典并非单纯地表现为法律制度,更为重要的意义是表现出法制文明的缩影和特殊表征。所以,法典可谓是开启研究法律制度、法律思想以及法律精神的金钥匙。所谓法典化,则是一个历史发展过程。"'法典化'一词有广、狭二义:从广义上说,把其他形式的法律编纂为法典的过程就是法的典籍化,就是法典化,在这个意义上古代社会由习惯法编纂为法典的过程就是一种'法典化';从狭义上讲,'法典化'不仅要有法典的产生,而且要成为一种风气、一种趋势、一种制定法典的运动,而这种意义上的'法典化'显然只是近代的事。"③ 从广义的法典化角度考察,可以发现,《罗斯法典》具备这样的形式,它确实是俄罗斯历史上编纂法典的开端,也是法典化的最初尝试。

具体而言,在我们所认知的俄罗斯法制史上,《罗斯法典》的形成经历了长期的历史发展过程。在这个过程当中,被称为"最古法典"的《雅罗斯拉夫法典》就是将多种法律渊源结合在一起,如本民族习惯、以前的法令法规、外来法制等,而之后的几部法典则是在此基础上不断地适应新情况而制定新的法规法令,全部集中为法典形式,最后经过整合和修正,形成了《罗斯法典》的汇编形式。可见,这部法典在以往没有任何先例的基础上进行了开拓性的尝试,开创了俄罗斯法制史上法典编纂的传统,并成为以后法制发展过程中法典化的开端。

---

① 周旺生:《法典在制度文明中的位置》,载《法学论坛》2002 年第 4 期。
② 同上。
③ 严存生:《对法典和法典化的几点哲学思考》,载《北方法学》2008 年第 1 期。

三、俄罗斯法史学的重要资料

法史学研究所依靠的最基本元素就是史料,包括各种法律文本,分散在编年史中的叙述、报刊、存留于民间的文学性记载,甚至包括一些口头传说、保留下来的传统行为方式和语言等,但是其中最为重要或者说可以集中体现当时法制状况的资料就是成文法典。在俄罗斯法律史研究中,有很多种文本作为资料,其中法典类就有帝国时期的法典、苏联时期的各种部门法典,但是这些文本所反映的时代并没有完全囊括俄罗斯整个法制发展的历程和现象。所以,作为古代俄罗斯法律制度研究的对象,《罗斯法典》具有不可或缺的价值与作用。

可以说,研究俄罗斯古代法制史的资料,流传至今并可以完整保存的文本只有《罗斯法典》。从法史学研究的角度来看,《罗斯法典》可以体现几个层次不同的资料价值。首先,也是最基本的作用,即可以通过对法典条文的考察大致了解当时法律规定的类别,如杀人、盗窃、诉讼制度、继承制度等,以及某些法律条文产生的社会背景及法律变化的情况,如"《罗斯法典》载入了不少关于维尔福的条文。这是我们揭示古代罗斯村社真相的依据,也是研究古代罗斯封建化和弗拉基米尔大公法改革的宝贵资料。"[①]在这个基础上,可以了解当时的法律是如何解决各种社会问题的。其次,较第一点更为深层的作用,即可以通过这些文字记载剖析其中的潜在性内涵,例如可以通过命金和罚金制度的分析了解当时的社会等级制度,考察有关具有犯罪性质的条款以理解和分析其概念的萌芽等。最后,也是最为深刻的作用,法律条文往往可以反映出一个时代的法律思想和法律文化特性,并且可以借此考察其民族的法律精神,深入到整个法制文明中去。

总之,《罗斯法典》在几个层面上都为法史学研究提供了不可替代的资料准备,尤其是对记载较少的古代时期。所以,将《罗斯法

[①] 王钺:《〈罗斯法典〉译注》,兰州大学出版社1987年版,第139页。

典》称为俄罗斯法史学研究的重要史料并不为过。

四、俄罗斯 9—12 世纪社会史料

法律产生的基础应该是社会,同时也应该是反映社会发展和时代进步的文化表现。所以,对于任何法律文献的考察和对待,不能单纯地从法条或文本的角度进行研究,而是要对其进行社会性的分析,这样才可以反映出法律形成和运行的实质和内涵。因此,法律可以被看作社会现实生活的镜子,通过它能够较为全面地反映出某个时代的社会政治生活和社会经济生活状况。

《罗斯法典》是几部法典或法令汇编而成的法律形式,其中各部分之间存在着很大的关联,例如前后时期对相同情况的不同规定,以及增补削减、改订等。这也证明了法律在滞后性的局限之下,需要随着社会的发展和新情况的出现不断修改和完善。以下试举几个较为典型的例证加以说明:

例如,在《雅罗斯拉维奇法典》中,就将之前存在于《雅罗斯拉夫法典》之中的血亲复仇制度废除了。这种法律条文的变动实际上是一些社会情况的体现。之前允许是因为在《雅罗斯拉夫法典》时期罗斯社会的发展还没有完全达到废除该项古老的习惯的程度,人们依然处在一个较为原始的私力处罚思维中,所以通过法典条文就可以知道当时的社会情况以及人们的思想。当然,在此之后也存在这种处罚方式,但是已经随着社会的进步以及相关处罚方式的出现而逐渐在法律中被废除。这说明,在社会中即便依然存在这种形态,但是已经开始逐渐发生了变化,也包括人们对它的态度。其中较为重要的一点就是,由于东正教教会的干预和抵制,在政治上的体现更加值得关注。因为由法律禁止私力性质的复仇可以在很大程度上加强大公以及王公对杀人案件的调停,进而进一步控制社会行为,削减由村社法庭所决定的血亲复仇案件。这其实也是大公增强其权力的主要表现。

又如,《摩诺马赫法规》中出现了以前的三部分没有的债农问题,证明了这是社会中出现的新现象,也是当时社会中经济、生活的

一个缩影。其中,债农出现的主要原因就是高利贷问题,高额利息使得众多自由农民被迫以身抵债,所以摩诺马赫以法律形式加以确认和限制。当时社会中出现了大量的高利贷者,这也是社会经济发展不稳定的因素之一。同时,因为这个问题,造成自由民的生活也陷入了困苦之中,并且开始产生暴力性起义活动,这也是封建化过程中罗斯社会出现的具体表象。与此类似的还有关于维尔福问题的法条,其中加强了村社之间的连环保,确立了其责任和职能,也"是古代罗斯封建国家控制利用农村公社措施的法律化,是封建化和反封建化斗争的真实写照。"①在之后规定的允许维尔福内部个人承担责任的条款说明了连环保制度开始瓦解,维尔福中的成员的生活方式出现了变化,也表明罗斯社会处在不断变迁之中。

再如,《罗斯法典》中提到了有关某人被杀害的条文,例如总管、基温、庄头和田畯,以及斯麦尔德和霍洛普。很明显,这属于杀人行为的具体规定,但是从中可以剖析出当时封建世袭领地庄园的经济状况。"苏联史学家格列科夫在其著作《基辅罗斯》中,根据《雅罗斯拉维奇法典》的材料,描绘了封建世袭领地庄园的状况:庄园的中央是'王公庭院',建有豪华的王公住宅和仆役间,有仓房、马厩,以及其他家畜和家禽的棚圈等。王公平日不住在庄园,由总管全面负责组织生产,征收田赋和税收。总管下设庄头、田畯、马厩长等,分别负责庄园的农业、畜牧业和治安。世袭领地经济主要是农业和畜牧业,还有野蜜蜂采集业,饲养家畜、家禽,从事狩猎和捕鱼等。世袭领地庄园的直接生产者是斯麦尔德、契约农、债农和霍洛普等。"②虽然这只是针对封建领地庄园经济的描述和分析,并没有涉及整个社会的经济景象,但是对于我们了解当时的经济状况是很有证明力的资料,在最大程度上反映出当时世袭领地的经济状况的同时,也说明了封建主在社会经济封建化过程中出现的普遍现象。

通过上述评介不难看出,《罗斯法典》是有重大学术价值和实用

---

① 王钺:《〈罗斯法典〉译注》,兰州大学出版社1987年版,第140页。
② 同上书,第145页。

价值的古法律文献,也是古代罗斯国家社会、政治、经济发展的真实记录,为研究古代罗斯时期的社会经济制度和社会关系提供了真实、直接的史料,成为记载和反映俄罗斯中古社会史料的重要组成部分。其中有一个问题值得注意,即《罗斯法典》不可能完全将罗斯社会中各种情况都体现出来,也不能完全依靠法典本身所表露出来的信息对当时的社会作出绝对意义上的评价,当然也不能因为没有相关问题的信息而否定一些实际存在的事实。它的价值还体现在其他方面,即也是研究古代罗斯的语言、文字、文献和民俗等各学科的重要资料。

一部历史文献的价值往往要在其之后较长时间才能被发现,所以《罗斯法典》可能在当时甚至很长一段历史时期都被单纯地认为是一部法典,起着调控社会和稳固政权的作用。如果它随着时间的推移而失去了作用,那么就只能成为一个存在性事物,并不会有太多的价值被挖掘出来。但是,其中有一个问题值得注意,即任何一部历史性文献,即使它在各种因素的影响下被忽视,或者被认为毫无价值,我们都应当去发现隐藏在其背后的情况。这不仅是了解,也是对它真实、客观存在于历史之中进行考量的一种责任。所以,《罗斯法典》虽然在今天已经失去了其应有的、作为适用法律的作用,但是它本身的价值不能因此而被漠视。也正是因为此种原因,对《罗斯法典》本身价值的评论是必要的。

第三节 后世影响

《罗斯法典》在当时的社会中起到了非常重要的作用,在维护社会稳定和增强王权方面都体现出其强大的能量,可谓是古代罗斯时期的国家大典,其影响较为深远,其效力一直延续到莫斯科公国时期。在《罗斯法典》实行的同时,罗斯国家其他地区也存在一些地方性审判法规,在一定程度上都借鉴了《罗斯法典》的内容。基辅罗斯解体后,在向中央集权国家发展时期出现了很多新的法律文件,但是《罗斯法典》依然是重要的法律渊源,成为其后许多世纪内俄罗斯的立法依据。

一、诺夫哥罗德和普斯科夫地区的审判法规

《罗斯法典》作为俄罗斯 10—12 世纪司法实践的总结,其中包括许多具有审判功能的条款,如对质、证据制度等,所以对相关立法产生了很大影响。这点表现在《诺夫哥罗德审判法规》和《普斯科夫审判法规》上。《诺夫哥罗德审判法规》最初是诺夫哥罗德共和国的法规,在莫斯科公国吞并了诺夫哥罗德后进行了修订,渊源之一为《罗斯法典》。诺夫哥罗德原来为雅罗斯拉夫的领地,《诺夫哥罗德审判法规》在之后依然起到了很大的作用,成为当地制定法律的借鉴对象。《雅罗斯拉夫法典》中有一部分内容就是源自于《诺夫哥罗德审判法规》,同时《罗斯法典》最后是在诺夫哥罗德修订整理而成的。可以说,《罗斯法典》对诺夫哥罗德地区的影响很大,在很大程度上说明《诺夫哥罗德审判法规》承袭了《罗斯法典》的一部分内容。《普林科夫审判法规》是在 1467 年由普斯科夫谓彻通过并予以颁布的,"该《法规》包括若干部分,其中最古老的部分是在 14 世纪初就已经制定。该《法规》反映了封建的普斯科夫各村及其借贷、按对分制从事劳动的情况以及只在菲利普节(俄历 11 月 14 日)有转移权的受剥削、压迫的半自由农、菜农、渔民的生活和风俗习惯。还存在有与主人牢固地联系在一起的'老半自由农'。"[①]"后由莫斯科大公于 1484—1486 年间进行修订工作,《罗斯法典》是其主要渊源。"[②]

虽然两部审判法规在大部分内容上进行了修正和增补,但是无法摆脱《罗斯法典》的影响,在很大程度上继承了其法律内容或者具体条文;同时,在《罗斯法典》实行时期也辐射到了这两个地区,所以其中的承袭关系更加明显。

---

① 〔苏〕B.B. 马夫罗金:《俄罗斯统一国家的形成》,余大钧译,商务印书馆 1994 年版,第 45 页。
② 张寿民:《俄罗斯法律发达史》,法律出版社 2000 年版,第 26 页。

二、封建割据时代各地区法律

在封建割据时代,法律的发展分为两个阶段:第一个阶段为12—13 世纪,各个公国内实行的都是古代罗斯法律;第二个阶段为14—15 世纪,各个公国的法律体系出现了分化,但是在新的条件下,各个地区的立法仍然是建立在同一法律基础之上的,这个基础很明显就是《罗斯法典》,即"如果说《往年纪事》解开了封建罗斯各地编纂那些载入了编年史的法典的起始页,那么《罗斯法典》就是这些地方法律汇编的范例。"① 可以说,在封建割据时期法律发展的两个阶段,法律制度均有《罗斯法典》的渊源,如"弗拉基米尔—苏兹达利公国的法律渊源包括了《罗斯法典》,后者抄本的很大一部分内容都能在该公国颁布的《法范》中找到。"② 15 世纪,制定了两部重要法典——《诺夫哥罗德法典》和《普斯科夫法典》,其中《普林科夫法典》继承了许多《罗斯法典》中的内容,加里西亚—沃伦罗斯公国的法律制度也均来自《罗斯法典》。加利西亚并入波兰、沃伦并入立陶宛之后,14 世纪实行的《维斯利茨—彼得罗库夫条例》、1468 年制定的《卡季米尔律书》③以及 1529 年的《立陶宛大公国法律》,其中的规范性条款在某种程度上都是以《罗斯法典》为基础的。

三、中央集权国家时期的俄罗斯法制

在中央集权时期的俄罗斯,《罗斯法典》依然生效。当时重新颁

---

① A. A. Зимин. Правда Русская. M. 1999г. c. 276.
② 〔俄〕O. И. 奇斯佳科夫主编:《俄罗斯国家与法的历史》(第五版)(上卷),徐晓晴译,付子堂校,法律出版社 2014 年版,第 71 页。据译者徐晓晴先生考证,其中的《法范》为古代罗斯法律文献的汇编,编纂于 12—13 世纪。流传于 14—16 世纪的为手抄本,分两册,上册包括"判词"及法院和法官的正误判例,下册包括拜占庭教会法和世俗法律的译文及《罗斯法典》等内容。
③ 根据《俄罗斯国家与法的历史》的译者徐晓晴先生的考证和注解,《维斯利茨—彼得罗库夫条例》是波兰封建法的法律汇编,制定于 1346—1347 年,是对波兰习惯法的记录,由国王卡西米亚三世颁布;《卡季米尔律书》为立陶宛大公国的立法文件,该立法巩固了封建主的豁免权,变自由农为农奴,使他们不再负担国家的徭役,不受大公法院的管辖,在 1529 年立陶宛颁布法规前一直生效。

布了该法典的校订本,即所谓的"缩编本法典",它来自详编本法典,同时也使《罗斯法典》更加适合莫斯科的条件。其中之一即为1397年《杜温条令》。自从中央集权国家产生后,莫斯科王公颁布了一系列恩许状,不仅赐予人、机关,还赐予一定的团体、地区的居民一些特权。"总督管理条令"就是一种恩许状,其中较为重要的是1397年《杜温条令》,而"1397年《杜温条令》的内容主要来自于《罗斯真理》,有关犯罪和刑罚体系的规定同《罗斯真理》的相关内容没有明显的区别。"①该时期最为主要的且受《罗斯法典》影响较深的法律文本为《一四九七年律书》。

13世纪末14世纪初,莫斯科和其他封建公国为争夺全俄政治中心地位,展开了激烈斗争,逐渐在建立统一国家中确立其主导地位。莫斯科王公伊凡三世不断地扩展正在建立的中央集权国家的疆界,合并了大诺夫哥罗德、特维尔公国以及梁赞的一半土地,在和立陶宛战争以后又合并了许多公国,并于1480年最终摆脱鞑靼的统治。所以,伊凡三世基本上完成俄罗斯中央集权制国家的建立。在统治国家的方式上,他不再停留在修订个别法律上,而是力图建立法院组织和诉讼程序的统一制度,制定新的民法规范和刑罚规范,并借此保护封建阶级的特权。于是,他命令自己的侍从弗拉基米尔·谷究夫编纂了一部法典草案。王公和波雅尔杜马于1497年9月批准了这一草案,正式得名为《一四九七年律书》,又名《伊凡三世律书》或《大公律书》。这是俄罗斯中央集权制国家的第一部法典,"法典的主要来源包括《罗斯法典》与普斯科夫的《刑法典》。"②这些在法条的关系中可以体现出来。

在有关善意取得方面,详编本法典中规定:"某人如果在市场购得赃物,或者是马,或者是衣服,或者是家畜,那么应提出两名自由人或税务员作证。如果目击者发誓证明赃物是从不认识的人那里购买

---

① 张寿民:《俄罗斯法律发达史》,法律出版社2000年版,第25页。
② 〔美〕尼古拉·梁赞诺夫斯基、马克·斯坦伯格:《俄罗斯史》(第七版),杨烨、卿文辉译,上海人民出版社2007年版,第97页。

的,原告可取回自己的失物,自己承担损失;另一方承受金钱损失,因为他不认识出售者。"①《一四九七年律书》第 46 条规定:"有人在市场上买得一物,不记得是向谁购买的,但二至三名有地位的人知悉此事,那么当其他人就买得之物提出要求时,上述有地位的人应证实有争议之物确系当他们之面在市场上买得的,从而可以认定买者无辜,在他吻十字架起誓之后即可予以释放。"②比较两个条文的内容,可以看出它们都表达了一个意思,即如果某个人购买物品后被其他人请求权利,必须提出两名见证人才可以免除责任,但是必须自己承担损失。虽然两者在细节问题上有些差异,但是其中的内涵是统一的,具有明显的承袭关系。

  有关破产的法律内容,《摩诺马赫法规》中规定:"如果某个携带他人钱财的商人遇险:或海难,或兵燹,或火灾,那么既不能逼迫他还债,也不能出售他。但是,他应逐年偿还,因为这是上帝的意思,而不是他的过错。如果因过失或赌博,损失了他人的钱财,那么或者按自己的意愿等候他偿还,或者按自己的意愿出卖他。"③《一四九七年律书》也有类似内容,其第 55 条规定:"商人外出经商并向他人借的金钱或财物,但于旅途中,所借贷之物毁损了,然并非商人之过,如沉没、烧毁、被军人抢走,那么波雅尔弄明白情况后,可吩咐王公的齐亚克向商人发付延期、无息归还所借金额的法庭文书。某人随带货物外出经商,货物被他自己花尽或毁坏,并且不存在某人意志不能抗拒的条件,那么应将某人交给原告充作霍洛普,直至工作偿还清债务时为止。"④所以,可以说,"《罗斯法典》中该条文规定的内容对后世的立法活动有着直接的影响,《一四九七年律书》与之有着明显的承袭

---

  ① Н. Калачовь. Текст Русской Правды на основании четырехь списковь разныхь редакции. С-П. 1889. с. 9.
  ② 张寿民译:《一四九七年律书》,载外国法制史研究会编:《外国法制史汇刊》(第一集),武汉大学出版社 1984 年版,第 212 页。
  ③ Н. Калачовь. Текст Русской Правды на основании четырехь списковь разныхь редакции. С-П. 1889. с. 31.
  ④ 张寿民译:《一四九七年律书》,载外国法制史研究会编:《外国法制史汇刊》(第一集),武汉大学出版社 1984 年版,第 213—214 页。

关系。"①

在刑法方面,这一时期继承了《罗斯法典》。刑法的发展主要归功于《一四九七年律书》,它对"犯罪"概念的解释与《罗斯法典》有所差别,但是原则上是相同的。犯罪被解释为任何一种因以不同方式对国家和整个统治阶级造成威胁而被法律禁止的行为。

在具体犯罪行为上,侵犯财产犯罪规定得更加严密,包括抢劫、盗窃和损害他人财物等行为,其中存在以自然资源为对象的侵犯行为,则与《罗斯法典》较为相似,"这些规定在《罗斯法典》最早的几个版本中就已经存在,并广泛地适用于当时的实践:非法捕捉海狸、鱼;非法砍伐森林;非法采盐,等等。"②

《罗斯法典》在之后俄罗斯统一国家中已经不再具有法律本身的功能和作用,但是对于一部较为重要的古代法典而言,它依然是后世制定法律的重要依据。在俄罗斯国家进行法律继承的过程中,《罗斯法典》便成为重要的对象。

从整个古代法典的意义上说,《罗斯法典》既不是世界上第一部法典,也没有像古希腊、罗马法那样可以影响欧陆法律发达的进程,更没有对现代法律起到什么实质上的意义,但是并不能因此而否定其存在的意义和发挥的作用。客观地评价,它是俄罗斯法制的基础,在其本国的法制进程中占有重要地位;同时,从世界法律发展进程的角度看,它的存在具有不可磨灭的历史意义。

---

① 王钺:《〈罗斯法典〉译注》,兰州大学出版社1987年版,第89页。
② 〔俄〕O.И.奇斯佳科夫主编:《俄罗斯国家与法的历史》(第五版)(上卷),徐晓晴译,付子堂校,法律出版社2014年版,第132页。

参考文献

一、外文资料

1. М. Ф. Владимирский-Буданов. Обзор истории русского права. М. 2005.
2. А. Попов. Русская Правда в отношении к уголовному праву. М. 1841.
3. А. В. Шободоева. История отечественного государства и права: курс лекций и методические материалы. И. 2009.
4. С. В. Юшков. Очерки по истории феодализма в Киевской Руси. М. 1989.
5. И. Н. Кузнецов. История государства и права России. М. 2007.
6. А. Н. Сахаров. История России с древнейших времени до конца 17 века. М. 2001.
7. А. М. Панкратова. История СССР. М. 1954.
8. Н. М. Дружинина, Л. В. Черепнина. Вопросы формирования рисской народность и начия. М-Л. 1958.
9. Е. В. Анисимов. История России. М. 2007.
10. М. Н. Тихомиров. Исследование о русской правде. М-Л. 1941.
11. М. В. Нечкиной, Б. А. Рыбакова. История СССР (Том1). М. 1956.
12. С. В. Юшков. Русская Правда. М. 2002.
13. А. А. Шахматов. Обозрение русских летописных сводов XIV—XVI вв. М. 1938.
14. Ю. Л. Проценко. Древнерусское государство и право: лекция. В. 2000.
15. Н. А. Максимейко. Масковская редакция Русской Правды. / Проблемы источниковедения. Сборник статей. М. 1948.
16. Н. Калачовь. Текст Русской Правды на основании четырехь списковь разныхь редакций. С-П. 1889.
17. Р. Г. Скрынников. Русская история IX—XVII вв. С-П. 1997.
18. М. Н. Тихомиров. Древнерусские города. М. 1956.

19. В. И. Сергеевич. Лекции и исследования по древней истории русского права. С-П. 1910.

20. А. И. Ригельман. Истории о Донских казаках. М. 1846.

21. Б. Д. Греков. Киевская Русь. М. 1953.

22. Л. П. Белковец, В. В. Белковец. История государства и права России. Новосибирск. 2000.

23. В. В. Гуляева. Древнерусское государство IX—XVII вв. М. 2006.

24. И. А. Исаев. История государства и права России. М. 2005.

25. С. М. Соловьев. История России с древнейших времен. М. 2006.

26. Т. К. Красильникова. История государства и права России. Волгоград. 2003.

27. В. В. Амелъченко. Дружины Древней Русь. М. 1992.

28. В. Ф. Антонов. Книга для чтения по истории СССР: с древнейших времен до конца XVIII. М. 1984.

29. А. Г. Кузьмин. История России с древнейших времен до 1618 г. М. 2003.

30. М. Б. Булгаков, А. А. Ялбулганов. Российское природоохранное законодательство XI—нач. XX вв. М. 1997г.

31. А. А. Зимин. Правда Русская. М. 1999г.

32. В. С. Нерсесянц. Развитие русского права в XV-первой половине XVII в. М. 1986.

二、著作类

1. 《马克思恩格斯选集》（第3卷），人民出版社1995年版。
2. 王钺：《〈罗斯法典〉译注》，兰州大学出版社1987年版。
3. 王钺：《〈往年纪事〉译注》，甘肃民族出版社1994年版。
4. 王松亭译注：《古史纪年》，商务印书馆2010年版。
5. 赵振英：《俄国政治制度史》，辽宁师范大学出版社2000年版。
6. 乐峰主编：《俄国宗教史》（上卷），社会科学文献出版社2007年版。
7. 陈志强：《巴尔干古代史》，中华书局2007年版。
8. 孙成木、刘祖熙、李建主编：《俄国通史简编》（上），人民出版社1986年版。

9. 赵云中:《乌克兰——沉重的历史脚步》,华东师范大学出版社 2005 年版。
10. 王立民:《古代东方法研究》,北京大学出版社 2006 年版。
11. 张寿民:《俄罗斯法律发达史》,法律出版社 2000 年版。
12. 封丽霞:《法典编纂论——一个比较法的视角》,清华大学出版社 2002 年版。
13. 赵士国:《俄国政体与官制史》,湖南师范大学出版社 1998 年版。
14. 赵玉霞、韩金峰:《外国政治制度史》,青岛出版社 1998 年版。
15. 北京大学法学百科全书编委会编:《北京大学法学百科全书》(中国法律思想史、中国法制史、外国法律思想史、外国法制史),北京大学出版社 2000 年版。
16. 曹维安:《俄国史新论:影响俄国历史发展的基本问题》,中国社会科学出版社 2002 年版。
17. 姚海:《俄罗斯文化》,上海社会科学院出版社 2005 年版。
18. 周枏:《罗马法原论》,商务印书馆 2001 年版。
19. 外国法制史研究会编:《外国法制史汇刊》(第一集),武汉大学出版社 1984 年版。
20. 乐峰:《东正教史》,中国社会科学出版社 2005 年版。
21. 乐峰:《东方基督教探索》,宗教文化出版社 2008 年版。
22. 金雁、卞悟:《农村公社、改革和革命》,中央编译出版社 1996 年版。
23. 蒋路:《俄国文史采微》,东方出版社 2003 年版。
24. 于沛、戴桂菊、李锐:《斯拉夫文明》,中国社会科学出版社 2001 年版。
25. 〔美〕哈罗德·J.伯尔曼:《法律与革命——西方法律传统的形成》,贺卫方、高鸿钧等译,中国大百科全书出版社 1993 年版。
26. 〔美〕朱迪斯·M.本内特、C.沃伦·霍利斯特:《中世纪欧洲史》(第 10 版),杨宁、李韵译,上海社会科学院出版社 2007 年版。
27. 〔英〕爱德华·甄克斯:《中世纪的法律与政治》,屈文生、任海涛译,中国政法大学出版社 2010 年版。
28. 〔美〕霍贝尔:《原始人的法》,严存生等译,法律出版社 2006 年版。
29. 〔美〕罗斯科·庞德:《法理学》(第三卷),廖德宇译,法律出版社 2007 年版。
30. 〔英〕梅因:《古代法》,沈景一译,商务印书馆 1997 年版。

31. 〔英〕罗素:《西方哲学史》(上卷),何兆武、李约瑟译,商务印书馆 1963年版。

32. 〔英〕罗伯特·巴特莱特:《中世纪神判》,徐昕、喻中胜、徐昀译,浙江人民出版社 2007 年版。

33. 〔俄〕瓦·奥·克柳切夫斯基:《俄国史教程》(第一卷),张草纫、浦允南译,商务印书馆 1992 年版。

34. 〔古罗马〕塔西佗:《阿古利可拉传——日耳曼尼亚志》,马雍、傅元正译,商务印书馆 1958 年版。

35. 〔俄〕Т.С.格奥尔吉耶娃:《俄罗斯文化史——历史与现代》,焦东健、董茉莉译,商务印书馆 2006 年版。

36. 〔英〕佩里·安德森:《从古代到封建主义的过渡》,郭方、刘健译,上海人民出版社 2001 年版。

37. 〔俄〕Н.П.巴甫洛夫-西利万斯基:《俄国封建主义》,吕和声等译,商务印书馆 1998 年版。

38. 〔芬兰〕Е.А.维斯特马克:《人类婚姻史》(第二卷),李彬译,商务印书馆 2002 年版。

39. 〔苏联〕尼·米·尼科利斯基:《俄国教会史》,丁士超等译,商务印书馆 2000 年版。

40. 〔俄〕德·谢·利哈乔夫:《解读俄罗斯》,吴晓都、王焕生、季志业等译,北京大学出版社 2003 年版。

41. 〔俄〕格奥尔基·弗洛罗夫斯基:《俄罗斯宗教哲学之路》,吴安迪、徐凤林、隋淑芬译,世纪出版集团、上海人民出版社 2006 年版。

42. 〔美〕斯塔夫里阿诺斯:《全球通史》,吴象婴、梁赤民等译,北京大学出版社 2005 年版。

43. 〔美〕尼古拉·梁赞诺夫斯基、马克·斯坦伯格:《俄罗斯史》(第七版),杨烨、卿文辉主译,上海人民出版社 2007 年版。

44. 〔俄〕В.О.克柳切夫斯基:《俄国各阶层史》,徐昌翰译,商务印书馆 1990 年版。

45. 〔意〕彼得罗·彭凡德:《罗马法教科书》,黄风译,中国政法大学出版社 2005 年版。

46. 〔俄〕拉夫连季编:《往年纪事》,朱寰、胡敦伟译,商务印书馆 2011 年版。

47. 〔苏联〕М. Н. 齐霍米洛夫:《俄国早期反封建运动》,王松亭、姜桂石译,吉林大学出版社1992年版。

48. 〔美〕路易斯·亨利·摩尔根:《古代社会》,杨东莼等译,商务印书馆1977年版。

三、论文类

1. 曹维安:《诺曼说新探与诺曼学派》,载《世界历史》1998年第1期。
2. 曹维安:《俄国史学界关于古罗斯国家起源问题的争论》,载《世界历史》2008年第1期。
3. 付世明:《论俄罗斯民族的起源及其形成》,载《北方论丛》2008年第1期。
4. 王钺:《〈罗斯法典〉产生的社会背景分析》,载《兰州大学学报》(社会科学版)1996年第4期。
5. 叶秋华:《西欧中世纪法制发展特点论析》,载《南京师大学报》(社会科学版)1999年第6期。
6. 王小波:《俄罗斯法律制度的源起初探》,载《俄罗斯研究》2008年第4期。
7. 王松亭:《〈罗斯法典〉形成始末——俄国法制史研究之一》,载《吉林大学社会科学学报》1994年第3期。
8. 朱寰:《略论〈罗斯法典〉产生的社会条件》,载《求是学刊》1994年第3期。
9. 张爱平:《从Русь(罗斯)到Россия(俄罗斯):历史和语言》,载《烟台师范学院学报》(哲学社会科学版)1994年第1期。
10. 王钺:《斯维雅托斯拉夫东征的历史意义》,载《兰州大学学报》(社会科学版)1987年第2期。
11. 王松亭:《基辅罗斯政治制度考略》,载《社会科学战线》1994年第3期。
12. 罗爱林:《俄国农村公社名称探析》,载《西南民族大学学报》(人文社科版)2004年第9期。
13. 尹绍伟、崔正领:《浅析俄国村社制度的演化》,载《黑龙江教育学院学报》2011年第1期。
14. 杨翠红、张晓华:《东正教对罗斯封建制度发展的促进作用》,载《西伯利亚研究》2009年第1期。

15. 李晶:《从多神教到罗斯受洗——俄罗斯宗教之路历史探源》,载《西伯利亚研究》2005年第4期。

16. 马英昌:《基辅罗斯时期的公社》,载《西北师院学报》(社会科学版)1983年第4期。

17. 王文娟:《俄国农村公社研究状况概述》,载《内蒙古师范大学学报》(哲学社会科学版)2006年第6期。

18. 张广翔:《俄国村社制度述论》,载《吉林大学社会科学学报》1997年第4期。

19. 王松亭:《古罗斯依附农民初探》,载《史学集刊》1984年第3期。

20. 王松亭:《术语"斯麦尔德"探疑》,载《吉林大学社会科学学报》1992年第5期。

21. 白玉:《基辅罗斯债农社会地位辩证》,载《宁波师院学报》(社会科学版)1992年第1期。

22. 张建华:《俄国贵族阶层的起源、形成及其政治觉醒》,载《理论学刊》2008年第6期。

23. 严存生:《对法典和法典化的几点哲学思考》,载《北方法学》2008年第1期。

24. 周旺生:《法典在制度文明中的位置》,载《法学论坛》2002年第4期。

25. 王起亮:《东斯拉夫人的起源初探》,载《兰州大学学报》(社会科学版)1996年第1期。

26. 张爱平:《从〈往年纪事〉看古罗斯国家的起源》,载《烟台师范学院学报》(哲学社会科学版)1991年第2期。

27. 王立民:《〈罗斯法典〉的罚金制度透析》,载韩延龙主编:《法律史论集》(第4卷),法律出版社2002年版。

28. 刘忠桂:《封建俄国缙绅会议简析》,载《东北亚论坛》2004年第3期。

29. 戴桂菊:《俄罗斯东正教探源——罗斯接受基督教的原因与后果》,载《世界宗教研究》1998年第4期。

30. 杨翠红:《俄罗斯东正教会与对外贸易(11—14世纪)》,载《东北亚论坛》2003年第6期。

31. 乐峰:《俄罗斯东正教的特点》,载《世界宗教研究》2004年第3期。

32. 国春雷:《基辅罗斯与拜占庭赫尔松之战原因新论》,载《史学集刊》2010年第4期。

33. 杨翠红:《基辅罗斯的基督教化问题初探》,载《东疆学刊》2001年第2期。
34. 杨翠红:《试论东正教的罗斯化》,载《史学集刊》2004年第1期。
35. 张百春:《基督教在俄国的引进与传播》,载《哈尔滨师专学报》1995年第3期。
36. 孙炳莹:《关于"诺曼起源论"的管见》,载《湖南师院学报》(哲学社会科学版)1982年第1期。
37. 王松亭:《古斯拉夫人源流考》,载《史学集刊》1991年第3期。
38. 顾銮斋:《试论诺夫哥罗德共和政体》,载《世界历史》1995年第1期。
39. 朱寰:《论古代罗斯国家的起源——马克思〈十八世纪外交史内幕〉第五章读后》,载《社会科学战线》1979年第1期。
40. 王春永:《浅析东正教对俄罗斯社会的作用和影响》,载《现代国际关系》1999年第7期。
41. 齐嘉:《古罗斯起源问题中的反诺曼理论——评述以 Б. Д. 格列科夫为代表的"农业罗斯"说》,载《辽宁大学学报》(哲学社会科学版)2010年第2期。